全国高等教育自学考试指定教材

教育管理专业(独立本科段)

中外教育管理史

Zhongwai Jiaoyu Guanlishi

(含:中外教育管理史自学考试大纲)

(2019年版)

全国高等教育自学考试指导委员会　组编

主　编　施克灿

副主编　陈露茜

高等教育出版社·北京

扫描微信二维码
关注自考教材服务

图书在版编目（ＣＩＰ）数据

中外教育管理史／全国高等教育自学考试指导委员
会组编；施克灿主编． －－北京：高等教育出版社，
2019.6
　　ISBN 978-7-04-051645-6

Ⅰ．①中…　Ⅱ．①全…　②施…　Ⅲ．①教育管理学-
教育史-世界-高等教育-自学考试-教材　Ⅳ．①G519

中国版本图书馆 CIP 数据核字（2019）第 055814 号

策划编辑　雷旭波　　　责任编辑　孙　杰　　　版式设计　于　婕　　　责任校对　刘娟娟
责任印制　韩　刚

出版发行	高等教育出版社	网　　址	http://www.hep.edu.cn
社　址	北京市西城区德外大街 4 号		http://www.hep.com.cn
邮政编码	100120	网上订购	http://www.hepmall.com.cn
印　刷	北京东君印刷有限公司		http://www.hepmall.com
开　本	787mm×1092mm　1/16		http://www.hepmall.cn
印　张	19.5		
字　数	480 千字	版　次	2019 年 6 月第 1 版
购书热线	010-58581118	印　次	2019 年 12 月第 2 次印刷
咨询电话	400-810-0598	定　价	42.00 元

本书如有缺页、倒页、脱页等质量问题，请到所购图书销售部门联系调换
版权所有　侵权必究
物 料 号　51645-00

组编前言

21世纪是一个变幻莫测的世纪，是一个催人奋进的时代。科学技术飞速发展，知识更替日新月异。希望、困惑、机遇、挑战，随时随地都有可能出现在每一个社会成员的生活之中。抓住机遇，寻求发展，迎接挑战，适应变化的制胜法宝就是学习——依靠自己学习、终身学习。

作为中国高等教育组成部分的自学考试，其职责就是在高等教育这个水平上倡导自学，鼓励自学，帮助自学，推动自学，为每一个自学者铺就成才之路。组织编写供读者学习的教材是履行这个职责的重要环节。毫无疑问，这种教材应当适合自学，应当有利于学习者掌握和了解新知识、新信息，有利于学习者增强创新意识、培养实践能力、形成自学能力，也有利于学习者学以致用，解决实际工作中所遇到的问题。具有如此特点的书，我们虽然沿用了"教材"这个概念，但它与那种以"教"为中心（教师讲、学生听，教师不讲、学生不懂）的教科书相比，已经在内容安排、编写体例、行文风格等方面大不相同了。希望读者对此有所了解，以便从一开始就树立起依靠自己学习的坚定信念，不断探索适合自己的学习方法，充分利用自己已有的知识基础和实际工作经验，最大限度地发挥自己的潜能，达到学习的目标。

欢迎读者提出意见和建议。

祝每一位读者自学成功。

全国高等教育自学考试指导委员会

2017年1月

目　录

全国高等教育自学考试

教育管理专业（独立本科段）

中外教育管理史自学考试大纲

全国高等教育自学考试指导委员会　制定

大纲前言

为了适应社会主义现代化建设事业的需要,鼓励自学成才,我国在 20 世纪 80 年代初建立了高等教育自学考试制度。高等教育自学考试是个人自学、社会助学和国家考试相结合的一种高等教育形式。应考者通过规定的专业考试课程并经思想品德鉴定达到毕业要求的,可获得毕业证书;国家承认学历并按照规定享有与普通高等学校毕业生同等的有关待遇。经过 30 多年的发展,高等教育自学考试为国家培养造就了大批专门人才。

课程自学考试大纲是国家规范自学者学习范围、要求和考试标准的文件。它是按照专业考试计划的要求,具体指导个人自学、社会助学、国家考试、编写教材、编写自学辅导书的依据。

随着经济社会的快速发展,新的法律法规不断出台,科技成果不断涌现,原大纲中有些内容过时、部分知识陈旧。为更新教育观念,深化教学内容和方式、考试制度、质量评价制度改革,使自学考试更好地提高人才培养的质量,各专业委员会按照专业考试计划的要求,对原课程自学考试大纲组织了修订或重编。

修订后的大纲,在层次上,本科参照一般普通高校本科水平,专科参照一般普通高校专科或高职院校的水平;在内容上,力图反映学科的发展变化,增补了自然科学和社会科学近年来研究的成果,对明显陈旧的内容进行了删减。

全国高等教育自学考试指导委员会教育类专业委员会组织制定了《中外教育管理史自学考试大纲》,经教育部批准,现颁发施行。各地教育部门、考试机构应认真贯彻执行。

全国高等教育自学考试指导委员会

2018 年 12 月

I 课程性质与课程目标

一、课程性质和特点

"中外教育管理史"课程是全国高等教育自学考试教育管理专业(独立本科段)的必考课,是为自学应考者掌握中外教育管理史的基本历史和理论知识与应用能力而设置的一门专业基础课。从课程性质来看,中外教育管理史主要介绍中外教育管理发展的历史,是一门介于教育管理学与教育史学之间的课程,既是管理史的分支学科,也是教育史的分支学科,因此,本课程有别于本专业开设的教育管理学、教育行政学、教育政策学等课程。

二、课程目标

中外教育管理史内容主要包括中国和外国不同历史时期的教育方针政策、教育法规、教育行政体制、学校管理制度和教育管理思想等,目的在于使考生了解教育管理的发展线索,学会用唯物史观分析教育管理现象,探索不同国家、不同历史时期教育管理的理论与实践发展的规律,吸收历史上教育管理实践的经验和智慧,古为今用,洋为中用,为现代教育管理工作提供经验与教训,以促进我国教育管理的改革和发展。同时通过本课程的学习,进一步丰富考生的学识,提高传统文化的修养。

三、与相关课程的联系与区别

与教育管理学的关系。教育管理学是教育学与管理学的交叉学科,侧重于管理理论与教育原理,而教育管理史侧重历史事实的呈现与分析。两者的联系是:教育管理学是在总结教育管理传统的基础上发展、完善起来的,是对教育管理史的批判继承,而教育管理史则为教育管理学提供了历史借鉴。

与教育行政学、教育政策学的关系。教育行政学主要以研究中央和各级地方教育机关对教育事业的领导和组织问题为对象,包括各级教育行政机构的性质、任务及其活动规律。教育政策学是政策科学中的一支,是运用政策学理论研究和解释教育政策的产生、发展规律的一门学科。教育行政学与教育政策学更具有时代性、社会性、实用性、可操作性等特点,教育管理史也涉及历代文教政策的制订、教育行政机构的设置与实施等内容,但历代教育行政与政策只是教育管理的一个侧面。

四、课程的重点和难点

(一)本课程的重点知识内容

1. 中国教育管理史

西周"学在官府"的教育行政体制;西周"六艺"教育的内容及影响;春秋战国时期私学产生的原因及意义;儒家私学的管理特点;墨家私学的管理特色;稷下学宫的管理特色;董仲舒三大文教政策的内容;独尊儒术文教政策对教育管理的影响;汉代太学的管理;察举制度的主要科目及其标准;察举制的教育管理功能;魏晋中央官学的"双轨制";魏晋南北朝专科教育的特点;魏晋南北朝时期的宗族和家庭教育;唐代礼部的教育管理职能;唐代官学管理的特点;科举考试管理制度的确立;宋代尊孔崇儒文教政策的具体体现;宋代太学管理制度的改革措施;宋代的科举考试管理制度改革措施;宋代书院的管理特点和经验;宋代书院的教学特点和经验;元代书院性质发生变化的原因及表现;明清国子监的教学管理制度;明清书院的管理;明清时期科举制度规范化;张之洞的《劝学篇》与"中体西用"文教思想;洋务学堂的管理制度;维新学堂的管理制度;近代私立学堂的创建及其管理;科举制废除的主要原因及意义;《癸卯学制》颁布的意义与局限;清末学部的建立及意义;教育视导制度的创设及内容;民国初期教育方针的内容及意义;《壬子·癸丑学制》的内容及评价;民国初期各级各类学校的管理;省教育厅、县教育局的建立;"养成健全人格,培养共和精神"的教育本义;《壬戌学制》对学校系统的规定;北京大学管理体制的改革及其意义;职业学校和师范学校管理改革的主要内容;大学院、大学区制的内容;三民主义教育宗旨;导师制;毕业会考制度;新民主主义教育方针的内涵及意义;革命根据地的社会教育和干部教育的形式与成就;"抗大"的教育方针、校训与教学原则。

2. 外国教育管理史

斯巴达和雅典教育制度的特征和区别;柏拉图的教育管理思想;亚里士多德的教育管理思想;昆体良的教育管理思想;基督教教育的产生、特点和影响;城市学校的兴起、特征、管理与意义;中世纪大学的兴起及其意义;人文主义教育的性质、特征与影响;人文主义的教育实践;夸美纽斯关于学校制度思想的内容与意义;班级授课制的利弊;夸美纽斯教学管理思想的内容与意义;法国近代国民教育运动形成与发展的历史原因与意义;国立中学被称为"拿破仑式的中学";法国高等教育中"中央集权"式的高等教育管理体制;英国近代国民教育运动形成与发展的历史原因与意义;1898 年英国"教育署"的成立;德国近代国民教育运动与民族复兴运动的关系;德国近代文科中学的变迁;柏林大学的主要特征;美国公共学校运动的内容、性质与意义;《莫雷尔法》的内容与意义;俄国近代国民教育运动的发展特征;师范教育与国民教育运动发展的关系;日本国民教育运动发展较快的原因;日本高等教育近代化的主要历程;欧洲新教育运动的本质特征;新教育运动的意义和影响;进步主义教育运动中各大实验的主要特点;美国进步主义教育运动的本质特征;英国现代国家教育行政体制的形成、确立与发展;美国现代国家教育行政体制的主要特征;20 世纪美国教育改革的主要阶段;德国"双元制"职业教育的形成;战后日本教育重建的基本过程与重要法案;20 世纪苏联现代教育管理制度形成的基本阶段与重要史实。

(二)本课程的难点知识内容

1. 中国教育管理史

儒家私学的课程体系;墨家私学的组织与管理;墨家私学的课程体系;独尊儒术的文教政策;察举的主要科目及其标准;察举制的教育管理功能;魏晋南北朝时期的学校类型多元化;魏晋南北朝时期的宗族和家庭教育;科举制度对教育管理的影响;宋代官学管理的复杂

性;宋代科举管理的完善;宋元书院管理制度的发展与变革;明清时期改革科举制度的经验与教训;《癸卯学制》颁布后的学堂管理;蔡元培"五育"并举教育思想的内容及其影响;各级各类学校管理进步性;《壬戌学制》的进步性与局限性;国民政府时期各级各类学校的管理;革命根据地的社会教育和干部教育的多样化。

2.外国教育管理史

外国古代教育行政及其特征形成的历史条件;中世纪大学的内外部组织管理结构;宗教改革运动在教育管理民族化、近代化中的贡献;夸美纽斯的"泛智"教育论;教育理论与教育科学在普及和发展教育中的作用;进步主义教育运动对现代教育的形塑及其缺陷;杜威的教育观和学校观在现代教育管理发展中的体现;法国"中央集权"现代国家教育行政制度的主要特征及其形成、发展的历史。

Ⅱ 考核目标

本大纲在考核目标中，按照识记、领会、应用三个层次规定其应达到的能力层次要求。三个层次是递进关系，各能力层次的含义分别为：

识记（Ⅰ）：要求考生能记住本课程中的基本史实和基本概念，能作出正确的表述、选择和判断。

领会（Ⅱ）：要求在识记的基础上，能全面领会本课程中的重要史实、重要概念及其内在联系。

应用（Ⅲ）：要求在领会的基础上，能运用马克思主义唯物史观分析教育管理现象，探索不同国家、不同历史时期教育管理的理论与实践发展的规律。能运用历史上教育管理实践的经验和智慧，分析和解决有关教育管理的理论问题和实际问题。

Ⅲ 课程内容与考核要求

上编　中国教育管理史

第一章　先秦时期的教育管理

一、学习目的与要求

通过本章的学习,了解我国教育的开创时期即夏、商、西周时期学校产生发展的历史和教育管理的特点。了解春秋战国这一社会大变革时期教育体制变革的历史、学校管理的特色,掌握儒家、墨家私学的教育管理特色。认识先秦时期的教育管理在整个教育管理史中的地位和影响。

二、课程内容

第一节　夏、商与西周时期的教育管理

(一)学校的产生与发展

(二)西周的学校及教育管理体制

第二节　春秋战国时期的教育管理

(一)教育体制的变革

(二)儒家的教育管理

(三)墨家的教育管理

(四)稷下学宫的管理

三、考核知识点与考核要求

(一)夏、商与西周时期的教育管理

1. 识记:(1)萌芽时代的学校名称;(2)夏、商两代学校的名称;(3)商代学校的教育内容;(4)西周学校的类型与层次;(5)西周"学在官府"的含义。

2. 领会:(1)西周"学在官府"的教育行政体制的成因与意义;(2)分析西周"六艺"教育的内容及影响;(3)西周的视学制度;(4)西周学校的考查标准。

(二)春秋战国时期的教育管理

1. 识记：（1）影响较大的诸子私学名称和代表人物；（2）儒家私学的教育对象及课程体系；（3）墨家私学的招生对象与领导制度；（4）稷下学宫的学生守则的名称及其主要内容。

2. 领会：（1）春秋战国时期官学衰落的原因；（2）私学产生的原因及意义；（3）儒家私学的管理特点；（4）墨家私学的管理特色；（5）稷下学宫的管理特色。

四、本章重点、难点

本章重点：西周"学在官府"的教育行政体制；西周"六艺"教育的内容及影响；春秋战国时期私学产生的原因及意义；儒家私学的管理特点；墨家私学的管理特色；稷下学宫的管理特色。

本章难点：儒家私学的课程体系；墨家私学的组织与管理；墨家私学的课程体系。

第二章　秦汉时期的教育管理

一、学习目的与要求

通过本章的学习，了解秦代巩固统一的文教政策和汉代文教政策的变迁过程，了解汉代教育体制的特点、学校管理以及宏观教育管理的制度和措施，理解文教政策对教育的发展及其管理的影响，理解汉代教育管理的历史地位。

二、课程内容

第一节　秦汉时期的文教政策

（一）秦代的文教政策

（二）汉代的文教政策

第二节　汉代的教育行政体制与学校管理

（一）汉代的教育行政体制

（二）汉代的学校教育体系

（三）汉代的学校管理

第三节　汉代的宏观教育管理措施

（一）实行察举选士制度

（二）规范经学内容

三、考核知识点与考核要求

（一）秦汉时期的文教政策

1. 识记：（1）秦代文教政策的基本内容；（2）汉初黄老政治对文教政策的影响。

2. 领会：（1）董仲舒三大文教政策的内容；（2）独尊儒术文教政策对教育管理的影响。

3. 应用：秦汉文教政策的变迁给后人的启示。

（二）汉代的教育行政体制与学校管理

1. 识记：（1）汉代学校系统的特点及其历史地位；（2）汉代教育行政管理的特点；（3）汉代中央官学的名称和性质。

2. 领会：（1）汉代太学的教师管理特点；（2）汉代太学的考试制度的特点；（3）汉代地

方官学的职能及其管理的特点;(4)汉代私学的类型及其管理特点。

3．应用:汉代太学的管理经验及教训。

(三)汉代的宏观教育管理措施

1．识记:(1)察举制度的含义;(2)察举的主要科目及其标准;(3)汉代规范经学内容的主要手段及其具体内容。

2．领会:察举制的教育管理功能。

四、本章重点、难点

本章重点:董仲舒三大文教政策的内容;独尊儒术文教政策对教育管理的影响;汉代太学的管理;察举制度的主要科目及其标准;察举制的教育管理功能。

本章难点:独尊儒术的文教政策;察举的主要科目及其标准;察举制的教育管理功能。

第三章　魏晋南北朝时期的教育管理

一、学习目的与要求

通过本章的学习,了解魏晋南北朝时期教育行政及办学体制的变化、学校管理的发展以及人才选拔制度的演变,理解其发展和演变的背景及其在教育管理史上的重要地位。

二、课程内容

第一节　魏晋南北朝时期的教育行政与学校管理

(一)教育行政机构的渐趋独立

(二)魏晋中央官学的"双轨制"

(三)南朝专科学校的管理

(四)北朝郡国学校的管理

(五)私学和家庭教育的发展

第二节　九品中正制及其对教育管理的影响

(一)九品中正制的实施

(二)九品中正制对教育管理的影响

三、考核知识点与考核要求

(一)魏晋南北朝时期的教育行政与学校管理

1．识记:(1)北齐国子寺的建立;(2)南朝专科学校的名称;(3)北魏建立的郡国学校教育制度。

2．领会:(1)魏晋中央官学的"双轨制";(2)魏晋南北朝专科教育的特点;(3)《颜氏家训》的主要内容及影响。

(二)九品中正制及其对教育管理的影响

1．识记:(1)九品中正制的含义;(2)实施九品中正制的程序。

2．领会:(1)九品中正制产生的背景;(2)九品中正制对教育管理的影响。

四、本章重点、难点

本章重点：魏晋中央官学的"双轨制"；魏晋南北朝专科教育的特点；魏晋南北朝时期的宗族和家庭教育。

本章难点：魏晋南北朝时期的学校类型多元化；魏晋南北朝时期的家族教育。

第四章 隋唐时期的教育管理

一、学习目的与要求

通过本章的学习，了解隋唐时期的文教政策的特点、选士制度的进步、教育行政与学校管理制度的发展，理解其文教政策形成的历史必然性，理解唐代学校教育管理体制的逐步完善，理解科举制度作为选士制度的进步意义及其对教育的双重影响。

二、课程内容

第一节 隋唐时期的文教政策

（一）重振儒术

（二）兼容佛道

第二节 隋唐的教育行政与官学管理

（一）隋唐的教育行政

（二）隋唐的学制系统

（三）唐代的官学管理

第三节 科举考试管理制度的确立

（一）科举考试制度的创立

（二）科举考试管理的完善

（三）科举考试制度对教育管理的影响

三、考核知识点与考核要求

（一）隋唐时期的文教政策

1. 识记：隋唐文教政策的基本内容。

2. 领会：（1）隋唐采取重振儒术、兼容佛道文教政策的背景；（2）重振儒术、兼容佛道文教政策的具体体现。

（二）隋唐的教育行政与官学管理

1. 识记：（1）隋唐时期教育行政体制的特点；（2）唐代的"六学二馆"。

2. 领会：（1）唐代礼部的教育管理职能；（2）唐代官学的课程管理；（3）唐代官学的学生管理；（4）唐代官学的考试制度。

3. 应用：唐代官学管理的特点及经验。

（三）科举考试管理制度的确立

1. 识记：（1）科举制度创立的标志；（2）科举考生的来源及名称；（3）科举报考的程序；

（4）科举考试的科目设置、内容和方法。

2. 领会：（1）科举制产生的原因；（2）科举制度对教育管理的影响。

四、本章重点、难点

本章重点：唐代礼部的教育管理职能；唐代官学管理的特点；科举考试管理制度的确立。

本章难点：科举制度对教育管理的影响。

第五章　宋元时期的教育管理

一、学习目的与要求

通过本章的学习，了解宋代文教政策的特点、官学管理的改革和官学管理的发展，了解宋元书院的产生发展过程，掌握书院的管理特点，理解宋元时期选士制度的特点。

二、课程内容

第一节　宋代的文教政策

（一）尊孔崇儒

（二）重视佛道

（三）理学的兴起

第二节　宋代的教育行政与官学管理

（一）宋代的教育行政管理

（二）宋代官学管理的发展

第三节　宋代的科举考试管理制度

（一）殿试制度的确立

（二）改革考试科目与方法

（三）扩大科举取士的名额

（四）提高考生的地位和待遇

（五）科场管理日益严格

第四节　宋代的书院管理

（一）宋代书院建置

（二）宋代书院的组织和管理

（三）书院的教学管理

第五节　元代的教育管理

（一）元代的官学管理

（二）元代书院的管理

（三）元代的选士制度

三、考核知识点与考核要求

（一）宋代的文教政策

1. 识记：宋代文教政策的内容。

2. 领会：宋代尊孔崇儒文教政策的具体体现。

（二）宋代的教育行政与官学管理

1. 识记：(1)教育行政机构的名称；(2)苏湖教法的含义；(3)太学三舍法和积分制；
(4)"学田制"的实施。

2. 领会：宋代官学管理发展的主要体现。

3. 应用：宋代太学管理制度的改革措施及其影响。

（三）宋代的科举考试管理制度

1. 识记：宋代科举的主要科目及方法。

2. 领会：(1)宋代实行殿试制度的目的；(2)宋代科举的科场管理措施及其影响。

3. 应用：宋代的科举考试管理制度改革措施及其经验教训。

（四）宋代的书院管理

1. 识记：(1)书院产生的时间；(2)书院的性质；(3)宋代著名书院的名称。

2. 领会：(1)书院产生的原因；(2)《白鹿洞书院揭示》的主要内容及影响。

3. 应用：(1)书院的管理特点和经验；(2)书院的教学特点和经验。

（五）元代的教育管理

1. 识记：(1)元代中央官学的类型；(2)程端礼《程氏家塾读书分年日程》；(3)元代选
士的三条主要途径。

2. 领会：(1)元代中央官学的管理特点；(2)元代书院性质发生变化的原因及表现。

四、本章重点、难点

本章重点：宋代尊孔崇儒文教政策的具体体现；宋代太学管理制度的改革措施；宋代的
科举考试管理制度改革措施；宋代书院的管理特点和经验；宋代书院的教学特点和经验；元
代书院性质发生变化的原因及表现。

本章难点：宋代官学管理的复杂性；宋代科举管理的完善；宋元书院管理制度的发展与
变革。

第六章　明清（鸦片战争前）的教育管理

一、学习目的与要求

通过本章的学习，了解我国封建社会末期文化专制政策下的教育管理制度，掌握官学、
科举、书院管理的进一步僵化，加深理解教育管理与社会政治、经济、文化的密切联系。

二、课程内容

第一节　明清的文教政策

（一）尊经崇儒

（二）推崇程朱理学

（三）实行文化专制

第二节　明清的教育行政制度

（一）明代的教育行政制度

（二）清代的教育行政制度

第三节　明清的学校管理

（一）明清国子监的管理

（二）明清地方官学的管理

（三）明清书院的管理

第四节　明清的科举考试管理

（一）考试周期与考试时间的规范化

（二）考试科目与内容的规范化

（三）考试程序的规范化

（四）考试方式的规范化与标准化

（五）明清科举的组织与管理

三、考核知识点与考核要求

（一）明清的文教政策

1. 识记：（1）明清尊经崇儒的政策和措施；（2）明清推崇程朱理学的政策和措施。

2. 领会：明清统治者禁锢思想、钳制舆论的措施。

（二）明清的教育行政制度

1. 识记：明清时期教育行政机构或官员的名称。

2. 领会：明清教育行政制度的特点。

（三）明清的学校管理

1. 识记：（1）明清国子监的设置；（2）升级制、积分制与监生历事制；（3）明清著名的讲学式书院。

2. 领会：（1）明清国子监的教学管理制度；（2）明清国子监的教师管理；（3）明清国子监的学生管理；（4）明清地方官学教师的考核；（5）明清讲学式书院的管理；（6）明清官学化书院的管理。

3. 应用：从清政府控制书院的举措分析书院精神的逐渐消亡。

（四）明清的科举考试管理

1. 识记：明清时期科举制度规范化的表现。

2. 领会：八股文取士的特点及其对教育管理的影响。

3. 应用：明清时期改革科举制度的经验与教训。

四、本章重点、难点

本章重点：明清国子监的教学管理制度；明清书院的管理；明清时期科举制度规范化。

本章难点：明清时期改革科举制度的经验与教训。

第七章　晚清的教育管理

一、学习目的与要求

通过本章的学习,了解中国近代教育管理在内外交困的形势下艰难起步的过程,深刻理解这一时期的文教政策、学校教育制度和学堂管理的半殖民地半封建的性质,正确评价洋务派和维新派在近代教育管理史上的作用。

二、课程内容

第一节　晚清的文教政策

(一)"中体西用"思想的提出

(二)张之洞的《劝学篇》与"中体西用"文教政策的确立

第二节　近代新式学堂的管理

(一)洋务学堂的管理制度

(二)维新学堂的管理制度

(三)私立学堂的创建及其管理

第三节　科举制度的废除与近代新学制的建立

(一)科举制度的废除

(二)新学制的建立

第四节　晚清的教育行政

(一)学部的建立

(二)学务公所的建立

(三)劝学所的建立

(四)教育视导制度的创设

第五节　《癸卯学制》颁布后的学堂管理

(一)学堂的组织机构

(二)教师管理

(三)学生管理

(四)课程与教材管理

三、考核知识点与考核要求

(一)晚清的文教政策

1. 识记:(1)晚清文教政策的基本内容;(2)"中体西用"思想在晚清的演进过程。

2. 领会:(1)张之洞"中体西用"思想的内容;(2)"中体西用"文教政策对晚清教育的影响。

(二)近代新式学堂的管理

1. 识记:(1)洋务派创办新式学堂的类型和主要学堂的名称;(2)维新派创办的新式学堂。

2. 领会：(1)洋务派创办的新式学堂及其管理的半殖民地半封建特点；(2)洋务学堂的创办对中国近代教育及其管理发展的意义；(3)维新派创办的新式学堂在管理上的特点；(4)私立学堂的建立对近代教育管理发展的意义。

（三）科举制度的废除与近代新学制的建立

1. 识记：(1)《癸卯学制》规定的学校系统；(2)科举制废除的时间。

2. 领会：(1)科举制废除的原因及意义；(2)近代学制建立的背景和条件；(3)《癸卯学制》的半殖民地半封建性质。

（四）晚清的教育行政

1. 识记：晚清各级教育行政机构的名称和主要职能。

2. 领会：(1)晚清教育行政体制的特点；(2)晚清创设视导制度的意义。

（五）《癸卯学制》颁布后的学堂管理

1. 识记：《癸卯学制》对各级各类学堂组织机构和领导体制的规定。

2. 领会：有关教师管理、学生管理和教学管理的制度和措施。

四、本章重点、难点

本章重点：张之洞的《劝学篇》与"中体西用"文教思想；洋务学堂的管理制度；维新学堂的管理制度；私立学堂的创建及其管理；科举制废除的主要原因及意义；《癸卯学制》颁布的意义与局限；清末学部的建立及意义；教育视导制度的创设及内容。

本章难点：《癸卯学制》颁布后的学堂管理。

第八章　民国初期的教育管理

一、学习目的与要求

通过本章的学习，了解民国初期资产阶级改造封建教育、建立近代教育管理体制的过程，理解民国初期教育管理的改革对中国教育管理近代化的深远意义。

二、课程内容

第一节　民国初期的教育行政体制

（一）中央教育行政机构

（二）地方教育行政机构

第二节　民国初期的教育方针与学制改革

（一）制定民国教育方针

（二）制定新学制

第三节　民国初期各级各类学校的管理

（一）初等学校和中等学校的管理

（二）高等学校的管理

（三）实业学校的管理

（四）师范学校的管理

三、考核知识点与考核要求

（一）民国初期的教育行政体制

1. 识记：教育部成立的时间。

2. 领会：教育部建制的特点。

（二）民国初期的教育方针与学制改革

1. 识记：民国初期教育方针的内容。

2. 领会：（1）蔡元培"五育"并举教育思想的内容及其影响；（2）《壬子·癸丑学制》的进步性与局限性。

（三）民国初期各级各类学校的管理

1. 识记：（1）初等学校和中等学校的办学体制；（2）关于中小学教员职称的规定；（3）大学评议会和教授会的职能。

2. 领会：（1）小学教师检定制度；（2）各级各类学校管理的进步性。

四、本章重点、难点

本章重点：民国初期教育方针的内容及意义；《壬子·癸丑学制》的内容及评价；民国初期各级各类学校的管理。

本章难点：蔡元培"五育"并举教育思想的内容及其影响；各级各类学校管理的进步性。

第九章　北洋军阀政府统治时期的教育管理

一、学习目的与要求

通过本章的学习，了解北洋军阀统治时期教育管理发展的历史，理解教育行政体制完善的意义，认识民间教育改革热潮对学制改革的推动作用，掌握各级各类学校管理的制度和经验。

二、课程内容

第一节　教育行政体制的完善

（一）省教育厅的建立

（二）县教育局的建立

第二节　教育宗旨的演变和《壬戌学制》的颁布

（一）教育宗旨的演变

（二）《壬戌学制》的颁布

第三节　各级各类学校管理的发展

（一）普通中小学校的管理

（二）高等学校的管理

（三）职业学校和师范学校的管理

三、考核知识点与考核要求

（一）教育行政体制的完善

1. 识记：北洋政府统治时期教育行政体制完善的标志。

2. 领会：完善教育行政体制的意义。

（二）教育宗旨的演变和《壬戌学制》的颁布

1. 识记：《壬戌学制》对学校系统的规定。

2. 领会：（1）北洋政府统治时期教育宗旨的演变过程；（2）教育界人士和教育社团在学制改革过程中所发挥的作用。

3. 应用：分析评价《壬戌学制》的进步性与局限性。

（三）各级各类学校管理的发展

1. 识记：（1）"教授治校"的内容；（2）大学管理体制进步的表现；（3）新学制对职业学校与师范学校任务的规定。

2. 领会：（1）普通学校教学方法的改革；（2）学校推行学生自治的意义；（3）北京大学的改革及其对近代高等学校管理规范化所起的作用；（4）职业学校和师范学校管理改革的主要内容。

四、本章重点、难点

本章重点：省教育厅、县教育局的建立；"养成健全人格，培养共和精神"的教育本义；《壬戌学制》对学校系统的规定；北京大学管理体制的改革及其意义；职业学校和师范学校管理改革的主要内容。

本章难点：《壬戌学制》的进步性与局限性。

第十章　国民政府统治时期国统区的教育管理

一、学习目的与要求

通过本章的学习，了解国民党政府统治时期国民党统治区的教育行政体制和各级各类学校的管理制度，了解这一时期教育管理日趋完善、开始与国际教育接轨走向规范化管理，了解这一时期从"党化教育"到"三民主义教育"转变的过程。理解当时国际国内复杂的政治、经济、文化教育背景对中国教育管理的影响。

二、课程内容

第一节　教育行政体制的变革与调整

（一）大学院、大学区制的试行

（二）重建中央集权制教育行政体系

（三）教育视导制度的恢复

第二节　三民主义教育宗旨与新学制的修订

（一）南京国民政府的教育宗旨

（二）《戊辰学制》的颁行

第三节 各级各类学校的管理

（一）普通中小学校的管理

（二）高等学校的管理

（三）职业和师范学校的管理

三、考核知识点与考核要求

（一）教育行政体制的变革与调整

1. 识记：(1) 教育独立运动的主要内容；(2) 大学院制的内容；(3) 大学区制的内容；(4) 南京国民政府的视导制度。

2. 领会：(1) 实行大学院、大学区制的背景和动机；(2) 大学院、大学区制失败的原因。

（二）三民主义教育宗旨与新学制的修订

1. 识记：(1) 国民党"党化教育"的内容；(2) 三民主义教育宗旨的内容；(3) 国民政府对新学制进行修订的主要内容。

2. 领会：国民政府修订新学制的意义。

（三）各级各类学校的管理

1. 识记：(1) 普通学校领导机构和人员的设置；(2) 普通学校校长的任用制度。

2. 领会：(1) 对各级各类学校校长资格的要求；(2) 保证师资质量、稳定师资队伍的制度和措施；(3) 推行导师制的目的；(4) 实行中学和师范学校毕业生毕业会考制度的背景和动机；(5) 普通学校的教学管理的制度和措施；(6) 高等学校教学管理的制度和措施；(7) 职业和师范学校的管理制度和措施。

3. 应用：正确评价国统区各级各类学校的管理制度和措施，合理吸收其管理经验。

四、本章重点、难点

本章重点：大学院、大学区制的内容；三民主义教育宗旨；导师制；毕业会考制度。

本章难点：国民政府时期各级各类学校的管理。

第十一章 革命根据地的教育管理

一、学习目的与要求

通过本章的学习，了解中国共产党领导下的革命根据地和解放区教育管理的特色和所取得的成就，理解其在教育管理史上的重要地位和作用。

二、课程内容

第一节 革命根据地的教育方针、政策

（一）瑞金时期的文教方针、政策

（二）延安时期的文教方针、政策

（三）解放区的教育方针、政策

第二节　革命根据地的教育行政

（一）瑞金时期的教育行政机构

（二）延安时期的教育行政

（三）解放区的教育行政

第三节　革命根据地的学校管理

（一）干部教育的管理

（二）普通教育的管理

（三）社会教育的管理

（四）革命根据地教育管理的基本经验

三、考核知识点与考核要求

（一）革命根据地的教育方针、政策

1. 识记：（1）瑞金时期苏维埃文化教育总方针和具体政策；（2）延安时期的根据地文教政策的主要内容；（3）解放区的教育方针政策。

2. 领会：新民主主义教育方针的内涵及意义。

（二）革命根据地的教育行政

1. 识记：（1）瑞金时期根据地最早设立的教育行政机构的名称及内部机构、职能；（2）延安时期的根据地教育行政机构的演变过程；（3）各边区教育行政机构的设置及其职能。

2. 领会：解放区的教育行政的主要特点。

（三）革命根据地的学校管理

1. 识记：（1）革命根据地干部教育的主要形式；（2）革命根据地著名的干部学校；（3）"抗大"的教育方针、校训与教学原则。

2. 领会：（1）革命根据地小学教育管理的特点；（2）革命根据地社会教育的管理特点。

3. 应用：革命根据地教育管理的主要经验。

四、本章重点、难点

本章重点：新民主主义教育方针的内涵及意义；革命根据地的社会教育和干部教育的形式与成就；"抗大"的教育方针、校训与教学原则。

本章难点：革命根据地的社会教育和干部教育的多样化。

下编　外国教育管理史

第一章　古代的教育管理

一、学习目的与要求

通过本章的学习，了解世界古代的学校、教育行政和教育管理思想，理解学校、教育行政和教育管理思想产生的历史条件和意义,理解封建社会教育管理的本质和特征。

二、课程内容

第一节　文明古国的学校及管理
（一）古巴比伦的文明与学校
（二）古埃及的文明与学校
（三）古印度文明与学校
第二节　古希腊罗马时期的教育管理
（一）古希腊的教育制度
（二）古罗马时期的教育
（三）古希腊罗马时期的教育管理思想
第三节　中世纪的教育管理
（一）基督教教育
（二）世俗教育
（三）中世纪大学

三、考核知识点与考核要求

（一）文明古国的学校及管理
1. 识记:(1)古巴比伦的泥板书屋;(2)古埃及的宫廷学校、职官学校、文士学校、僧侣学校;(3)古印度的吠陀学校、古儒学校、寺庙学校;(4)古希伯来的会堂学校。
2. 领会:学校产生的条件。
3. 应用:学校的发展、变革的历史条件。
（二）古希腊罗马时期的教育管理
1. 识记:(1)斯巴达的奴隶制国家军事专制的教育制度;(2)雅典的奴隶民主制下的民主和谐的教育制度;(3)共和时期的罗马初等、中等、高等教育;(4)帝国时期的罗马国家教育的出现。
2. 领会:(1)教育行政形成的条件;(2)柏拉图的教育管理思想;(3)亚里士多德的教育管理思想;(4)昆体良的教育管理思想。
3. 应用:斯巴达和雅典教育制度的特征和区别。
（三）中世纪的教育管理
1. 识记:(1)教会学校的类型:初等教义学校、教理学校、主教学校、修道院学校;(2)世俗教育的类型:宫廷学校、骑士教育、城市学校。
2. 领会:基督教教育的产生、特点和影响。城市学校的兴起、特征、管理与意义。中世纪大学的兴起及其意义。
3. 应用:中世纪大学的内外部组织管理结构。

四、本章重点、难点

本章重点:斯巴达和雅典教育制度的特征和区别。柏拉图的教育管理思想。亚里士多德的教育管理思想。昆体良的教育管理思想。基督教教育的产生、特点和影响。城市学校的兴起、特征、管理与意义。中世纪大学的兴起及其意义。

本章难点:教育行政及其特征形成的历史条件。中世纪大学的内外部组织管理结构。

第二章　文艺复兴、宗教改革时期的教育管理

一、学习目的与要求

通过本章的学习,了解文艺复兴运动和宗教改革运动中教育管理发生的根本变化,理解人文主义教育管理的本质与影响,理解宗教改革对教育民族化和普及化所做出的贡献,理解夸美纽斯的教育管理思想。

二、课程内容

第一节　文艺复兴时期教育管理的变化

(一)文艺复兴的时代特征

(二)人文主义的教育实践

第二节　宗教改革时期的教育管理

(一)宗教改革的过程

(二)宗教改革影响下国民教育的出现

(三)宗教改革影响下中等教育与高等教育的变化

第三节　夸美纽斯学说中的教育管理

(一)"泛智"教育论

(二)"教育适应自然"原则

(三)夸美纽斯的教学原则

(四)学制系统论

三、考核知识点与考核要求

(一)文艺复兴时期教育管理的变化

1. 识记:(1)文艺复兴的时代特征;(2)人文主义的教育实践:弗吉里奥、维多利诺、格里诺、"快乐之家"。

2. 领会:人文主义教育的性质、特征与影响。

(二)宗教改革时期的教育管理

1. 识记:(1)宗教改革影响下国民教育的出现:德意志国民教育的成型、英格兰的教育改革、北美殖民地早期的民众教育;(2)教派影响下的高等教育改革;(3)世俗政权影响下的高等教育改革。

2. 领会:宗教改革运动在教育管理民族化、近代化中的贡献。

(三)夸美纽斯学说中的教育管理

1. 识记:(1)《大教学论》;(2)"教育适应自然"原则;(3)夸美纽斯的教学原则;(4)班级授课制。

2. 领会:(1)夸美纽斯关于学校制度思想的内容与意义;(2)夸美纽斯教学管理思想的

内容与意义。

四、本章重点、难点

本章重点：人文主义教育的性质、特征与影响；人文主义的教育实践；夸美纽斯关于学校制度思想的内容与意义；班级授课制的利弊；夸美纽斯教学管理思想的内容与意义。

本章难点：宗教改革运动在教育管理民族化、近代化中的贡献；夸美纽斯的"泛智"教育论。

第三章　近代民族国家的形成与国家教育管理制度（上）

一、学习目的与要求

通过本章的学习，了解近代主要国家国民教育运动的兴起与发展；了解各国近代国家教育管理制度的形成；理解国民教育运动的性质与意义；理解近代国家教育管理制度的形成与近代国民教育运动发展的同步性。了解近代欧美中等与高等教育的主要类型及其管理机制的形成与发展，理解近代欧美各主要国家中高等级教育的性质、形成的历史原因，比较各国之间的异同。

二、课程内容

第一节　近代法国的教育管理体制
（一）近代法国的国民教育制度的筹划
（二）近代法国中等教育制度的革新
（三）近代法国的高等教育制度
（四）近代法国的职业技术教育制度
第二节　近代英国的教育管理制度
（一）英国近代初等教育制度的萌芽
（二）英国中等教育制度的革新
（三）近代英国高等教育制度的发展
（四）近代英国职业技术教育制度的成型
第三节　近代德国的教育管理系统
（一）近代德国初等教育制度的形成
（二）近代德国中等教育制度的发展
（三）近代德国高等教育制度的发展
（四）近代德国职业技术教育制度

三、考核知识点与考核要求

（一）近代法国的教育管理体制
1. 识记：(1)法国大革命时期的教育法；(2)近代法国中等教育制度的革新：旧学校的改革、耶稣会学校、圣乐会学校、新学校的创建、中心学校、国立中学和市立中学；(3)帝国大学与高等专科学校;(4)国立初等职业学校与《阿斯蒂埃法》。

2.领会:(1)法国近代国民教育运动形成与发展的历史原因与意义;(2)国立中学被称为"拿破仑式的中学";(3)法国高等教育中"中央集权"式的高等教育管理体制。

(二)近代英国的教育管理制度

1.识记:(1)《福斯特教育法》;(2)星期日学校;(3)私立初等学校;(4)慈善教育;(5)导生制学校;(6)幼儿学校;(7)公学;(8)文法学校;(9)学园;(10)弥尔顿;(11)牛津大学;(12)剑桥大学;(13)大学推广运动;(14)"一便士税"。

2.领会:(1)英国近代国民教育运动形成与发展的历史原因与意义;(2)1898年英国"教育署"成立是中等教育发展的结果。

(三)近代德国的教育管理系统

1.识记:(1)《初等学校及教师通则》;(2)骑士学院;(3)文科中学;(4)实科中学;(5)哈勒大学与托马西乌斯;(6)哥廷根大学与闵希豪生;(7)柏林大学。

2.领会:(1)德国近代国民教育运动与民族复兴运动的关系;(2)德国近代文科中学的变迁;(3)柏林大学的主要特征。

四、本章重点、难点

本章重点:法国近代国民教育运动形成与发展的历史原因与意义;国立中学被称为"拿破仑式的中学";法国高等教育中"中央集权"式的高等教育管理体制;英国近代国民教育运动形成与发展的历史原因与意义;1898年英国"教育署"的成立;德国近代国民教育运动与民族复兴运动的关系;德国近代文科中学的变迁;柏林大学的主要特征。

第四章　近代民族国家的形成与国家教育管理制度(下)

一、学习目的与要求

通过本章的学习,了解近代主要国家国民教育运动的兴起与发展;了解各国近代国家教育管理制度的形成;理解国民教育运动的性质与意义;理解近代国家教育管理制度的形成与近代国民教育运动发展的同步性。了解近代欧美中等与高等教育的主要类型及其管理机制的形成与发展,理解近代欧美各主要国家中高等级教育的性质、形成的历史原因,比较各国之间的异同。

二、课程内容

第一节　近代美国的教育管理制度
(一)近代美国初等教育的成型
(二)近代美国中等教育的革新
(三)近代美国的高等教育
(四)近代美国的职业技术教育制度
(五)公共学校运动
第二节　近代俄国的教育管理制度

（一）彼得一世改革与俄国国民教育的发展

（二）叶卡捷琳娜二世的改革与俄国国民教育的发展

（三）法国的影响与俄国国民教育的发展

（四）农奴制的废除为俄国国民教育带来新的气象

（五）师范教育

（六）俄国中等教育及管理的发展

（七）近代俄国的高等教育及其管理

第三节　近代日本的教育管理制度

（一）幕府时期的民众教育

（二）明治维新后国民教育制度的初步形成

（三）建立完善的师范教育体制

（四）日本中等教育管理的发展

（五）近代日本高等教育管理

第四节　国民教育管理思潮

（一）裴斯泰洛齐的教育管理思想

（二）赫尔巴特的教育管理思想

（三）19 世纪德国的国民教育思想

三、考核知识点与考核要求

（一）近代美国的教育管理制度

1. 识记：(1)《进一步普及知识的议案》；(2) 普罗维登斯机械工人与制造工人联合会；(3) 文实中学；(4) 殖民地九大学院；(5)《莫雷尔法》；(6) 赠地学院运动；(7)"康奈尔计划"和威斯康星思想；(8) 学徒制与技工学校；(9) 贺拉斯·曼；(10) 亨利·巴纳德；(11) 强迫就读法；(12) 公共学校运动；(13) 奥斯维哥运动；(14) 导生制。

2. 领会：(1) 美国公共学校运动的内容、性质与意义；(2)《莫雷尔法》的内容与意义。

（二）近代俄国的教育管理系统

1. 识记：(1) 1786 年批准的《国民学校章程》是俄国历史上第一部国民教育法令；(2) 1864 年《初等国民学校章程》；(3)《国民教育部女子学校章程》；(4) 罗蒙诺索夫与莫斯科大学。

2. 领会：(1) 俄国近代国民教育运动的发展特征；(2) 师范教育与国民教育运动发展的关系。

（三）近代日本的教育管理系统

1. 识记：(1) 幕府时期的民众教育机构；(2) 明治维新的主要教育政策；(3) 1872 年《学制令》；(4) 昌平坂学问所；(5) 1886 年《帝国大学令》；(6) 寻常中学；(7) 近代日本的师范教育体制。

2. 领会：(1) 日本国民教育运动发展较快的原因；(2) 日本高等教育近代化的主要历程。

（四）国民教育管理思潮

1. 识记：(1) 裴斯泰洛齐的"要素教学法"；(2) 赫尔巴特的教学阶段理论；(3) 赫尔巴

特的"教育性教学";(4)赫尔巴特的《普通教育学》;(5)费希特的《对德意志民族的演讲》;(6)第斯多惠的"全人教育"。

2.领会:教育理论与教育科学在普及和发展教育中的作用。

四、本章重点、难点

本章重点:美国公共学校运动的内容、性质与意义;《莫雷尔法》的内容与意义;俄国近代国民教育运动的发展特征;师范教育与国民教育运动发展的关系;日本国民教育运动发展较快的原因;日本高等教育近代化的主要历程。

本章难点:教育理论与教育科学在普及和发展教育中的作用。

第五章　新教育运动与进步主义教育运动时期的管理革命

一、学习目的与要求

通过本章的学习,了解在欧洲新教育运动和美国进步主义教育运动中出现的新学校、新教育组织和新的教育原则,理解这些新学校、新教育组织和新的教育原则正是现代教育的开端,理解欧洲新教育运动和美国进步主义教育运动中教育及教育管理发生的从近代向现代的转变。

二、课程内容

第一节　欧洲新教育运动中教育管理的变革
(一)新教育运动的发展历程
(二)新教育运动的主要理论观点
(三)新教育运动的意义和影响
第二节　美国进步主义教育中教育管理的变化
(一)进步主义教育运动的兴起与发展
(二)进步主义教育运动的主要实验
(三)进步主义教育运动的影响、局限与反思
第三节　杜威学说中的教育管理
(一)教育基本原理
(二)课程与教学理论
(三)道德教育理论
(四)评价

三、考核知识点与考核要求

(一)欧洲新教育运动中教育管理的变革
1.识记:(1)阿博茨霍尔姆学校;(2)乡村寄宿学校;(3)劳动学校;(4)新教育运动。
2.领会:(1)新教育运动的主要原则;(2)欧洲新教育的本质特征;(3)欧洲新教育运动中的新式学校是如何促进儿童自由发展的。

3．应用：新教育运动对各国现代教育体制建立的推动作用。

（二）美国进步主义教育中教育管理的变化

1．识记：（1）进步主义教育运动；（2）进步主义教育的基本原则；（3）昆西方法；（4）有机教育学校；（5）葛雷制；（6）道尔顿制；（7）文纳特卡计划；（8）设计教学法；（9）芝加哥实验学校与"八年研究"；（10）社会课程。

2．领会：美国进步主义教育运动的本质特征。

3．应用：（1）进步主义教育运动中各大实验的主要特点；（2）进步主义教育运动对现代教育的形塑及其缺陷。

（三）杜威学说中的教育管理

1．识记：（1）教育即经验的改造和重组；（2）教育即生长；（3）教育即生活；（4）学校即社会；（5）教育无目的；（6）做中学与教材心理化；（7）五步探究教学法；（8）道德教育理论。

2．领会：杜威的教育观和学校观在现代教育管理发展中的体现。

四、本章重点、难点

本章重点：欧洲新教育运动的本质特征；新教育运动的意义和影响；进步主义教育运动中各大实验的主要特点；美国进步主义教育运动的本质特征。

本章难点：进步主义教育运动对现代教育的形塑及其缺陷；杜威的教育观和学校观在现代教育管理发展中的体现。

第六章　现代国家教育管理制度的形成与发展（上）

一、学习目的与要求

通过本章的学习，了解英、美、法国的现代教育管理制度的本质特征和趋向，了解现代教育管理制度的主要内容，理解现代教育管理制度与近代管理制度的区别，了解各主要发达国家现代教育管理制度的总体特征及其发展历程。

二、课程内容

第一节　英国现代教育管理制度

（一）英国现代教育管理体制的形成

（二）英国现代教育管理体制的确立

（三）英国现代教育管理体制的发展

第二节　美国现代教育管理制度

（一）20世纪初期美国教育管理体制的改革

（二）20世纪中叶美国现代教育管理改革的发展

（三）20世纪80年代以来的教育改革

第三节　法国现代教育管理制度

（一）法国现代教育管理制度的酝酿

（二）法国现代教育管理制度的确立

（三）二战后法国现代教育管理体制的发展

三、考核知识点与考核要求

（一）英国现代教育管理制度

1. 识记：（1）《巴尔福法案》及其他法令；（2）《哈多报告》；（3）11 岁考试；（4）《斯宾斯报告》；（5）《巴特勒教育法》；（6）《罗宾斯报告》；（7）《克劳瑟报告》；（8）20 世纪 60 年代后的教育改革；（9）《1988 年教育改革法》。

2. 领会：英国现代国家教育行政体制的形成、确立与发展。

（二）美国现代教育管理制度

1. 识记：（1）十人委员会报告；（2）《中等教育基本原则》；（3）综合中学；（4）《国防教育法》；（5）布鲁纳的结构课程论；（6）科南特与《今日美国中学》；（7）促进教育机会平等的改革；（8）生计教育计划；（9）"回到基础"运动；（10）《国家处在危险中》教育报告。

2. 领会：（1）美国现代国家教育行政体制的主要特征；（2）20 世纪美国教育改革的主要阶段。

（三）法国现代教育管理制度

1. 识记：（1）文实之争；（2）统一学校运动；（3）《郎之万－瓦隆方案》；（4）戴高乐政府的教育改革；（5）《教育改革法》；（6）《高等教育方向指导法》；（7）《法国学校体制现代化建议》；（8）《高等教育法》。

2. 领会：（1）理解法国统一学校运动；（2）了解戴高乐政府的教育改革；（3）理解"哈比改革"与法国职业教育的发展；（4）了解二战后法国现代教育管理体制的发展。

3. 应用：法国"中央集权"现代国家教育行政制度的主要特征及其形成、发展的历史。

四、本章重点、难点

本章重点：英国现代国家教育行政体制的形成、确立与发展；美国现代国家教育行政体制的主要特征；20 世纪美国教育改革的主要阶段。

本章难点：法国"中央集权"现代国家教育行政制度的主要特征及其形成、发展的历史。

第七章　现代国家教育管理制度的形成与发展（下）

一、学习目的与要求

通过本章的学习，了解德、日、苏联等国现代教育管理制度的本质特征和趋向，了解现代教育管理制度的主要内容，理解现代教育管理制度与近代管理制度的区别，了解各主要发达国家现代教育管理制度的总体特征及其发展历程。

二、课程内容

第一节　德国现代教育管理制度

（一）20 世纪初期德国教育管理体制的倒退

（二）战后联邦德国的教育重建

（三）战后德国现代教育管理体制的改革措施

第二节　日本的现代教育管理制度

（一）军国主义教育的反动

（二）战后日本的教育重建

第三节　苏联的现代教育管理制度

（一）初创时期

（二）调整与巩固时期

（三）卫国战争时期

（四）战后重建时期

三、考核知识点与考核要求

（一）德国现代教育管理制度

1. 识记：(1) 魏玛共和国时期的德国教育；(2) 1949 年《基本法》；(3)《改组和统一公立普通学校教育的总纲计划》；(4)《汉堡协定》；(5) 双元制职业教育。

2. 领会：(1) 德国教育的纳粹化；(2) 德国"双元制"职业教育的形成。

（二）日本现代教育管理制度

1. 识记：(1)《学校令》与《教育敕语》；(2) 日本的新教育运动；(3) 战后教育重建的指导思想：(4)《教育基本法》与《学校教育法》；(5)《教育委员会法》与《文部省设置法》；(6) 推行九年义务教育；(7) 设置新制高中；(8) 单一类型的大学；(9) 社会教育的改进。

2. 领会：战后日本教育重建的基本过程与重要法案。

（三）苏联现代教育管理制度

1. 识记：(1)《统一劳动学校规程》和《统一劳动学校基本原则》；(2)《国家学术委员会教学大纲》；(3)《关于小学和中学的决定》；(4)《改革普通教育学校和职业学校的基本方针》。

2. 领会：20 世纪苏联现代教育管理制度形成的基本阶段与重要史实。

四、本章重点、难点

本章重点：德国"双元制"职业教育的形成；战后日本教育重建的基本过程与重要法案；20 世纪苏联现代教育管理制度形成的基本阶段与重要史实。

Ⅳ 关于大纲的说明与考核实施要求

一、自学考试大纲的目的和作用

中外教育管理史课程自学考试大纲是根据专业考试计划的要求,结合自学考试的特点而确定。其目的是对个人自学、社会助学和课程考试命题进行指导和规定。

中外教育管理史课程自学考试大纲明确了课程学习的内容以及深广度,规定了课程自学考试的范围和标准。因此,它是编写自学考试教材和辅导书的依据,是社会助学组织进行自学辅导依据,是自学者学习教材、掌握课程内容知识范围和程度的依据,也是进行自学考试命题的依据。

二、课程自学考试大纲与教材的关系

本大纲是根据教育管理专业(独立本科段)考试计划的要求,结合自学考试的特点,明确课程内容,规定课程考试标准,并使考核要求具体化的文件。它是个人自学、社会助学、国家考试的依据,也是编写教材,自学辅导书和检验学生学习质量的依据和标准。教材是大纲的具体化,教材的内容是对大纲所规定的课程内容的扩展与发挥。

大纲与教材所体现的内容基本是一致的。凡大纲中所规定的课程内容和考核知识点,教材里均做了全面、系统的讲述。但教材内容肯定要比大纲内容更详尽,教材里对大纲中未规定的内容也有一些阐述,但这只是出于理论体系完整或说明问题的需要,不属于考核的范围。

三、关于自学教材

《中外教育管理史》,全国高等教育自学考试指导委员会组编,施克灿主编,高等教育出版社,2019 年版。

推荐参考资料:《中国教育管理史》,孙培青主编,人民教育出版社,1996 年版;《外国教育管理史》,陈孝彬主编,人民教育出版社,1996 年版。

四、关于自学要求和自学方法的指导

(一)在全面系统学习的基础上掌握基本史实和概念。根据大纲中的知识点及要求,注意全面与重点相结合。

(二)学会用历史唯物主义的观点理解史实,学会史论结合,形成正确的历史观并能通过教育发生发展的历史事实,揭示教育管理的客观规律,总结传统教育管理的特点,探索各历史时期教育管理的经验与教训,批判地继承教育管理的历史遗产,以便达到古为今用、洋为中用的目的。

（三）注意联系实际,加深对教育管理史实的理解和对教育管理现实的认识。

（四）根据情况适当补充有关的基本的中外历史及教育史的知识。

五、对社会助学的要求

（一）社会助学者应根据本大纲规定的课程内容和考核目标,认真钻研指定教材,明确本课程与教育管理学等课程的区别和学习要求,对考生进行切实有效的辅导,引导他们防止自学中的各种偏向,把握社会助学的正确导向。

（二）要正确处理重点和一般的关系。课程内容有重点与一般之分,但考试内容是全面的,而且重点与一般是相互联系的。社会助学者应指导考生全面系统地学习教材,掌握全部考试内容和考核知识点,在此基础上再突出重点。切勿孤立地抓重点,把考生引向猜题、押题的歧路。

（三）要正确处理基础知识和应用能力的关系,努力引导考生将识记、领会与应用联系起来,把基础知识和理论转化为应用能力,在全面辅导的基础上,着重培养和提高考生分析问题和解决问题的能力。

（四）学时可根据各地实际适当安排。

六、对考核内容的说明

本课程要求考生学习和掌握的知识点内容都作为考核的内容。课程中各章的内容均由若干知识点组成,在自学考试中成为考核知识点。因此,课程自学考试大纲中所规定的考试内容是以分解为考核知识点的方式给出的。由于各知识点在课程中的地位、作用以及知识自身的特点不同,自学考试将对各知识点分别按三个认知(或叫能力)层次确定其考核要求。

七、关于考试命题的若干规定

（一）本课程的考试采用闭卷笔试形式,考试时间为150分钟;满分100分,60分及格。

（二）本课程的命题考试,应根据本大纲所规定的考试内容和考试目标来确定考试范围和考试要求,不要任意扩大或缩小考试范围,提高或降低考核要求。考试命题要覆盖到各章,并适当突出重点章节,体现本课程的内容重点。

（三）命题不应有超出大纲中考核知识点范围的题,考核目标不得高于大纲中所规定的相应的最高能力层次要求。命题应着重考核自学者对基本概念、基本知识和基本理论是否了解或掌握,对基本方法是否会用或熟练。不应出与基本要求不符的偏题或怪题。试题量以中等学习水平的自学者在规定时间内可以答完全部试题为宜。

（四）本课程在试题中对不同能力层次要求的分数比例,一般为:识记占30%,领会占45%,应用占25%。

（五）试题要合理安排难度结构。试题难易度可分为易、较易、较难、难四个等级,比例一般为:易占20%,较易占30%,较难占30%,难占20%。必须注意难易度与能力层次不是一个概念,在每个能力层次中都会存在不同难度的问题,切勿混淆。

（六）本课程考试试卷采用的题型一般有:单项选择题、辨析说明题、简答题、分析说明题、论述题等。各种题型的具体形式可参见本大纲附录。

附录 题型举例

一、单项选择题:在每小题列出的备选项中只有一项是最符合题目要求的,请将其选出。

1. 首先提出"独尊儒术"文教政策的是
A. 董仲舒　　　　B. 王充　　　　C. 孟子　　　　D. 扬雄
2. 英国教育行政体制的类型是
A. 中央集权制　　B. 地方分权制　　C. 中间制　　　D. 双轨制

二、辨析说明题:判断正误并给予简要说明。

1. 稷下学宫采取的是学术自由、兼容并包的管理政策。
2. 拿破仑政府创立中心学校以培养国家官员。

三、简答题

1. 中国古代的"三舍法"是谁提出的,其主要内容是什么?
2. 美国近代公共学校运动产生的原因是什么?

四、分析说明题

1. 请结合汉代太学管理的相关内容,谈一谈你对于下面这段话的理解。"西京博士,但以名流为之,无选试之法。中兴以来,始试而后用,盖既欲其为人之师范,则不容不先试其能否。"

2. 请结合进步主义教育的相关内容,谈一谈你对于下面这段话的理解。"① 自然发展的自由;② 兴趣是所有作业的动机;③ 教师是引导者,而不是监督者;④ 科学研究儿童的发展;⑤ 重视影响儿童身体发展的一切因素;⑥ 为满足儿童生活的需要,学校与家庭应进行合作;⑦ 进步主义学校应当成为教育运动的领导者。"

五、论述题

1. 试述革命根据地干部教育管理的主要经验。
2. 试述杜威教育思想对教育管理的影响。

后　记

　　2017 年 1 月由全国高等教育自学考试指导委员会办公室召开了全国高等教育自学考试课程大纲、教材编前会,会上确定了"中外教育管理史"课程自学考试大纲编写的指导思想、基本原则和要求。

　　本大纲由北京师范大学施克灿教授、陈露茜副教授负责编写。大纲完成后,华中师范大学教育学院范先佐教授、北京师范大学教育学部王晨教授、乔卫平副教授参加审稿工作,全国考委教育类专业委员会审定。

全国高等教育自学考试指导委员会
教育类专业委员会
2018 年 12 月

全国高等教育自学考试指定教材

教育管理专业（独立本科段）

中外教育管理史

全国高等教育自学考试指导委员会　组编

主　编　施克灿

副主编　陈露茜

编者的话

　　教育管理学是近代以后才产生的学科,但人类的教育管理实践和教育管理思想有着悠久的历史,并绵延不绝直到今天。可以说,我们现在学习、研究的教育管理学就是经过先人的长期实践、探索、总结才得以产生的。因此,学习教育管理学,就必须了解中国历代及外国的教育管理史。

　　教育管理史既是教育管理学的分支学科,也是教育史、管理史的分支学科,学习教育管理史,不仅可以丰富、充实教育管理学、管理史、教育学、教育史的内容,而且可以为完善教育管理理论、改革教育管理实践提供历史借鉴。

　　本书内容分为两大部分,即中国教育管理史与外国教育管理史,基本上按照历史发展线索来设计章节框架,兼顾了宏观和微观、全面和重点,将中外教育管理的发展历程集中而清晰地展示出来。其内容主要包括中国和外国不同历史时期的教育方针政策、教育法规、教育行政体制、学校管理制度和教育管理思想等,目的在于使考生了解教育管理的发展线索,学会用唯物史观分析教育管理现象,探索不同国家、不同历史时期教育管理的理论与实践发展的规律,吸收历史上教育管理实践的经验和智慧,古为今用,洋为中用,为现代教育管理工作提供经验与教训,以促进我国教育管理的改革和发展。同时通过本课程的学习,进一步丰富考生的学识,提高传统文化的修养。

　　这本《中外教育管理史》是在 2000 年版的基础上修订而成的,原书主编是北京师范大学资深教授王炳照先生,参与编写的有北京教育学院的胡舒云教授和季平教授,本次修订保留了原书的部分内容,在此对原作者表示衷心的感谢。

　　由于篇幅的局限,本书尽可能选择一些比较重要的内容,语言也力求通俗易懂,使之更适合考生自学。当然,由于修订时间过于仓促,加之编者的水平所限,不足与错谬之处在所难免,敬请各位读者批评指正。

编　者

2018 年 12 月

上编　中国教育管理史

第一章　先秦时期的教育管理

先秦时期包括原始社会与夏、商、周三代。由于原始社会生产力水平的低下,虽然有生产劳动教育和社会生活方面的教育活动,但原始社会的教育尚未从社会生产和生活中分化出来,成为专门的活动,也没有专门的场所和人员来开展教育,因此不可能存在教育管理。至夏、商、周三代,专门的教育活动开始产生,夏代创立了我国最早的学校,商代的学校类型及教育内容得到进一步发展,西周时期形成了比较完备的学校系统以及"学在官府"的教育管理体制,东周包括春秋和战国两个时期,社会政治、经济和文化发生重大变革,官学的衰落与诸子私学的兴起使教育管理产生较大的变革,以儒家、墨家为代表的私学完成了学校教育独立化的历程,并有力地推动了诸子学术思潮的繁荣,为中国古代的教育管理奠定了基础。

第一节　夏、商与西周时期的教育管理

一、学校的产生与发展

(一)学校的萌芽

原始社会末期,剩余产品的出现,使少部分氏族高层人员逐渐脱离体力劳动,专门从事脑力劳动。同时,生产知识与社会活动也逐渐丰富,教育开始成为一种有意识的活动,甚至出现了教育行政官员,如帝尧命羲和掌管天文历象,舜任命弃任"后稷",教导人民播种五谷;任命契任司徒,负责教化人民;任命伯夷任"秩宗",掌三礼,祭祀鬼神;任命夔任"典乐",负责协和音律、诗歌。

在古代文献中所记载的"成均",被认为是传说中五帝时代的"大学",相传先王在"成均"用酒款待地位低贱的"郊人",并宣讲政令,举行一些集体性的祭祀活动。按照古代字书的解释,"成均"的本义是指经过人工修整的平坦、宽阔的场地,很可能是指原始氏族部落居住区内的广场。陕西临潼姜寨遗址的母系氏族部落居住区中央,便有一个面积达 1 400 多平方米的广场。在云南纳西族母系氏族居住区内,也有类似的遗迹。这类广场在夏秋收获季节用于打场或堆积收获物。同时,也是全体氏族成员聚会、娱乐、举行某种规模较大的宗教祭祀活动,或向氏族成员宣告氏族首领政令的场所。

在陕西西安半坡氏族遗址,考古学家们在布局合理、规划整齐的四五十间氏族成员住房的中央,发现了一座面积为 160 多平方米的"大房子",它既是氏族全体成员开会、议事的场所,又是氏族中老人和幼童的食宿用房,同时也是从事教育活动的主要场所。

原始时期的大广场与"大房子"并不能算是一种真正的学校,而只能说是一种带有教育

作用的社会机构,但它确是引导上古先民步入文明开化时代的重要平台。

（二）学校的产生

夏（公元前 21 世纪—前 17 世纪）是文献记载中最古老的朝代,夏王朝的建立,标志着中国已告别原始蒙昧的时代,跨入了文明开化的境界。

夏代已具备产生学校的各种条件。其一,当时已出现了脱离生产而专门从事文化活动的"巫",体力劳动与脑力劳动进一步分工;其二,社会生产与生活日益丰富,天文历法知识在农业生产领域有了广泛的应用,艺术上也取得一定的成就;其三,从商代甲骨文的成熟程度看,夏代产生文字的可能性是极大的。从先秦古籍的记载中,曾多次出现引用《夏时》《夏令》等文献的情况。如《礼记·礼运》记载孔子说:"我欲观夏道,是故之杞,而不足征也。吾得《夏时》焉。"虽然我们现在已无法对先秦时代流传的所谓《夏时》和《夏令》之类历书的真伪做出准确的判断,但对于这样广泛传播并被先秦时人们普遍认同的夏代历法的真实性,却不能妄作否定。文字是教育的重要手段和内容,也是学校产生的重要条件。

在先秦文献中,有关夏代学校的记载并不多,而且名称也并不一致,如《孟子·滕文公上》说:"夏曰校,殷曰序,周曰庠。学则三代共之,皆所以明人伦也。"说明夏代学校有学、校两种,而《礼记·王制》则载:"夏后氏养国老于东序,养庶老于西序;殷人养国老于右学,养庶老于左学;周人养国老于东胶,养庶老于虞庠,虞庠在国之西郊。"因此又把夏代的学校称为"东序"与"西序"。

从这些文献记载来看,关于夏代学校的名称虽有不同,但却肯定夏代学校已有教育的职能,这种"学校"的设置及其职能,与商周两代的学校具有前后因革的历史关联,都具有养老、习射、视学、合乐、释奠、讲武、望气、治历等职能。

孟子认为,序就是射的意思,从文字学角度来解释,"序"从"广",金文的"序"字,象征人在"广"中射箭的样子,以表示习射之所。至于"校",《说文》的解释是:"从木,交声。"其原义为"木囚",后来逐渐演变成为习武和比武的场所。在这里,奴隶主贵族及其子弟不仅受到内容相当广泛的军事训练,而且还要经过相当严格的各项考试。据考证,"校"的出现在时间上要比"序"晚一些,其教育意义则比"序"大一些。所以夏代的"校",实际上是一种发展比较完备的军体性质的教育机构。尚武是夏代教育的主要特点,军事教育是夏代教育的主要内容。

夏代是我国文明时代的开端,学校教育的产生则是这个开端的重要标志之一,在教育管理史上具有深远意义。

（三）学校的发展

商代是我国奴隶制的发展时期,与夏代不同,商代已有了成熟系统的文字以及成文的典册和历史,其教育活动已有较多的文物、典籍可证。商代教育既有本族文化的传统,又保留并吸收了夏代文化的成就,其教育内容比夏代更为丰富,除了习武与敬神外,习礼、习书、习算也是商代教育的重要内容。

在我国史籍中,有关商朝学校的记载,比较丰富详尽。除"庠""序""校"等学校名称外,又出现了"瞽宗"这种学校形式。

瞽宗是新见于商代的一种学校名称,根据先秦文献的记载,瞽宗位于商都南郊明堂西门之外,故也称为"西学"。瞽宗大致有以下几个特征:其一,以礼乐教育为主,传授有关宗教祭典方面的礼仪知识;其二,依附于宗庙之侧,也是宗庙的组成部分;其三,教育中虽也包含道德因素,但未分解出纯粹意义上的伦理道德教育,只在于强化顺从天命和先祖意旨的观念行为。

习礼、习武是商代学校的主要教育内容。习礼的内容主要是学习祭祀和乐歌,习武的内容主要是习射。甲骨文卜辞中发现了这么一条资料:"丁酉卜,其呼以多方小子小臣其教戒。"其意是讲商代学校招收来自各地的贵族子弟,其学习内容是"戒","戒"在甲骨文中像人手持戈之形,本意可有两说:一是持戈而警戒,二是持戈而舞蹈,故"教戒"兼指习舞与习乐,与殷序习射、瞽宗习乐的说法相符。奴隶制国家是依靠军事和宗教进行统治的,所谓"国之大事,在祀与戎",习武是为了征战,习乐是为了祭祀鬼神,两者都反映了奴隶主贵族统治的根本需要。

甲骨文字还表明商代已进行读、写、算的教学。甲骨文中的"聿"字即是手握笔的形状。还有一骨片上面有五行字,重复刻着从"甲子"到"癸酉"的十个干支表,其中只有一行刻得精美整齐,其余四行字迹歪歪斜斜,但中间也夹着刻得较为整齐的二三字。据郭沫若推测,那一行整齐精美的字是教师刻的范本,另四行是学生刻的,有几个字则是教师手把着学生的手刻的。甲骨文中也有"册"字,像许多书写材料穿在一起的形状,《尚书·多士》云:"唯殷先人,有典有册。"这些典册可能就是商代学校教育的教材。

商代在天文、历法方面已有很大进步。它们都离不开数学,甲骨文中出现的数字最大的已达到三万。出土文物还表明,商代已能进行一般的算术运算,并能绘制较复杂的几何图形,所以算学必然也已成为学校教学的内容。

总之,商代不仅出现了比较正规的学校,而且后世的"六艺"教育即礼、乐、射、御、书、数,事实上在商代已经初步形成。

二、西周的学校及教育管理体制

(一)西周的学制

西周是中国奴隶制社会发展的巅峰,形成了比较完备的学校体系。大而言之,这一体系分为两类、两级:一类是国学,一类是乡学;国学专为上层贵族子弟而设。按学生的年龄与程度又分设大学与小学两级。

天子所设大学,规模较大,有"五学"之称,即中"辟雍"、南"成均"、北"上庠"、东"东序"、西"瞽宗"。其中"辟雍"是中心,四面环水。

诸侯所设的大学,规模比较简单,仅有一学,半面临水,称为"頖宫"或"泮宫"。诸侯所设在大学与天子所设大学的这种差别,是西周等级制在教育上的具体反映。

西周国学中还设有小学。据《礼记·王制》所载:"天子命之教,然后为学,小学在公宫南之左,大学在郊。"可见西周小学是设在王宫的左边,属于宫廷的贵胄学校性质,其学生是王太子、公卿、大夫子弟。

国学之外,又有乡学。乡学是地方学校,按地方行政区划设立,地方区域的大小不等,设学也有不同名称,如闾塾、党庠、州序、乡校等。乡学按地方行政区划设立,反映了西周教育在普及方面有所进步。

(二)"学在官府"的教育行政体制

"学在官府"是我国奴隶社会教育的重要特点,所谓"学在官府",又称"学术官守",有三层含义:一是指学术被官方所垄断,民间无学术。二是指学校设在官府之中,教育机构与行政机构不分。三是指官师不分,官吏既是教育行政官员,也是学校的管理者,还是学校的教师。"学在官府"是夏、商和西周时期教育管理体制的共同特点,在西周体现得更明显。

西周时国学的主持者称大司乐,大司乐负责宗教祭祀和国家典礼,是国家最高的礼乐官,兼管国学教育事务。大司乐属下的一些官员,就是学校的教师。

西周地方最高行政长官是大司徒,也往往称为"教官",说明其主要职责是教化,从西周地方官学(乡学)的教育内容来看,与地方行政长官的职责大体相同,可见地方教化是地方行政长官的主要任务。

乡大夫是一乡之最高行政长官,爵位与大司徒相同,同为卿。据《周礼·地官司徒·乡大夫》载:"乡大夫之职,各掌其乡之政教禁令。"可见乡大夫既为乡一级行政长官,亦是乡教育行政长官,其职责涉及选才、治民、兴教化等。

西周行政,乡下设州,每州设州长一人,其职为:"掌其州之教,治政令之法。正月之吉,各属其州之民而读法,以考其德行道艺而劝之。以纠其过恶而戒之。"① 据此可知,州长所掌不外乎教民学法以及主持祭祀之礼,选拔人才,扬善惩恶,仍以地方教化为主。从中不难看出,西周地方各级行政长官,均与教育有密切联系,真正体现了政教合一的特点。

"学在官府"的教育行政体制说明在奴隶制时代,社会分工尚不明确,社会管理专门化尚不明显,一官兼数职的现象十分普遍;教育行政依附于普通行政,尚未形成专门的教育行政机构,教育事务往往与政治、教化密不可分;教师尚未成为独立的社会职业,但其地位并不低。

(三)教育教学管理

奴隶制时期的教育教学管理,以西周最为完善。在"学在官府"的教育管理体制下,教育具有鲜明的阶级性和等级性,国学是专门为奴隶主贵族子弟设立的,一般奴隶主和庶民子弟则入乡学。学校以培养官吏为主要目的,同时还负有社会教化的责任。

在教学内容上,西周继承和发展了夏、商的教育,形成了以"六艺"为主的教育内容。

"六艺"即礼、乐、射、御、书、数。"六艺"之中,又有"大艺""小艺"之分,书、数作为小艺,主要是小学的课程,礼、乐、射、御作为大艺,是大学的课程。西周官学之所以重视"六艺"教育,与其教育目标有重大关系。因为西周统治者所要培养的人才是:既具有一定的政治道德修养(体现于礼、乐课程)来调节统治阶级的内部关系,巩固其宗法制的社会结构,同时还要求具有一定的本领(体现于射、御课程)镇压人民,抵御战争,因此需要兼顾文、武两个方面的内容。

"礼"是西周大学中最重要的课程,相当于政治伦理道德课。西周的"礼"教,大致包含以下内容:一是关于贵族君臣、父子、兄弟、夫妇、朋友之间上下尊卑关系的规定,二是关于贵族的衣食住行、婚嫁丧葬等一切行为规范,三是西周政治、军事、法律制度,总称为"周礼"。西周统治者认为"周礼"源于天命,遵守礼制,才能巩固统治。这充分说明"礼"教的重要意义。可以说,"礼"是西周的立国之本,具有国家根本大法的性质,关系到国家的前途和命运,包含了从政治制度、经济、军事到社会生活一切方面的法律和道德规范。

"乐"是综合艺术课。"乐"和"礼"是紧密相连、互为表里的,其教育作用也各有侧重,《礼记·文王世子》说:"凡三王教世子,必以礼乐。乐,所以修内也;礼,所以修外也。"西周

---

① 《周礼·地官司徒·乡大夫》。

大学教育中强调"礼"与"乐"的密切配合。礼的作用在于约束人们的外部行为,具有一定的强制性;而乐则重在陶冶人们内心的情感,使本来具有一定强制性的礼变为能够获得自我满足的内在精神需要。所以《礼记·乐记》说:"乐者,通伦理者也。"乐教的主旨就在于增进贵族内部的团结,进而调和各阶级、各等级之间的矛盾。这种礼乐教育在西周社会处于向上发展的时期,确实对于改变社会习俗、稳定社会秩序、加强各诸侯国与王室之间的联系起了巨大的作用,所以说:"移风易俗,莫善于乐;安上治民,莫善于礼"。

"射""御"是军事训练课。"射"指射箭,西周贵族到了入小学年龄,就要接受正规的训练,不能射箭的人,就不称男子之职。"御"指驾车,战车在战争中十分重要,所以必须要学好"御"这种武艺。"射""御"在国学、乡学中都是重要的学科。

"书""数"是基础文化课。"书"指书写文字。"数"指计算、算法。一般来说,这是属于小学教育的内容。《大戴礼记·保傅》载:"古者八岁而就外舍,学小艺焉,履小节焉。"对照《汉书·食货志》所云:"八岁入小学,学六甲、五方、书计之事,始知室家长幼之节。"可知所谓的"小艺"即"六甲、五方、书计",所谓的"小节"即"室家长幼之节"。这大致就是西周小学教育的全部内容。

西周书写的工具是刀笔、竹木,字体为大篆。西周已有供小学文字教学的字书。《汉书·艺文志》载:"《史籀》十五篇。"注曰:"周宣王时太史籀作大篆十五篇。"又注:"《史籀篇》者,周时史官教学童书也。"这是中国教育史上记载最早的儿童识字课本。儿童教育从识字、书写开始。《礼记·内则》提出"十年出就外傅,居宿于外,学书计","学书"即学习书写由天干地支组成的六十甲子,认识与书写方名——东、南、西、北、中五方之名。

《周礼》提出了"六书"的总名,即汉字构成的六种方法,即象形、指事、会意、形声、转注、假借,同时也指出了西周识字教学是按字的构成方法分类进行的,使学生掌握每个汉字的字音、字形、字义。

古代"数"的教育,是与"术"紧密相连的,故称"数术"。"数术"在西周有很大发展。西周时6岁儿童开始学数数,从1至10的数目。9岁儿童学"数日",指学习记日法,认识、背诵由天干地支组成的六十甲子,10岁儿童开始学"书计",所谓"计",指计算能力的培养。

六艺是西周教育的主要内容,体现了西周教育讲求文武兼备、重视礼乐教育、知识和能力兼求的特点。

(四) 视学与考核制度

西周时期,国家很重视对教育进行宏观调控和引导,建立了视学制度和选贤贡士制度。

西周有较严格的视学制度,一年中周王定期视学4次。每次视学,有隆重的仪式。视学前先须祭祖卜吉凶。视学时由三公九卿、诸侯大夫陪同,先祭奠先师、先圣,然后盛宴群老,请其讲述"父子、君臣、长幼之道",一方面是为了"乞言修治",征求治国之道;另一方面是为了明孝悌之义,旨在教育贵族子弟。故《礼记·祭义》曰:"祀乎明堂,所以教诸侯之孝也。食三老五更于大学,所以教诸侯之弟也。"可见这不仅是一种督察教学的制度,更是一种对贵族子弟进行孝悌教育、稳定社会秩序的重要形式。

据《礼记·学记》记载,西周学校有一个完整的教学进程和考查标准。"比年入学,中年考校。一年视离经辨志,三年视敬业乐群,五年视博习亲师,七年视论学取友,谓之小成。九年知类通达,强立而不反,谓之大成"。这个教学进程设想,一方面明确了教育的总目标,又确定了每个阶段的具体标准和要求,而且逐步深化提高;另一方面,每个阶段要达到的标准中都规定了学业知识和思想品德两方面的要求,体现了德智并重、循序渐进的特点。

第二节　春秋战国时期的教育管理

一、教育体制的变革

春秋战国时期是社会制度的大变革时期。在经济上,奴隶制国有经济逐渐为地主阶级私有制所代替,封建生产关系正在形成;在政治上,代表地主阶级利益的新势力取代了代表没落的奴隶主贵族利益的旧势力,并逐步夺取了政权,确立了封建的社会制度。这种经济、政治的大变革,反映在教育上,最突出的一点就是:为旧经济旧政治服务的"学在官府"的教育正走向衰落,而适应新经济、新政治需要的新教育组织形式——私学开始兴起。

(一)官学的衰落

奴隶主阶级官学的崩溃,不是突然的变化,而是随着经济、政治的没落逐渐衰败的。乱世则学校不修,西周兴盛时的官学,主要是天子的辟雍、诸侯的泮宫、国人的乡校。到春秋时期,随着周天子"共主"权力的丧失,统治地位形同虚设,官学也失去了生存的条件,无法继续维持下去,原先国学的教师亦四分五散,纷纷流落民间。

造成官学衰落的直接原因大致有以下三个:

第一,世袭制度造成贵族不重视教育。贵族在世卿世禄制度下保持享有富贵的特权,贵族子弟被命定为统治者,是否学习文化知识与其权位并无直接关系。他们养尊处优,只图享受而不重视教育,缺乏上进精神。周大夫原伯鲁不悦学,还公然发了一通"可以无学,无学不害"的议论。鲁国大臣闵子马对此评论说:这是贵族们普遍的思想,而后流传影响及大夫。春秋时代的贵族因存在着以原伯鲁为典型的思想而趋于没落。官学以贵族为教育对象,贵族不想学习,官学衰落也是必然的。

第二,贵族统治力量衰落。周平王东迁,预示着重大的历史转折,孔子称春秋是"天下无道"的时期,开始是周天子不能维持其共主地位,后来是诸侯国也不能维持"礼乐征伐自诸侯出"的局面,而出现陪臣执国命的现象。王权衰落,礼制破坏,一切都不能按旧制度办了,天子的辟雍、诸侯的泮宫、地方的乡校,久而不闻弦诵之声,名存实亡。

第三,动乱阶段,战争频繁。春秋时期诸侯国之间的争霸战争,诸侯国内部争夺统治权的内战,连年不断。因此贵族所特别关心的是维护统治地位,并尽可能扩大统治范围,根本无暇顾及教育。《诗经》中有一些诗描写了官学学生无心读书,整日游荡的景象,说明当时官学已不能正常进行教学活动了。

(二)诸子私学的兴起

私学何时兴办,何人首创,不可确考。学术界曾就孔子是否私学首创者展开过激烈的争论,迄今仍未有定论。我们认为,私学的首创者是以孔子为代表的一批教育家。

私学始于春秋末而盛于战国,战国时期百家争鸣的局面,大大促进了私学的繁荣,可以说,有多少家学派,就有多少家私学,但对教育发展影响最大的则是儒、墨、道、法四家私学。

儒家私学自孔子创立到了战国时期开始走向分化。据《韩非子·显学》载:战国时的儒家可分 8 派,其中影响最大的是以孟子为代表的"孟氏之儒"和以荀子为代表的"孙氏之儒",他们继承和发展了孔子的学说,而又各有特点。

　　孟子一生推崇孔子,他以儒家正统自居,自称"得圣人之传"。孟子一生大部分时间从事教育事业,中年以后二十余年间曾带领弟子游历各国,有时"后车数十乘,从者数百人",往来于诸侯之间,其声势大大超过了孔子当年周游列国之时,且处处受到礼遇,在齐国还曾被列为卿,"受上大夫之禄",晚年回故乡专事教学与著述。他的弟子很多,著名者如万章、公孙丑、乐正子、公都子、屋庐子、孟仲子等。

　　荀子的讲学活动主要是在稷下学宫,他在这儿长期执教,成为资望最高的"老师",且受到齐王的尊宠,授予学者"列大夫"头衔的宅第。齐襄公时,荀子三任"祭酒",影响很大,但荀子在稷下学宫也批判地吸收了各派学说,特别是齐国法家理论,因而他的学生之中,儒法分流,李斯、韩非都是中国历史上著名的法家,韩非还成了法家的集大成者,而浮邱伯、张苍均是当世名儒。

　　墨家私学创始人是墨子。墨子曾"学儒者之业,受孔子之术"。他成为儒家的叛逆之后,创立了墨家学派,成了继孔子之后又一个私学大师。墨家私学声势很大,颇有与儒家抗衡之势。《吕氏春秋·当染》云:"孔墨之后学显荣于天下者众矣,不可胜数。"《吕氏春秋·有度》云:"孔、墨之弟子徒属充满天下,皆以仁义之术教导于天下。"儒、墨在战国并称"显学"。

　　道家私学创于春秋末的老子,其兴盛则在战国之时,战国道家私学分为两派,一是稷下黄老学派,以宋钘、尹文、接子、环渊、慎到为代表,这一派没有墨守老子的理论,而是以道家思想为主,兼采各家之长,有选择地吸收法、儒、墨、阴阳、名家的一些思想因素,从而在道家中能独树一帜,成为在道家中具有革新精神的新流派;另一派则以庄子为代表,承袭了老子"道"的哲学思想,并将其演变为一种出世主义的思想,庄子崇尚自然,追求个人精神的解脱,在教育上主张培养"真人""至人""神人",即一种无己、无功、无名、无情的完全自由的人物,但他的思想代表了一种自由主义的思潮,对后世的知识分子产生了深刻而广泛的影响。

　　法家私学在战国影响巨大,其代表人物在仕途上也最为显赫,其活动集中于"三晋"(韩、赵、魏),其学术渊源与儒家的讲学关系十分密切,子夏在魏国西河讲学,弟子达三百余人,法家代表李悝、吴起就是子夏的学生,而商鞅又是李悝的学生,战国末期法家的杰出代表李斯、法家集大成者韩非又都是荀子的学生。

　　法家虽出自儒家,但反儒却最坚决、彻底,称儒为"五蠹"之首;法家代表人物都是知识分子,但又主张愚民政策,不许以知识开发民智;法家在私学中成长,却又提出"壹教"的思想,欲剥夺私学的存在权利,待秦统一后,法家终于铲除了私学,结束了"百家争鸣"的局面。

　　私学的兴起是教育制度的重大变革,它打破了"学在官府"的教育体制,使教育从政事中分离出来,成为相对独立的体系。各家各派在创办私学的过程中,积累了丰富的教育管理经验。

二、儒家的教育管理

　　儒家私学可谓当时规模最大、时间最长、组织最为完备、影响最为深远的私学,不仅培养了一大批有才干的"贤人",而且在教育实践上和理论上解决了许多前人未能解决的问题,为中国古代教育史开辟了新纪元。儒家私学管理的特点包含以下几个方面:

　　第一,儒家私学有明确的教育目标,即培养德才兼备的贤才、君子。孔子从"为政在人"

的政治主张出发,提倡"礼贤下士""举贤才",要求吸收和重用社会上已有的贤能之士,并致力于通过教育来培养贤士和能够"修己治人"的君子。孟子办学的目标也同孔子一样,要求培养以德为主、德才兼备的"君子""圣贤"。孟子还说过一句话:"富贵不能淫,贫贱不能移,威武不能屈,此之谓大丈夫。"①这就是说,一个能自觉维护封建伦理道德的人,一定要经得起富贵、贫贱、暴力的考验,并把封建道德意识转化为自己的坚定信念。战国末期的儒学大师荀子主张培养由士到圣人的各种治术人才,他要求教育培养能推行礼法的"大儒",或者说是具有儒家学者身份且长于治国理政的各级官僚,"大儒"不仅知识广博,而且能"法先王,统礼义,一制度,以浅持博,以古持今,以一持万"。② 即以已知推知未知,自如地应付新事物、新问题,治理好国家。儒家私学的教育与管理活动都是围绕其培养目标而开展的。

第二,在招生对象上,儒家私学遵循"有教无类"的原则,即实施教育,不分等级、种类。为实现这一原则,孔子在招收学生时表示:"自行束脩以上,吾未尝无诲焉。"③意思是说:只要主动地给孔子10条干牛肉作为见面礼,就能做他的学生。孔子不分贵贱、贫富、等级招收学生,是有史可考的。据《史记·仲尼弟子列传》和其他有关史料记载,可得知:孔门弟子之中,有贵族家庭出身的,如孟懿子、南宫敬叔、司马牛等人;有贫贱家庭出身的,如原宪、颜路、颜渊、曾皙、曾参、闵子骞、子张、仲弓等人;有商人出身的,如子贡;还有"大盗"出身的,如颜涿聚。由此可见,孔子学生中贫贱者占多数,这是"有教无类"的一个重要方面。孔子的学生是来自各个诸侯国和各个种族的。《史记·仲尼弟子列传》中载有事迹的学生,除鲁国的以外,还有来自卫、齐、晋、陈、宋、吴、楚、秦等国的。从种族看,属于华夏族的鲁、卫、齐、陈、晋、宋等国的学生占多数;属于蛮夷族的楚、吴国学生,有公孙龙、任不齐、秦商、言偃等;属于戎狄族的秦国学生,有秦祖、壤驷赤等。孔子不分国别和种族招收学生,这对传播华夏族的先进文化,是起了积极作用的,这是孔子"有教无类"的又一重要方面。孔子"有教无类"的招生原则,打破了贵族垄断、学在官府的格局,开创了平民讲学之风。

第三,在教学管理上,儒家私学具有较大的灵活性。孔门私学设有固定的"教室",称为"堂",但孔子的教学活动则不受其限制,除在"堂"内授课外,孔子还注意随时随地利用一切机会进行教学。平时待人接物、起居饮食之间,也是师生们进行教学活动的时间。孔子周游列国14年之久,见于史者有卫、宋、陈、蔡、郑、楚、曹等10余国,随行弟子甚多,周游的同时进行教学活动。这时的孔门私学,可以说是移动的私学,甚至当孔子受到政治上的迫害时,仍然对随行的学生进行教育、培养。

第四,在教学方式上,儒家私学并不一味地采用讲授的方式,既有个别交谈的方式,也有"聚众而谈"的方式。师生几人聚在一起,自然而然进行交谈,各无所隐,畅所欲言。在交谈中,教师常常运用启发式教学方法。如孔子曾用"不愤不启,不悱不发"和"举一反三"来说明他对启发式教学的运用。他对学生提出的问题并不是直接作答,有时采取层层深入的方法,有时提出反问让学生自己思考,然后才对学生的意见加以肯定或否定。孔子教学,善于引人入胜,他的"循循善诱"使学生对于学习有"欲罢不能"的感觉。他善于用学生所熟知的历史人物,如周文王、周武王、周公、管仲、子产等的言行来进行教学,经常用譬喻或实物作为

---

① 《孟子·滕文公下》。

② 《荀子·儒效》。

③ 《论语·述而》。

直观教材,以阐明抽象的道理。如用流水来阐释万物生生不息的原理,用松柏晓喻节操,用"北辰"比喻"德政",用"草上之风"喻君子之德,其他如门、户、路、车、苗、山、水等日常事物,都是孔子教学的材料。

第五,在课程管理上,儒家私学的教育内容以道德教育为重点。所谓"子以四教,文、行、忠、信"。(《论语·述而》)其中"行、忠、信"都属于道德教育范畴之内,"文"有一部分属于道德教育,另一部分则属于文化知识教育。孔子还说:"弟子入则孝,出则悌,谨而信,泛爱众,而亲仁。行有余力,则以学文。"(《论语·学而》)孔子对弟子首先要求做一个品行符合道德标准的社会成员,其次才是文化知识的学习,所以在孔子的教育内容中,道德教育占首位,文化知识的学习必须为德育服务。孔子继承了西周"六艺"(礼、乐、射、御、书、数)教育的传统,他教育学生广泛的学习"六艺"的知识技能。由于孔子的培养目标是"君子",对"君子"在德才两方面都有严格的要求,所以在教育内容方面比西周的"六艺"较为广泛而深刻。孔子根据"志于道,据于德,依于仁,游于艺"的原则,整理修订了《诗》《书》《礼》《易》《乐》《春秋》六种经典,即后世所称的"六经",孔子说:"兴于诗,立于礼,成于乐。"(《论语·泰伯》)可见《诗》教、《礼》教、《乐》教是孔门教育的主要课程,孔子想借此来传递儒家的修己治人之道,而《书》《春秋》与《易》中则保存了中国古代重要的历史、文学、哲学、政治、经济、文化、教育、科技等宝贵的文献资料,有很高的史料价值。荀子继承了孔子的教学传统,也重视《诗》《书》《礼》《乐》《春秋》等儒家经籍的传播,他说:"故书者,政事之纪也;诗者,中声之所止也;礼者,法之大分,类之纲纪也。故学至乎礼而止矣。"(《荀子·劝学》)而诸经之中,荀子尤重《礼》《乐》,他认为礼是自然与社会的最高法则,乐则是表现情感的重要方式,礼能使上下有别,乐能使上下和谐,礼乐并施就能"移风易俗,天下皆宁,美善相乐"。(《荀子·乐论》)荀子重视以儒家经籍为内容的文化知识传授,对经学的发展有很大的贡献,秦汉儒生所习《五经》及其解说,大多源自荀子。

第六,在教师管理上,儒家注重尊师重道。孔子主张教师应当具有"学而不厌,诲人不倦"的精神,要对学生充满仁爱之心,要做到言传身教,要平等地对待学生。学生既要尊重老师,也要具有"当仁不让于师"的精神。孟子提出教师应当把教育和培养人才当作人生的一大乐事,"得天下英才而教之",荀子特别强调国家要重视教师的地位和作用,竭力倡导尊师。在教师地位方面,荀子把教师提高到与天、地、君、亲的同等地位,《荀子·礼论》称:"天地者,生之本也;先祖者,类之本也;君师者,治之本也。"教师地位之所以如此崇高,是由教师的作用决定的,荀子认为:"礼者,所以正身也;师者,所以正礼也。无礼何以正身?无师吾安知礼之为是也?"①在他看来,"礼"是最高的社会规范,而教师又是传授"礼"、实行"礼"的榜样,是"礼"的化身,因此学生必须无条件地服从教师。为学必须接近贤师,仰承师训。国家与社会必须尊师重教,"国将兴,必贵师而重傅;贵师而重傅,则法存。国将衰,必贱师而轻傅;贱师而轻傅,则人有快,人有快则法度坏。"②教师的作用关系到国之兴衰,法之存亡,"言而不称师,谓之畔;教而不称师,谓之倍。倍畔之人,明君不内(纳),朝士大夫遇诸途不与言"。③ 如果一个人在平时言论及教学过程中不称师说,就是叛逆之人,这样的人,明智的国君不会重用他,士、大夫也不会与他交往。

---

① 《荀子·修身》。

②③ 《荀子·大略》。

第七,在经费管理上,儒家私学经费来源并不固定,主要来自各诸侯与达官贵族的资助。如孔子到楚国,"(楚)昭王将以书社地七百里封孔子"。(《史记·孔子世家》)孔子到齐国游说,"(齐)景公说(悦),将欲以尼溪田封孔子"。(《史记·孔子世家》)孟子在齐,齐王"欲中国而授孟子室,养弟子以万钟",(《孟子·公孙丑下》)所得经费,主要用于教学和师生的日常开支。

三、墨家的教育管理

墨家私学代表小生产劳动者的利益与立场,以自然科学、生产技术和逻辑学为主要内容,其教学、管理制度在先秦私学中也是独辟新径,为后世留下了许多宝贵的经验,开创了中国教育史上的又一种传统。

墨子提出了代表小生产劳动者思想和利益的一种理论体系,他和他的弟子们都迫切希望这种理论能付诸现实。墨家私学不仅是聚徒讲学,坐而论道,更主要的是以周游列国、劝说君主的形式来实现其理想。在墨家私学内部实际上已经实践了其理论主张。墨家授徒,组织成一个类似宗教式的集团,墨子用巨子相承制度、墨家教义、严格的组织纪律等方式,将墨家私学凝聚成一个相当稳定的行动集团。

第一,在招生对象上,墨子代表了"农与工肆之人"的阶级立场,故墨家私学比孔子私学更接近下层,以先行苦役为入学条件。禽滑厘是墨子的大弟子,"事子墨子三年,手足胼胝,面目黎黑,役身给使,不敢问欲。"[1]这才感动了他,允许其入学,"以樵(教)禽子。"(《墨子·备梯》)可见,墨子招收弟子们是保留着手工业技师收徒的习惯的,以吃苦耐劳的实践精神作为招收学生的唯一标准。

第二,墨家私学有严格的组织管理。墨家私学有领袖,称为"巨子",门徒有义务绝对服从,巨子由上代巨子指定产生,代代相传。墨子是第一代巨子,后继者见于史籍的还有孟胜、田襄子等人。巨子类似于宗教领袖,是精通墨家之义的圣贤,而且还是墨家之法的执行者。巨子以自己的品格、道德力量和领袖地位对墨家弟子具有很大的约束力和震慑力。墨家弟子对巨子都绝对服从,并为之赴汤蹈火,在所不辞。孟胜以身殉义前说:"我将属巨子于宋之田襄子。田襄子,贤者也,何患墨者之绝世也?"[2]说明在墨家内部是以举贤继任的方法来解决墨家领袖的继承问题的。

第三,墨家私学建立了类似教义教规的"墨者之法"。墨子以求天下之利为核心内容的教义,使得墨家成员有着一种共同的信仰和执着追求的精神境界,规范着墨家弟子的思想与行为。严格的自我磨炼,又使墨家弟子不仅具有为墨家教义忘我牺牲的品格力量,而且具有相当团结的集体凝聚力。墨子要求墨家弟子自觉地严守墨家教义,墨子献书楚惠王,楚惠王不欲采取其主张,但表示乐养贤人,以书社五百里封之,墨子不受而去。又如越王欲以吴地五百里以封墨子,墨子得知越王不会用其道,亦辞封不去,因为墨子认为,"不用吾道,而吾往焉"。(《墨子·鲁问》)墨子反对为禄背义,认为苟且偷生的市侩作风为墨家所不齿。墨家弟子的政治活动和经济生活均要受教义教规的控制,门徒出仕亦需由巨子安排和推荐,出仕者如违背墨家教义,即被罢免或撤回。《墨子·鲁问》载:"子墨子使胜绰事项子牛。项子

---

① 《墨子·备梯》。
② 《吕氏春秋·离俗览·上德》。

牛三侵鲁地，而胜绰三从。子墨子闻之，使高孙子请而退之。"他批评胜绰道："言义而弗行，是犯明也，绰非弗之知也，禄胜义也。"而与此相对应的是，高石子受墨子之派，仕卫，卫君以高官厚禄待之，"高石子三朝必尽言，而言无行者，去而之齐。……子墨子说，而召子禽子曰：'夫倍义而乡（向）禄者，我常闻之矣。倍禄而乡义者，于高石子焉见之也'"。① 这说明墨家弟子入仕的主要目的在于践行墨家的教义，而非为追求爵禄，而且墨家对入仕的弟子仍具有约束力，一旦不符合墨家教义，可以随时召回，说明其组织纪律之严明。

第四，墨家私学有独特的课程内容。墨子主张教育要培养"贤士"。"贤士"的主要品德是"兼爱"，有时也称作"兼士"，就是"必兴天下之利，除天下之害"的人，墨子主张培养的"兼士"不仅要"厚乎道行"，还要"辩乎言谈，博乎道术"，因此在课程内容上，除了以"兼爱"为核心的道德教育外，同时还注重"辩乎言谈"方面的训练，亦即思维方法的教育，目的在于锻炼论辩能力。此外，墨家还注重自然科学的研究，重视科学技术教育。在墨家后学所著的《墨经》中，涉及数学、光学、力学、机械制造等方面的内容。从墨家留下的教学记录中，可以看到我国古代生产技术向科学理论飞跃的最早的优秀成果。

墨家私学，其文化渊源与儒家相近，而其产生直接得益于城市工商业发展和独立工商业阶层的形成，墨家在战国时与儒家并称"显学"，而以自然科学、生产技术和逻辑学为主要特色，其教学制度在先秦私学中也独具风骚。

四、稷下学宫的管理

（一）稷下学宫的创设

稷下学宫的创设，既有历史的原因（战国时代用士养士之风的发展），也有现实的因素（齐国统治者的现实需要），而齐国封建经济的发展又为稷下学宫的创办提供了现实可能性。

其一，是战国时期养士用士之风发展的结果。齐国的养士之风一直走在各国的前列。春秋首霸齐桓公采纳管仲之议，养游士 80 人，供应他们车马、衣裘和财币，令其周游天下，招揽贤士，齐国统治者充分体会到了养士的好处。战国时期齐国养士之风更盛，《左传》载：田桓子为大夫时，就采取减轻剥削和积极收揽人才的手段，争取士民之心，结果是士民"归之如流水。"田成子为大夫时，继续实行田桓子的政策，礼贤下士，壮大自己的势力，最终夺取了政权，可见田齐代姜齐，也是养士的结果。稷下学宫的产生，是田齐用士养士制度逐渐演化的结果。一些名士所随弟子多者数千数百人，少者也有几十人。随着养士规模的扩大，齐国统治者意识到有必要设立养士专门机构，加强对用士养士的组织管理，使招贤纳士正规化，一方面凭借国家的财力、物力，可以扩大养士规模；另一方面可以集中各家各派的贤士，培养更多的人才。

其二，是齐国封建经济发展的结果。齐国自春秋以来一直是富庶强大的国家，田齐时代的齐国，经济繁荣，生产力相对比较先进，普遍推广了铁器和牛耕，农业发展较快，蚕桑和纺织业也颇发达，国都临淄是当时第一大城市，城区居民有 7 万户，临淄是齐国政治中心，又是经济商业中心。这为稷下学宫的创设提供了雄厚的经济基础和物质条件。

---

① 《墨子·耕柱》。

（二）管理特色

稷下学宫是战国时东方的文化教育中心，也是诸子百家学术争鸣的中心场所。作为一种教育机构，它发扬了西周官学的办学形式，但它实际上又是由许多私学组成的，因此，稷下学宫更像是一所私学联合体，综合发展了春秋以来私学的长处，其管理特色大致有：

其一，教师管理：待遇优厚，来去自由。稷下的学者们都受到齐王的厚待，后来齐王将稷下学者按学术水平、名望资历分成等级，按等级给予俸禄，如上卿、卿、上大夫、大夫等，稷下学者来去自由，来者不拒，去者不留。如孟子在齐威王时至稷下，威王不能用，孟子辞去。到齐宣王时，孟子又来稷下，虽受到崇高的礼遇，但在政治上未被重用，居数年，又告辞。稷下学者之所以来去匆匆，一方面是因为有的齐王对稷下学者存而不用，有学识的名士难以久留；另一方面是因为当时各国均养士用士，名士们到处都受到尊重，故他们都抱着合则留、不合则去的原则，这也造成了稷下学者的"人才外流"。

其二，办学方针：学术自由、兼容并包。齐王鼓励学者们积极探索，大胆阐述自己的理论主张，对时政可以任意批评乃至抨击，以资齐王参考，择其善者而从之，但并不让他们担任具体的职务，即"不治而议论"。因此，稷下学宫实际上起到的是"智囊团"或咨询机构的作用。齐王既不独尊某家某派，也不排斥某家某派，只要议论合理，便加以采纳，即使议论不合己意，也并不加罪，这是稷下学宫的特色，也是长处之一。

其三，教学管理：自由辩论，此消彼长。虽然说各学派在稷下学宫都占据了一定地位，在齐王面前也是一律平等的，但在长期争鸣的过程中，也存在"此消彼长"的现象。如齐威王时，淳于髡影响最大，压过了其他各派，到齐宣王时仍有崇高地位，曾一日向齐宣王推荐七士，但后来孟子逐渐取代了他的地位，儒家思想在稷下学宫占了上风。孟子离开齐国后，黄老学派的势力大增，齐襄王时，荀子久负盛名，获得了"最为老师"的美称，曾"三为祭酒"，还被封为客卿，儒家势力又大增。到齐王建（齐废王）时，阴阳家思想在稷下学宫流行起来，邹衍受到推崇，阴阳家也随之显名。这说明在稷下学宫，任何一家一派，都不能占据绝对统治的地位。各学派要使自己的学说得到公认，不得不通过公开的辩论，以理服人，不得不发展自己一派的思想理论，这就活跃了思想，繁荣了学术。

其四，学生管理：学无常师，游学自由。稷下学宫兼容各家各派，但对天下名士，都实行游学自由的方针。当时前来稷下学宫的，既有个别游学，也有集团游学的情况。可以随时请求加入，也可以随时告退，不受任何限制。学生来到稷下学宫后，则不限于跟一个先生，其他先生讲学也可以听讲请教，这种灵活的教学制度，使学生有机会接触各种学说，打破了学术流派的局限，因此，有许多学生在学期间思想可能发生重大变化，如宋钘、尹文原是墨家，但在稷下又接受了道家思想；慎到、田骈原系黄老道家，但讲学于稷下后，又向法家思想转变。各家各派在稷下学宫相互批评，又相互吸收，促进了学术发展。

此外，在学生管理上，稷下学宫制定了历史上第一个学生守则——《弟子职》，从尊敬师长到敬德修业，从饮食起居到衣着仪表，从课堂听讲到课后复习均有严格规定，"先生施教，弟子是则"。先生是道德学识的模范，学生唯师教是听，尊敬教师，教学过程中学生要"出入恭敬，如见宾客。危坐乡师，颜色毋作"。要求学生要经常复习所习课程，规定了晚间温课制，"先生既息，各就其友，相切相磋，各长其仪"。从《弟子职》可以看出稷下学宫对学生管理的总体特点，体现了教学的目的性、计划性和组织性。

稷下学宫创办之早、历时之长、规模之大，在中国教育史上是罕见的，其影响十分深远。

从性质上看,稷下学宫是一个私学的联合体,它允许人才自由流动,允许各家学派并存,允许自由辩论,提倡兼容并包、学术自由,从而为百家争鸣创造了良好的条件。稷下学宫的教学方式十分特殊,在教学中,学生们可以自由听讲,在学宫所召开的"期会"中,不仅全校教师和四方游士可自由参加,学生也可参加驳难辩论,这种在学术上师生之间的民主平等,有助于扩大眼界,增加见闻,也有利于人才的成长,并对解放和活跃学生思想起了极大的作用。从《弟子职》的规范也可以看出,稷下学宫管理松而不散,自由而有序,为后世提供了一个出色的高等学府管理的典范。

复习思考题

1. 我国古代学校产生于何时？夏、商、西周设置了哪些学校？
2. 西周"学在官府"的教育行政体制有何特点？
3. 西周六艺教育包括哪些内容？
4. 春秋战国时期教育体制发生了怎样的变革？
5. 先秦儒家私学管理有什么特色？
6. 何谓巨子？墨家私学的管理有什么特点？
7. 稷下学宫的管理有什么特色？

第二章　秦汉时期的教育管理

秦汉在教育管理史上占据重要地位。在宏观管理层面上,秦汉制定了"大一统"的文化教育政策,尤其是汉武帝之后确立了以儒学为主导的教育统治思想,影响深远。从学校管理来看,中国传统学校制度的初步轮廓自汉而初步形成,逐步建立了以太学为重心的、官学与私学并举的教育体制,并在教育管理的措施上多有建树,积累了丰富的教育管理经验,为后世的教育管理奠定了基础。

第一节　秦汉时期的文教政策

一、秦代的文教政策

秦代为巩固统一的中央集权的君主专制帝国,以法家思想为指导,采取了焚书禁学、以法为教、以吏为师的文教政策,依仗高压手段强行实施,结果是大大激化了社会矛盾,也大大削弱了自身统治基础,导致秦王朝迅速崩溃。

(一)焚书禁学、以法为教

秦统一后的最初几年,统治者主要忙在政治上巩固统一,如天下实施郡县制,铲除各地军事基础、销毁兵器,以及统一度量、车同轨、书同文、行同伦等。然而激烈的举措必然带来思想文化上的震荡,它们之间的碰撞不可避免。秦始皇三十四年(公元前213年),在为皇帝祝寿的宴会上,仆射周青臣赞颂秦始皇"平定海内""以诸侯为郡县,人人自安乐,无战争之患,传之万世,自上古不及"。博士淳于越立即指斥他阿谀颂过,并由此发难,批评郡县制不合殷周古制,他指出:"事不师古而能长久者,非所闻也。"(《史记·秦始皇本纪》)这样淳于越就将对一个具体制度的看法上升到治国方针和理论的高度,秦始皇遂令群臣讨论。丞相李斯驳斥了"师古"之说,斥责诸生以学乱政,指出私学对朝廷政策法令的权威性的危害极大,进而会导致社会思想混乱,从而削弱君主的权势。李斯对私学完全否定并主张全面禁止。他提出的具体措施是:"臣请史官,非秦记皆烧之;非博士官所职,天下敢有藏《诗》《书》、百家语者,悉诣守尉杂烧之。有敢偶语《诗》《书》者弃市,以古非今者族。吏见知不举者,与同罪。令下三十日不烧,黥为城旦。所不去者,医药、卜筮、种树之书。若欲有学法令,以吏为师。"(《史记·秦始皇本纪》)这些举措得到秦始皇正式批准。

按照这个法令,民间除医、农、占卜之外的书籍均要被收缴焚毁,这就结束了春秋战国以来百家争鸣的局面,而重点被打击的对象就是言必称《诗》《书》的儒家学派。由于书籍被焚,言论被禁,私学也就失去了存在的基础,唯一可以学习的就是法令,而且只能以那些执掌和有权制定、解释法令的官吏为师,这就是以法为教、以吏为师的文教政策。

强调法教应当说是必要的,但法教并不等于全部教育,吏师也并不等于所有教师,以法为教、以吏为师的结果必然是以法代教、以吏代师,对教育事业造成了极大的破坏。

(二)书同文、行同伦

战国时期,各国所用文字不同。即使在同一国内,也往往几种文字杂相使用,如秦国流行的大篆、齐鲁一带流行的古文(又称"蝌蚪文")。秦统一后,李斯根据这两种字体加以改造,使笔画更为简单易写,称为"小篆"。狱吏程邈又依据小篆再简化而创新的字体,称"隶书"。当时还出现了以小篆为字体的教材,如李斯的《仓颉篇》、赵高的《爱历篇》、胡毋敬的《博学篇》等。

秦代很重视社会教化,对各地不利于推行政令法度的陋风异俗进行纠正。云梦秦简中的《语书》就是为此而发布的推行教化的公文,该文阐明了匡正异俗的意义:"古者,民各有乡俗,其所利及好恶不同,或不便于民,害于邦。是以圣王作为法度,以矫端民心,去其邪避(僻),除其恶俗。"(《睡虎地秦墓竹简》)不同地区的乡俗,往往价值取向不同,善恶的评判尺度也不一样,于国于民都有不利。因此圣王创立法度,目的就是要矫正民心,除去邪恶的行为和不良的习俗。文告明确指出,法令的作用在于教导民众,使其去恶从善,达到《中庸》里所说的"行同伦"。

(三)吏师制度

秦代在禁私学之后,并未建立起正式的学校制度,其学习活动往往在政府机构或附属于政府的机构中进行,且受到政府严格的控制。吏师制度就是其中的典型。

秦代推行吏师制度的目的,在于造就一批刀笔小吏。云梦秦简中有一片简上说:"非史子也,毋敢学学室,犯令者有罪。"意思是:不是史的弟子,不得在专门训练史的学室中学习。从中可以看出:第一,秦设有专门培养文书事务人员的场所——"学室",而且具有垄断性,其他人不准入室学习。第二,"史子"即"学室"中的学生,是经过录取手续的正式弟子。"史"是秦朝政府中管理文书、档案、书记的小官。他们必须通晓秦律,并兼作训练"史子"的任务。"史子"的学习内容主要是法令,"以法为教"。在秦"禁私学"之后,吏师制度作为秦代的基本教育形式显得一枝独秀。

(四)博士制度

"博士"是中国古代学官名,王国维认为博士制度始于战国后期。史书记载,秦始皇时博士官多至70人,秦二世时也有30余人,包括儒家在内诸子百家,皆可为博士,秦代可考的12名博士中,周青臣、淳于越、伏生、叔孙通等是儒家博士,黄公等是名家博士,徐福等是术数方伎博士。博士的主要职责是参议时政、掌管书籍、备皇帝顾问,如秦始皇"梦与海神战,如人状,问占梦博士"。(《史记·秦始皇本纪》)

秦焚书坑儒之前,博士是很受重视的,可以与始皇共议国家大事,在文教方面也起了一定的作用。然而,秦自禁私学后,博士的教育活动由繁盛到消亡,尽管在焚书过程中,博士所掌管的《诗》《书》等不在禁焚之列,并且让他们在不失去政府严格控制的前提下享有一定的讲学自由,但这种文化保存和传授活动仅限于非常小的范围内,其目的仅仅在于为统治者提供多方面的咨询、顾问。

(五)设三老以掌教化

秦统一天下后,实行郡县制,"分天下为三十六郡,郡置守、尉、监",郡下有县,县下有里、亭、乡。大率十里一亭,亭有长;十亭一乡,乡设三老、啬夫、游徼,其中"三老掌教化"。(《汉书·百官公卿表》)"三老"作为地方基层组织的学官,根据秦王朝的意图执行"行同伦"的任务,对一般人民进行法治教育、耕战教育和尊卑贵贱的思想教化。这对于巩固秦王朝的统一、进一步融汇各民族及各地域的风俗习惯起到了积极的作用。

二、汉代的文教政策

汉初,以道家思想为主导的黄老政治盛行一时,主张清静无为,与民休息,对恢复经济和社会生活秩序起到有效的作用。但黄老政治无力应付复杂的内外矛盾,也满足不了统治阶级的权势欲望。汉武帝采纳董仲舒的建议,实施"独尊儒术"的政策,确立了儒家思想占统治地位的官方意识形态,并与教育和选士制度的建立紧密结合,儒家经学遂成为培养和选拔人才的主要内容,从而构成独尊儒术的政治、道德和教育体制。

(一)黄老政治与汉初文教政策

从汉代建立(公元前202年)到汉武帝即位(公元前141年),历史上一般称为汉初。在汉初统治阶层中流行的"黄老之学",对文教政策产生了深刻的影响。

黄老之学在政治上的体现,是以"无为"求安定。"无为"不等于无所作为,而是要从治本着手,从大处着眼。有了固定的制度和职守,就要恪守因循。统治者切忌频繁干预下属的事务,更不要去做扰民的事。司马谈将其概括为"以虚无为本,以因循为用",反映了黄老之学的本质。

黄老政治放松了对文化教育的控制,主要体现在以下几方面:

第一,废除挟书令。汉惠帝四年(公元前191年),允许人们自由收藏、携带、讨论《诗》《书》。由于秦焚书的结果,汉初藏于官府,流于民间的书籍很少。挟书令的废除,为汉初文化的繁荣和教育的发展撤除了人为的障碍。政府还采用给献书者一定奖励的方法鼓励私人献书,所以社会、国家拥有的图书量大增。

第二,开放私学。秦代严禁私学,使春秋战国发展起来的私人讲学之风受到严重摧残。汉兴以后,解除了秦对私学的禁令,私学得以发展起来,且不限于黄老的私学,传授学术的除黄老学派外,儒家私学也得到恢复和传播。如《鲁诗》宗师申公,"弟子自远方至,受业者千余人"。其弟子赵绾、王臧皆为汉武帝时的重臣。

第三,改变了对知识分子的态度。黄老学派主张君臣异道,人君无为,人臣有为,"主道圆,虚无因循""臣道方,守职分明","无为"与"尚贤"结合。汉初诸帝对知识分子都比较重视,屡下求贤诏书,征招贤士,封官赐禄。汉初较为宽松的文化政策使知识分子群体及文化活动再度兴盛,有百家争鸣之遗风。其中特别是儒家学派得以发展起来,为汉武帝时儒学独尊奠定了基础。

(二)"独尊儒术"文教政策的确立

"无为而治"的政策虽使社会从秦末战乱状态下复苏过来,但面对日益增多的社会问题束手无策,汉武帝即位之时,改弦更张的条件已基本成熟。

汉武帝建元五年(公元前136年),汉武帝在尊儒方面采取了一项重要措施,即"置五经博士"。这一举措,确立了儒家经学在官方学术中的主导地位。元光元年(公元前134年),汉武帝策问贤良,董仲舒连对三策,受到汉武帝的赏识,这就是历史上著名的《对贤良策》。

董仲舒以儒家学说为理论基础,广采《诗》《书》《易》《春秋》之义,其宗旨在于"更化"。

董仲舒呼吁统治者改弦更张,实现指导思想和政策的根本转变,以儒家的"德教"作为治国之道。他在对策中反复强调要"任德教",教化必由贤才来实施。董仲舒提出了三大文教政策:

一是"兴太学,置明师,以养天下之士",即由政府兴办教育以培养贤才;

二是使"诸侯、二千石皆尽心于求贤,天下之士可得而官使也",即建立选士制度以选拔任用贤才。

三是"推明孔氏,抑黜百家",即独尊儒术。

三大文教政策的核心是独尊儒术。所谓"儒术",实际上是运用儒家学说来解决现实问题的方法和技能。培养和选拔贤才都必须统一思想、确立标准,这个思想和标准应当归结到孔子之道上。董仲舒说:"《春秋》大一统者,天地之常经,古今之通谊也。今师异道,人异论,百家殊方,指意不同。是以上亡以持一统,法制数变,下不知所守。臣愚以为诸不在六艺之科、孔子之术者,皆绝其道,勿使并进。邪辟之说灭息,然后统纪可一而法度可明,民知所从矣。"(《汉书·董仲舒传》)这就是独尊儒术的经典式论述。

董仲舒作为西汉大思想家和《春秋》公羊学大师,从理论的层面上阐发独尊儒术的意义,而且提出切实可行的具体建议,因而具有强烈的说服力和感召力,并且奠定了"独尊儒术"的基本国策及模式。

独尊儒术对教育的影响,首先体现在教育作为治国之本的地位确立。儒家的社会政治思想的核心是以"德治"和"礼教"为本,《学记》中提出的"化民成俗,其必由学"和"建国君民,教学为先"就是这一思想的集中体观。由此可见,尊儒必定推崇教育,重教兴学成为汉代乃至以后历代的一项基本国策,这显然是独尊儒术的产物。其次,独尊儒术后,儒家五经占据了博士官学的全部位置,遂压倒其他一切学科,成为主体教学内容。汉元帝时,明确表示只有五经才是"正术",将儒家经典视为一切学问的总和,其他学术则为不足以留意的"小辩""小道"。

独尊儒术使教育在社会政治和社会生活中的地位空前提高,使儒学在教育观念和教育实施方面都处于主导和支配地位。尽管受客观经济、政治和社会生活条件所限,汉代教育活动尚不可能完全达到儒家理想的目标和实施层面,但毕竟基本上符合儒家构建的教育模式,并以此全方位地影响社会政治和文化的发展走向,其作用是极其深远的。

第二节　汉代的教育行政体制与学校管理

一、汉代的教育行政体制

汉代教育行政由太常兼管。太常一职在秦代称奉常,汉景帝时改称太常,其地位列于九卿之首,是朝廷最高典礼官,主要职责是掌管礼仪祭祀,文教事务只是太常兼管的一个方面,其职责也是有限的,即主要负责博士的考察选用和博士弟子的选拔录取。掌管太学师资的录用及招生工作,可以说是抓住了教育行政管理的两个关键环节。

至于地方教育行政,由于汉代的中央集权制尚未达到高度强化的程度,自汉武帝提倡地方办学之后,朝廷一直没有直接插手过地方教育事务,办学与否都是地方长官的自主行为,其管理制度措施也完全取决于地方长官的意志。私学的兴办则完全是个人行为,更不需接受官方指令。唯一起宏观调控作用的是独尊儒术的文教政策及察举选士的制度措施,通过由国家确定的选拔、任用人才的标准及有关程序,在总体上规范各类学校教育。

二、汉代的学校教育体系

在独尊儒术政策的指引下,汉代各类学校教育蓬勃发展,虽然并没有像近代以来由政府规定的学制,但实际上也形成了学校教育的体系结构。以教育内容划分,可以分为以传授儒家经学为主体的普通教育和其他专门教育两大类。以办学途径划分,可以分为官学和私学两大类。其中官学又可以分为中央官学和地方官学两类。中央官学中最重要的是太学,此外还有专门为皇室贵戚子弟举办的宫邸学,以及东汉末年兴办的从事书法辞赋教学的专门学校——鸿都门学。地方官学按地方行政建制——郡(包括同级的王国)、县(包括同级的道、邑、侯国)以及乡、聚(村落)设立,王莽执政时依次确定为学、校、庠、序4类,但整个两汉地方官学的设立基本上由各地方当局自行办理,而且与地方社会教化紧密结合。私学由办学者自行办理,多数私学以经学教育为主,也有传授其他学派学说及各类技能的私学。此外,民间从事初等启蒙教育的学校也都是私学,与前者有程度上的差别,又可通称蒙学。

三、汉代的学校管理

(一) 太学的管理

1. 太学的创设与发展

太学的兴办,是汉武帝实施独尊儒术政策的产物。元朔五年(公元前124年),丞相公孙弘提出在京城建立中央官学,因为当时朝廷已设有专门的五经博士,只要为他们配备一定数额的弟子,就可以开展教学活动了。汉武帝随即批准了这一方案,由此开始了中国封建时代官方主办的教育活动。学术界一般都将汉武帝置博士弟子员作为汉代立太学的开端。

太学的本义就是儒家经典中所说的大学。汉武帝初立太学时,只有弟子50人,作为最高学府,人数显然过少,于是后来历代都有增加员额之举。汉昭帝时将博士弟子员额扩大为100人。汉宣帝时再翻一番,为200人,不过此时博士也增至12家,平均每人所带弟子数并没有明显增加。汉元帝以后,太学的规模急剧发展,博士弟子达千人,汉成帝时增至三千人。王莽秉政,为了树立自己的声望,并笼络广大的儒生,进一步扩建太学,在长安城南兴建辟雍、明堂,一次就曾经兴造校舍"万区"。博士增至每经5人,共30人。博士弟子达一万余人,太学规模之大,实前所未有,形成了"诸生横巷"的文化盛况。

东汉建武五年(29年),汉光武帝刘秀在洛阳城东南的开阳门外兴建太学。后来汉明帝刘庄还到太学行礼讲经。汉顺帝永建元年(126年),对太学进行了重修和扩建,其后,太学生人数多至三万人。东汉末天下大乱,专权朝政的董卓在各路诸侯的进逼下,挟持幼帝"迁都"长安,在放弃洛阳前大肆掳掠破坏,太学也遭彻底毁坏。

2. 太学的教师管理

汉代太学的教师就是博士,汉武帝独尊儒术后,博士的职位遂逐渐被儒家五经学者所独占。设立太学后,博士又有了掌教弟子的职能。但汉代博士仍是朝廷最主要的学术官员,其职掌是相当广泛的。博士职能主要有议政、制礼、藏书、教授、试策、出使(巡视)6项,体现了博士从事的几个主要方面的职务。

汉代的博士作为儒家经学权威的代表,在独尊儒术后,自然备受统治者重视。由于博士并不掌握具体的行政权力,所以官品并不算高,但博士的地位则是十分优越的,可用"秩卑而位尊"来概括。博士官秩,原为四百石,汉宣帝时增为比六百石。东汉博士秩六百石。按汉代官吏的等级称"秩",是以按年发给谷物的数量区分的,如三公为万石,九卿与郡国长官为二千石,博士属于中级偏低的官员,但博士获得的礼遇则大大高于本来的级别。博士享受与卿大夫、郡守同等的待遇,在正式朝会的班次排列中,博士排在九卿丞、将军长史、京师县令及其他千石县令之前。而且博士还有权与高级官员一起议奏朝廷大事。

汉代博士的选拔录用相当严格,既有学术资格的要求和标准,又有选拔任用的途径和措施。博士任职的基本前提是属于官方确认的经学学派,博士一般都在这些学派的师传系统内遴选,也可以说是师弟子一脉相承的。汉代博士一般要求在 50 岁以上,"明于古今,温故知新,通达国体",东汉时有专门的"具保状",除精通经学、兼览众书、品行端正、身体健康诸条件外,要求有教授门徒 50 人以上的经历。西汉博士一般按其经学造诣与名声选拔,东汉博士则需要通过考试来遴选。

3. 太学学生的管理

太学的学生,即按官方编制录取的博士弟子,一般又称之为太学生或诸生。招生途径有二:一是"太常择民年十八以上,仪状端正者,补博士弟子"。即太常负责选录博士弟子,除年龄 18 岁以上、仪表和举止端正外,没有其他条件要求,可以说是将决定录取的权力交给了太常。二是由地方选送。"郡国县官有好文学,敬长上,肃政教,出入不悖,所闻令、相、丞上属所二千石。二千石谨察可者,常与计偕,诣太常,得受业如弟子"。地方选送的生源与太常直选相比,条件比较具体,要求有良好的学习志向,尊长敬上的谦恭态度,还要躬行政教,遵纪守法。

东汉时太学的入学条件大为放宽,首先是 18 岁的年龄限制已降低到 15 岁。甚至还有更年轻的入学事例,其次是入学也无须再经地方官府举送。各地有志求学的士人,只要自身条件许可,都可以自行赴京师受业于太学,这也导致了东汉太学生人数的剧增。

4. 太学的教学管理

汉代太学尚未建立起比较健全的教学和管理制度。弟子随博士学习,基本上是个别教学,内容和进度视双方的实际情况而定,没有固定的计划。由于学生入学时基本上都有相当水平的经学基础,教师一般也无须逐次讲授经籍内容,因此师生间更多的是开展讨论式的教学。太学以讲论为重,擅长讲论者就能受到师生普遍尊重。学校管理也未建立系统的规章制度,仅有博士弟子遇父母去世,须归家守丧的规定。总的来看,太学生的学习是以自学研究为主,生活也是相当自由的。

太学博士基本上是专经教授,博士传经必须严守师法家法。师法家法是经学权威性的标志和学派的分野。所谓师法即师承关系,其核心在于辨明师承关系。所谓家法即学术流派,侧重于传经内容。师法家法是构成师生之间紧密联系的一根纽带,不仅有学术上的承继关系,强化了师传体系,而且有政治上的依存关系。如果违背师法或家法,则不被重用,如西汉孟喜被众人推荐为博士,"上闻喜改师法,遂不用喜"。(《汉书·儒林传》)东汉张玄"少习《颜氏春秋》,兼通数家法",他在太学教学时,"及有难者,辄为张数家之说,令择其所安。"随即招致诸生上诉,遂被光武帝停职:"诸生上言玄兼说颜氏、严氏,不宜专为颜氏博士,光武且令还署。"(《后汉书·儒林传》)师法家法的规定,加强了对经学的规范和管理,有利于思想的统一,却限制了学术思想的发展。

太学生学习则有一定的自由,西汉的博士弟子尚属以修一经为主,有兼习通用经典的。东汉以后,太学生通经学习的现象就越来越普遍,而且官方考试以通经门数定等级,也促使诸生必须更多地掌握经籍,才能取得竞争优势。

5. 太学的考试制度

汉代太学是朝廷网罗人才的重要场所,故考核选拔学生就成了太学最重要的任务。汉初规定每年举行一次面向全体学生的课试,考课的形式是"射策"。将预先拟定的问题写在策上,即"策问",应考者解答策问中的问题,叫作"对策"。策问按难易等次分别排列,让考生按自己的程度(或是考官认定的程度)定科,由自己随意抽取,抽到什么策问,就回答上面所提的问题,这就叫"射策"。西汉初期太学生岁课分甲乙两科,西汉后期改为三科:"甲科四十人为郎中,乙科二十人为太子舍人,丙科四十人补文学掌故。"也就是说,每年至多有一百人被录用为官,而太学生数以千计,录用的比例是相当低的。东汉初,太学考试又复原为甲乙两科。

汉桓帝永寿二年(156年),实行新的课试之法,即按通经门数累进考试递升的制度:"学生满二岁,试通二经者补文学掌故;已为文学掌故者,满二岁,试能通三经者,擢其高第为太子舍人;已为太子舍人,满二岁,试能通四经者,推其高第为郎中;满二岁,试能通五经者,推其高第补吏,随才而用。"①首先是由传统的一年一试改为二年一试,考不中者还可待下届再试,直到考取为止。其次是以通经门数论资排辈。这样大大减轻了解决学生出路的压力,同时又给学生留有不断努力的机会。

(二)地方官学的管理

汉代地方官学发展不平衡,其设置往往取决于地方官员兴办教育的积极性。汉代地方官学的一般情况是学、校置经师一人,庠、序置孝经师一人,负责地方学校的教学和管理工作。经师由郡国县中被称为文学或文学官、文学博士、郡国文学、文学掌故的官吏兼任,他们多为太学考试丙科通过者。如汉代太学初立,即规定:"一岁皆辄课,能通一艺以上,补文学掌故缺。"②此外,也有由察举而为文学官者,其中以明经科最多。经师官秩百石。

地方学校的学生多为当地官吏的子弟,一般称文学弟子、郡学生等。

地方学校的职能大致有两项:一是传授儒家经典,培养郡国属吏,同时为朝廷或太学输送优秀学生;二是推行地方教化。

(三)汉代的私学管理

秦代焚书坑儒禁私学,致使一批儒生学者隐匿民间,他们继续进行私人讲学。汉初,统治者无暇兴学设教,而各种官僚机构的建立,又急需大批治术人才,便大力网罗民间的隐逸人才,一批从事私人讲学的学者及其弟子因而得到仕进,从而大大地激发了中小地主求学和私人讲学的积极性,促进了私学的发展。汉武帝确立"独尊儒术"的文教政策以后,教育被提高到"治国之本"的地位,官学有很大发展。但官学主要设在中央,地方官学并未得到普遍发展。而中央官学入学困难,名额有限,无法满足读书人的要求。于是,经师宿儒讲学之风大为盛行。东汉时私学更加兴盛,不少大师名儒不愿卷入统治集团内部的斗争,或政治上不得志,则避世隐居,收徒讲学。

---

① 《文献通考·学校考一》。
② 《汉书·儒林传》。

汉代的私学就其程度而言,有初级程度的蒙学和高级程度的专经研习两种类型。

汉代官学中缺乏蒙学一类的机构,启蒙阶段的教育主要在私学里进行。承担这一阶段教育的私学主要是"书馆"和"乡塾"。"书馆"的教师称"书师",主要教学识字、习字。当时的蒙学已经有了比较适用的教材,西汉初有《仓颉篇》,是书师合并秦代留下的三种识字课本《仓颉》《爰历》《博学》而成的。后来又有汉武帝时司马相如作的《凡将篇》,汉元帝时史游作的《急就篇》,汉成帝时李长作的《元尚篇》,王莽当政时扬雄作的《训纂篇》,可惜被广为流传并保存下来的仅有《急就篇》。书馆教师对学生管教严厉,如王充八岁出于书馆,"书馆小僮百人以上,皆以过失袒谪,或以书丑得鞭"。(《论衡·自纪》)

初级程度的蒙学还有"乡塾"。"乡塾"的教师称"塾师"或"孝经师",主要教学《孝经》《论语》。这一阶段的教育主要任务是巩固"书馆"的识字成果,同时为专经研习做准备。

汉代研习专经阶段的私学主要有"经馆""精舍""精庐"等。这类私学,有的设在经学大师自己的家乡,有的设在山水胜地,专门教学一经或数经,教学水平和学生学习的程度往往不次于太学。有的大师名气很大,很多人慕名欲得教诲,但是由于种种原因,有些人不能亲往门下直接受教,于是只在大师门下著录其名,称为"著录弟子",同样具有弟子的身份。亲自前往教师处受教的称为"及门弟子"。因此,汉代经学大师的弟子能多至万人,而实际在教师门下受教的最多不过数百人。就是这数百弟子,教师仍然难以一一教到,于是常常是教师教给先来的高足弟子,再由他们分别去教其他弟子,这种教学方式叫作"次相授业"。如董仲舒在汉景帝时为博士,"下帷讲诵,弟子传以久次相授业,或莫见其面"。(《汉书·董仲舒传》)次相授业使一个教师可以通过逐次相传的方式教众多的子弟,大大扩大了教育对象的范围。

第三节　汉代的宏观教育管理措施

一、实行察举选士制度

选士制度是国家选拔士人、用以补充官员队伍的制度,从严格的意义上说,选士制度在性质上属于政治制度,而不是教育制度,但它的任务正好与古代普通教育的基本目标相吻合,也就是说,选士实际上是"学而优则仕"在制度上的保证,教育的直接动机和结果就是要使学生顺利通过选士而入仕为官。因此,选士制度既是统治阶级选拔官吏的制度,也是古代教育最主要的宏观管理手段。

(一)察举制的建立

汉代察举始自汉文帝二年(公元前178年),诏"举贤良方正能直言极谏者"。汉文帝十五年(公元前165年)又诏"诸侯王、公卿、郡守举贤良能直言极谏者,上亲策之。"策的内容是:"朕之不德,吏之不平,政之不宜,民之不宁,四者之阙,悉陈其志,毋有所隐。"①对策者"百余人,唯错为高策,由是迁中大夫。"这是察举制度的正式开端,但随意性较大,往往是在遇到特殊的自然灾害或者特殊天象时才举行的,在"天人感应"盛行的汉代,这都是统治者十分重视的,并因此检讨自己的政治,举士往往是为了找到施政的过失。

---

① 《汉书》卷四十九。

到汉武帝时,察举开始制度化。体现在两个方面:一是设立常科,即孝廉科,每年进行一次,时间是汉武帝元光元年(公元前134年),"初令郡国举孝廉各一人"。(《汉书·武帝纪》)二是确立察举责任制。规定选任得人与否,选任者与被选任者要负连带责任,功罪赏罚相同。

西汉末王莽执政时,为拉拢各地官员,遂下诏放宽对察举的连带责任,"赦小过,举贤才",对"诸有臧及内恶未发而荐举者,皆勿案验"。(《西汉年纪》卷三十)也就是说,只要被举荐者的恶行是暴露于荐举之后,就不再追究举主的责任。总的说来,汉代察举奖惩严明,有才不举,举而不实坐罪;有才即举,举而得人者受奖,这就保证了察举制度的正常进行。

(二)察举的科目

察举的科目大体有两类,一类是常科,如孝廉为岁举,茂材在西汉为特举,在东汉定为岁举;二是特举,因临时需要或统治者个人兴趣偶一为之,如贤良方正、鸿都门文学等。主要有以下三种:

一是孝廉科。察举孝子廉吏,顾名思义,孝廉当以孝行廉举为基本条件。此外,凡有突出良好的表现,著闻于乡里,或是直接被州郡长官查访到,也可以成为荐举孝廉的依据。儒家强调为人立身以孝为本,任官从政以廉为方。孝廉科自汉武帝后被确认为察举最重要的科目,被举者多为州郡属吏或通晓儒经的儒生,被举后,无官者授官,原为小官者升为大官。汉代举孝廉定为岁举,即每郡每年按规定名额举人,送至朝廷,最初为每郡每年1人,但由于各郡区域、大小不等,人口多少不同,于是东汉和帝时改以按人口为标准,大致每20万人岁举1人,大郡可举2人。两汉从地方官吏到朝廷的名公巨卿,有不少是孝廉出身,对汉代政治影响很大,对社会也有影响,通过举孝廉,形成"在家为孝子,出仕做廉吏"的风尚。

二是茂材科。选拔奇才异能之士,故亦称"茂材异等""茂材特立之士"。此举始于汉武帝元封五年(公元前106年),当时称为秀才科,属于特科。东汉光武帝后称茂材,改岁举,茂材与孝廉在选士上的区分,本当是后者侧重德行方面,而前者侧重才干方面。但是孝廉实际上也选拔各种才学之士,茂材科也并非不问德行。茂材科的地位居于孝廉科之上,主要体现为选拔较高水平的人才。茂材是州举,孝廉为郡举,故茂材数目远少于孝廉;以茂材被举者多为现任官吏,属于对有特异才能品行和突出贡献的官吏进行升迁提拔;茂材多被举为县令,而孝廉一般授以郎官。

三是特科。如贤良方正虽属特科,但汉文帝时即有,次数较多,影响较大,晁错、董仲舒、公孙弘等皆以贤良得举,此科的目的在于得直言极谏之士,广开言路,匡正过失。一般由公卿、诸侯王、郡守等高级官吏举荐,皇帝亲自策问,分别高下,授以官职,有时一策即毕,有时还有二、三策。每诏贤良对策者常达百余人。再如明经科,察举通晓经学的人才。西汉时不少人以明经举为高官,但作为察举科目,明经科在西汉并不明确,明经科专置是在东汉,由于经学的发展,不同学派对《五经》的解释相悖甚多,特别是古文经与今文经两派之间经常有激烈斗争,为此,汉章帝为统一儒学,以求其真,不失古义,特下诏书,强调明经,旨在统一对经学的解释,并于元和二年(85年)正式诏举明经。举明经者得授官职较高,使汉儒习经成风。

(三)察举方式

察举科目繁多,最初并没有统一的标准,每科要求有时笼统,有时具体,执行时较难掌握。察举是否得人,还要经过考试,量材录用。无论是诏令特举的贤良方正,还是州郡岁举的孝廉、茂材,均须经中央复试。在西汉,察举为主,考试只作区分高下、授官大小的参考,这与后世的科举不同,西汉末也有不经考试而直接授官的。

东汉顺帝阳嘉元年(132年),尚书令左雄建议举孝廉限年四十以上,且要经严格考试,郡国岁举的孝廉、茂材,到京师之后,依科目与被举人的情况,分别考试,原属儒生的按所习学派的章句考试经学,原属官吏的考试公文奏章的写作,最终由尚书综核,对不按规定察举者要按律惩治。这就形成了察举和考试相结合的体制,且考试成分有日益加重的趋势。这是汉代察举制度的一个重要特点。

(四)察举制度的教育管理功能

汉代察举制度不仅选拔出不少济世之才,而且促进了讲习儒经的社会风气的形成,对官学、私学以及家庭教育、社会教育都发挥了重要的调控作用,保证了"独尊儒术"文教政策的贯彻落实。具体言之,察举制的教育管理功能主要表现在以下几方面:

首先,调动了士人读书求学的积极性。汉代察举制是西周乡举里选制度的发展。西周任官主要是世袭制,乡举里选只是它的有限补充;察举制则不然,它是汉代选官制度的主体,而体现世袭制的"任子"制,在当时则为任官的辅助形式。察举制"不问家世,多问贤能",从原则上看,无论贫富贵贱,也无论是通过官学、私学,任何人都有可能经由察举而获得官禄,这样就大大激发了人们接受和从事教育的积极性。西汉时邹鲁一带流行着这样一句谚语:"遗子黄金满籯,不如教子一经。"只要通晓儒家经典,合乎儒家德行道艺的要求,就有机会步入仕途,享受官禄,说明士人致力于攻读儒经的动力主要来自对功名利禄的追求,班固也说:"一经说至百余万言,大师众至千余人,盖禄利之路然也。"这是统治者利用选士制度来独尊儒术的必然,也使得地方官学、私人讲学和家庭教育都得到很大发展。

其次,统一了教育的目标。在独尊儒术的政策指导下,汉代学校教育体制和察举制度大体上同时建立,儒家伦理道德和经学造诣成为贤才的基本标准,学校教育培养贤才,而察举制度选拔贤才,三者之间结成了密不可分的关系。官方最高学府太学本身就有选士功能,而贤良方正、孝廉、茂才、明经等察举科目又为社会上的儒生广开了进身之路。在察举制的利诱之下,通达经术以求取功名是士子投师求学的主要目的,也是讲学者的指导思想。夏侯胜曾言:"士病不明经术,经术苟明,其取青紫如俯拾地芥耳;经术不明,不如归耕。"[①]在察举制下,无论官学还是私学,无论学校教育还是家庭教育,尽管其办学形式多种多样,国家也没有派人直接插手教育教学管理,但是,其目标和办学指导思想却是一致的,都是要培养通晓儒家经典的人才,可以说是殊途同归。这正是察举制发挥宏观调控作用的结果。

再次,规范了教学的内容。察举制从科目设置到选拔人才的具体标准,均体现"独尊儒术"的要求。在察举制下,无论官学还是私学,均以通经致仕为教育目的,它们就必然都以儒家经典为教学内容,以《五经》为教材,以读经为教学方式。汉代私学大师都是通一经或数经的学者,他们各以所长教授弟子。这说明当时儒经的研究与教学已相当深入。由此也可以看出,察举制确实如无形的指挥棒,对教学内容起着规范、统一的作用。

当然,汉代察举与学校教育各为一途,它们之间尚未建立制度上的联系,更谈不上衔接关系。察举无须依靠学校,在校学业也不能成为察举的前提或资历,这不利于鼓励士人入学求教。同时,由于察举制尚属选士的初级阶段,只是多种任官途径之一,察举本身又有多科,

---

① 《汉书·夏侯胜传》。

选人标准也有多种,尚不足以吸引士人朝着同一目标努力。总的来看,汉代察举对教育的影响,还远不能与后世的科举相比。

二、规范经学内容

自汉武帝确立"独尊儒术"文教政策以后,儒家经典就成为法定的教学内容。在太学的示范和察举制的调控之下,私学也主要教学儒经。说经、解经、注经者甚多,使经学发生诸多分歧,出现今文经学和古文经学之争,这对统一思想极为不利。于是,汉代统治者积极采取措施,以规范经学内容。

(一)统一经学标准

为了解决经学的分歧,西汉甘露三年(公元前51年),汉宣帝主持召开石渠阁会议,由各派代表讲论五经异同,并展开辩论,宣帝亲自做最后结论。东汉建初四年(79年),汉章帝主持召开著名的白虎观会议,开展了一场规模空前的经学大讨论。会议长达数月,今文经学、古文经学和谶纬经学各派都有代表参加。最后,班固奉旨博采众长,将各种分歧和解释统一起来,撰成《白虎通》一书,具有法典效力。从此,经学有了统一的标准,官学和私学也有了规范的教学内容。

(二)刊刻石经

西汉的书写材料仍以简牍、丝帛为主,东汉才开始比较普遍地使用纸。汉代学生读经,主要靠教师口授和传抄,讹误在所难免。这显然不利于经学和思想的统一。于是,蔡邕等奏请正定五经文字,汉灵帝准奏。蔡邕便令人将自己手书的经文刻于石碑,立于太学门外,这就是熹平石经。熹平石经共有46枚,采用古文、篆、隶三体书法,自汉灵帝熹平四年(175年)开始刊刻,历时8年才完成,包括《尚书》《春秋公羊传》《周易》《礼记》《论语》等经的本文。从此,经学的教学有了统一的标准。

熹平石经,为学校及读书人提供了标准、规范的儒家经典定本。刊刻石经,是我国教育史上的一大创举,是封建国家重视教育、独尊儒术,加强对教育进行宏观管理的手段之一。

复习思考题

1. 秦代为巩固统一采取了哪些文教政策?
2. 董仲舒三大文教政策建议的主要内容是什么?
3. 汉代学校系统有什么特点?设置了哪些官学和私学?
4. 太学的管理有哪些经验值得借鉴?
5. 汉代为加强对教育的宏观管理,采取了哪些措施?
6. 察举制是如何选拔人才的?如何理解其教育管理功能?

第三章　魏晋南北朝时期的教育管理

　　魏晋南北朝是中国历史由统一转为分裂和长期战乱的时期,也是历史上又一次思想解放的时期,由于佛教的传入、道教的兴起以及玄学的盛行,儒家思想在教育领域中的统治地位发生了动摇,儒家经学进入了一个新的历史阶段。在教育方面,虽然这个时期官学兴废无常,但在教育管理和人才选拔制度上也有新的发展,出现了一些具有重要历史意义的特点,为隋唐时期建立完备的学校制度和选士制度奠定了一定的基础。

第一节　魏晋南北朝时期的教育行政与学校管理

一、教育行政机构的渐趋独立

(一)太常兼管制的发展

　　西汉创立太学,但并未专设教育管理机构。由于汉代太学以传授儒家礼乐之学为宗,将太学挂靠在太常寺管理,太常便成为兼管全国教育的长官。

　　沿袭汉制,魏晋南北朝的中央官学依旧为太常掌管,太常之名称、职掌大体沿袭旧制,主管邦礼及教化,属官中包括了各类官学博士。北周的做法稍有不同,设太常卿与少卿共同掌管宗庙祭祀礼仪及教育。由此看来,魏晋南北朝的绝大部分时间都还没有设置专门的教育行政机构。

　　太常对中央官学的管理,主要是针对官学博士的设置以及博士、祭酒的选试工作。曹魏时期,博士轻选的问题十分突出,故而要求严选博士,取行为人表、经任人师者充任博士的呼声很高。晋武帝时期对博士的要求增加了身份资格的内容,只有履行清淳、通明典义者,才得召试。东晋时期,人们从博士应承担职责的角度强调了博士人选的身份资格问题。北魏时又提出了年龄方面的要求。高允在建议完善地方学制的上疏中提议博士取博闻经典、履行忠清、堪为人师者,年龄在 40 岁以上,助教则应在 30 岁以上。

　　除此之外,魏晋南北朝的太常对国家教育事宜及官学内部管理事宜似没有更多的涉及。太常一职所掌过多,不可能腾出更多的精力来过问官学内部管理事宜。因而,考虑国家教育及官学管理事宜的责任,则比较多地由西晋始设的国子祭酒来承担。

(二)国子祭酒实际作用的转换

　　祭酒一名始自战国时期的稷下学宫,汉代太学借用此称呼指代"博士之长",称博士祭酒。太常无暇顾及太学的具体事务,"训范、总统学中众事"便委托祭酒代管。所以,太学祭酒实际上承担了太学校长的角色。西晋成立国子学,设国子祭酒 1 名。其时国子学还隶属于太学,但太学未设祭酒,国子祭酒便成为两学的实际总管。这一体制不仅导致了国子学的实际地位高于太学,而且确立了国子祭酒在国家教育决策中的权威地位。魏晋南北朝官学不盛,祭酒的实际作用更多地体现在国家教育决策上。

(三)北齐国子寺的建立

促使教育管理真正走向独立的是北齐设置的国子寺。北齐官学不盛,士风颓败。皇建元年(560年),北齐孝昭帝继位,意欲革除旧弊,敦促学校之风,所以有了创立国子寺之举。国子寺不同于国子学,国子寺首先是个行政机构,其职责就是主管训教胄子事宜。它所配备的官员与其他9寺相同,这是为历来官学所未有,为行政机构所具备的特色。此外,它统辖了3所学校:国子学、太学、四门学。与此同时,太常寺的属官已没有了国子祭酒、国子博士、国子助教、太学博士等这些原属其麾下的教育官员。这也说明了教育管理职能已经从太常寺中分离了出来。隋唐继承这一做法,将国子学、太学、四门学、书学、算学、律学一并划归其属,将儒学教育与专科教育合为一体,真正完成了教育管理的独立。

二、魏晋中央官学的"双轨制"

(一)太学管理

儒学教育的单一格局是汉代教育体制的显著特征。汉代太学作为崇儒教化的象征,养士育才的基地,体现了中央集权在教育上的权威形象。因此,魏国建立之初,兴办教育的第一个措施便是恢复太学,并且完善了太学的管理制度。

首先,完善了太学的考试制度。魏文帝黄初年间,刘劭参照东汉左雄的考课法,设计了一套"五经课试法",并在太学推行。其法如下:"学者始诣太学为门人。满二岁试通一经者称弟子,不通者罢遣。弟子满二岁试通二经者补文学掌故,不通者听随后辈试,试通二经亦得补掌故。满三岁试通三经者擢高第,为太子舍人,不通者随后辈复试,试通亦为太子舍人。舍人满二岁试通四经者擢其高第为郎中,不通者随后辈复试,试通亦为郎中。郎中满二岁能通五经者擢高第,随才叙用,不通者随后辈复试,试通亦叙用。"[①]这个课试法把学校教育与文官考试任用结合起来,以提高教育管理的控制能力,在古代学校管理史上是十分有意义的。它把太学生分为两类:刚入学者为门人,类似今天的预科生或试读生;满两年试通一经才能称为弟子,取得正式太学生资格。它规定以通五经为太学教育的最高目标,年级越高,通经越多,所授官位也就越高。这一思路使太学教育管理目标更为具体化,按年分级递进的管理框架初现端倪。

其次,加强太学生管理。为严肃太学纪律,曹魏统治者加强了太学的教学管理。据《三国会要·学校篇》载:"蒋济奏:太学堂上,官为置鼓;凡学受业,皆须十五以上;公卿大夫子弟在学者,以年齿长幼相次,不得以父兄位也;学者不恭肃慢师,酗酒好讼,罚饮水三升。"虽然从史料中未见当时执行这些措施的情况,但这些建议显然意在强化太学的教学秩序。

(二)国子学的创设

西晋时期,在统治阶级内部形成一个贵族阶层,即门阀士族。为了保证他们的特权,晋武帝咸宁二年(276年),在太学之外又创设国子学。

国子学最初设立于太学之内,为了调和太学内部门阀士族子弟与寒门子弟的矛盾,在保

---

① 《通志·选举志二·学校》。

留太学的基础上为门阀士族子弟别立一学。国子学的招生对象是门阀士族子弟,限五品以上,而太学则招收庶族地主子弟。

从管理人员看,太学有博士而无祭酒,国子学有祭酒而博士只有 2 人,却配置了 10 名助教。两学管理之责则由国子祭酒承担。也就是说,国子学虽然设于太学之内,然管理权却掌握在国子祭酒手中。到南北朝时两者之间的差距就更明显了,南北朝时期太学学官的地位待遇远远不如国子学。南朝梁代朝廷职官分为 18 班,品秩以数高为贵。国子祭酒高居第 13 班,国子博士则位居第 9 班,而太学博士只列第 3 班,仅比国子助教高 1 级,而比国子博士低 6 级。南朝陈代与北魏的朝廷职官都为九品,品秩以数低为贵。南朝陈的太学博士与国子助教平级,仅为八品,比国子博士低了 4 级。北魏国子学学官的品秩多有提升,而太学学官的品秩反而下降,北魏国子祭酒是第四品上,国子博士与太学祭酒同为从五品上,太学博士是第六品中,太学助教仅仅是第八品中。南北朝两学学官地位的差别,说明了太学在中央官学系统中的地位大大降低。这是门阀政治对教育体制的影响所致。

从教学内容看,国子学与太学皆以经学为主,兼有玄学、佛学。最初是王肃的古文经学,后是王弼的玄学,再后是郭象的玄学,东晋后期,佛学也渐成为官学的重要内容。

西晋时期创办国子学以突出贵族子弟的教育特权,使封建教育体制由单一格局发展成为太学与国子学并行的双轨制。它是魏晋南北朝时期门阀士族与庶族地主对立在教育上的反映。

三、南朝专科学校的管理

儒学教育体制变革,只是魏晋南北朝教育体制变革的一部分。魏晋南北朝教育体制发展还呈现着一个特点,就是它冲破了"独尊儒术"的藩篱,先后涌现出史学、文学、律学、书学、医学、算学、玄学、道学等专科教育学校。尽管当时专科教育在形式、内容、规模上都还未形成完备的制度,开办的时间也不长,但却标志着多学科教育的格局的形成,它对隋唐专科教育的发展具有积极的意义。

纵观魏晋南北朝专科教育的发展,其历程大致呈现了两个高潮时期:一个高潮时期是在魏晋之际,另一个高潮时期是在南朝。魏晋之际是学术思想活跃、社会动荡剧烈的时期,这时产生了崇文馆、律学、书学等专科学校。但由于这时许多学科刚刚趋于独立,司马氏集团又极力推行儒家名教,所以专科教育没能进一步发展。而南朝的专科教育相对来说要成熟完备得多。南朝宋时,周朗建议教育内容应包括读经、修武、通史,并主张开设医学教育。南朝齐时,孔稚硅建议在国子学中设置律学专科。这些要求反映了社会发展的迫切需要,因而专科教育在这时有了新的发展。其中比较有名的是宋文帝办的儒、玄、史、文四馆,宋明帝办的总明观有道、儒、文、史、阴阳学。

南朝宋元嘉十五年(438 年),宋文帝征召名儒雷次宗到京师,开儒学馆于京郊鸡笼山,聚徒教授,置生百余人,文帝也数临学馆,奖励生徒。次年,又令何尚之立"元素馆"(玄学馆),何承天立史学馆,谢玄立文学馆。四馆并列,各就其专业招收学生进行教学、研究。自汉以来经学教育独霸官学,而此时兴办的研究老庄学说的玄学、研究古今历史的史学、研究辞章的文学都与研究经术的儒学并列,这是学制上的一大改革,也反映了当时思想文化领域的实际变化。元嘉二十年(443 年)又开设了医学馆,这是古代医学专科学校的开端。

宋明帝时诏立总明观,置祭酒,设儒、道、文、史、阴阳 5 科(后因阴阳学无人而废),每科置学士 10 人,不仅仅是教学机构,而且还是藏书、研究、教学三位一体的机关,其四科与元嘉时的四馆分科大致相同。但在管理上更加完善,也使原来四个单科性质的学校发展成在多科性学校中实行分科教授的制度。

梁朝建立后,在学校建设方面也很有建树,专科学校也有较大发展,梁武帝在中央立五馆,置五经博士各 1 人,天监四年(505 年)设置胄子律博士,传授律学。梁朝文教之盛,可为南朝之冠。

陈朝的专科教育沿梁制,主要是律学,胄子律博士属廷尉。梁时律博士在品秩上高于太学博士和助教,但低于五经博士,而陈朝律博士的官品与太学博士、国子助教相同,但也低于五经博士。

从管理制度看,魏晋南北朝专科教育在中国古代专科教育发展进程中处于初始阶段,很不完善:

第一,从学校开办时间来看,所有专科教育机构都存在得不长久,并没有形成一套较为固定的体制。统治者的办学诏令也多是出于对社会需求的被迫适应,因人而设的状况十分突出,导致专科教育发展仓促而上,随意而下。学校内部还谈不上建立起一套有规划、有教材、有考核的教学体制。严格地说,魏晋南北朝专科教育还只是处于学官制度阶段。各政权统治者出于社会发展的需要而任命某一学科的学官,带有很大的随意性,因而也就不可能去着手进行学官与学校之间的体制架构。

第二,魏晋南北朝专科教育大多是由朝廷职能部门主办,其施教对象主要以在职官吏为主。在未创办专科教育以前,朝廷所需要的专门人才多是靠父子相传的世袭方法来解决。魏晋南北朝的社会需要急剧膨胀,靠传统渠道来输送专门人才已远远落后于形势了。朝廷的职能部门只有通过培养在职官吏来解决专门人才紧缺的矛盾。这一做法对办学的多渠道和学科的多样化发展,当然是具有积极意义的,但与正规的学校形式相比,初始性质是很明显的。

第三,魏晋南北朝专科教育的机构集研究和教学为一体。许多学科的教育首先是由研究的需要而引发的,如魏国的崇文观,刘宋的四馆、总明观等。人们为了探其精奥,展开了研究、讨论和争鸣,自然有了传播与普及的教育工作,所以,短训形式、讲座形式和学馆形式是当时专科教育的主要形式。

第四,魏晋南北朝专科教育的地位低于儒学教育。从当时专科教育机构设置来看,任何机构都没有达到如国子学、太学这样的地位。从学官的品秩来看,专科教育学官普遍低于儒学学官。仅以北魏的官品为例。世宗宣武帝修订百官职次,太学博士为第七品,而律博士则为第九品。而且,所有属专科教育性质的学官,只有律博士榜上有名,其余的学官皆属未入流之职了。

所以,魏晋南北朝专科教育发展缓慢,固然与封建社会专科教育还处于初始阶段有关,也与当时整个学校制度还不发达有关,但更重要的还是传统教育观念的束缚而导致。“德成于上,艺成于下”的价值取向严重地阻碍了专科教育发展,把教育仅仅局限于儒经教育,这种曲解教育功能的历史偏见,不仅是魏晋南北朝时期如此,而且是整个中国古代专科教育不能发展的重要原因。

四、北朝郡国学校的管理

北朝地方官学比南朝发达,主要表现在统治者对郡国设学的重视和地方学校学制的完备。

北魏州郡立学的制度,起自献文帝时期,天安元年(466 年),诏令州郡各立学官,以使“士望之流、冠冕之胄,就而受业”,进而培养经艺通明的人才。按郡的大小规定博士、助教及学生名额,大郡立博士2人,助教4人,学生100人;次郡立博士2人,助教2人,学生80人;中郡立博士1人,助教2人,学生60人;下郡立博士1人,助教1人,学生40人。同时还规定了学官与生员的资格,博士应是40岁以上,博通儒经、德行俊异、堪为人表者;助教则为30岁以上;学生取郡中清望,人行修谨,堪循名教者,先尽高门,次及中等,即在选拔的秩序上,则是先高门士族子弟,后中等地主阶级子弟。北魏郡国立学,自此开始。孝文帝迁都洛阳之后,大体上仍沿此学制。

北齐也注重州郡立学,文宣帝即位后就诏令郡国修立学校,广延生徒,以敦述儒风。又令在郡学内立孔庙,学官博士以下每月一朝,这为后来在各级学校内普设孔庙开了先河。按北齐学制规定,各郡都得设学,置博士、助教,但实际上士族及豪富之子弟可不入学,不需入学受教反而成了一种特权。此外,内部管理混乱,生员都被州郡官员派差驱使,州郡学校徒有虚名。

北周时期,郡国学校亦曾设置,州县均有学,各县视其大小都设有相当品秩的县学博士。

从教学内容看,郡国学校基本上以经学为主,南朝经学受玄学影响较深,注重义理之学。但北朝由于不受玄学影响,故其治经亦不掺杂玄学因素。虽然北朝佛、道很盛,然始终未能超过儒学,像北周武帝定儒道佛三教先后,以儒为第一。其经学基本上承继了汉学传统,谨守章句训诂,注重各物制度的考证。《北史·儒林传序》称:"南人约简,得其英华;北宋深芜,穷其枝叶。"但不论是南朝,还是北朝,都罕有纯粹的儒者,这与汉代是不同的。

总之,北朝在郡国学校制度的完备性上强于南朝,但在非儒学教育的兴办方面却不及南朝发达。

五、私学和家庭教育的发展

魏晋南北朝时期,由于社会处于变革和动乱时期,学术思想比较活跃。在这一历史背景下,私学不仅有了宽松广阔的发展空间,而且成为各家宣传其思想所必需的舆论阵地。一些绝意仕途或潜心学术、热衷于授徒讲学的学者也多隐居山林,聚徒讲学,玄学家等也和经学家一样教授门徒。因而,这一时期私人讲学之风十分盛行,私学得到了进一步的发展。私学的教材也得到很大发展,如梁武帝时周兴嗣编成《千字文》,内容包括天文、地理、历史、动植物、农业和伦理道德等,是一本很有影响的蒙学课本。

宗族和家庭教育在这个时期也有所发展。尽人皆知的历史人物王羲之、祖冲之等人的家庭教育都很有名。当时,家族的学术传授很普遍,许多儒学家、玄学家、科学家、文学家、艺术家都是通过这种形式培养起来的。

这个时期,还产生了专门论述家庭教育的著作——《颜氏家训》,被誉为"家教规范"。该书作者颜之推曾历经梁、齐和北周"三代之悲",深感世态炎凉,故结合自己立身、处世、治家的经验写成此书,教诫子孙。他认为子孙思想品德好坏,取决于家教的优劣,家教是父母义不容辞的责任,他提出家庭教育要及早进行,最好从胎教开始。因为"人生小幼,精神专利,长成已后,思虑散逸,固须早教,勿失机也"。[①] 他特别反对溺爱,主张慈爱与严格要求相结合,父母对于子女,不能偏爱,不应厚此薄彼:"人之爱子,罕亦能均,自古及今,此弊多矣。贤俊者自可赏爱,顽鲁者亦当矜怜。有偏宠者,虽欲以厚之,更所以祸之。"[②] 能严格教育才

---

① 《颜氏家训·勉学》。

② 《颜氏家训·教子》。

是真爱,放任偏宠则是危害,在不得已的情况下,强制性的措施也是可以采取的,包括鞭挞惩罚,他认为这是管教子女的有效手段,可使之害怕而不敢犯错误。这是我国第一部专论家庭教育的著作。此后,才不断有唐无名氏的《太公家教》、宋代司马光的《家范》、清代朱柏庐的《朱子治家格言》等著名家教著作问世。

第二节　九品中正制及其对教育管理的影响

一、九品中正制的实施

魏晋南北朝时期,战争频繁,社会动荡,士人流徙迁移,致使汉代以"乡举里选"为主的察举制度难以实行。针对这种情况,当时的思想家、教育家大都主张"综核名实",改革选士制度。"九品中正制"就是在这一背景下产生的。

九品中正制又称九品官人法,其实施始自三国曹操执政时代,曹操推行唯才是举的人才政策,在各州郡县设置大小中正官,专门负责选拔人才,查考士庶人物,将人物评为九品,即"权立九品,盖以论人才优劣,非为世族高卑",应该说,这时九品中正制事实上已经产生,只是属于临时性的政策措施。其后魏文帝曹丕为取得士族支持,令吏部尚书陈群重申和修订了九品中正之法,明令推广,这时才作为选士法确定下来,在此后的三百多年中,遂成为魏晋南北朝的主要选士制度。其程序如下:

品第人物。中正官直接或派人察访本地士人的言行表现及道德才能情况,即了解士人的"行状",或称"状",并作出行状评语。评语往往比较简练、概括。如王济对孙楚的评语只有"天材英博、亮拔不群"八个字,王嘉为吉茂作的状更简练,只有"德优才少"四个字,这种品评人物的方式,显然是受了品评人物和政事的"清议"之风的影响。此外,中正官还要察访本地士人的家世,即察"品",中正品必须调查士人牒谱、父祖资历、做官情况,爵位高低,即了解士人出身门第,这是为了迎合士族地主的要求而定的。

定品级。根据士人的行状和家世,由中正官来评定品级,将士人分成九个品级:上上、上中、上下、中上、中中、中下、下上、下中、下下,故称九品。前三品为上品,后三品为下品。这是关键环节,难度亦相当大,因为当时对人物行状的品评没有标准和原则,且行状与家世常不一致,有的行状在上,家世却在下。有的正相反,如吉茂,品在上第,而状甚下。一般而言,曹魏初,重状轻品,晋以后,渐重品轻状。

建立档案。中正官将品第的材料逐级上报:小中正报于大中正,大中正核实后将定案材料写在黄纸上,送交司徒,司徒再核实,呈吏部待用。这就为被选者积累了系统的档案资料,可谓中国人事档案制度之绪。

按品授官。吏部根据中正所定的品级授官。品第越高,官职越大。可见,中正官虽然只有品第之责,无任官之权,但其品评,却决定着士人任官的高低。

清定品级。吏部对所定品级还负有"清定"之责,即中正官所定品级,并非一成不变,一般是三年一清定,依其行状再给予升降,有时变动还很大,如韩预"居妻丧不顾礼义,三旬内成婚",且新妇家亦逢丧事,被视为伤风败俗,中正官张辅因此将其从二品降至四品。

九品中正制在实施的过程中,中正官是否"中正"是其关键。而这主要取决于两个条件:一是中正官的品德和识鉴才能;二是品评人才是否有明确的标准。为了保证第一个条件,则由司徒选择"德充才盛"或"贤有识鉴"的现任中央官员,兼任其原籍的郡小中正或州大中正。中正由现任中央官员担任,显然也是为了保证中央对选举的直接控制。在品评人才的标准方面,统治者也下了很大的功夫。魏明帝诏令散骑常侍刘劭作"都官考课法",就是这方面的举措。刘劭奉诏作《都官考课》七十二条,并附《说略》一篇。

二、九品中正制对教育管理的影响

(一)挫伤了读书人的积极性,使学校更加门庭冷落

魏晋南北朝时期,由于社会动荡不安,学校教育受到很大影响,特别是官学,废置无常。九品中正制的实行,也对此发生了重大影响。曹魏初期,九品中正制不仅看门第,而且还比较注重人的实际品德和才能,注重调动读书人的积极性。但是,自魏末晋初,这种制度逐渐贵族化了,品第变成了门第的代名词,原本由德才和家世诸因素共同决定品第的九品中正制,演变成以家世品评世人为唯一标准的贵族化制度,以致"上品无寒门,下品无士族"。(《晋书·刘毅传》)堵塞了寒门士子的仕进之路,他们的学习积极性受到严重挫伤,而那些门阀世族子弟也不屑学习。魏晋南北朝时期学校教育的萧条,与九品中正制的影响有很大的关系。

(二)促进了选士制度的发展

从选士制度自身发展的角度来看,九品中正制的实施还是有其积极意义的。该制度创设之初,试图通过品评的手段,客观、公正、全面地考察人才。首先,中正官的设置使选士步入独立化和专门化轨道,不再由地方官员兼职选拔人才;其次,由分科推荐改为分等定品,考察标准呈现出量化趋势,动态的考核标准为朝廷选官提供了比较全面、真实的依据;其三,品评人物的导向由民间舆论转入官方定夺,以功能居上为导向,以唯才是举为原则,使选士制度向"综核名实"前进了一大步。其四,其清定制度,相比只能升不能降的积资制和一生不变的"终身制"而言,更有助于士人进取和仕宦者忠于职守、廉洁奉公。

但是,这种制度在实施过程中,却很不如人意。因为最终起决定性作用的是"中正官",中正官不能"中正",即使标准再细致和可操作,也无法做到公正、客观,甚至完全违背了创立这一制度的初衷。到了南北朝时期,士族势力日趋下降,寒门势力逐渐上升。寒门士子强烈要求参政,九品中正制受到猛烈抨击。这就促使人们重新去探索客观、公正地选拔人才的途径。就是在这个过程中,孕育了以考试决定取舍的科举制度的萌芽。因此可以说,九品中正制的实施是选士制度发展史上一个不可或缺的探索过程,没有这个过程的反证,就很难有选士制度的发展。选士制度是封建统治者的选官制度,也是对其教育进行宏观管理的一贯手段。选士制度的发展,必然给教育管理带来重大影响,使教育的宏观管理手段更具有控制力。

复习思考题

1. 魏晋南北朝时期的教育行政趋向独立的标志是什么?
2. 魏晋时期中央官学的"双轨制"指什么? 它产生的原因是什么?
3. 南朝专科学校有何特点? 其意义何在?
4. 什么是九品中正制? 如何评价它在教育管理史上的作用?

第四章　隋唐时期的教育管理

　　隋代结束了魏晋南北朝的混乱纷争局面,统一了中国,重新建立了大一统的封建帝国。在进行政治和经济改革的同时,隋代统治者进行了教育制度改革,建立了比较系统和合理的教育体系,确立了与政治和经济改革相适应的教育制度,为唐代的教育制度打下了基础。唐代统治者建立了系统、完善的教育制度,确立了尊圣崇儒的文教政策,提高了教师的地位和待遇,健全和完善了中国古代传统的政教合一的教育体制,给唐以后的封建王朝树立了楷模。

第一节　隋唐时期的文教政策

一、重振儒术

　　自汉代"独尊儒术"以来,儒学便成为官方指导思想,"学校学儒经、官吏皆儒生"。从魏晋到隋代,儒学地位逐渐下降,内部的众多师法、家法削弱了儒学的地位,外部又有玄学及佛教的冲击。

　　隋统一全国后,开始尊儒,一是释奠周孔,定期祭祀。二是访求书籍,隋文帝时征集图书达3万余卷,隋炀帝时再度收集天下图书,并创四部分类法,但总的说来仍以崇佛为主,隋文帝晚年曾一度好刑名,停办州县学,仅余国子学,国学学生数仅72人。至唐代,为巩固政权、加强思想控制,统治者重新利用儒学,作为其统治思想;在教育上,也以尊儒为最高的文教政策。唐代尊崇儒术,体现在教育上,有以下几个方面:

　　第一,尊孔。唐代孔子的地位更加显赫,体现在两方面:一是唐代各帝对孔子大加封赠,太宗封孔子为先圣,高宗封孔子为太师,武则天封孔子为隆道公,玄宗封孔子为文宣王,将孔子捧上了王位,这是历代读书人的莫大荣耀,然而我们也应清醒地看到,唐代各帝王极力提高孔子地位,并不是孔子个人的尊荣,而是体现了国家承认以孔子为代表的学术、教育所具有的权威。二是立孔子庙,向社会施行"教化"。每年国子监春秋两次祭祀孔子时,除国子监各学学生参加外,文武百官,各国贵族等皆往观礼。唐太宗时,参加祭祀和观礼的人数曾多达8 000余人。在地方上,州县学内皆立孔子庙,形成庙、学结合的制度。唐代各帝经常亲临国学观释奠礼,所谓释奠礼是古代祭祀先圣先师的典礼,自汉元帝立孔子庙举行释奠活动起,后来的官学中皆立有孔子庙,尊崇释奠,但是唐以前对孔子的释奠活动并未形成制度。唐高祖时,下令国子监立周公和孔子庙各一所,开始祭祀活动,周公是创设礼教的先驱,其功业在于治世;孔子是在王道衰败的时候而大力倡导礼教,设学授徒。周公的功德大于孔子,故而立周公为先圣,孔子为先师。唐太宗时极力抬高孔子的地位,停祭周公,升孔子为先圣,颜回为先师,在教育领域内树立了孔子的教育圣人的崇高地位。唐玄宗开元二十七年(739年)八月,孔子被封为文宣王,其庙中的塑像也改穿王服,座次也由西面改为坐北朝南。唐代各帝王重视释奠礼,表明了统治者对重新建立儒家政治之道的认同,也标志着尊崇儒术文教政策的贯彻执行。

第二,整理、统一儒经。唐代确定尊儒政策后,面临教育内容上的混乱。汉代经学有今古之争,魏晋以后又形成南北两学,必须加以统一,隋代作了一些努力,从隋朝的经学教育看,兼有南学和北学,体现了南北经学的融合。唐代在统一儒经过程中,有两件大事:一是太宗令孔颖达、颜师古等人撰《五经正义》,统一对五经的各种解释,综合了儒家各学派的学说,消除了繁杂的章句之学,颁行天下,成为全国各级各类学校的规定教材,唐代以《五经正义》为标志的新儒学对崇圣尊儒文教政策的建立产生了积极的作用。二是唐开成二年(837年),唐文宗立“开成石经”,凡九经,外加《论语》《孝经》及《尔雅》,共65万字,159卷,用石114方,两面刻字,至今保存在西安碑林中。

第三,提高儒士的地位。唐王朝普遍提高了教师的政治地位,强调尊师重教,并且以法律的形式保障教师人格和地位的尊严。这在中国教育史上是一个划时代的创举。一是教师品秩大幅度提高。与魏晋以来各朝教师相比,唐代教师的品秩大幅度提高,除国子祭酒和国子博士一直保持很高的政治地位外,其他教师的品秩普遍提高了1～2品。如太学博士的品秩,比前朝制度提高了1～3品,由下级官员提高到中级官员;二是教师政治待遇的提高。唐代的职事官有清浊官资之分,在清官资中,又分为清望官和清官。无论是清望官还是清官,国子监几乎所有的教师都在其中,虽然有的品阶较低,但在政治上享有较高的地位。这表明,随着儒家政治统治思想的重新树立和唐代教育的大发展,教师的政治地位大大提高。

二、兼容佛道

道教在唐代占据极重要的地位,“以李氏出于老君,故崇道教”。当然这只是一个因素,其主要原因是在于利用道教来辅助儒学,唐代重视道教,表现在:第一,唐玄宗时学校中特设崇玄学,专门研究道教经典,如《老子》《庄子》《列子》等,博士曰道德博士;第二,科举中考试道教经典,《老子》一度与《论语》《孝经》并为学校的公共必修课,唐玄宗一方面亲自注儒学经典《孝经》,另一方面又自注道教经典《老子》,一起颁行天下学习,在学校中研究道教经典,以及在科举中考试道教经义,这在中国教育史上是空前的,也是唐代儒道结合的表现。第三,屡为老子荣加尊号,尊老子为玄元皇帝。

至于佛教,在唐代的地位虽然下降了一些,但并未退出意识形态领域,唐太宗虽崇儒学,但亦不忘利用佛教,玄奘翻译佛经,太宗亲作《圣教序》;武则天更是崇佛,曾自编《大云经》,请华严宗创始人法藏在宫中为其讲经;唐宪宗迎佛骨,也是历史上一件大事。反映在教育上,佛学虽未立为官学,但全国各地寺院林立,僧徒众多,可以说,每一个寺院就是一所佛教学校。佛道地位有一些变动,太宗时,道在佛先。武则天时,佛在道先。至玄宗时,道又置于佛先,但不管怎样,皆无法与儒学的地位相比。

唐代的文教政策,是尊崇儒术,兼重佛道,这就与汉代时的儒学独尊有了区别,唐代统治者总结了汉代以来儒学发展的曲折历程,对于儒、佛、道三学,分别依主次轻重地作为维护其封建统治的工具。因此这一时期既是儒学教育的复兴阶段,又是儒学教育与佛道思想相结合的阶段,为宋代理学教育的产生奠定了基础。

第二节　隋唐的教育行政与官学管理

一、隋唐的教育行政

(一)中央教育行政管理

1. 礼部

礼部是隋唐教育的最高管理机构,其最高行政官员是礼部尚书和礼部侍郎,职责是"掌天下礼仪、祠祭、燕飨、贡举之政令"。(《大唐六典》卷四)下设郎中和员外郎,地位略低于尚书和侍郎,职责为:"掌礼乐、学校、衣冠、符印、表疏、图书、册命、祥瑞、铺设,及百官、宫人丧葬赠赙之数。"(《新唐书》卷46)唐代极为重视礼制,政府制定、健全了一整套系统的礼仪制度,其目的是以儒家的政治伦理观统治人们的思想。与教育有关的学礼充分反映了这种政治思想。礼部"掌政令"和"行其制命",它是国家的教育行政部门,其教育职能是从政策法规上控制、引导和管理全国教育。唐代的礼部不仅是教育管理机构,同时也是科举管理机构,对教育和科举的关系起着协调作用。

礼部的教育管理职能大致有4个方面:第一,贯彻实施文教政策,制定并执行教育政策法规;第二,颁定官方教材,指导官私学教育内容;第三,对教育与科举实行综合管理。礼部根据政策法规管理教育与科举,使官私学学生按照国家规定的教育内容进行有目的的学习,完成学业后则通过科举报考相应的科目,从而完成既定的培养计划和取士计划;第四,指导有关事务机构的工作,如太常寺的礼乐、光禄寺的祭祀、国子监的学校教育等。

2. 国子监

隋建国之初,便在中央设立国子寺,隶属于太常寺,专门管理学校教育事务,国子寺设祭酒1人,从三品;国子司业1人,从四品。国子寺下辖国子学、太学、四门学、书学、算学5所学校,其中,国子学、太学和四门学为经学教育学校,书学和算学为实科学校。隋炀帝大业三年(607年),改国子寺为国子监。

唐高祖武德初,因袭隋制设国子寺,隶属太常寺。唐太宗贞观初,改名国子监,从太常寺分离出来而成为独立的教育部门。这项改革的意义是重大的。唐高宗龙朔二年(662年),国子监改名司成馆,祭酒为大司成,司业为少司成。武则天光宅元年(684年),国子监改为成均监,祭酒称成均祭酒。唐中宗神龙元年(705年)改回国子监。唐玄宗开元时,国子监设祭酒1人,从三品;司业2人,从四品下。祭酒和司业是国子监的最高长官,掌儒学教育的训导及政令的贯彻实施,管理其所辖学校,向礼部输送业成之士,参加科举考试,完成国家赋予的养士教育任务。

(二)地方教育行政制度

唐代管理地方教育的官员是各州的长史。《新唐书》卷44《选举志上》记载:"州县学生,州县长官补,长史主焉。"可见州长史是负责地方生员选补事务的官员,管理地方各级经学、医学和道学。

具体负责管理州学的官员是司功参军,其职责为:"掌考课、假使、祭祀、礼乐、学校、表疏、书启、禄食、祥异、医药、卜筮、陈设、丧葬。"①具体负责管理县学的官员是司功佐,职责同司功参军。

唐代地方长官的一项重要职责,就是大力发展治内的教育事业。唐制规定,地方长官与中央官员一样,每年进行考课,以定其政绩优劣。

二、隋唐的学制系统

隋代国子监下设有国子学、太学、四门学、书学、算学等五种学校,另有一些专门学校是与行政业务机构结合在一起的,如大理寺下设有律博士,太常寺下设有医博士等,可见隋代学校有两条线:一是儒学学校,一是专门学校。唐代学校教育基本上沿袭这套制度,只不过更加完备了。

在中央官学方面,唐代设置了六学二馆,六学属国子监,长官称国子祭酒,其中国子学、太学、四门学是儒学,书学、算学、律学为专门学校:书学除研究书法外,每日习字,并学《国语》《说文》《字林》等;算学习《孙子》《五曹》《九章》《周髀》等,律学习律令,兼学格式法例。二馆指弘文馆与崇文馆,弘文馆隶属门下省,崇文馆隶属东宫,二者皆属于贵族学校性质。

在地方官学方面,唐代在各府有府学,各州有州学,各县有县学,县内又有市学和镇学。所有府州县市各学校统属直系,由长史掌管。地方学校的实际发展,是在贞观年间。唐太宗贞观三年(629年),命令州设医学,这在中国历史上也属首创。到唐玄宗开元年间(713—741年)府州县学已具有一定的规模并形成相对完备的制度。

三、唐代的官学管理

(一)师生来源

唐代教师分为博士、助教、直讲三级,其中博士、助教既是教师,又是政府官员,国子学的博士必须具备五品以上的官职,助教也必须有七品以上的资格。唐代的学生入学资格是以社会地位为依据的,二馆仅招皇亲国戚及宰相等高级官员子弟,国子学招三品以上官员子弟,太学招五品以上官员子弟,四门学招七品以上官员子弟及地方学校之优秀者。

(二)入学制度

唐代学生入学时要行一种"束脩礼",这是孔子时就有的,至唐代则形成一种制度,唐代束脩礼由国家统一规定,视学校等级不同而有区别。唐制,初入学的学生均要向博士(学士)和助教(直学士)交纳束脩,即使是皇太子和诸王也要交纳束脩,其目的是尊崇儒学和维护师道。束脩多少也有明文规定,如酒一壶、脩(咸猪肉)一案(五条)、绢三匹等,其礼分为五份,博士得其三,助教得其二,学生送礼时,还有一套隆重的仪式。

唐代各级学校学生的入学年龄为14岁以上,19岁以下,年限九年。律学学生的年龄较宽,为18岁以上,25岁以下,年限六年。然而在具体实施中却并不是严格按此执行的。中央各学馆及地方州县学的生徒,学成之后,由国子祭酒申送礼部参加科举考试,不中者,复归本学馆继续学习,但总的学习期限不变。超过9年(律生6年),则退归州学。

(三)课程管理

唐代学校教学内容主要是儒经,唐初规定教材是《五经正义》,为唐代士人修习儒家经

---

① 《八闽通志》卷二十七。

典的范本注释,其五经为《周易》《尚书》《毛诗》《礼记》和《左传》。后来五经演变成九经,即《易经》《尚书》《诗经》《礼记》《仪礼》《周礼》《左传》《公羊传》《谷梁传》。唐代统治者为了教学的需要,以文字多少为依据,把这九经分为大、中、小三类,大经有《礼记》《左传》,中经有《诗经》《周礼》《仪礼》,小经有《易经》《尚书》《公羊传》《谷梁传》。以习《尚书》专业为例,其学生在习小经的同时,还须修习一门大经,方能达到二经出仕的要求。再如《毛诗》为中经,以此为专业的学生还须选修一部中经,即在《周礼》和《仪礼》中选择。中经的修习时间为两年,较习大经专业或小经专业的修习年限为短。通三经者,为大、中、小经各一;通五经者,"大经皆通,余经各一"。通五经的专业修习年限可能较长。

唐代的儒学九经中,大经中的《礼记》、中经中的《毛诗》、小经中的《周易》和《尚书》,是学生选择的热门课。因为《左传》的卷轴文字比《礼记》多1倍,《公羊》《谷梁》的文字比《尚书》《周易》多5倍,故以此为专业的修习者"十无二三",其修课目的仅为出仕,已背离修身、治国的宗旨,潜伏着经学教育的危机。

《论语》《孝经》则是公共必修课,《老子》也曾被作为公共必修课。

（四）学生管理制度

第一,淘汰与留级制度。这是从学业方面对学生的管理措施。学生如果学无所成、不堪教诲者,由监司拟定处分意见。"诸六学生,有不率教者,则举而免之"。(《唐令拾遗》卷十)《旧唐书》卷一四九《归崇敬传》记:"国子不率教者,则申礼部,移为太学;太学之不变者,移之四门;四门之不变者,归本州之学;州学之不变者,复本役,终身不齿。"这种制度类似于今天的留级性质,只是从国子学到州学,给学生提供了多次的机会,绝大多数的学生都不会遭到"复本役"的淘汰。

第二,制裁与解退制度。这是从品行方面对学生的管理措施。如果学生在校期间无故喧哗、打架斗殴、悖慢师长者,则要受到严厉制裁。《唐会要》卷六十六《国子监》载:"无故喧竞者,仰馆子与业长,通状领过,知馆博士则准监司条流处分。其中事有过误,众可容恕,监司自议科决。自有悖慢师长,强暴斗打,请牒府县锢身,递送乡贯。"这条制度表明,教师的地位在唐代是受尊重和保护的。

安史之乱后,唐朝的官学教育处于衰颓状态,各级学校的学生,许多不以经学为业,交游广杂,赌博酗酒,不遵法度。黜罚制度也松弛颓坏,有的学生连续退级,有的9年"不第",甚至一些被开除学籍者,更换姓名,复又入学。唐宪宗元和四年(809年),国子祭酒冯伉为振兴教育,扭转日渐颓败的学风,加强学校管理,奏请宪宗,制定辅助规定以严肃学纪,重申了旧有的制度,于各项又有所加重,并作了一些补充规定。冯伉的教育整肃是有成效的,元和年间及以后的一些年代里,学风和学纪有了很大的好转。

（五）休假制度

唐代学校的休假制度由中央政府统一制定,分为常假和制假两种,各级各类学校均随同政府部门一起休假。

唐代的常假有旬假、田假和授衣假。旬假为10天休息1天,相当于现在的星期日。届时,皇帝辍朝,百官休息,学生放假,各校学生可根据自己的情况来安排事宜。田假在农历五月,授衣假在农历九月,假期各15天。学生在这两个假期中可归乡省亲。凡路程在200里以外的,还给予路程假。家中有婚丧嫁娶之事,或因其他事情不能按期返校者,可续假至100天。亲属有病需膝下侍奉照料者,给假200天。凡开学满30天而未报到者,或因请事假超过 100 天者,及直系亲属有病而请假侍候满 200 天者,皆除其名,令其退学。

制假为传统节日、祝日,即元日、上元节、寒食清明节、佛祖降生日、皇帝的诞辰日。元日为农历正月初一,即现在的春节,全国放假 3 天。上元日是正月十五,皇帝、百官与民同乐。寒食清明节在农历四月初四,开元二十四年(736 年)二月,唐玄宗下敕,规定放假 4 日。佛祖降生日为祝日,是释迦牟尼诞辰,在农历四月初八,休假 1 天。降圣节在农历二月十五,是老子诞辰日。唐高祖李渊是建唐创基的开国皇帝,为纪念其建立李唐王朝的丰功伟绩,唐玄宗天宝五年(746 年),中书令陈希烈奏请,于每年二月二十五日高祖诞辰,休假 1 天,遂为定制。此外,各代皇帝均把自己的诞辰作为节日来庆贺,全国统一放假 1 天。

（六）考试制度

各级学校的考试有旬试、岁试和毕业试三种。

旬试属考查测验性质,于旬假前一日进行。由博士主持,策问学生近 10 天的学习情况,分读和讲两种方式,学生可任选其中一种。选择读经者,要读经文三千言,每一千言中试一帖,每帖三言,共三帖九言,通二为及格。选择讲者,讲经文六千言,每二千言问大义一条,总三条,通二为及格。

岁试要考核学生一年的学习情况。在一年中所学的各门功课里问大义十条,通十为上,通六为中,通五为下。连续 3 年不及格者,罢归原籍。

毕业试也就是科举资格试,学生有通二经,四门学俊士通三经者,每年冬季上报监司。《大唐六典》卷二十一《国子监》载:“凡六学生,每岁有业成上于监者,以其业与司业、祭酒试之。”考试方法皆按礼部各科举士情况模拟进行。报考明经者,要口试和帖经,先问大义 10 条,继答时务策 3 道。然后,报哪一经则帖其经文。报考进士、明法、明书等情况亦同明经。毕业试是一次模拟科举考试的考前练习,它是学生取得参加科举资格的毕业考试。及格者,由国子监上报尚书省礼部。地方州县学生的毕业试由长史、丞等主持。乡贡则怀牒自列于州县,与学生共同参加资格试。

医学考试与其他学校不同,分月试、季试和岁试。月试由博士主持,季试由太医令、丞主持,岁终试由太常寺丞主持。若学生学业超群,医术超过老师,则可以破格录用,署为留校,听候替补。

总之,唐代官学管理制度的特点有:第一,建立了从中央到地方的比较完备的学制体系;第二,官学系统的封建等级性鲜明;第三,学校与科举的关系极为密切;第四,普通学校与专门学校兼顾;第五,管理制度日趋健全。

第三节　科举考试管理制度的确立

所谓科举考试制度,是指采取分科考试的办法,选拔人才、官吏的一种制度。或者说,科举制度是国家设科公开招考,士人“怀牒自进”自由报考,以考试为中心的一种选拔官吏的制度。它肇基于隋代,确立于唐代,中经宋、元、明,一直到清末被废除,在中国历史上存在了 1 300 年,对中国古代的政治和文化教育产生了重大影响。

一、科举考试制度的创立

隋代统一中国后,在政治、经济、文化等方面实行改革,以加强中央政府的权力和扩大政权的阶级基础。随着门阀势力的下降和寒门势力的上升,九品中正制已成为历史发展的障碍。隋文帝为了压抑门阀势力,开皇年间正式废除了九品中正制,收回地方辟举权。《文献通考·卷三十九·选举考十二》载:"自隋时,海内一命之官,并出于朝廷,州郡无复有辟署之事。"由中央吏部尚书和侍郎直接掌管各级官吏的铨选,而且还借鉴前代成法,一再下诏举行特科,选拔各类人才。

隋炀帝大业三年(607年),诏文武有职事者,以孝悌有闻、德行敦厚、节义可称、操履清洁、强毅正直、执宪不挠、学业优敏、文才美秀、才堪将略、膂力骁壮十科举人。这里的分科举人与汉代以来各朝皇帝的察举是一脉相承的。杜佑《通典》认为,文才美秀一科即为进士科之始,而进士科的创立被视作科举制产生的标志。由于史书记载不够详明,隋炀帝时进士考试的详情难以了解。

科举制度的创立,既有政治原因,即为了打击士族地主势力,满足庶族地主参与政权的愿望,加强中央集权。也有教育方面的原因,由于九品中正制影响了知识分子学习的积极性,造成公卿不学无术,学校废弛无常的状况。而科举取士的特点是录取标准专凭试卷,轻门第,重才学,任人唯贤。此外,社会经济发展到了一定阶段,有一定的经济基础。同时纸笔的大量生产,印刷术与造纸术的普及,也为科举的产生提供了有利的物质条件。隋朝发明了雕版印刷术,从中央到地方的各种学校都在使用印刷而成的书籍。

隋代科举尚属开创阶段,很不健全,唐代有足够的时间和稳定的社会环境来完善之。

二、科举考试管理的完善

随着崇儒兴学文教政策的确立,唐代统治者积极推行科举制度,通过考试选拔人才、统一思想,科举考试制度日趋完备。

(一)考生来源

唐代科举考生来源有二:一是"生徒",即当时在中央官学与地方官学上学的在校生。只要他们通二经以上,考试合格者,便可直接参加考试。二是"乡贡",乡贡先由县一级考试,经过淘汰,选取若干名送到府州,府州再经过考试,又经过一番淘汰,选拔若干名(一般是上郡岁举三人,中郡二人,下郡一人)报送到中央,然后会同生徒一起参加尚书省的正式考试。

科举考试为国家大典,对所举送的参试人选都有严格的要求。唐政府规定凡属下列人员不得参加科举考试:其一为曾经触犯过大唐法令的人;其二为工商子弟;其三为州县小吏。直到唐玄宗开元末年,仍保持了"工商之家,不得予于士"的规定。

从投考的乡贡与生徒的比重看,唐初,生徒多于乡贡,盛中唐以后,乡贡多于生徒,反映了唐代士族、庶族力量的消长。由于入官学者,特别是入中央官学者,多为品官世家子弟,中唐以后,士族势力衰落,加之安史之乱后国子监遭到打击而一蹶不振,致使应试者乡贡多于生徒。

(二)具体程序

每年仲冬(农历十一月),中央官学和州县学把通过考试合格的"生徒"名单呈送尚书省。"乡贡"则由本人带自己的身份材料、履历证书向所在州县报名,也得逐级考试。无论"生徒"或"乡贡"送至尚书省报到后,均需填写姓名、履历(三代)及具保结(担保人),无担保人则不可报名。户部审查后,再将名册送至礼部,由礼部定期命题考试,称为"省试",起初由吏部考功员外郎主持,后改由礼部侍郎主持。

省试时间是第二年的暮春(农历三月),所以当时有"槐花黄,举子忙"之谚。明经、进士考试均为3场,每场以1日为限。考时考生自带水、炭、烛、食物等,入场时要搜身,入场后,以一日为限,至晚未交,许烧三烛。

科举及第后,即具备了做官的资格。但若要仕进,还得通过吏部复试,因吏部试对士子来说,是通向官宦之途的关隘,所以又称"关试"。吏部试包括书、判、身、言四方面。身、言考试为体格检查和口试,即要求身体健康、五官端正、口齿伶俐、对答得体。书,为书法,即为字体秀丽,楷法遒劲。判,为判词,即为唐官府公文案卷中的判词,初指断狱之词,后泛指对一个案件或事件的判决、裁决的词语。吏部发榜后,合格者才可授官,可见其严格。

(三) 科目与方法

唐代科举设科多达几十种,最常行的有六种:

秀才科:考方略策(计谋策略)五道题,隋唐时代均以秀才科为最高,所以被录取也最难,隋代秀才科先后录取不过10人,唐代秀才科每次录取的仅一、二人,秀才科录取后,按四等授予官位,一般是八品官。秀才科于唐高宗永徽二年(651年)即废除,至唐玄宗开元二十六年(738年)旋置又废。

进士科:唐初仅考时务策(当世要事的对策)5道题,后增加考试帖经和杂文,以时务策为第三场。帖经是考默写经书的能力,杂文是指规谏、告诫为主题的箴、铭。经策全通为甲等,策通四道、帖通四道以上为乙等。唐中叶后又考诗赋以代杂文,并重视诗赋的考试,往往帖经不合格的,如果诗赋考得好也可以录取。这是唐诗兴盛的反映,同时又反过来促进了唐诗的进一步发展。每科一般取20~30人,最多时33人。唐二百余年,仅三千进士。进士及第后,往往授以校书郎、秘书郎之职,以后逐步升迁,如翰林院官员、学士、大学士等,乃至为宰相。

明经科:考儒经,分经、礼、传三科。方式分帖经、墨义(或口试)、时务策等。明经科的考试要求是不高的,只要求熟读经文注疏即可,对于经义也未必真懂。录取的比例也比较大,进士科大约每100人只有1~2人被录取,而明经科大约每10人就有1~2人被录取。唐有重进士、轻明经的倾向,故有"三十老明经、五十少进士"的谚语,说明考明经科易,考进士科难,因此,进士科出身的人特别受到推崇,以至"缙绅虽位极人臣,不由进士者终不为美"。

明法科:即法律科,主要考律、令等知识。试策共10条,律7条,令3条,通八条以上为合格。

明字科:即文字科,主要考《说文》《字林》等,先口试,后笔试,口试不限条数,笔试共20条,答对18条为合格。

明算科:即算术科,主要考《九章算术》《周髀算经》等书,凡10条,通6条者为合格。

从以上六科来看,经常采用的方法有以下几种:

一是帖经:以所习经掩其两端,中间开唯一行,裁纸为帖,每经10帖,每帖3字。明经科中考10道,孝经2帖,论语8帖。对6道以上为及格。帖经是唐代科举考试中重要方法之一,明经、进士、明法、明字、明算各科,均须帖经,以明经科尤甚。帖经考试重在考记诵能力。在规定的有限的范围内,考生对一般帖经题均能回答,使考官难以分出优劣,以至难于取舍。为了提高帖经考试的区分度,考官便挖空心思提高考题的难度,帖孤章绝句、疑似参互、易于混淆的内容,这样把本来容易应付的考试,变成考生的一道鬼门关。考生也想方设法搜索偏僻题目,把孤绝幽隐的句子编成便于记诵的歌诀,称作"帖括",意思为包括帖经的门径。

二是墨义与口义:是一种简单的对经义和注疏的回答,被试者按照试题要求叙述典籍中的有关事实与大义及上下文的连缀,以笔答称"墨义"(笔试),以口答称"口义"(口试)。由于问义是由考官当面临时提问,与帖经相比,这种考试难度较大,考生如果对义理没有深入理解,就不可能融会贯通地加以说明,所以问义有利于促进士人对儒家经典的深入学习。

三是策问:仿汉时射策之法,设题指事,要求对现实中的问题提出建议,或写出政论文章。这是一种比较好的方法,但策问历史悠久,流弊也较多。一是策问实行既久,题目未免陈陈相因,以世代相因之题来解决繁杂多变的社会问题,未免脱离社会政治实际,也就很难鉴别出有远见卓识的贤才。二是考生为了应付策试,想方设法将过去的对策编缀起来,加以背诵,以便遇到类似的策题,便可改头换面,依样画葫芦加以模仿套用。这样造成士子"不寻史传,唯读旧策"。

四是杂文:唐高宗永隆二年(681年),鉴于"明经多抄义条,进士惟诵旧策"的弊端,在考功员外郎刘思立的建议下,诏进士加试杂文2篇,杂文指"箴、铭、论、表"之类。从此,进士科偏重文辞的倾向日渐明显。神龙、开元年间,进士科开始试诗赋,其后渐明确为进士试一诗一赋。从此,进士科形成了诗赋、帖经、策问三场考试之制,通文律者然后试策。唐代科举考试的诗体,称为试帖诗,试帖诗格律体裁均有严格规定,讲求文辞华美又端庄典雅,声韵谐调。多为五言六韵十二句排律诗,间有五言八韵或四韵的。其大律以古人诗句或成语为题,冠以"赋得"二字,并限定韵脚,通常试帖诗首两句见题,中间八句两两相对,最后两句作结。诗赋取士的兴盛促使唐代诗赋的发展,但同时也造成士子只追求文章形式,日趋浮华之风。

关于唐代科举考试内容与方法,可参见下表:

科目	考试项目		
	第一场	第二场	第三场
明经	帖经(每经10帖,每帖3言,又兼《论语》8帖,《孝经》2帖)	口试	时务策(3道)
进士	帖经(帖1大经)	杂文(2道) 诗赋(各1道)	时务策(5道)
明法	帖(律令每部10帖)	策问(律7条,令3条)	
明字	帖(《说文》6帖,《字林》4帖)	口试(不限条数)	策问
明算	帖(《九章》3帖,《五经算》各1帖,《缀术》6帖,《辑古》4帖)	口试	
秀才	策问(5道)		

三、科举考试制度对教育管理的影响

就整个社会状况来说,科举是一个比较进步、合理的考试制度,就教育管理方面来说,影响更为深刻,有正面的,也有反面的。从正面的影响看,有以下几点:

其一,科举把选才与育才统一了起来,把选拔人才的权力集中于中央,满足了庶族地主参与政权的欲望,为知识分子打开了进入统治集团的门径,扩大了统治阶级的社会基础。唐代中央政府,不断地打击、削弱世家大族的政治势力,以科举制的实施开放了官僚系统,通过自由报考、自由竞争及规范化的考试,使得庶族地主和一般平民有机会通过"公平竞争"而成为官僚系统的成员。科举考试制度作为调节器,有效地制衡着大一统的中央集权统治。

其二,科举力图改变选拔官吏只重品行、门第,而忽视知识才能之弊端,具有一定的客观性,故而也确实选拔了一批有才之士。

其三,促进了学校教育的发展:一是士子们有了读书的目标,学习动机更加强烈了;二是科举以儒经为内容,统一了教学内容,也统一了全国人的主导思想;三是科目众多,尤其是明法、明字、明算、武举等,冲击了社会上重文轻武、重经轻算等陈规;四是养成了崇尚读书的社会风气。

从反面看,其一,由于科举制度的逐渐完备,学校逐渐成为科举的附庸,学校教育受到了科举的限制,科举的内容同时成了学校的教学内容,科举成了学校教育的指挥棒。

其二,科举使士子们醉心于"朝为田舍郎,暮登天子堂"的美梦之中,大批读书人把毕生的精力消磨于科场之中,追求这一不易得到的钓饵。

其三,科举本身又存在着不少弊端,如托关系、通关节等败坏了教育和社会的风气,压抑了许多人才。如一代诗圣杜甫在唐玄宗天宝初年进士落选,终身不第。盛唐诗人孟浩然潦倒场屋,布衣终身。寒门举子既无门第做靠山,亦无权势可援引,纵然诗名籍籍,也是枉然。

复习思考题

1. 隋唐文教政策的主要内容是什么?
2. 唐代建立了怎样的学校系统?
3. 唐代官学管理制度有哪些特点?
4. 唐代科举制度的程序与方法哪些? 它对教育管理有何影响?

第五章　宋元时期的教育管理

　　宋代(960—1279年)是在结束了五代十国分裂割据后建立的统一的封建王朝。这一时期,中央集权制得到加强,学术思想与文学艺术活动有巨大成就,此外,宋代科学技术也有较大发展,是我国封建社会科技成果大放异彩的时代。应该说,学术思想、文学艺术、科学技术的发展与宋代教育都有密切关系,既为教育的发展提供了条件,又是教育发展的重要标志。宋代在科举制度、学校教育及其管理上,也发生了一些重大变化,并取得了新的成就。

　　元代(1279—1318年)是蒙古族建立的政权。元代建立后,面临政治经济文化比较进步的广大汉族地区,一方面采用武力镇压和民族歧视的政策,将全国人民分为蒙古、色目、汉人、南人四个等级,进行统治;另一方面采取“遵用汉法”的政策,极力笼络汉族地主阶级及其知识分子,重视政治思想和文化教育方面的控制,以巩固政权,其官学、书院管理及选士制度也颇具特色。

第一节　宋代的文教政策

　　宋代文教政策的基本指导思想是加强中央集权制的封建统治,其基本要点是:“兴文教,抑武事”(《续资治通鉴长编》卷十八),文武分离,重文轻武;抑制豪门,强化皇权,吸引庶族地主参政,提高读书士子的地位,扩大统治基础;加强政治思想控制,强化封建伦理道德。

一、尊孔崇儒

　　宋代继承了唐代尊崇儒术的文教政策,以期重建纲常秩序。体现在:

　　其一,重建孔庙。在全国范围内重建被战乱毁坏的各地文宣王庙,作为进行纲常伦理教化的中心。从宋太祖时起,到真宗、仁宗朝达到高峰。当时所建文庙,大半是由当地士民捐资兴办的。

　　其二,祭孔、封孔及后裔。在兴建文庙的同时,制定相应的礼仪,使尊孔祭孔活动规范化和制度化,并视为与祭奠社稷同等重要的国典,受到政府及学校的高度重视。其中有些礼仪成了学校常年举行的教学活动内容。大中祥符元年(1008年),宋真宗效法秦始皇、汉武帝“封禅”故事,率文武百官及僧道三万余人,到泰山封禅,又亲自到曲阜孔庙行礼祭奠,以往是肃揖之仪,真宗起行参拜之礼,加谥孔子为“玄圣文宣王”,并自撰《元圣文宣王赞》,称孔子为“亿载之师表”,又撰《崇儒术论》,称孔学为“帝道之纲”,掀起了尊孔崇儒的高潮。封孔子后裔,始自宋太宗,诏赐孔子后裔同本科出身,后来又赐封世袭文宣公爵位。有的孔子后裔还被封官。仁宗时改封号为衍圣公。

其三,十三经的初步形成。宋真宗令邢爵、孙奭等人校订《周礼》《仪礼》《公羊》《谷梁》《孝经》《论语》《尔雅》等七经疏义。随后,邢昺又撰《论语正义》《尔雅疏》《孝经正义》,孙奭撰《孟子正义》,合唐代九经正义,共为《十三经正义》,颁行学校,作为官方指定教材。真宗还亲自讲《尚书》与《论语》《孝经》。

宋代统治者提倡尊孔崇儒的根本目的是为了巩固统一,防止割据,缓和内外矛盾,加强中央集权制的统治。所以,宋代统治被称为是"柔性政治"。特别是宋代是在经历了唐末五代以来的长期分裂混乱不堪的局势之后建立的,深感封建伦理纲常遭到严重破坏,统治者迫切需要重整纲纪伦常。尊孔崇儒就是要为封建伦理纲常寻找理论根据,加强政治思想统治的力量和效果。

二、重视佛道

宋代统治者认为佛教有裨于政治,从宋太祖开宝四年(971年)至宋太宗太平兴国八年(983年),历时十二年时间,雕印全部佛经五千多卷,共十三万版。太宗时,在五台山、峨眉山、天台山等地大建佛寺,并在开封特设译经院;宋真宗更重佛教,除继续建寺译经外,亲自为佛经作注,撰《崇释论》,明确提出佛教与孔孟"迹异而道同"的思想。当时全国僧徒将近四十万,尼僧近六万,成为宋代僧徒最多、佛教最盛的时期。南宋佛教仍极盛行,名山胜地,寺院林立。在宋代,许多儒学学者同时也是佛教弟子,如杨亿、张商英等,另有更多的儒者精通佛典,周(周敦颐)、程(程颢、程颐)、朱(朱熹)、陆(陆九渊)等都深受佛教影响。佛家高僧也纷纷奔走于儒者之门,讲禅说理,又竭力吸收儒家思想。

对于道教,宋代也和唐代类似,采取联合态度,将儒道视为一家,尤以太宗、真宗、徽宗朝为盛。太宗曾召见华山道士陈抟,赐号"希夷先生",在开封、苏州等地建道观,多方收集道教经典,共得七千余卷,命徐铉等校正。真宗时,封老子为"太上老君混元上德皇帝",又命宰相王钦若主持续修《道藏》,搜编道书4 300多卷。重和元年(1118年)颁《御注道德经》,徽宗时又诏太学、辟雍各置《内经》《道德经》《庄子》《列子》博士二员,还任用道士直接参加政治,置道官26等,一一比于朝官。

三、理学的兴起

儒、佛、道三家在经过长期而激烈的斗争后,形成了一种新儒学,即理学。这是一种以儒家为主体,融合佛道的学术思想体系,是对儒学的丰富、深化甚至改造。

理学摆脱了原始儒家过于简单粗糙的缺陷,更摆脱了汉儒章句训诂的庞杂烦琐和谶纬神学的迷信色彩,把自然观、认识论、人性论、伦理观、道德观融为一体,使之成为哲理化的精致的富有思辨性的思想体系,从哲学、世界观、宇宙观来说,理学家将"理"当成是宇宙的最高本体、产生万物的本原。从教育、道德伦理观来说,凡是真的、善的、美的、正确的、光明的,理学家都说成是"理"。

理学家所关心和论述的问题,大部分与教育有关,有不少是直接论述教育问题。所以,宋代理学家差不多都是著名的教育家。

从理学发展过程看,有三个阶段:一是北宋周敦颐提出援佛、道入儒之主张,把佛道禁欲主义和儒家的伦理纲常结合起来,要求人们既做一个忠臣孝子,又具有安贫乐道的精神境界。二是张载、二程发展了周敦颐的思想,形成了理学的基本观点。三是南宋朱熹集其大成,完成了理学体系。南宋理宗宝庆三年(1227年),理学家周、张、程、朱等均被请进孔庙,从祀孔子,考试也以理学为主要内容,理学从此取得了儒学中的支配地位,这是中国教育思想史上的一个新发展。

宋代理学,特别是程朱理学,虽然到南宋末年才得到官方的承认和推崇,但理学的产生、形成和发展的全过程差不多都在宋代,理学的主要流派和重要代表人物都活动于宋代,因此对宋代的文化教育有着深刻的影响,如官学的发展,书院的产生和兴盛,科举制度的完善,以及教育内容、教育方法和学风,无不与理学有密切关系。

第二节　宋代的教育行政与官学管理

一、宋代的教育行政管理

宋代教育行政管理机构的设置,既保留了传统的做法,又有所发展和突破。总体上来看,教育行政机构的设置分为中央和地方两大系统:中央教育行政管理系统,又可以分为礼部国子监系统、专业职能部门系统和宗室系统;地方教育行政管理系统,则根据路府州县的不同行政级别各有专职和兼职的设置。

(一)中央教育行政管理

1. 礼部

宋代教育的最高行政管理机构是礼部,礼部设有尚书、侍郎各1人,以下又设有4个司,每个司设置郎中和员外郎各1人主持事务。礼部的职权范围很广,教育和科举方面的事务仅是其中的一个方面,却是主要的一个职能。在这方面,礼部具体负责的是:"凡天下选士俱注于籍,三岁贡举,与夫学校试补三舍生。"(《宋史》卷一六三)除此之外,贡院也归礼部管辖。

2. 国子监

国子监是地位仅次于礼部的中央教育行政管理部门。在南宋建炎三年(1129年)以前,国子监在行政关系上并不隶属于礼部,是一个独立的行政部门。国子监同礼部的区别主要在于两个方面:礼部侧重于科举事务的管理,而对于学校事务的管理,主要侧重于政策法令的制定;国子监侧重于政策法令的具体执行和学校日常事务的管理。也就是说,礼部是最高的教育行政立法部门,国子监则是国家最高教育行政权力部门。

(二)地方教育行政管理

北宋前期,由于地方学校数量较少,因此没有建立相应的地方教育管理机构。庆历四年(1044年),朝廷始在府州军监及200人以上的县学统一设置学官教授,但其职责主要是学校内部的教学与管理,不属于地方教育行政管理的设置。为了加强地方教育管理,熙宁四年(1071年),朝廷下令京东、京西、河东、河北、陕西五路先置学官,允许布衣有经术行谊者权任教授,后令朝臣荐举现任朝官,选人有学行才者,担任专职教授,也允许州县官兼任本州县教授。次年,又诏令诸路各置教授1员,熙宁七年(1074年),任命叶涛等23人为诸路教授。元丰元年(1078年),设置州府学官53员。

宋代的地方学校一般不属于国子监管辖,与中央礼部的关系也仅限于贡举考试方面,但地方学校的教官却由中央政府直接批准任命。熙宁八年(1075年),朝廷又委托国子监对全国各地州学的教授进行考察和监督。也就是说,地方学校内部的一般行政事务属于学校教授和学官的职权范围,而学校教官的人事任免权及监督权,则属于中央政府和国子监。这说明,在北宋中期以后,中央政府通过赐给学田、掌握任免和考察地方学官的人事权、统一印发经学教材等途径,逐步加强了对地方学校的控制。

宋徽宗崇宁年间,全国州县普遍设立了学校。为了加强对地方教育的管理,崇宁二年(1103 年),在诸路设立提举学事司,长官称提举学事使(简称提学使),负责管理所属州县教育,包括遴选考察教师,督察学生课业,主持和协调科举事宜。这是我国设置专门地方教育行政机构的开始。据《宋史·职官志七》记载,提举学事司属于路级的下属机构,其职能主要是对本路下属的州县学校进行视导,考察监督师生的教学情况。实际上是一种教育的监督部门,或者说是一个督导机构,而不实际掌管学校的财政、人事任免以及考试取士的权力。

二、宋代官学管理的发展

(一)建立了更加完备的官学体系

宋代经三次兴学运动,官学制度更加完备,国子学、太学、医学、律学、算学和书学得到了整顿和充实,又增设了武学和画学。地方学校也得到了普遍的发展。这些学校就其性质而言,有普通性质的学校,也有专科性质的学校;就其程度而言,有相当于初等教育的学校,也有相当于高等教育的学校。而且中央官学和地方官学间还建立了衔接的学制,州县学生可以逐级升入太学。

(二)创行"学田制"

汉唐官学由政府拨给经费,数额是不固定的。宋代自仁宗始,除赐给官学缗钱外,还赐给土地,称为"学田",由学校经营,以田地租赁收入作为固定办学经费。神宗熙宁四年(1071 年)诏诸州给田四十顷以赡士。此项制度,元明清三朝皆袭用之。学田制的建立为官学的稳定发展提供了物质保证,促进了地方官学的发展,对学田的经营管理也就成了学校一项重要事务。

(三)教师管理制度加强

宋代严格选任教师,太学选聘著名学者如石介、孙复、胡瑗等为教授,同时,将竞争机制引入教学,每一课程由两人讲授,"以较优劣善否"。地方官学教师则实行考试选差:神宗熙宁八年(1075 年)"诏诸州学官先赴学士院,试大义五道,取估通者选差"[①]。从此,在地方官学的教师选任上改变了以往由地方官聘任的办法,形成一种新的"考选教官"制度。

宋代学官还实行定期考核,三年一任制度,满一年一考,根据三考结果,决定其升迁或贬斥。学官考核纳入全国官吏考核体系,注重结合教学实绩。神宗元丰二年(1079 年)规定,"以升补人行艺进退,计人数多寡为学官之赏罚。缘升舍为奸者,论如违制律,不用去官赦原。"[②]以法令的形式规范教师行为和职业规则,在一定程度上保证了太学教学的正常秩序,提高了对教师职业素质的要求。

---

① 《文献通考》卷四十二。
② 《续资治通鉴长编》卷三零一。

（四）学生管理制度的发展

宋代官学对学生的等级限制逐渐淡化，并有科举"当选擢寒俊"之说，一般平民子弟有了更多的读书仕进机会，和隋唐比较有了很大进步。以国子学为例，唐朝国子学限三品以上子孙，宋朝改为七品以上子孙。八品以下官员子弟及庶人俊秀者均可进入太学。南宋高宗时规定，州学生修满一年及落第举人经考试入太学肄业，则进一步打破了太学的官品限制。

宋代太学及州县学均制定有学规，管理是比较严格的。元丰元年（1078 年）颁布了《太学令》140 条，规定太学生升舍必须参考行（操行）艺（学业成绩），设学正执行学规，有犯规矩者，处以"五等之罚"：轻者关暇数月，不许出入；重者前廊关暇；再重则迁斋；再重则下自讼斋，自宿自省；又重则罚以夏楚（榎楚），屏斥终身不齿。措施虽严厉仍体现教育为主的精神。州县学规以《京兆府小学规》最有代表性，其中规定：生徒入学，先见教授，交出家长履历及保证书，然后注册；在诸生中选若干学长，代师授业并检查诸生过失；教授每日讲说经书三两页，出课诗赋题令生撰答；诸生学课分为三等，按程度制定学习进度；学生犯过按年龄及过大小惩罚，或扑挞，或罚钱、记过；岁时给假各有日限，违假过限报告家长。从该学规内容可知宋代地方官学并非虚设，学校有完整的教学和管理制度，保证教学的正常进行。

（五）课程管理的发展

北宋初，太学教学仍以《九经》为主要内容，教材由国子监刊行，但也有几次较大的变化，王安石熙宁兴学时曾颁行《三经新义》，对儒家经典《诗经》《尚书》《周礼》重新训释，并颁发给太学与地方官学，作为统一教材，并作为科举考试经义科的主要内容。宋徽宗时，尊崇道教，曾将黄老之学列为学校课程。

南宋以后，朝廷推崇理学，由于理学家提倡"四书"（《论语》《孟子》《大学》《中庸》），于是"四书"的地位上升，与"五经"并列为钦定教材，朱熹著《四书章句集注》成为必读的教科书。

（六）教学管理制度的改革

为了提高学校教育的教学质量，宋代在教学管理制度多有创新，对后世教育亦有很大影响。

第一，胡瑗所创的苏湖教法。胡瑗曾在苏州、湖州州学进行教学改革，其法是设立经义斋、治事斋，根据学生专长和爱好分斋而教，入经义斋的学生主要学儒经，入治事斋的学生主要学习军事、民政、水利、算数等，其教学方法也与传统的死记硬背不同，而是以明体达用、培养有实际才干的人为目标，这种经义与实践并重的方法改变了当时重辞赋的形式主义的空疏学风，大大提高了教学质量。宋仁宗庆历四年（1044 年），范仲淹庆历兴学期间，朝廷下诏采纳苏湖教法，在太学推广实行，对于改进宋代太学的教学工作和学术风气起到了积极的作用。

第二，王安石创立的"三舍法"。即将太学分为外舍、内舍、上舍三个等级，初入太学，为外舍生，初无限员，后定额为 700 人；外舍每年举行一次升舍考试，成绩在前二等者，参考其平时行艺，升入内舍学习，成为内舍生，定员 200 人；内舍每两年举行一次升舍考试，成绩在前两等者，参考平时行艺，升入上舍，成为上舍生，定员 100 人。上舍每两年举行一次考试，方法与科举相同，成绩分为三等：上等免殿试，直接授官，中等免礼部省试，直接参加殿试。三舍法是在太学内部建立起来的，对学生的考查和选拔力求做到将平时行艺与考试相结合，这有利于调动学生的积极性,提高太学的教学质量,同时又将上舍考试与科举结合起来,融育才与选才于太学,学校不仅担任养士的任务,而且具有取士的职能。这是中国古代太学管理制度上的一项创新。

王安石变法失败后,三舍法一度被废止,直到崇宁兴学时,又恢复太学三舍法,并将三舍法推行到州县学及其附属之小学。通过逐级升舍,县学生可升为州学生,州学之上舍生每年秋贡入太学。这样,州、县地方官学通过推行三舍法与中央官学联系了起来,构成一个相互衔接的学制,这在教育管理史上属于首创,改变了以往中央和地方官学没有直接联系的状况。

第三,"积分制"。这是为配合三舍法而创立的教学制度,其法为:月考优等积1分,一年10次月考累积8分以上者作为升舍的重要依据。计分方法与平日行艺的考查,皆强调平日的教学与管理。平日"行"指率教不戾规矩,"艺"谓学业成绩。其考查由斋长或学谕负责,逐日登记,一季末送学谕、学录、博士及司业、祭酒处逐级审阅评定等级。

第三节　宋代的科举考试管理制度

宋代科举考试的一般程式同隋唐相比,更为细致周密,无论在科目的设置上,还是在考试的时间、内容、方法以及考试过程的管理等方面,都有较大幅度的调整。

一、殿试制度的确立

与唐代相比,宋代考试程序中,不再有吏部复试,取而代之的是殿试。殿试又称为廷试、御试,是由皇帝亲自主持对省试合格者的考试。这种考试是宋代科举最高的一个级别,这种考试形式在唐朝武则天时期曾一度试行,但仅为一种临时性措施。殿试作为一种制度始创于宋太祖开宝六年(973年)三月,以后不断完善,形成定制。

宋代施行殿试制度,主要有三个方面的目的。第一,限制豪门权贵子弟,鼓励平民子弟读书进取;第二,防止请托作弊现象,保障考试的公平竞争;第三,将科举考试的最终决断权交由皇帝亲自控制。这一条是实行殿试制度最根本的目的所在。这样做的目的,既可以防止考官和考生之间形成特殊关系,并进一步将这种关系引入官场,加剧朋党之争,又可以"恩归天子",加强皇帝的权威,是巩固以皇帝为中心的中央集权的有效手段。因此,尽管围绕着殿试制度有着诸多非议,殿试制度本身也有不少弊端,但这项制度最终被保留下来,并为元、明、清历代科举所沿用。

宋代殿试进士科最初分为三甲,后增加为五甲。一般头三甲赐进士及第,第四甲赐进士出身,第五甲赐同进士出身。诸科也先后分为三等和五等,分别按照等级赐予及第、本科出身、同出身。到了北宋后期和南宋,进士科殿试第一、二甲赐进士及第,第三、四甲赐进士出身,第五甲赐同进士出身。

二、改革考试科目与方法

宋代科举科目很多,有文举、武举之分,文举中以进士科地位最高,其余称"诸科"。进士科考的内容有试诗、赋、论各一篇,策问五道,帖《论语》10帖,对《春秋》或《礼记》墨义10条;九经科考的内容有试帖经120帖、墨义60条;五经科考的内容有试帖经80帖、墨义50

条;开元礼科考的内容有墨义《开元礼》300条;三礼科考的内容有墨义90条;三史科考的内容有墨义300条;三传科考的内容有墨义110条;学究科考的内容有墨义《毛诗》50条、《论语》10条、《尔雅》与《孝经》共10条、《周易》《尚书》各25条;明法科考的内容有墨义律令40条。

此外还有制科,由皇帝亲自策问,不经州县考送,科目也由皇帝临时确定,制科考试比进士科还难,其地位也高,故亦称"大科"。

宋代的武科始于宋仁宗天圣八年(1030年),由皇帝亲试武举12人,先试骑射,然后试策问,后来虽也设武学并恢复武举,但并不太受重视。南宋孝宗后才与文举一样受到重视。

宋代科举方法也基本上与唐同,但更重策论,帖经、墨义、诗赋的地位降低了,范仲淹庆历兴学时,改革科举方法,提出罢帖经、墨义,先考策,次考论,再考诗赋。王安石变法时曾停止在进士科中试诗赋、帖经、墨义,改试经义、试策。

三、扩大科举取士的名额

唐代每年各科考试录取的人数不超过50人,经常才一二十人。故常引起知识分子之不满,宋朝时录取名额扩大了10余倍,一般总有二三百人,多则达到五六百人。宋太宗即位之初,复试礼部所上合格人姓名,取进士190人,诸科270人,十五举以上184人。宋朝大量录取考生,优待考生,最大限度地笼络中小地主及社会中下层的知识分子,对于巩固宋王朝的统治当然是一种有效的办法。然而录取数量如此之大,造成官僚机器臃肿,人民的负担越来越重,国力更加衰弱,终于酿成更严重的社会问题。录取数量越多,举人冗滥,人才质量也受到严重影响。

四、提高考生的地位和待遇

唐朝科举及第后,只是得到了做官的资格,还要通过吏部考试之后,优胜者才能授官。宋代科举及第后,不需经吏部考试即可授官,而且及第后授官的级别也有提高。仁宗一朝,凡十三举中,每次甲第前三名者,共有39人,其后不至公卿者仅5人。

此外,宋朝对于屡试不第的知识分子,特别予以关照。开宝三年(公元970年),宋太祖特别诏赐贡士(解送礼部应试的举人)及诸科连续参加15次以上科举考试而没被录取的106人以本科出身,太平兴国二年(977年),宋太宗诏连续参加10次以上至15次科举考试而没被录取的180余人并赐出身。在此以后恩科开始。后来凡在省试中多次落第的人另立名册上报皇帝,准许他们陪同考生参加"殿试",这些人被称为"特奏名",这样就是为他们参加殿试提供了更多的机会。

五、科场管理日益严格

隋唐时期,科举初创,相关的科场管理并不严格,致使请托、夹带等作弊行为盛行。宋朝加强了科举考试的管理,相关规章日益细密,具体管理措施包括以下几个方面:

第一,实行"别头试",限制达官子弟在科举中获得任何特权。宋太祖亲自规定:"食禄之家,有登第者,礼部具其姓名以闻,令复试之。"别命儒臣在中书省复试,另置考场,称为"别头试",以杜绝作弊现象,此外,还禁止大官干涉科举,依势荐人。

第二,按榜引座,加强考场管理。宋真宗景德二年(1005年),规定考前一天排定座次,张榜公布。考试时,由监门官按姓名引入考场,按榜就座,不得随意易位。按榜引座制度,既可以有效地防止应试考生之间相互作弊,又是科举考试制度进一步规范化、有序化的一个方面。这种做法被元明清诸朝所沿用。

第三,制定严格的试卷行文、声律规则。宋代在制定诗赋评分标准方面,除了行文对仗等一般赋体格式外,主要侧重于限韵和限意两个方面。所谓的限韵,就是制定诗赋的声律格式,考生答题、考官评题都严格依照这个格式为标准,如有一字落韵,便评为不合格。这一措施使评卷工作有序化、程式化,无疑是科举制度进一步完善、成熟的一个方面。

第四,实行"封弥"(糊名)、誊录制度,杜绝评卷时的徇私舞弊。所谓"封弥",顾名思义,就是将考卷上的考生姓名、籍贯、年龄等密封起来,使考官在评卷的时候,不能徇情舞弊。不过,实行封弥以后,考生还可以在卷面勾画记号,考官也可以通过辨认字迹徇私舞弊,因此又建立了誊录制度,即封弥完毕以后,交付誊录院,令书吏誊录,另派人监督,命京官校对,然后送知举官考校。

第五,建立了锁院(贡院)制度。实行锁院制度的目的,旨在割断考官与外界的联系,防止内外勾结、请托漏题。请托之风自唐代以来便十分盛行,考官在命题、评卷的过程中,与外界的联系不断,难免出现漏题或受外界请托等多方面的干扰和影响,使得科举考试很难做到公正无私,锁院制度基本隔断了考官与外界的联系,减少了作弊的机会。

第四节　宋代的书院管理

一、宋代书院建置

书院是古代一种重要的教育组织形式,形成于唐末五代,兴盛于宋代。北宋初期,书院经历了一个繁荣兴旺时期,以后,经过历次兴学,到北宋中期以后,书院逐渐沉寂下去。进入南宋以后,又呈现振兴的势头,数量增加,规模扩大,在宋理宗朝达到鼎盛,迎来了继宋初以后宋代书院发展的第二次高潮。在南宋书院复兴过程中,书院自身的体制也更加完备,功能也更加全面,而且订立了比较完备的条规,即管理制度,使书院进一步制度化,表明书院教育进入了成熟阶段。

宋代著名书院有白鹿洞书院、岳麓书院、应天府书院、嵩阳书院、石鼓书院、茅山书院、丽泽书院、象山书院等。

二、宋代书院的组织和管理

(一)书院的组织

书院的组织比较简单,管理人员少,书院主持人称洞主、山长、堂长、院长等,在规模较大的书院中,还设有副山长、副讲、助教等。书院的管理相当严格,学生也参加管理。

(二)书院的课程

书院的发达同理学的发展有密切的关系,故书院大多是研究和讲解理学的书院,所以理学家提倡的儒家经典也就成为一般书院的主要教材,理学家特别推崇四书,二程即以之为"入德之门",朱熹认为:"天下之物,莫不有理,而其精蕴,则已具于圣贤之书,故必由是以求之,然欲其简而易知,则莫如大学、论语、中庸、孟子之篇。"故一般书院都是先学四书,然后读五经,四书、五经便是历代书院的通用教材。

(三)书院的考课

考课是书院教学的重要制度,宋代的书院已开始实行。起初主要是仿效王安石的"三舍法",通过考核积分以便升级学习。当时,湖南湘西书院的学生,通过考试得分高等者,可升入岳麓书院。书院中还有一种成绩水平考试。如朱熹在岳麓书院就以抽签的方式,考核学生对《大学》的学习理解情况。他"诣学升堂,以百数签抽八斋,每斋一人出位,讲《大学》一章"。书院的这种考课制度,至明清时期发生了质的变化,变成了科举的"预备考试"。

(四)书院的展礼

展礼是书院教育教学的重要形式。书院教学开讲时,必须举行祭祀先圣先师的仪式。祭祀的人物很广泛,主要是孔子,并配以颜(颜回)、曾(曾子)、思(子思)、孟(孟子)"四圣",以后还扩大到许多儒家的"先贤"。祭礼典礼除开讲时举行外,每月的朔望也要举行,并成为常规。除祭祀外,书院的师生之间、生徒之间,凡迎来送往、长堂讲学、课试授业,都有礼仪,均须展礼。这些活动是对学生进行思想品德、言行礼仪教育的重要手段,对书院建立良好的教学秩序有一定的作用。

(五)书院的学规

宋代许多书院都由当时著名的学者制订学规,以加强管理。其中以朱熹亲自订立的《白鹿洞书院揭示》最具代表性,影响最为广泛、深远,成为书院的标准学规和书院的办学纲领,朱熹认为书院教育的方针是实施五教:父子有亲、君臣有义、夫妇有别、长幼有序、朋友有信。为了实现这一方针,朱熹还提出了为学、修身、处事、接物的重要原则:

为学:博学之、审问之、慎思之、明辨之、笃行之。

修身:言忠信、行笃敬、惩忿窒欲、迁善改过。

处事:正其谊不谋其利、明其道不计其功。

接物:己所不欲、勿施于人,行有不得、反求诸己。

《白鹿洞书院揭示》概括了儒家道德修养的基本原则,体现了封建社会教育的主要精神,它不仅是南宋时书院的教规,而且对元明清三代的书院都有指导作用,并为一般官学所采用。

三、书院的教学管理

(一)教学和学术相结合

历史上许多著名的书院,既是教学活动的中心,又是学术研究的场所,在南宋,书院基本上是讲授理学之处,朱熹等一批学者研究道学,在书院讲授的也是道学;陆九渊等研究的是心学,在书院讲授的也是心学;吕祖谦研究的是浙(婺)学,在书院讲授的也是浙(婺)学。历代书院的主持人大多是著名的学者,他们以学术研究促进教学,又以教学带动学术研究,学术研究是书院教学的基础,而书院的教学又是学术研究的成果得以广泛传播的重要条件。

(二)自由讲学和自由听讲

书院允许不同学派共同进行讲学,在南宋时期,朱熹和陆九渊是两个不同的学派,但朱熹却特约陆九渊到白鹿洞书院讲学,并把其讲义刻于石上,立于院内,树立了不同学派共同讲学的新风。书院请名师讲学时,受众也不限于书院学生,如黄干在白鹿洞书院讲"乾坤二卦"时,山南北之士俱来听讲。书院提倡自由讲学、自由听讲、来者不拒,互相切磋、取长补短的做法，可以把书院内的教学工作与书院外的学术活动结合起来，这样有利于开阔学生的视野，消除各个学派之间的门户之见，对于提高教学质量和学术水平也是十分有利的。

会讲是书院讲学的一种组织形式，允许不同学派展开辩论，南宋时吕祖谦曾在江西信州主持著名的鹅湖之会，会上朱熹和陆九渊两个学派就学术问题展开了激烈的辩论。这种制度一直到明清时期仍然流行。从会讲制度的组织、仪式、规模来看，会讲制度已超出了书院教学的范围，成为一个地区性的学术讨论会及学术交流会，这样，既扩大了书院的影响，又提高了书院的社会地位。

（三）学生以自学为主，教师重在启发诱导

书院的教学强调学生以个人自学为主，教师则着重用自己的治学经验来指导学生的学习，书院提供充分的书籍条件，让学生自学，提出问题，教师对此进行解答，当时流行的"语录"，多是书院师生之间质疑和解答的记录，《朱子语类》140 卷，即是辑朱熹弟子 99 人的记录而成的。教师鼓励学生进行问难，督促学生带着问题读书。朱熹就强调读书要有疑，吕祖谦在丽泽书院讲学时，曾提出学贵在创造，要求学生独立思考，独立研究。

（四）尊师爱生

书院中的师生关系十分融洽，在长期的教学活动中，双方建立了深厚的感情，这个优秀传统，在当时的官学中是很少见的，书院教师大多能以身作则，师德高尚的教师还主动向学生推荐比自己高明的教师。朱熹在白鹿洞讲学时，孜孜不倦，一天不讲学就不舒服，甚至于在病中还坚持讲学，所以学生对他很尊敬。书院教师常以人师自律，强调培养人的德性，而书院学生对教师的感情也很深，从学术至生活，从生养至死葬，都有极为动人的故事，如"程门立雪"就是一个为人们所传诵的尊师故事。许多名师死时的葬礼也令人感动，如朱熹、陆九渊去世时，前来送葬的门人弟子达数千人。

（五）书院的图书与经费管理

宋代书院非常重视图书的建设和管理。书院的图书来源主要有四种途径：一是奏请皇帝赐书。宋代著名的书院都有皇帝赐的经书。二是动员官绅捐赠。岳麓书院为此还专门订立了《捐书详议条款》。三是书院自筹经费购置。如陆九渊的门人彭兴宗在象山书院，见藏书甚少，便下山增购，以供披览。四是书院自行刊刻。宋代书院的刻书，被世人公认为珍本。此外，书院对图书的收藏、分类、编目及借阅披览等，也逐步建立了一些规制，以加强管理。

宋代书院经费的来源，主要是依靠学田的田租。学田的来源：一是由朝廷或官府赐给。如石鼓书院，朝廷就赐过学田。茅山书院也曾得赐田三顷。更多的则是地方官府拨给田产。宋孝宗淳熙十年（1183 年），知南康军朱瑞章一次就拨给白鹿洞书院庙产田 700 亩。地方官府拨给学田以充经费，自宋至清从未间断。二是靠私人捐赠。私人捐资办学是我们民族的优良传统，宋代许多书院都得到过私人的资助。朱熹知南康军时，就出资买田以充白鹿洞书院的办学经费。以后大量的地方书院，差不多都是依靠私人的捐赠。书院经费的收支管理，一般都有规章制度，严格规定了经费收支管理的原则。

宋代是我国书院管理制度逐步完善的时期，为后世书院各方面的建设，特别是管理体制的发展完善，奠定了坚实的基础。

第五节 元代的教育管理

一、元代的官学管理

（一）中央官学的管理

元朝在京师设有国子学、蒙古国子学、回回国子学三种。

元代国子学创立于元世祖至元六年（1269 年），至元二十八年（1291 年）改为国子监。学额初仅 80 名，后增至 400 人，另设陪堂生 20 人。学生不分种族，其资格限宿卫大臣子孙、卫士世家子弟及七品以上朝官子孙。平民的俊秀者，需经朝三品以上官保举，始得为陪堂生。国子监设祭酒 1 人，司业 2 人，博士 2 人，助教 4 人，另有正录、伴读，分掌教务和杂务。

元代国子学实行了"升斋积分法"和"贡生制"。"积分升斋"是把学员按程度分别编入三斋，后改为六斋，东西相向。下两斋叫"游艺""依仁"，程度最低，习《小学》；中两斋叫"据德""志道"，习《四书》，肄诗律；上两斋叫"时习""日新"，程度最高，习《五经》，明经义。每季考其所习，依次递升。汉人升至上两斋，蒙古、色目人升至中两斋后，只要两年未曾犯过，允许按月参加考试，依其成绩判分，一年内积至八分为及格，可充高等生员。坐斋三年以上即可充贡举，与举人有同等资格，其中最优者六人可直接授官。这种选拔优异生员直接授官之制称"贡生制"。

蒙古国子学创设于元世祖至元八年（1271 年），从蒙汉官员的子弟中选俊秀者入学。学官有博士、助教、教授、学正、学录、典书等，教材用蒙文教授《通鉴节要》，学成考试，成绩优秀者，量授官职。

回回国子学创设于元世祖至元二十六年（1289 年），由翰林院伊普迪哈鲁鼎教授，文字用"亦斯替非文"（即波斯文），专以培养诸官衙译史人才为目的。入学资格为公卿大夫及富民子弟。

（二）地方官学的管理

元朝按路、府、州、县四级，设相应学校，但事实上并未普及。路学创设于元世祖至元九年（1272 年），设有教授、学正、学录等官各一员，府学及上中州学各设教授一员。教授命于朝廷，其他学官命于礼部、各行省或宣慰司。元世祖至元二十八年（1291 年），朝廷命江南诸路学及县学内设立小学，选老成之士任教，并于"其它先儒过化之地，名贤行经之所"建立具有地方官学性质的书院。诸路皆设有提举学官管理教育，学习内容同国子学。

元代地方官学，除设以上学校外，还设有具有民族特点的蒙古字学和医学、阴阳学。诸路蒙古字学创设于元世祖至元六年（1269 年），招收诸路府州官员子弟及民间子弟。教材同蒙古国子学；教官同郡县学。诸路医学创设于元世祖中统三年（1262 年），直属太医院。学习内容以《素问》《难经》等医经文字为主，然亦须通"四书"，否则不准行医。诸路阴阳学创设于元世祖至元二十八年（1291 年），隶属于司天台，学官有教授，所习为天文、术数等科，学有成就者录于司天台就职。

二、元代书院的管理

元代对书院采取了保护、提倡和加强控制的政策。元太宗八年（1236 年），在燕京（今北京）创立了太极书院。元世祖至元二十八年（1291 年），朝廷明令提倡书院，从而大大促进了元代书院的发展。

元代书院传授的内容,主要是儒家经书和理学家的著作。元初理学家程端礼拟定的《程氏家塾读书分年日程》,被历代书院所采用,它是书院全面的"教学计划"。程端礼指出了读书的顺序是:先读朱熹的《小学》,再读《大学》《论语》《孟子》《中庸》,再读《孝经》《易经》《诗经》《仪礼》《礼记》《周礼》及《春秋》经并三传等,再读《四书集注》,再抄读《五经》,再读史书《通鉴》并读韩愈的文章以及《楚辞》,最后练习作文。

元代书院一方面在数量上得到了较大的发展,遍及于全国大多地区;另一方面,由于中央朝廷任命书院的山长和教师,控制书院的招生、考试及学生的去向,政府拨学田给书院,使书院官学化的倾向日益严重,许多书院甚至被纳入了地方官学系统,与路、府、州、县学一样,成为科举考试制度的附庸,丧失了宋代书院淡于名利、志在学术的初衷。

元代书院管理的官学化,主要表现在以下几个方面:

第一,中央和地方政府兴办书院,以为天下书院的示范或向导。据曹松叶《宋元明清书院概况统计》所载:元时官办书院占总数的52.49%,其中高级的官办书院占7.8%。官办的书院在学官管理、教学管理、经费管理等各方面都与官学无异,这类书院实质就是官学。

第二,掌握书院的领导权。元代书院山长多由礼部、行省或宣慰司任命,延祐开科后,多以落第举人充任山长。因此元朝有相当数量的书院山长和官学的学正、学录、教谕一样,是经礼部、行省和宣慰司任命的。

第三,加强对书院经费的管理。元代政府规定,书院设直学一职,负责掌管书院的钱谷之事,直学要由郡守及宪府官挑选任命,即通过设直学,控制书院的经费使用权。

第四,加强对书院的招生、考试、学生出路的管理。书院的学生在学有所成后,可由地方官推荐,经监察机关考核,可做教官或任官吏。

书院管理的官学化,在一定程度上限制了学术的发展,但是,促进了书院管理的制度化,并且积累了政府管理民间学术和教学活动的经验。对于当时文化教育的普及、理学的传播以及人才的培养,仍然起到了一定的作用。

三、元代的选士制度

元代选士从其民族传统和维护民族统治利益出发,形成了特殊的选士办法,这就是"怯薛入仕"和"吏员出职"。科举制在元代虽未根本废弃,但却遭长期停废。即使仁宗朝后复行科举,但由于通过科举入官的数量很少,又因有种族限制,科举取士并不受重视。

(一)怯薛入仕

"怯薛"乃突厥——蒙古语,汉译多作"宿卫"。辽、金时,蒙古高原各部落首领皆有宿卫亲兵。蒙古建国后,怯薛正式形成为一种组织,成员包括卫士和家务侍者,定额达一万人。怯薛组织成员,由官吏子弟来充任,并以"质子"的方式入充怯薛歹(即怯薛组织的成员,复数作怯薛丹)。因此,怯薛组织带有鲜明的贵族性,其中既有蒙古子弟,也有汉官子弟。正因为怯薛享有特权,特别是怯薛歹任官只由怯薛长向皇帝推荐即可,因此服役怯薛,也就成为登龙的捷径。但是怯薛新享特权、入仕官阶,又因门第及与皇室亲疏差别而有不同。然而它毕竟成为元代入仕的一条重要途径。据载,元代官员中出身怯薛者占十分之一,足以表现怯薛在政治上的特殊地位。

（二）吏员出职

元代打破了官与吏的界限，使吏的社会地位不仅大大提高，而且吏员可以出职任官，并成为一条主要的入仕道路。

元代吏员名目繁多，据《元史·百官志》载，约有30余种，分作案牍吏员、翻译吏员、传达吏员和承担其他职责的吏员等。吏员总数多达两万余人。元代吏员订有系统出职任官制度，而且任官品级优厚，吏员出职最高者可达正六品或从六品，可见吏员出职已成为通达官职的一条捷径。

元代建立了严格的吏员选用办法，订有"由儒补吏"之法，把学校教育与补充吏员挂钩。首先，"由儒补吏"表现在"岁贡儒吏"上，上贡的儒士由儒学教授于"系籍儒生内"考选。其标准除需"洞达经史"外，还需"通晓吏业"，儒吏兼通是"岁贡儒吏"的基本要求。其次，"由儒补吏"表现在"诸生充吏"的措施上，给各类学校的生员以由吏入官的机会。第三，"由儒补吏"还表现在"教官任吏"的办法中。元代教官由朝廷或地方政府任命，但其地位和前途远不及吏职，元成宗大德九年（1305年）规定，教官可补六部令吏或其他吏职，"教官任吏"成为教官奔竞官位的阶梯。

（三）科举选士

元初科举处于长期停废状态，元仁宗即位后，奉行以儒治国方针，于皇庆二年（1313年）十一月颁布行科举诏，延祐二年（1315年）正式恢复科举取士。

元代科举规定蒙古人、色目人考两场，第一场考经问五条（从《四书》中出题，用朱熹章句集注）；第二场考策一道（以时务出题，限500字以上）。汉人、南人考三场，第一场考明经经疑二问（从《四书》中出题，用朱熹章句集注）、经义一道（从《五经》中选一经，用古注疏，限500字以上）；第二场考古赋、诏诰、章表一道；第三场考策一道（从经史时务内出题，限1000字以上）。考试录取的蒙古人、色目人作一榜，称为"右榜"；汉人、南人另作一榜，称为"左榜"。第一名赐进士及第，从六品；第二名以下及第二甲，皆正七品；第三甲以下，皆正八品。（《元史·选举志》）各等人的录取名额虽然一样，但如果蒙古人、色目人愿意参加汉人、南人的考试，录取后授予的官职可以提高一等。这些规定都体现了蒙古贵族统治者在科举考试制度中贯彻的是民族歧视政策。

元代科举考试，规定每三年举行一次，分为三级：一是乡试（行省考试）；二是会试（礼部考试）；三是御试（即殿试）。发榜后皇帝要在翰林国史院赐恩荣宴。然后，新录取的进士们还要陛见皇帝，并到孔庙行礼，到国子监刻石题名。元代没有制科考试，但有童子科，考中童子科的少年，可以被保送到国子学去学习。

元代的科举考试制度日趋严密。据《元史·选举志》载：除规定可以携带的书籍外，其他一律不准怀夹携带；卷首要写明籍贯、年龄、祖父三代名字；凡娼优之家及患废疾、犯十恶奸盗之人，不得入试；考生与主考官有五服内亲者，自当回避；考试作弊及令人代作者、汉人南人有居父母丧服应举者、违反考场纪律高声喧哗者不准下两届应举；实行试卷弥封、誊录制，各级考试，每名考生遣一士卒监视以防舞弊，等等。

另外，贡院内考官、弥封官、对读官、誊录官、监视官、帘内官、帘外官、巡捕官及兵役各司其职，有越轨者亦治罪。这为明清时期贡院制度的完善奠定了基础。

元代科举考试共举行了16次，其中录取进士达百人以上的仅有两次，其余都不过百人，总计共取士1133人。元代科举考试制度虽谈不上发达完善，却在唐宋与明清之间起到了承前启后的作用。特别是元代科举考试的内容及标准上出现了重大变化,自元仁宗皇庆二年(1313年)规定将朱熹的《四书章句集注》作为科举考试的解经标准,即把程朱理学抬入了科举考试的殿堂,从此朱熹所提倡的《四书》与《五经》并列,被列为科举考试出题的范围,并为明清两代所沿袭。

复习思考题

1. 宋代的文教政策是什么?

2. 宋代教育行政管理有哪些改革措施?

3. 宋代官学的管理较前代又有发展,主要表现在哪些方面?

4. 宋代书院的组织管理有什么特点? 其教学管理又有什么特点?

5. 元代国子学的教学管理有何特色?

6. 元代书院的性质发生了怎样的变化? 主要表现在哪些方面?

第六章 明清(鸦片战争前)的教育管理

明代(1368—1644 年)与清前中期(1644—1840)是中国封建社会逐渐衰落的时期。为了加强君主专制统治,明清统治者从经济、政治、军事、文化教育等方面强化了中央集权的政策和制度。在教育管理方面,明清两代都注重吸取唐宋以来教育管理的经验教训,形成了一套比较完整的教育行政制度和学校管理制度,科举考试制度也更加完善,封建教育管理制度臻于成熟和完备。

第一节 明清的文教政策

一、尊经崇儒

明朝建立后,就把尊经崇儒作为国策。洪武元年(1368 年)下诏:"天下甫定,朕愿与诸儒讲明治道。有能辅朕济民者,有司礼遣。"次年,又命"儒臣纂礼书"。洪武三年(1370 年),"诏儒士更直午门,为武臣讲经史"。此后,明太祖常下诏或遣使向全国访求贤才诏纳明经儒士,给予高官厚禄,故"由布衣而登大僚者不可胜数"。

满清入关后,也继承了历代统治者的衣钵,尊孔崇儒,以维系共同的社会理想和规范,凝聚人心,笼络士子,同时借以消除或减少战争造成的满汉对立,为实现其大一统的目标服务。顺治元年(1644 年),下令礼部崇祀孔子:"先师为万世道统之宗,礼当崇祀,昭朝廷尊师重道至意。本内所开各款,俱应相延,期于优渥,以成盛典。著该部查照,一体饬行。"(《钦定国子监志》卷首)同年,下令袭封孔子第 65 代孙孔允植为"衍圣公"。顺治二年(1645 年),接受国子监祭酒李若琳的建议,加封孔子为"大成至圣文宣先师",行隆重的祭孔典礼。康熙二十一年(1682 年)御制《至圣先师孔子赞》;康熙二十二年(1683 年),御书"万世师表"匾额,悬挂于各地孔庙大成殿,还亲到曲阜祭孔。雍正五年(1727 年)御制《孔子诞辰告祭文》,制订回避名讳,改"丘"为"邱",将皇帝"视学"改为"诣学",而乾隆则先后 9 次到曲阜朝圣。

其中对学校教育影响最大的,是皇帝至国子监行临雍释奠礼。临雍释奠,历代帝王都曾举行,但清代最频繁且隆重。顺治九年(1652 年),清世祖首次行视学礼。此后,康熙、雍正、乾隆、嘉庆、道光、咸丰等皇帝,共举行了 12 次之多。乾隆四十八年(1783 年),按照古代国学之制,天子在辟雍行礼乐、宣德化、昭文明,此后遂改称为临雍典礼,以示朝廷尊孔崇儒政策的目的。

不仅在国子监,全国各府州县学都设有孔庙,置孔子神位,以时祭奠。顺治元年(1644 年)朝廷规定,各府州县官员,每岁春秋仲月,必须按时行释奠先师礼,陈设礼仪与国子监同。这样,全国上下祭孔形成制度,尊孔蔚成风气。

二、推崇程朱理学

明代的尊经崇儒,特别推崇程朱理学。所以,曾屡次表彰程朱后裔及其门人。景泰七年(1456年),朱熹八世孙朱泗奏乞以朱子门人黄干、蔡沈、真德秀等陪祭孔庙。嘉靖二年(1523年),明世宗封朱子十一世孙墅为翰林院《五经》博士。终明之世,尊崇程朱理学为正学,为明代文教政策的指导思想。陈鼎在《东林列传》中说,明太祖即位之后,"一宗朱子之学,令学者非《五经》、孔孟之书不读,非濂洛、关闽之学不讲,成祖文皇帝,益光而大之,令儒臣辑《五经》《四书》及《性理全书》,颁天下"。洪武二年(1369年)明太祖规定:"国家取士,说经者以宋儒传注为宗。"

虽然程朱理学在明太祖时代就备受尊崇,但程朱理学真正确立为明代统治思想的地位,还是在明成祖朱棣敕修《五经大全》《四书大全》和《性理大全》之后。此三部大全修于明成祖永乐十二年(1414年),成于永乐十三年(1415年)。纂修目的主要是为了统一全民思想。所以,到了永乐十五年(1417年)三月,朱棣就命令将这三部书颁于六部、两京国子监和天下郡县学。

应该注意的是,被明代统治者所利用的程朱理学,与作为一种哲学体系的程朱理学是有所不同的。这种不同主要体现于:作为统治思想的程朱理学,其所涉及的道德原则和戒律,已经不完全与作为一种哲学的程朱理学相一致。在作为哲学的程朱理学里,这些道德原则和戒律不仅与其整个的思想体系相关,而且其哲学内涵也往往不同。

在明代前期,传播程朱理学的主要人物有宋濂、方孝孺、曹端等人,中后期则有罗钦顺、陈建、顾宪成等人。明代的程朱学派传人,在传播程朱理学时,都在不同程度上有所阐发,使得明代的程朱理学也发生了一些变化。如在程朱的学说里,"天地之性"与"气质之性"的区分,分别是人的本性善和其行为有时恶的基本依据。但在明代,"天地之性"和"气质之性"往往被混而为一,而同类观念,往往也为一些"心学"学者所提倡。

明代程朱理学的传播,对明代教育的影响是极其广泛、深刻的。一方面,作为明代统治者提倡的结果,程朱理学渗入到明代的各类学校和非学校教育以及科举考试中。即便在王阳明推崇的"心学"风行于天下时,程朱理学作为各类教育唯一正确的指导思想的地位,都没有被动摇。另一方面,一些学者在传播程朱理学的同时,也将其思想贯彻于自己的教育实践中,对明代教育的发展也起了推动作用。

清代统治者也竭力提倡程朱理学,把它定为官方哲学,作为封建统治的精神支柱。清顺治九年(1652年)定,科举考试"说书以宋儒传注为宗"。顺治十二年(1655年)诏以朱子十五世孙朱煌,承袭翰林院《五经》博士。从康熙年间起,更大规模地推崇朱子。康熙五年(1666年),康熙下诏以朱子十六代孙朱坤,承袭翰林院《五经》博士;康熙二十九年(1690年),又书匾额"大儒世泽",并写对联"诚意正心阐邹鲁之实学,主敬穷理诏濂洛之心传"。康熙五十一年(1712年),特下诏封朱子为十哲之一,在大成殿配享孔子。康熙命大学士熊赐履、李光地等理学大臣辑《御纂朱子全书》66卷,亲为作序。由此可见,康熙十分推崇朱学,以之为施政指导思想。

由于清统治者竭力提倡程朱理学,故当时知识界一律不得违反,否则即是离经叛道。雍正时,谢济世注解《大学》,从《礼记》本,而未从朱子《四书集注》本,结果被告"毁谤程朱",

便被罚当苦役。清后期,既提倡理学,又提倡汉学,推行所谓"崇宋学之性道,而以汉儒实之"的文教政策,其目的是为了控制学者的思想,使之不"犯上作乱"。

三、实行文化专制

明朝建立后,明太祖一方面很重视儒生,广为搜罗和培养儒生。另一方面又对不同意见者进行镇压,实行文化专制,大兴文字狱。对自认为不忠于王朝的一些官吏和知识分子所进表笺著作进行检查,吹毛求疵,编造莫须有的罪名加以迫害,对明代文教思想起到了极坏的影响。洪武初年,朱元璋读《孟子》读到"君之视臣如草芥,则臣视君如寇仇"时,勃然大怒,以为不是臣子之言,于是议罢孟子配享,将其撤出孔庙。第二年虽又恢复,却于洪武二十七年(1394 年)令翰林学士刘三吾等修《孟子节文》,把不利于君主专制的语句删去,共 85 条,并且规定在这 85 条之内,"课试不以命题,科举不以取士"。

明朝对国子学和地方学校的教官和学生都进行严格的管理与控制。国子祭酒宋讷迎合朱元璋的意志,在国子监订有"监规",其中规定:"讲授书史,须立听讲解,如有疑问,必须跪听。""在学生员,当以孝悌忠信,礼义廉耻为本,必先隆师亲友,养成忠厚之心,以为他日之用,敢有毁辱师长及生事告讦者,即系干名犯义,有伤风化,定将仗一百发云南地面充军。"对地方学校则"颁禁例于天下学校,镌刻卧碑,不遵者以违制论。"卧碑内容有关于教师的,也有关于学生的,如"府州县生员,有大事干己者,许父母兄弟陈诉,非大事,毋轻至公门","一切军民利病,农工商贾,皆可言之,唯生员不可建言""生员听师讲说,毋恃己长,亡行辩难,或置之不问"。(《续文献通考·学校考》)这些钳制思想的措施,充分体现了文化专制的文化教育政策。

清代统治者禁锢思想、钳制舆论的手段有三方面:

一是推行了近百年的文字狱。清统治者推行的文字狱,是封建统治者实行文化专制的典型。对士子文字望文生义,罗织罪名,用血腥屠杀来压服士子,在封建时期并非鲜见,但清朝的文字狱次数之频繁,株连之广泛,超过历代。如康熙朝的"明史案"和"南山集案",两者都由于作品中有眷念明朝的民族感情而引起。雍正朝的文字狱,多与统治集团内部权力斗争有关,清世宗用它来打击异己。乾隆时的文字狱,更是捕风捉影,任意联想,强加莫须有的罪名。乾隆时徐骏因"清风不识字,何事乱翻书"而被杀。胡中藻诗中有"一把心肠论浊清"之句,被说成是加"浊"字于国号之上,因而被处死。据统计,康、雍、乾三朝共有文字狱 115案,实际并不止于此。且其恶果不仅是屠杀了许多士子,株连许多无辜者,而且在思想文化领域营造出一派恐怖气氛,使士子人人自危,可说是中华文化史上的又一场浩劫。

二是销毁书籍。清代统治者对离世学者的著作,也不遗余力地大肆搜罗,特别是明末遗老的著作,稍有隐讽便指罪刑杀,毁板焚书,严禁发行。据查,自乾隆三十九年(1774 年)至乾隆四十七年(1782 年),凡焚书 24 次,538 种,共 13 862 部,实际远非此数。

三是清代统治者先后成立了一些编书馆,收罗大批士子,组织搜集、编纂、注释古书,诏令当时学者参加,以便进行控制,同时也是清统治者笼络汉族士子的重要方法。自康熙二十四年(1685 年)开始,编了许多大部头的类书、工具书。字典有著名的《康熙字典》《佩文韵府》,大型类书有《古今图书集成》1 万卷,被现代学者誉为中国古代的大百科全书。还有宋儒理学方面的书有《朱子全书》66 卷、《性理精义》12 卷,诗文方面有《御定全唐诗》900 卷等。乾隆时有《续通典》《续文献通考》等大部头类书,其中影响最大的是《四库全书》,乾隆十七年(1752 年)起经十年才完成,收书 3 503 种,凡 79 337 卷,分经、史、子、集四部,为我国古代最大的丛书。统治者以编书为手段,诏令千余学者,控制知识分子,使之被迫走上脱离现实的道路。许多有思想才力的人,为避免文字狱祸,宁循而治经,不敢治史,若有治史者,亦以汉学家考据学之法来治史,务与政治理论相隔绝。同时大规模的编书活动不仅收揽士子之心,发挥了他们的作用,也为后世集中保留了许多宝贵的古典文献。

总之,明清两代一方面把文教事业置于十分重要的地位,学校教育与科举制度都得到空前发展,而另一方面,又采取了种种措施,加强思想控制,其专制程度也是世所罕见的。

第二节　明清的教育行政制度

一、明代的教育行政制度

明代的教育行政制度,特别是中央的教育行政制度,权力相对集中,明代把一切有关文教的事都集中于礼部。礼部设尚书 1 人(正二品),左右侍郎各 1 人(正三品)。礼部尚书"掌天下礼仪、祭祀、宴飨、贡举之政令",侍郎佐之。礼部设仪制、祠祭、主客、精膳四清吏司,各设郎中 1 人,员外郎 1 人,主事 1 人或数人。仪制司分掌"诸礼文、宗封、贡举、学校之事",以及"经筵日讲、耕籍视学、策士传胪、巡狩亲征、进历进春、献俘奏捷"诸事,凡"以学校之政育士类,以贡举之法罗人才,以乡饮酒礼教齿让,以养老尊高年,以制度定等威,以恤贫广仁政,以旌表示劝励,以建言会议悉利病,以禁自宫遏奸民",皆为其职掌。国子监是国家最高学府,亦为国家管理国子学的行政机构,设祭酒以掌监事,为朝廷命官,出于吏部,与其他中央官学没有隶属关系。

地方教育行政方面,明初在各直省设置儒学提举司。其后在明英宗正统元年(1436 年)始设"提督学校官",南、北直隶由御史充任,故称提学御史,各省由按察司副使、佥事担任,称提学(督学)副使或提学(督学)佥事,皆奉敕谕提学。明代有 13 个布政司,外加两畿,共有 15 位提学官。提学御史原为都察院所属官员,南北直隶各置 1 员,虽各为御史,但专管学校事宜,不理刑名,他官亦不得侵学校事。提学副使原为各省按察司佐贰官,奉敕谕行事专督学校事宜。诸如生员考黜,教官考核,以至有关教化、文物、学术皆由其所司。在三年任内两次巡历所辖各府、直隶州,考核其教职(教授、学正、教谕、训导等),并主持岁、科二试。提学副使亦专管学校政务,不理刑名,所受词讼,重者送按察司,轻者发府、州、县,督、抚、布政、按察二司不得侵学校事。提学官是地方教育事业的总管,除府州县学外,还要管理武学、社学等地方学校。提学官"所辖境内,遇有卫所学校,一体提调整理","凡提督去处,即令有司每乡每里俱设社学,择立师范,明设教条,以教人之子弟,年一考校,择取勤效"。

明代府州县学的管理体制为提学官领导下的分工负责制。提学官总理府州县学,下有教授、学正、教谕、训导等教官,主持各府州县学生的教诲事宜。"教授、学正、教谕掌教诲所属生员,训导佐之……儒学官月课士子之艺业而奖励之。凡学政,遵卧碑,咸听于提学宪臣提调"。洪武十七年(1384 年),敕谕礼部大臣:"天下府州县学官总理学事,其训导专教生徒,毋令同署公文,以妨讲授。尔礼部其移文天下学校,永为遵守。"由此,明代建立起由提学官总管,由教授、学正、教谕和训导等具体管理府州县学的地方教育行政体制。

二、清代的教育行政制度

清承明制,仍由礼部掌管全国的学校。清初顺治帝在谕礼部的命令中宣称:"帝王敷治,文教为先。"全国学校事务归礼部管理。但这种管理体制不久就发生了一些变化。首先是作为全国最高学府的国子监不再隶属于礼部,雍正三年(1725 年)始设管理监事大臣,由皇帝在满汉大学士、尚书、侍郎内特派一管理监事大臣直接管理,但招生、毕业生出路还归礼部主持。其次是教育宗室子弟、清朝贵族子弟而设立的宗学、觉罗学、旗学也归宗人府等机构独立管理。

清代的礼部设满汉尚书各 1 人,左右侍郎满汉各 1 人。"尚书掌五礼秩叙,典领学校贡举,以布邦政","侍郎贰之",下设仪制清吏司、祠祭清吏司、主客清吏司、精膳清吏司四司,设郎中、员外郎、主事等官,分理其事。其中仪制清吏司管理嘉礼、军礼、学校、科举等事务。清政府关于学校教育的政令,下达礼部,由礼部传达各直省学官或转咨有关部门加以贯彻。

清代地方有三级政权:省、府(直隶州、厅)、县(散州、散厅)。各省由总督、巡抚统管军政、文教,稽查各级官员。清初承袭明制,在各省设提学道(督学道),带按察司佥事衔,唯直隶、江南、浙江以翰林为主,称提督学政。《清朝文献通考·职官九》称:提督学政掌一省学校士习文风之政令。雍正十三年(1735 年)的谕令强调要特别慎重推选学政,"各省学政,有训导士子校阅文艺之责,关系甚重,非才守兼优,素有学问者,不克胜任"。学政非进士出身者不任,多由翰林、科、道官选补,其以部属官简任者,依出身甲第,各加翰林院编修、检讨衔。各省学政以进士出身之侍郎、京堂、翰林官、詹事、科、道及部属官充任时,各带原衔之品秩。学政在地方,无论官阶高下,皆与督、抚平行。其提督学校事务,督、抚和布政、按察二司亦皆不得侵其职掌。

学政的任务是"督学校、董教事",考核教职和考试生徒。各级儒学生徒考课黜陟之事皆次职任,掌理岁、科二试,巡历所属府、直隶州考查诸生文才、品行、学习勤惰,并对所属学官进行考核,复兼管所辖地方一切有关教化、文物、学术之事,小事札饬府、县,大事与督抚会衔办理。

各省学务在学政管理下,府、州、县分设府学、州学、县学,府置教授、训导,州置学正、训导,县置教谕、训导等官,进行具体管理。学政为地方教职的直属长官。地方教职须受地方长官的指导考核,但体制上地方长官对教职不以属员相待,一般称之为"老师"。清制,凡文官皆回避本籍,只有教职以用本省人为主,但仍回避本府或直隶州。

第三节　明清的学校管理

一、明清国子监的管理

明代国子监先设于南京,明成祖永乐十八年(1420 年)迁都北京,改北京国子监为京师国子监,于是明代有南北两监。国子监的学生数至明太祖洪武二十六年(1393 年)已增至8 000 多名,明成祖永乐二十年(1422 年)达 9 900 多人,正德帝继位以后文教已衰,官生民生只有千余人,至景泰、弘治之际,学生"奸惰",教师"失职",不勤于教学,并出现了"以财进身"的"例监"。隆庆、万历以后,由于学校积弛,"南北国学皆空虚",国子监开始衰败。

清顺治元年(1644 年),重修京师国子监,详定规制。在国子监内设立彝伦堂,另分设率性、修道、诚心、正义、崇志、广业六堂。雍正三年(1725 年),又开始另设管理监事大臣 1 人,成为国子监的主管官,其余一律依明制。

国子监是明清两代最重要的中央官学,其管理制度之严密远超前朝。

(一)教学管理制度

1. 升级制与积分制

北京国子监的教学工作,由博士厅负责,学生按一定数额、程度分班。学习年限为 4—5 年,实行升级制度。初入国子监,一般在正义、崇志、广业三堂修业,学习 1 年半以上。修业期满、文理畅通者,可升入中级的修道、诚心二堂,修业一年以上,文理俱优、经史俱通者,方可升入高级的率性堂修业。当然,升入率性堂还必须达到规定的"坐堂"时日。一般来说,监生必须修满 700 天以上,才具备升入率性堂的资格。

升入率性堂后,实行积分制。积分是指每次考试的成绩,成绩分三等,文理俱优者可得 1 分,理优文劣者可得 0.5 分,文理俱劣者得 0 分。国子监规定监生每年必须得 8 分方为合格。及格者由政府发给一张"资格证书",可以凭此获得相应的官职,不及格者仍留监学习,直到合格为止。

2. 课程管理

国子监主要学习《四书》《五经》,《明史·职官志二》载:"入监者,课以明体达用之学,以孝悌、礼义、忠信、廉耻为之本,以六经、诸史为之业。"又说:"凡经,以《易》《诗》《春秋》《礼记》,人专一经,《大学》《中庸》《论语》《孟子》兼习之。"当然,即使是五经、四书,也要求以道载于经的观点来教来学。永乐年间编撰的《四书大全》《五经大全》是国子监的主要教科书,后又颁行《性理大全》,要求各堂兼习。此外,《大明律令》《御制大诰》等也是国子监生学习的内容。

国子监除每月朔望两日休假外,每天皆有课业。授课分早午两次,早上由祭酒、司业领属官全体出席。祭酒主讲,司业坐于堂上,其他监丞、博士、助教、学正等依次序立。生员拱立静听。午后主要进行会讲、复讲、背书、论课等。学生每三日背一次书,每次背《大诰》100 字,《五经》100 字,《四书》100 字,不但要熟记文辞,还要通晓文理。学生每月必须作课 6 道,含本经义 2 道,四书义 2 道,诏诰、表章、策论、判语、内科 2 道。博士厅还详细地规定了每月讲书、背书的日期,除初一、十五放假外,一般是背书 14 天,讲书 14 天(含会讲、复讲)。

除此之外,国子监还有一些课外作业,如每日习书 200 余字,每日完成之后,交先生批改,以圈改字少为佳。

3. 监生历事制

这也是教学的重要环节,一般安排在率性堂积满学分之后。监生历事,始于明太祖洪武五年(1372 年)。建文帝时,选拔国子监生到京都各衙门历练政事。历事生白天在各司练习政务,晚上回监读书休息,将读书学习和做官实践结合起来。历事每年三月进行考核,上等的送吏部候选,遇缺官即挨次任用;中等的历一年再考,下等的回监读书。历事生除在京历事,有时也被遣往州县,完成督修水利、清查黄册等专项任务。这是中国最早的教育实习制度。一方面可补明初官吏之不足,另一方面又使监生接触实际,获得从政的实际经验。

(二)教师管理

明代国子监的教学管理人员,大体上可以区分为核心管理人员(祭酒、司业、监丞)、教学人员(博士、助教、学正、学录)、教辅和后勤人员(典簿、典籍、掌馔)三大部分。国子监教师的品级并不高,如最高教育行政主官祭酒,仅为从四品官,其实际地位尚不及各府知府。但由于国子监肩负着培养人才的特殊任务,所以国子监官在升迁上往往享受优待,祭酒或升卿亚,或官詹,或内阁学士。司业升祭酒,或坊局五品官。而博士、助教、学正、学录升为监丞的,则更为常见。因此,尽管国子监官的官品不算高,所获得的政治待遇却往往非同级官员所可及。

国子监作为明代中央政府机构的一个组成部分,接受国家任命官员的统一规定,故其官员的任命,其权力并不在礼部,而在吏部,也就是说,国子监没有独立的人事权,祭酒和司业也没有任免监官的权力。

清朝把国子监独立于礼部,设管理监事大臣一职,以加强皇帝对最高学府的直接控制,国子监重大事情直接上奏皇帝,其他应行事宜由学官自行办理,以提高其地位,扩大其自主权,同时在国子监内建立了一套组织机构。在管理监事大臣下,设满汉祭酒各1人,总管监内从教学到人财物所有事务。祭酒之下,设满蒙汉司业各1人,作为辅佐祭酒的官员。祭酒、司业下设四厅六堂:绳愆厅,设满汉监丞各1人,主管监督核查工作,包括稽查师生的勤惰,财务的收支等。博士厅,设满汉博士各1名,职掌训课,并负有稽查六堂八旗官学教学的责任。典簿厅,设满汉典簿各1名,掌管国子监印,以及甄别本监教官,负责教官升迁等事宜。典籍厅,设汉典籍1名,掌监内书籍、碑石、版刻等的保存,以供师生诵习。六堂是国子监的主要教学场所,率性、修道、诚心、正义四堂,每堂设助教1人,学正1人;崇志、广业二堂,每堂设助教1人,学录1人。他们具体负责本堂的教学。

清国子监教官的考核,按照清朝对在京官员的统一规定,实行"京察"。京察是对在京官员的考绩大典,每3年一次,以守(操守、品德)、才(才干)、政(工作态度)、年(年龄)四格为考核标准,分称职、勤职、供职三等。列一等者加级记名,引见备用。不合四格者,有贪、酷、罢(疲)软、无为、不谨、年老、有疾、浮躁、才力不及8种情况,称为"八法",须分别处理。国子监教官的考核也按照上述标准进行。监内设功过簿,专记满汉官员的功与过。京察时,祭酒由部院考核,其余官员由本监堂官及掌印官分别等第。

(三)学生管理

为了加强对监生的管理,国子监颁布了许多禁令、学规,监规多达56条。除遵守礼仪、尊敬师长、严格出入监及住宿制度等内容,重点在于加强思想控制,使监生"循规蹈矩""养成忠厚之心"。国子监设有"绳愆厅",由监丞负责,专门"纠察"师生言行,惩治违犯学规者。特别是在明代,其对监生惩罚有痛决、充军、吏役、枷镣终身、饿死、自缢、枭首示众等,无所不有,十分繁杂、苛刻,甚至严酷。具体言之,有以下几方面的规定。

其一,尊敬师长。监规有云:"在学生员,当以孝、悌、忠、信、礼、义、廉、耻为本,必先隆师亲友。"监生必须随监官清晨升堂,行揖礼。课毕亦按一定行列次序恭揖礼后,方能退出。每晚亦如此。教官赴堂禀议事务,质问经史,生员都必须拱立听说,不得随便坐列。"各堂生员,每日诵授书史,并在师前立听讲解,其有疑问,必须跪听。毋得傲慢,有乖礼法"。如果遇见师长出入,必当立正拱手站立,等待师长过去,有问即答。倘若"敢有毁辱师长,及生事告讦者,即系干名犯义,有伤风化,定将犯人杖一百,发云南地面充军"。

其二,遵守朝中礼仪制度。遇到迎接诏敕、拜贺圣节等仪式,必须按照国子监规定的服饰、冠履相迎,并"随班行礼",绝对不允许戴帽、系鸾带,否则送绳愆厅惩治。在日常生活中,也不许穿戴常人巾服,以免与众混淆。禁止监生随便评品人物,非议朝廷或参加其他组织活动。诸生"止许本堂讲明肄业,专于为己,日就月将,毋得到于别堂,往来相引,议论他人长短,因为交结为非,违者从绳愆厅究察,严加治罪"。

其三,遵守国子监作息制度。诸生"所有一切事务,合先于本监告知"。监生不能随便出入国子监,也不得将家人僮仆擅自带入学校。国子监对监生出监、入监、宿歇等都作了具体规定,甚至还给每班发出恭入敬牌一面,责令各班值日的学生掌管,"凡遇出入,一定要有牌子。若无牌擅离本班,及敢有藏匿牌面者,严惩不贷"。生员不许谎骗外出,否则从严发落。在宿舍管理上,国子监将监生住房编定号数,拨住号房,内外号房务要"常加洁净,闲杂人等不许辄入。其在学生员,敢有毁污作践者,从绳愆厅纠察惩治"。

其四,在饮食管理上,国子监规定诸生会食,"务要赴会馔堂,公同饮食,毋得擅入厨房,议论饮食美恶,以鞭挞膳夫,违者笞五十,发回原籍亲身当差"。若无病而不行随众会食者,不得给予其当日饮食。一日除三饭外,不许其享用另外的茶饭,"敢有刁蹬索取者,绳愆厅纠治,仍将本名附集愆册记录之"。

其五,请假制度。国子监有各种假期,若家有丁忧、病者,亦可以随时请假还乡。但若经历年久,托故不来者,则要受罚。明宣宗宣德元年(1426年),下诏:"古云才难,诸生未及仕,先负罪名,即为终身之玷,宜量地方远近,定与限期,如再于期外不来,皆发充吏。"

总之,无论从课业管理,到监生日常行为、衣食住行,都必须遵循学规,违者必遭严惩,决不姑息。轻则杖笞、发还原籍,重则施以痛决、充军、吏役、枷镣终身乃至枭首示众等刑罚,这是明代封建专制主义在国子监管理中的具体反映。当然,重视学校管理及实施过程中的一些规章制度,诸如尊敬师长,养成良好的卫生习惯等,还是有一定价值的。

二、明清地方官学的管理

明清两代,从京畿到直省、边疆地区,各府州县卫的治所都陆续建立官学,统称儒学,形成空前庞大的地方教育网络,建立了较为完备的管理体制,从各官学的设学、生额、教官的任用考核,到教学内容的确定等,全部由朝廷掌握,从而使全国地方教育制度高度统一,为幅员广大的城乡地区的教育普及和提高,做出了积极的贡献。

(一)学生管理

明代儒学学生来源的途径多样,凡府州县学接收学生入学,必须由当地行政官员选择民间俊秀和官员子弟充任。这些人还必须符合下列条件:第一,必须"人才俊秀,容貌整齐"。这是对外表的要求。第二,年龄在15岁以上;年龄在20岁以上愿意入学的,听从其便。这是对年龄的要求。第三,已经读过《论语》《孟子》等儒家经典。这是对学力的要求。

明朝府州县学的学生又分廪膳生、增广生和附学生。廪膳生始于明太祖洪武年间初,诏民间选补生员二十名,由公家给以膳食;洪武二十年(1388年)复奉文增广生员额数。明宣宗宣德三年(1428年)奉旨额定增广生员亦二十名,此即增广生之始;明英宗正统十二年(1447年),提调教官复奉文于生员常额外考选军民子弟之俊秀者待补,俟增广名缺,一体考送应试,此为附学生员之始,这说明学生身份的不同,其所享受的待遇有一定的差异。其中最明显的不同是,廪膳生员享受国家提供的津贴,而增广和附学生员则没有;廪膳、增广生员不仅本人享受免除杂役差徭的待遇,而且其家庭还可以免除两个男丁的差徭,而附学生员则没有此等待遇。

清朝在府州县都设置官学,但其学生名额有所不同。地方官学的学生既是未来科举考试的考生,又是国子监贡监生的潜在生源,而无论科举参加者还是国子监贡监生,都是官僚的后备队。所以,其生额必须与朝廷的官员可容纳量相适应。正因如此,清朝每一所地方官学的学额都由朝廷直接确定和控制。

清朝对各地生额的控制,落实于对每次入学额、廪生增生额和贡于国子监的人数、出贡间隔年份的规定上。生员按地位不同,分廪生、增生、附生、青衣生员4种。各类生员的地位都不固定,以岁试成绩而定。根据成绩的等第,决定生员地位和待遇的变化,这就是"六等黜陟法"。生员只有考上或保持廪生、增生地位者,才可获得朝廷的廪米。考列四等者,就要受体罚(扑责),考列五、六等者,则要降级或黜革。通过岁试及其六等黜陟法,清朝建立起生员学习的竞争和激励机制。

明清地方官学也有严厉的学规。明太祖洪武十五年(1382年),颁布《学校禁例十二条》于全国学校,并刻碑立于明伦堂。其中有不许生员结交地方官、生员不许妄言军国政事、生员不许对教师的讲说妄加辩难等规定。这就是有名的"卧碑"。清代沿袭明代先例,于顺治九年(1652年)刻学校禁例八条于卧碑,称之为《训士卧碑文》,内容主要有生员要无条件地尊师勤学、严禁过问政治等,与明代卧碑大同小异。康熙、雍正时又颁布圣谕,精神与卧碑是一致的。地方学校对生员平日表现有书面记录,德行、经艺、治事三项皆长者记于上等簿,长于德行而短于经艺或治事者列二等簿,经艺、治事皆长而德行有失者列于三等簿。凡生员违犯学规者,罚为学校膳夫,服役期满发回原籍为民,追回在学期间享受之廪米。

《卧碑文》以及随后各朝颁发的其他学政条文,所代表的是国家管理学校的意志。在此之外,作为国家意志的进一步延伸,各地对儒学负有管理职责的官员,也往往根据具体情况而制定一些管理规条,这些规条通常也主要针对儒学的学生,旨在剥夺生员的政治权利,压制任何可能的反抗思想萌芽。

(二) 教师管理

明代儒学的教师人数,因府、州、县学的行政级别差异而有所不同,一般府学设教授1人、训导4人,州学设学正1人、训导3人,县学设教谕1人、训导2人。

明代对儒学教师的选用,要求还是比较严格的。儒学教授、学正、教谕由各处守令选择有才德、学问并通晓时务的儒士担任。而训导主要是从事各科教学的,如果是教习礼、律、写字的,往往从有学行、通晓律令、谙习古今典礼、会书法的儒士中选取;如果是教习乐、数、射的,往往从知音律、会射弓弩算法的儒士中选取。在明初,选授教职的人需要试用3年后才能真正授予教职。

明代儒学教师的职位品级很低。府学教授为流官,不过是从九品,州学学正、县学教谕更是未入流品,这也导致儒学教师队伍质量的下降。

清朝地方教官的品级和待遇,比明代有所提高。清雍正十三年(1735年),规定:各府、卫儒学教授,为正七品官,各州学正、各县教谕为正八品官,各府州县卫训导为从八品官。在经济待遇方面,旧例教职"两官同食一俸",也就是说,一个教官只能得半俸。乾隆元年(1736年)规定:今后各照品级,给予全俸,使之更积极地从教。

在任用及考核方面,清朝制定了教官的资格限定及上任前、就任中和俸满3种考核制。清朝规定,教官必须是正途出身者。任用前,须通过督抚的考试;任期之中,每逢学政按临,须接受考核与考试。前者是对教官学识、教育水平和品行的全面衡量,后者则专试文化水准。顺治九年(1652年)确定考核方法,根据"年力""志行""学识""教规"四方面的标准进行考核,将教官分为学行俱优、学问疏浅、老病不堪、钻营鄙污四类,分别处理。

教官六年一任,任满由学政与督抚对其工作情况共同进行甄别,以分别去留。如果才具出众应行举荐者,即行具题;其寻常供职之员,分别去留。俱出具切实考语,具题请旨。如有不应保留之员,滥行保留者,对该督抚、学政严加议处。

通过资格限定及任前、任中和任满的考试、考核,清朝在制度上构成对教官文化与业务素质的全面要求。

三、明清书院的管理

(一) 明清书院的曲折发展

明初,由于统治者重学校教育,官学发达,对书院既不提倡,也不修复。即使久负盛名的白鹿洞书院,经元末丧乱,已破败凋零,直至明宪宗成化元年(1465年),李龄督学南康,才将其修整,并聘师招徒。此外,由于明初统治者在发展官学的同时,又大力提倡科举,并将科举与学校教育紧密结合,规定"科举必由学校"。这样,一方面士人为获取功名,纷趋官学,书院受到冷落,统治者既然通过官学和科举,满足了对人才的需要,也就无意兴办书院。

明代书院的发展,是在成化、弘治以后,至嘉靖、万历年间达到高峰。明中叶以后,书院之所以兴盛,主要原因有:

第一,明统治已衰败,内外矛盾激化,封建专制统治的腐败没落,导致了皇族宗室的几次叛乱,加剧了统治集团内部的分裂党争,从而激化了社会矛盾、阶级矛盾。而用以钳制人们思想的程朱理学也日益显现出其空疏烦琐的本质,迫使地主阶级内部的知识分子开始反思,导致了异端思想的产生,一些在野士大夫便设立书院讽议朝政。这时期的书院讲学,往往带有政治色彩。

第二,科举腐败,官学衰落。明成化以后,科举独重八股,士子则只读程墨房稿,学校已成科举之附庸。为救治时弊,倡导学术,一些有志于学术研究的士大夫便纷纷创建书院,一些理学家也倚重书院讲学,以弥补官学教育之不足。

第三,湛若水、王守仁等学者的倡导对于书院的迅速发展起了直接的推动作用。王守仁从34岁起就在书院讲学,历23年之久,经他亲手所创建的就有龙冈书院、贵阳书院、濂溪书院、稽山书院、敷文书院等。与王守仁同时的湛若水,讲学52年,志笃而力勤。他40岁以后在北京讲学,50岁以后在广东增城讲学,60岁以后在南京讲学,一生周游各郡讲学,平生足迹所至,必建书院,从游者殆遍天下,天下学者各依所从,一时书院大盛。

明中后期,政治日益腐败,文化专制加强,不容学术言论的自由,曾发生过四次禁毁书院的事件,但都没有遏止住书院发展的势头,被毁书院又陆续兴复。

清初一批思想家和教育家,仍坚持进行书院的讲学活动。如清初讲学三大儒:北有孙奇峰,讲学于苏门山之夏峰;南有黄宗羲,在姚江书院、证人书院讲学;西有李颙,主讲于陕西关中书院,自由讲学之风被大力提倡。此外,还有颜元,主讲于漳南书院,倡导经世致用。

但是,这股书院讲学之风没能传播开来,清初统治者借鉴明代统治之经验,致力于官学的创办,一方面着力提高满族子弟的文化素养,另一方面也有利于对汉族士大夫加以笼络与控制,因而不允许散居山林的书院干扰其文教政策的实施,对书院采取了抑制措施。顺治九年(1652年)诏令"不许别创书院,群聚徒党"。这一禁令,直到雍正初年时,仍未解除;这一指令显然是借鉴了明代禁毁书院的经验,以防止反清情绪的滋长和反清力量的集结。因此,清初统治者对历史上著名书院的整顿也不是很热心。

清代书院的真正发展,是在雍正十一年(1733 年)以后。此时封建君主专制秩序业已巩固,朱学独尊的局面靠着文化专制政策也得以稳固。当时知识界言必称朱子,否则即是离经叛道。为了进一步发挥"文治"的作用,进一步钳制思想,控制舆论,清代统治者开始改变书院政策,即由消极的抑制转变为积极兴办,加强控制。雍正十一年(1733 年),谕知各省设立书院,确认书院是"兴贤育才"之所,这是清政府提倡书院之始。但明令所设书院皆由大臣控制,由于清政府的书院政策由抑制变为积极控制,因而清代的书院发展较快。先是各省会都办起了较大的书院,继而府州县也逐渐办了书院。由此清代书院数目大增,远远超过前代。

(二)讲学式书院的管理

讲学式书院是以义理之学、修养之道作为书院教育的中心。这一宗旨是书院兴起的根源,是书院传统的基本精神。明清时期,虽然统治者力图加强对书院的控制,但书院讲学之风却并未泯灭。从明代来看,讲学式书院依然是书院发展的主流。清代书院虽然以考课式书院居多数,但真正代表书院发展方向的却是居少数的讲学式书院。当然,由于时代的条件和学术思想的不同,明清两代的讲学式书院奉行的宗旨各不相同。明代讲学式书院以讲求理学为主,而因学派的不同,有王湛学派和东林学派两大类别。清代讲学式书院则有讲求义理、辞章和考据训诂为主的书院等类别。现分述如下。

第一,明代王湛学派的书院:王守仁和湛若水讲学的基本宗旨就是竖起陆(九渊)学(派)旗帜,宣扬心学理论,绝不纯粹是为了探讨某种学问。他们的真心倒还是在政治,在挽救明王朝摇摇欲坠的封建统治。

第二,明代东林学派的书院:东林书院是明朝众多书院中名声最大者。明神宗万历三十二年(1604 年),无锡人顾宪成重修东林书院,讲学其中,形成著名的"东林学派"。后高攀龙主其事,成为当时一个重要的文化学术中心。建立东林会讲而讲程朱理学,订立《东林会约》,每年一大会,会期三天,每会公推一主讲,余则讨论质疑。于是吴中名士、江南学子、朝野上下争相附和。当时首倡并研究西洋实学的李之藻、徐光启等名流,也到东林书院讲学,传播实学。

第三,清代以义理为主的书院:如徐士麟创立的正学书院、张伯行创立的紫阳书院、孙奇逢讲学的百泉书院均以义理之学、修己治人之道作为主要内容,体现了宋代以来书院传统的基本精神。

第四,清代以考据训诂为主的书院:阮元创立的"诂经精舍"与"学海堂",专攻经史,而排斥举业。嘉庆初年阮元任浙江巡抚时建"诂经精舍",不学八股,专修经史辞赋,兼习天文、地理、算学、兵刑、漕河、航运等经济之学,还兼及西学。孙星衍、王昶、俞樾等大师云集,学生中知名者有黄以周、崔适、戴望、章太炎等。书院开清代书院研习经史,贯通西学、讲求实学的改革之风,遵循藏息相辅原则,常带学生去燕集,吟诗作赋。

学海堂则是阮元任两广总督时所建。讲求实学,兼及天文、地理、算学、文史等课程。郭嵩焘、张之洞等都曾主持过书院教学。学海堂设 8 个学长,配合著述,建立刊刻制,辑成《学海堂经解》1 400 多卷,作为教学参考书,又将本堂师生所写论文汇编成《学海堂全集》《学海堂课艺》,对清代学术文化发展,起了积极的作用。

诂经精舍和学海堂,打破了明清以来专习八股时文、沉溺科举、追逐富贵利禄的恶劣学风,主张教以经世致用的实学,提倡实事求是、无证不信的学风,堪称清中叶以后书院之楷模。但也应指出,这一类书院仅以考据训诂为事,"唯汉为真",引导学生终日埋首故籍,为考据而考据,不自觉地走上了复古主义和烦琐考证的老路。其学术宗旨从根本上讲,还是为封建专制制度服务的。它引导学子一味闭门读书,于时事治世茫然无所闻,这正是封建文化专制政策的一种折射。尤其是这一类书院兴起于鸦片战争前夕,更是无助于促进社会的发展。

第五,清代专讲辞章的书院:如姚鼐主讲的南京钟山书院等,以古文义法教生徒,学生知名者甚多,成为清代"闻名天下"的桐城学派。

(三)官学化书院的管理

官学化书院的管理与地方官学几乎没有区别,主要是训练八股文,应举取士。早在明代后期,许多书院就与科举建立了密切的关系,其教学内容、考课制度基本上是与科举的要求相适应的,特别是"洞学科举"的实施,将书院纳入官学体系,成为科举的预备场所。明代白鹿洞书院带有极其突出的官办特征,一方面,其山长是由提学使或地方政府官员出面延请的,在各种《白鹿洞书院志》中,都记载有地方政府官员聘请陈献章、胡居仁入洞的信函。另一方面,其学生首先来自府州县学,而后才旁及于"四方有志之士"。明末天启年间,在白鹿洞书院主持人李应昇的建议下,朝廷允许每逢乡试之年,由书院保送若干名学生参加科考,这就是著名的"洞学科举"。当时规定白鹿洞书院可保送 8 个名额,把书院授业直接纳入科举制度中。

清代统治者对书院的控制更加严格,将书院教育纳入科举考试的框架,其措施主要包括以下几方面:

第一,重点扶植省会所在地的书院。以往书院多建于僻寂幽静的名区胜地,统治者对此往往鞭长莫及,难以管束。因此,清代统治者决定于各省省会创办书院,便于封疆大臣、各省督抚直接控制。这一特点是以往各朝所不及的。

第二,书院经费由政府拨给。尤其是对省会书院,清政府在经费上给予充分保证。据《清会典》记载:"各省书院公费,各有恩赏银,委员经理。或置产收租,或筹备赏借,以充膏火。不敷,在存公项下拨补,每年造册报销"。这就从经济上加强了对书院的控制。至于各府州县书院,也不能放任自流。清政府规定:"其余各府州县书院,或绅士捐资倡立,或地方官拨公款经理,俱申报该管官查核"。就是说,地方书院的经费,不论是民间捐献,还是地方官拨公款,都要由地方官府加强管理,以免因经济失控而导致书院受制于人,这一特点,也是以往各朝所不及的。

第三,书院师长由政府聘请。在雍正十一年(1733 年),开始强调各省督抚学臣对书院的直接管理权,书院主持人和讲学者也必须受命于各级地方官吏。乾隆元年(公元 1736 年),再次强调了对书院师长的选聘原则。这样,书院的主持与讲师皆由政府选聘,而且考核、奖励、晋升制度同于官学教官。这就从发展方向上加强了对书院的控制。

第四,书院的学生也由官方选择录取和考核。这是清政府防止书院"群聚徒党"的又一条措施。乾隆元年(公元 1736 年),规定了书院学生的选录标准,强调了书院中的学生管理,以及奖惩的原则。这套做法与官学在原则上并无二致。这就与书院"自由择师"的历史传统大相径庭了。清政府为保证书院学生的质量,多次颁文要求各督抚学臣严把录取关。

第五，将书院教育纳入科举考试的框架。这是清政府从教学管理上加强对书院控制的措施。由此，书院所倡行的自由讲学和探讨学术之路完全被堵死了。书院教学目标与官学并无二致，完全成为科举的预备场所了。

从这些措施来看，清政府控制书院主要抓住两个关键：一是官学化，一是举业化。官学化是推行举业化的保证，举业化是体现官学化的根本措施。二者相辅相成，构成清代书院管理的基本特色。

第四节　明清的科举考试管理

一、考试周期与考试时间的规范化

考试周期和考试时间在整个科举制度中并不是特别重要的，但却能充分反映出这种制度的程式化和规范化程度。

隋唐时期，只有省试一级考试，考试周期一般为一年一届。由于开设的科目多，考试的周期短，给考试组织工作带来很大压力。宋代科举考试的省试、殿试最初也是每年一届，但随着参加考试的人数和录取人数不断增多，后来采用隔一年或几年举行一届考试的办法，以缓解压力。北宋英宗治平三年（1066 年）十月丁亥诏："其令礼部三岁一贡举。"从此三年一考成为定制，将科举考试周期定为 3 年，这是根据长期的科举考试实践和社会现实情况而做出的决定，这样既能保证举子们的仕途出路和满足朝廷选拔后备官员的需要，又能缓解因考试过于频繁而造成的行政压力。

明清科举自始至终实行"三年大比"制，即每三年完成一个科举周期，并且连乡试和会试的具体年份也逐渐固定下来。明太祖洪武十七年（1384 年）三月初一日，明太祖颁布诏令："命礼部颁行科举程式，凡三年大比，子、卯、午、酉年乡试，丑、辰、未、戌年会试。"从这一年开始，至清光绪三十一年（1905 年）废除科举制度，乡试和会试都是在这些年份举行，成为不易之制。考试周期和年份的固定，是科举考试高度规范化与程式化的重要表现。

同考试周期一样，考试时间也经历了一个由不固定到固定的过程。唐代解送试大多在秋末冬初举行，具体时间不固定。次年春天举行省试，又称礼部试，一般情况下是正月考试，二月放榜，四月由吏部铨选。吏部铨选又称释褐试。宋代解送试一般在中秋前后举行，次年春天举行省试，时间在正月或二月。殿试日期一般定为省试后两个月之内举行。

明清两代对考试日期又做了进一步调整，最终成为定制。《明史》卷七十《选举二》载："乡试以八月，会试以二月，皆初九日为第一场，又三日为第二场，又三日为第三场。"关于乡试日期："八月初九日第一场，十二日第二场，十五日第三场"，这是明太祖洪武三年（1370 年）五月十一日诏书中确定的，此后相沿不变。会试日期为："次年二月初九日第一场；十二日第二场，十五日第三场"；殿试日期为"三月初三日"。明初会试的地点在南京，自明成祖迁都北京后，会试遂改在北京举行，但二月的北方仍较寒冷，虽然曾有人提议改在三月举行，但明代二月会试的制度一直没有改变。清初，承明之旧制，仍在二月举行会试。至清乾隆十年（1745 年），将会试日期定在三月，三月初九日第一场，十二日第二场，十五日第三场。这个规定实行了 160 年，一直到光绪三十一年（1905 年）废除科举。乾隆二十六年（1761 年），将殿试日期定为四月二十一日，也实行了 134 年之久。

科举考试时间由不固定到相对固定,由相对固定到一成不变,这种高度程式化和规范化的形式,反映出科举制度管理的极度成熟。

二、考试科目与内容的规范化

科举制度是一种分科考试、择优录取的人才选拔制度,科目的设置逐渐从分科走向统一。隋唐时期科举科目繁多,分科考试特色鲜明。在考试内容与形式上,不仅文科与武科、常科与制科迥然有异,就是同为常科也是各有所专。制科选才不拘一格,其科目多达一百余种。随着科举制度的不断发展,考试科目此消彼长,越来越集中于少数科目上。到明清两代,进士科一枝独秀,逐渐统合其他常科,分科考试演化为单科考试。

明清进士科的考试内容主要是《四书》《五经》,程朱理学及当朝律令。明太祖洪武年间,强化程朱理学注疏的权威地位,开始排斥古注疏。至明成祖永乐十五年(1417 年)四月,正式颁行《五经大全》《四书大全》《性理大全》,包括孔颖达等人的正义和注疏在内的所有古注疏全部停用。这样,程朱理学完成了对科举考试内容——儒家经学的统一工作。清代科举考试内容与明代几乎完全相同,只是《春秋》采用《左氏传》《公羊传》和《谷梁传》。

明清乡、会试内容大致相同。第一场试《四书》义三道,每道限 200 字以上;经义四道,每道限 300 字以上。第二场试论一道,限 300 字,诏诰表内科一道,判语 5 条。第三场试经史时务策五道,俱限 300 字以上。至于童生试,因入学试、岁试和科试等功用不同,侧重点及分量差异较大,然亦不超出圣贤学说之范畴。

用程朱理学解读经典,统一对经典的认识,既是专制政治的需要,也是科举考试本身的要求。但是,这些高度规范化和标准化的举措,使科举考试逐渐丧失活力,科举制度开始走向没落。

三、考试程序的规范化

明清在继承前代科举考试程式的基础上,形成了一个从童试、乡试、会试到殿试的四级考试程式,并相应建立了一套以主持考试事务的行政机构为核心的组织体制。

(一) 童试

明清的童试比较复杂,实际是由一系列的考试构成。包括入学考、岁考和科考三种。

入学考试分为县试,府(或直隶州,厅)试和院试三个阶段。县试是由各县县官主持的考试。府试试期多在四月,应试者为本府所辖各县通过县试录取的士子。由各府长官主持。府试后,便获得参加院试的资格。院试是由各省学政(明代称"提调学校官",清代称提督学院)主持的省级入学考试。应试者为本省所辖各府通过府试录取的士子,被录取的称为"秀才",即生员、庠生等,院试并不给予功名出身,但参加院试是生员获得参加科举考试资格的前提,是科举考试的预备考试。

岁考的对象是在学学生。凡是府(州,厅)县的生员,增生,廪生等都必须参加岁考。它是由省级教育行政长官主持举行的考试,目的在于考核检查生童的学业,有考核与督促的功能。虽然岁考不能直接获得参加正式科举(乡试)的资格,但它依然是科举道路上相当重要的一关。

科考为直接考选参加乡试资格的考试。每届乡试之前一年,各省教育行政长官巡回所属学校,举行一系列的考试,以选取优等的生员参加本省的乡试。应科考者为岁考列一二等之生员。一般考七天,有正试与复试之分。科考列一二等及三等前茅的,均准予次年应乡试,即取得参加正式科举考试的资格。

(二)乡试

乡试是明清正式科举的第一级考试。从乡试开始的各级考试,考中者俱可获得功名出身。明清的乡试是由中央政府直接管理的,并以皇帝名义简派臣僚担任主考,组成以主考官为核心,各省布(布政使)、按(按察使)或巡抚直接参与的临时机构来主持。明清乡试是由中央以皇帝名义委派的主考官主持的"国家"级考试,是国家直接从地方选拔人才。乡试分三场进行,每场三天,农历八月初九考第一场,十二日考第二场,十五日考第三场。其考中者称为"举人"。主考 2 人,同考 4 人。第一名被称为"解元",第二名被称为"亚元",第三、四、五名被称为"经魁",第六名被称为"亚魁",余称"文魁",即举人。乡试中式举人不仅获得了功名出身,而且取得了参加会试的资格。

(三)会试

会试是明清正式科举的第二级考试。每三年一次,在京城举行,试期在乡试后一年,初为(农历)二月,后改为三月,故称"春试"或"春闱"。会试由礼部主持,故又称"礼闱",主考 2 人,同考 8 人。各省举人及国子监监生皆可应考,会试从初九至十七日,共考三场,每场三天。其考中者称为"贡士",第一名称为"会元"。会试考中者便取得应殿试的资格。会试可以看作是由乡试到殿试的一种过渡性考试。

(四)殿试(廷试)

殿试是明清科举考试中的最后的一级考试。每三年一次在殿廷上举行,故又称"廷试"。殿试由皇帝亲自主持。应试者为会试考中之"贡士",考一场一天,中第者称"进士",分三甲发榜,发榜分三甲,一甲三人(状元、榜眼、探花),合称三鼎甲,赐进士及第;二甲若干人,赐进士出身,其第一名称为"传胪";三甲若干人,赐同进士出身。

四、考试方式的规范化与标准化

科举考试的规范化和程式化在明清两代达到极致,无论是考试的组织、考试的内容,还是考试的程式和考试的方式,都是如此。其中尤其是八股文成为高度标准化和程式化的范本。

八股文通称制义,亦谓制艺、时文、时艺、八比文、四书文等。八股文作为明清科举考试所采用的一种专门文体,其要求是极为严格的。总体上看,八股文具有四个特点:其一,题目一律采用四书、五经中的原文。其二,内容诠释必须以程朱理学派的注释为准,"代古人语气为之",不得自由发挥。其三,结构体裁有固定的格式,一般是两两相对,都讲求起承转合之法。明代成化年间规定:考试所用文体,一律要用"八股"("八比")。其结构可分破题、承题、起讲、入题、分股(起二股、中二股、后二股、束二股)、大结(收结)。其四,规定字数及书写款式。明初规定乡,会试"五经"义一道限 500 字,"四书"义一道限 300 字。清初规定450 字,后渐增至 550 字、650 字、700 字。"违式",不管文章好坏,皆不及格。最后规定 300以上,700 以下。

从考试学角度看,八股文有严格的文章程式和内容标准,有利于评分标准化和客观化。但是八股文有严格的文章程式,不得违格,内容上按规定的经传注疏标准立言,作文者不得自创新意,束缚了士子的思想。它使明清科举制度向程式化方面大大推进了一步,从而达到了教条主义和形式主义的地步。

五、明清科举的组织与管理

明清科举考试有一整套组织措施,从考场设置、机构配置、人员选派及其分工合作,相互节制,皆甚完备周密。

科举考试的场所称为科场。童生试之考场设在各府（州、厅）,县署所在处。殿试之所在殿廷之上。乡试之考场设在各省及京城。会试之考场设在京城,通称为"贡院"。

为了防范作弊,明清统治者非常重视科场管理。其一,考官内外分帘,各司其职,相互节制。外帘官负考务管理及考场监试之责,内帘官负责拟题、阅卷、录取,考试期间不得私相往来。其二,详定考具种类规格,强行搜检,严禁挟带。其三,实行考官回避制,对考官实行多重限制。其四,保结与学册制,实行严格的学籍管理,以防止冒名顶替。其五,奖励检举与治罪连坐。

明清不仅重视对防范制度的建设,而且还重视对科场弊案的处理,一经发现查实,大多处于重罚乃至极刑。明太祖洪武三十年（1397 年）,朱元璋怒刘三吾等所取皆南士,对考官和核查官予以重罚,或处死或戍边。显然,明清对科场弊案的惩治手段是极其野蛮的,但在当时的情况下,这种残酷制裁确也收到了杀一儆百的作用。

由于明清对科场舞弊行为采取了严防与"重处"相结合的手段,因而在一定程度上遏止了科场弊端的蔓延。

复习思考题

1. 明清国子监的教学管理制度有哪些?
2. 明清时期对地方官学教师、学生和教学的管理有哪些经验值得借鉴?
3. 明清书院发生了怎样的变化? 各类书院是如何进行管理的?
4. 明清科举制度的规范化主要表现在哪些方面?

第七章 晚清的教育管理

晚清(1840—1911年)指鸦片战争至辛亥革命这一历史时期。1840年,帝国主义列强用武力强行打开中国的大门,大清帝国面临内忧外患。为了救亡图存,许多有识之士纷纷提出改革的主张,并积极投身于实践,对社会、政治、经济、文化教育等方面进行改革。在内外交困的形势下,为了维护封建专制统治,清政府不得不调整统治策略。在文化教育方面,清政府采取"以中学为体,以西学为用"的政策,引进西方教育制度,对封建教育制度进行改革,制定并颁布了近代学制,建立了近代教育行政制度,对教师及教学的管理也进行了相应的改革,使中国的教育向近代化迈出了第一步。

第一节 晚清的文教政策

鸦片战争以后,内忧外患,危机四伏,社会形势发生了巨大变化,为了求富求强,维护封建专制统治,清政府不得不调整文教政策,实行"以中学为体,以西学为用",简称"中体西用"。

一、"中体西用"思想的提出

鸦片战争以后,地主阶级内部涌现了一大批先进的改革家,他们主张学习西学,改革传统教育内容,迈出了近代先进的中国人向西方寻求真理的第一步。林则徐是近代中国"睁眼看世界"的第一人。他在与西方接触中,痛感"船坚炮利"和"器良技巧"使西方在军事上处于优势,反思传统教育之空洞僵化,认识到"彼夷之长技,正乃吾国之短缺",从中找出了我国科技教育落后因而被动挨打的差距,率先倡导学习西学。魏源发挥了林则徐的这一思想,在《海国图志》中,魏源进一步提出"师夷长技以制夷"的思想。早期改良派冯桂芬于1861年提出"以中国之伦常名教为原本,辅以诸国富强之术",主张建立一种中西合璧而以中国传统文化为主体的"新"文化。郑观应在《盛世危言》中也明确提出:"中学其本也,西学其末也,主以中学,辅以西学。知其缓急,审其变通,操纵刚柔,洞达政体,教学之效,其在兹乎!"

最早明确表述"以中学为体,以西学为用"这一概念的是沈寿康,他在1896年4月的《匡时策》中说:"中西学问本互自有得失,为华人计,宜以中学为体,西学为用。"同年8月,孙家鼐在《遵议开办京师大学堂折》中提出:"今中国创办京师大学堂,自应以中学为主,西学为辅;中学为体,西学为用。中学有未备者,以西学补之;中学有失传者,以西学还之,以中学包罗西学,不能以西学凌驾中学。"梁启超起草的《京师大学堂章程》中也指出:"夫中学体也,西学用也。"

尽管他们所说的"中学"与"西学"内涵不尽相同,但是均反映了中学与西学相结合的时代意愿,并且比较一致地将二者的关系表述为"体"和"用"的关系。

二、张之洞的《劝学篇》与"中体西用"文教政策的确立

洋务派中系统提出"中体西用"理论的是张之洞,这一理论体现于张之洞1898年所著的《劝学篇》。全书共24篇,分内、外两篇。

张之洞认为当时新旧两派主张均有缺点:"图救时者言新学,虑害道者守旧学,莫衷于一。"又说:"旧者固噎而食废,新者歧多而羊亡,旧者不知道,新者不知本;不知道则无应敌制变之术,不知本则有菲薄名教之心。"因此张之洞才写此书,"内篇务本,以正人心;外篇务通,以开风气。"(《劝学篇·序》)他所谓"务本",即要维护清朝封建统治和三纲五常。所谓"务通"即向西方学习,其中包括游学、广立学堂、翻译西学、办报纸、变科举、教农工商、教兵开矿、修铁路等事。他极力表示,他将持中公允,既重"中学",又不反对"西学",而是使两者各司其事,发挥不同作用,在不动摇封建专制制度的前提下进行一些改革,以维持清王朝的长治久安。

所谓"中学"指封建典章制度、伦理道德、中国的经史之学、孔孟之道。张之洞在《劝学篇》中说:"《四书》《五经》、中国史学、政书、地图为旧学,"他认为这是一切学问的根本,应当放在首位,学生应先从经史子集中学习"圣人之心"和"圣人之行",然后才学习对封建统治有用的"西学"。在"为体"的"中学"中,他基本的主张在于"明纲",在三纲之中,他又特别强调"君臣之纲"的重要作用,以这一纲领作为反对维新变法运动的重要依据。他宣扬"知君臣之纲,则民权之说不可行也。"甚至说:"民权之说一倡,愚民必喜,乱民心作,纲纪不行,大乱四起。"(《劝学篇·内篇·正权》)其目的是伸君权抑民权,反对君主立宪,维护君主专制。

所谓"西学",主要包括"西政""西艺"两方面。"西政"中又推崇"刑狱立法"(法律制度),与维新派"西政"有本质区别,并非指资本主义政治制度,张之洞极力反对那些能动摇封建统治的资产阶级民主自由的政治学说和进步的资产阶级文化。他把新思想比作"洪水猛兽",将提倡资产阶级文化的人视作"自忘其祖""自贱其宗"。"西艺"即自然科学技术知识。学习西学的目的在于"治世变"。

关于"中学"与"西学"的关系,张之洞认为二者各有其长,不可偏废,主张中西兼学,但要有主次先后之别,他的观点是先中后西、以西补中:"先入者为主,讲西学必先通中学,乃不忘其祖也。今欲强中国、存中国,则不得不讲西学,然不先以中学固其根柢,端其识趣,则强者为乱首,弱者为人权,其祸更烈于不通西学者矣。"又说:"中学为内学,西学为外学;中学治身心,西学应世事。今日学者,必先通经,以明我中国先圣先师立教之旨;考史以识我中国历代之治乱,九州之风土;涉猎子集,以通我中国之学术文章;然后择西学之可以补吾阙者用之,西政之可以起吾疾者取之。"(《劝学篇·内篇·循序》)如果没有"中学"的根基,还不如不学"西学",因此他对维新派"开民智""伸民权"的"变法之本"予以猛烈抨击,断言"民权之说,无一益而有百害",借维护三纲来否定"民权""自由""平等"的西方政治法律思想,视"民权"为洪水猛兽。

很显然,"中体西用"是一条折中的路线,张之洞的用意是在维护封建制度和封建纲常

名教的原则下,谨慎地接受西方资本主义的技艺,并以此种技艺"补"封建旧制之"阙","起"清廷统治之"疾",以达到维护腐朽的封建制度的目的。但在当时的中国,只有以"中体"为前提,西学才能有所依托。否则,它在中国则没有适于生存之土壤。在"中体西用"早期,重点必然在强调"西学"上,也正因此,"中体西用"有其积极的影响,它使中国人看到了另外一个陌生的世界,引进了一部分西学,给僵化的封建文化打开了缺口,推动了中国教育的近代化。

第二节　近代新式学堂的管理

一、洋务学堂的管理制度

自鸦片战争以来,特别是 1860 年英法联军侵华以后,洋务派痛感外交、军事、生产技术人才缺乏,认识到旧教育已不能适应形势发展的需要,必须参照西方教育兴办新式学堂以培养洋务人才。这种新式学堂主要有外国语学堂、军事学堂和技术学堂,这些学堂在专业设置和教学内容,以及培养目标上都与传统的学校迥异,加之又有外国教习参与其中的教学与管理,从而揭开了晚清学校管理制度改革的序幕。

(一)外国语学校

鸦片战争以来,清政府在外事活动中,由于语言文字的隔阂,所受外交损失极大,应付外交的迫切需要,培养本国外交人员和翻译人员,已刻不容缓。恭亲王奕䜣于 1862 年上奏开设外国语学校,同年清政府在北京开办京师同文馆,这是第一所洋务学堂。其他洋务派也有类似要求,此后陆续开设了一批外国语学堂,如上海广方言馆(李鸿章)、广州同文馆(李鸿章)、湖北自强学堂(张之洞)等。

京师同文馆初设之时,只有英文馆,学生只有 10 人。1863 年,添设法文馆、俄文馆,各馆也是 10 人。1872 年,再增设德文馆,学生有所增加。1887 年,增至 120 人。1896 年又增设东文馆。

同文馆也并非专学外语。1866 年,鉴于西方各国科技发展和军事、武器制造的需要,奕䜣等人奏请加设算学馆,学习天文、算学、西方制造技术,自然科学课程的设置,使同文馆由单纯学习外文的专科学校逐渐成为兼习科学技术的综合性学校,标志着西方科学技术开始渗入中国教育制度之中。

同文馆对学生的来源、教师的聘任、教学的安排、学生的管理、经费的使用等都有明确的章程。

第一,学生的来源。同文馆的招生首先是面向八旗子弟,以确保统治阶级贵族的特权。其次扩展到满、蒙、汉一般人员,但必须是举贡正途出身。后来学生入馆需经过考试,自算学馆成立后,扩大了学生的来源,程度略有提高。同文馆的学生享受的待遇是十分优厚的,其衣食住行,书籍纸张皆由学堂承担。除此之外,学生每月还可领取膏火费:初入学者一般为每月 3 两,几年后提高为每月 6 两,时间更长者可达到 10 两。

第二,教师管理。同文馆的教师当时称教习,按照原来的规划,创立之初暂聘外国人担任,逐渐由本国人代替。后因课程扩充,大部分学科又无中国人讲授,只好继续聘请外籍教习,仅中国语文和算学二科由中国教习担任,算学馆教习是近代数学家李善兰。1869 年,任命美国基督教传教士丁韪良为总教习,即京师同文馆的第一任校长。由于师资缺乏,又陆续留用优秀毕业生充任副教习,并协助各科洋教习翻译西学教材。这些学生通过译书的实践,既锻炼了翻译能力,又巩固了所学的自然科学知识。毕业后,这些人留馆任教,便较好地解决了师资不足的矛盾。从待遇来看,洋教习与汉教习相差甚大,京师同文馆开办之初,洋教习每年薪银 1 000 两。而汉教习则是月薪 12 两(开办章程中只规定 8 两)。

第三,教学管理。京师同文馆采取后馆与前馆两级教学管理。新生入学先进后馆,主要任务是学习汉文并学习洋文洋语初步,学期为一年。前馆则是分馆专门之学,或学英、俄、法、德、东洋文,或学天文算学等。京师同文馆注重学生的实际才能的培养,平时就组织学生参与译书,以锻炼学生的翻译才能。修习 8 年课程的学生在最后 2 年都必须参与译书。平时总理衙门有事,京师同文馆也派学生去充当译员。而且他们还选派成绩优异者随使出洋,充当出使翻译。这些措施都有利于培养学生的实际才能。

第四,学生管理。京师同文馆规定,在馆住宿学生,如有无故夜出及夜不回馆者,初犯罚扣一月膏火,再犯革退。平时在馆酗酒、赌博及不安分者,按公署定例,严惩不贷。每逢各类考试,学生除穿孝、完姻告假外,俱不准托故不到。学生请假回籍,必须是在馆满 3 年,经过大考 1 次者方可批准。学堂给予路费。遇乡、会试年份,学生有愿应试者,准给一个月假期。

第五,经费管理。同文馆的经费来源主要是海关关税,而当时的海关总税务司是由英国人赫德负责的,因此,事实上同文馆的财政大权操纵于外国人之手,体现了半殖民地的特点。

(二)军事学堂

洋务运动时期开办的军事学堂,包括水师学堂、武备学堂和军事技术学堂,共有 15 所左右。如天津(北洋)水师学堂(李鸿章)、福州船政学堂(左宗棠)、天津武备学堂(李鸿章)、南京(江南)水师学堂(曾国荃),湖北武备学堂(张之洞),广东水陆师学堂(张之洞)等。

洋务派创办军事学堂的目的,是培养军事人才,包括能征善战的将才和军事技术人员。面对"数千年来未有之强敌",洋务派认识到,要抵御列强的武装侵略,必须培养掌握先进军事技术的人才,建立新式军队,发展自己的军事工业。

与外国语学堂一样,军事学堂在招生上也要求较高。首先,要求报名者身家清白,身体健康。军事学堂要求招收的都是世家子弟,必须三代清白。同时,对报名者的身体状况有明确规定,必须身体健康。如江南水师学堂规定,要由西医对报名者进行体检,证明是身体结实,没有隐疾,才具备录取资格。其次,实行入学考试制度。军事学堂要求报名学生必须已有一定基础,能通过入学考试。如天津水师学堂要求报名学生已经读书数年,读过两三经,能做小讲半篇或全篇;报名后,由天津道或海关道面试,取文理通顺的人。第三,对考生实行试习淘汰制。军事学堂对录取的学生还要实行严格的甄别。如湖北武备学堂规定,录取学生时比定额多取三四十名,入校学习 3 个月后,甄别一次,将不堪造就者剔去;不愿学习者,准许在这 3 个月内请假,最后仍照定额录取学生。

出于培养军事人才的需要,军事学堂的专业及课程设置比较实用,偏重于军事知识及军事技术训练。

第一,实行分科教学。如江南水师学堂仿照英国水师学堂,分驾驶、管轮两科,各招收学生 60 名。福州船政学堂分前、后两堂,前堂学习法文,训练造船技术;后堂学英文,又称"英国学堂",训练驾驶技术。

第二,以"中体西用"为指导原则来设置课程。军事学堂一方面学习西方,开设了大量西方军事理论课程,主要有外文、算学、几何、代数、三角、测量、绘图、化学、军械学、航海、制炮、行军布阵等,而且注重军事操练、演习。另一方面,军事学堂也要求学生读四书五经、中国史事、兵事。

第三,实行严格的实习制度,特别重视学生实践本领的训练。福州船政学堂规定,航海实践科的学生须在"建威"号船上学习 2 年,完成船舶驾驶术、航海术、射击、指挥等实习课程。学生在老师的指导下,亲自驾驶轮船远航至新加坡。学生在这期间通过实践考核,也都取得了船长或大副的资格。广东水陆师学堂学生须登上练习船亲手操作,将课堂所学到的知识征诸实践,无论水师陆师,每年都要有 3 个月时间在船或在营实践。

第四,军事学堂的考试一般有月考、季考、年终大考几种,并根据考试成绩酌给奖罚。天津水师学堂规定,学生入校一年后秋考,如果考试不合格,即行剔退;第二年秋考不合格者,允许学习 6 个月后,参加次年的春考,如果再不合格,即行剔退;4 年后大考,合格者上船实习。福州船政学堂的造船科,在开办之初招收 105 名,短短几年学习下来,只剩下 39 名了。江南水师学堂规定,学生秋季大考后,对一班考在前 6 名的学生,除按月加赏银外,再赏给功牌、衣料以资鼓励。一些军事学堂还仿照西方,考试以分数来打成绩,再按总分来评定等级。如江南水师学堂规定,"各卷阅毕衡其高低,依西法以分数为评,分数多为前茅"。这样,军事学堂基本建立了一套严格的层层筛选的考试制度。

军事学堂的学生待遇比较优厚。不但实行公费住宿,还实行公费医疗制度。如江南水师学堂规定,学生每日 3 餐由学堂供应,夏日洗澡水及所需中英书籍、外国纸笔、灯油等也由学堂备办,而且学生房内洒扫添灯等事,均由听差伺应;学生患病,由学堂官医诊治,发给药费。

军事学堂对学生的管理也非常严格。如江南水师学堂规定,学生在学习期间,不准自行请假,不准应童子试。天津武备学堂严格学生考勤,如果学生托病及借故不上课,则记过一次。并规定学生课余应温习功课,记诵古训。

军事学堂的毕业生基本上是学以致用。天津武备学堂毕业生,考取前列者,发给执照,咨送回营,由各统领量材授事。天津水师学堂学生毕业后,授水师官职。广东水陆师学堂则在毕业生中选择优秀者,送到国外留学深造。

（三）技术学堂

技术学堂也是洋务新式学堂的一种重要类型,其创办目的在于培养适应近代工商业发展需求的管理人员和技术工人,当时统称实业学堂,一般认为这是我国职业技术教育的开端。主要有:福州电报学堂(丁日昌)、天津电报学堂(李鸿章)、湖北算术学堂(张之洞)、南京铁路学堂(张之洞)等。

1. 招生制度

技术学堂在招生上要求较高。第一,学生必须具备一定的基础知识。如福州电报学堂的学生,一部分来自香港和广州,能说英语;一部分来自福州船政局所属学堂,已有数学知识。天津医学堂规定招收两班学生,第一班学生"拟于上海、香港洋文学堂挑选已通英国语言文字者",第二班学生"拟于天津紫竹林丁家立中西书院及武备幼学堂挑选",并规定"如有年长质钝,英文不精,不堪造就者,概不收录"。第二,实行严格的考试录取制度。技术学堂对报名者一般要加以考试挑选。例如,江南储材学堂对报名者先进行面试,座谈 10 分钟左右。"先叩其居址,察其年貌,约年在十三岁以上十七岁以下者,方为合格,否则面议毋庸考试"。然后,对面试合格者试以文理。"则检取四子书命题试以后股两比或半篇起讲不等,间有年在妙龄而可原谅者,则仅试以破承题,或令作对,背诵经书,即可收录"。而且,每次招生考试时,由江南储材学堂总办主考,由中外教习轮流监场。第三,实行试习淘汰制。技术学堂对录取入学的学生也要在一定时间内甄别,优者保留,劣者淘汰。江南储材学堂规定:"学生到堂,先试习三月,再行甄别,以定去留。如有口齿不清,资质鲁钝,性情执拗,不堪造就者,无待甄别,随时剔退,甘保二结发还,学生来堂出堂,川资自备。"

2. 课程管理

技术学堂的课程设置具有以下一些特点:第一,课程设置专业化。电报学堂开设的课程,主要有基础电信、仪器规章、国际电报规约、电磁学、电测试、各种电报设备、铁路电报设备、陆上电线与水下电线建筑、材料学、电报地理学、数学、制图、中文、英文等。矿务学堂开设的课程,主要有化学、物理、地质学、矿物学、外文、算学、绘图、历史等。各种技术学堂的课程设置在讲求专业化,引进西方近代科学技术学科的同时,也严格地遵循了"中体西用"的原则。如两广电报学堂规定,学生除学习"西学"外,兼课以四书五经,以知礼义。第二,实行分班教学。天津电报学堂将学生按不同程度分作4班。天津医学堂将学生分为2班。江南储材学堂设高等班和初等班,初等班学生专学英语、德语、法语,高等班学生学交涉、农政、工艺、商务。初等班学生学成后可升入高等班学习。第三,重视实践。除了理论学习,实际操作也是非常重要的。福州电报学堂在教学中理论联系实际,把电气原理知识和操作机器的方法结合起来,使学生能更好地胜任将来的工作。天津电报学堂还专门设立了电报实习这一门课程。

3. 考试制度

技术学堂实行严格的考试奖惩制度。天津医学堂设季考和大考,每季考试一次,按成绩等级酌奖银两。3次都考一等者,加赠银5钱,4年之内将原领按月赡养银10两加至每月共领15两;一年期满后大考,列优等者,每月酌加赠养银若干。江南储材学堂的考试分季考、大考、月课。每月二十八日考洋文,二十九日考汉文;春、夏、冬季考,按成绩分等,张榜公布并奖赏;秋季大考,屡列前茅者,除加给奖银外,再于大考后赏给功名;毕业大考,学有成效且月试屡列高等者,给予科名任进之阶。

4. 教师管理

技术学堂需要开设大量的自然科学和实用技术课程,而当时国内能胜任的教习为数不多,因此多聘请外国教习。一般实行聘任制,要签订合同,规定聘用条件。如江南储材学堂延请洋教习的合同中,对洋教习的待遇、职责、聘期、权利等均有明确规定,对洋教习实行严格管理。要求洋教习在3年限期中,不得再受他人之聘;每月的薪水为漕平银160两;对学生的课堂提问应该耐心解答,不得生厌;不准宣传耶稣、天主教等。

5. 学生管理

技术学堂在学生管理方面,也形成了一套严格的制度:第一,给予学生优厚的待遇,使其安心就学。天津电报学堂供给学生衣履费、膏火银、奖赏银。江南储材学堂不但供给学生饭食、赡银,而且供给所需的洋书、纸笔及茶叶、灯油。有的学堂,学生的待遇还依其类别不同而有差异。如天津医学堂规定,一班学生每月除供给饭食外,给赡养银10两;二班学生每月除供给饭食外,给赡养银4两。第二,注重学生的道德思想训练。江南储材学堂明确指出:"本学堂培养人才,固以学业为急,而尤重德行。盖德才兼全者始成大器。"要求学生入学后，开始应力戒"纨绔气""寒酸气""市井气"，随着学业、年龄的增长，则应力戒"名士气""学究气""江湖气"。天津医学堂要求，"西医学堂原为珍重生命而设，诸生来堂肆业于医学诸书，宜视为利己济人之要，务孜孜不倦，晨夕研求，毋得始勤终怠"。第三，对学生实行严格的纪律约束。技术学堂从作息、考勤、交往、上课等方面，对学生的日常行为提出了严格的要求。如天津医学堂规定："诸生晨起，自春分至芒种，白露至立冬限七点钟，芒种至白露限六点钟，立冬至春分限八点钟，即须齐起盥洗，整齐衣履，静候传号赴堂学习，不得迟误。"学生卧室晚上 10 点一律熄灯，夜不归寝者酌情处治；学生上课要对号入座，端坐静听；设考勤簿一册，严格记录学生上课情况；若生病请假，应报告监督，并请医官验明，才可归卧室调养；学生应谦虚就学，学业高低不以年龄大小为限制，学业优者即为学长；借图书或器具，必须珍惜爱护，如归还时有破损，必须修好或赔偿；早晚三餐，应整齐前往饭厅；注意清洁卫生，勤洗衣服、勤洗澡等。

技术学堂学生毕业后，大多从事专业工作。如福州电报学堂毕业生大多充任电报员，少数优秀者被送往英国、丹麦等国的电报学校、机关深造。天津电报学堂毕业生被派往各地电报分局工作，不胜任工作的毕业生则被送回学堂补习。上海电报学堂毕业生被派至上海电报总局任职。天津医学堂毕业生，除少数高才生留校任教外，大多被派往陆军岗位或海军军舰工作。

洋务派兴办的各类新式学堂，主要是适应当时外交、军事和实业上的需要，培养洋务人才，为巩固清王朝的封建统治服务。这些新式学堂没有统一的学制，也没有形成从小学、中学到大学相互衔接的学校系统，都是个别的、不相统属的专门学校，处于半新半旧的过渡形式。但这些学堂毕竟是中国近代新教育的萌芽，它们的建立，在封建教育制度上打开了一个缺口。与旧学堂相比，洋务派办的新式学堂比较讲求实用。它第一次把"西学"付诸实践，改变了传统的以儒经为主的教育内容，增添了外国语、自然科学、实用技术科学等课程；在办学目标、招生、学习年限、考试、学生毕业后的任用以及学校管理等方面都有详细规定，积累了相当的经验。这些新式学堂不但培养了近代中国第一批翻译人才、外交人才、科技人才和海军人才，对传播和学习西方近代自然科学起了积极作用，而且它们是资本主义教育制度在中国实施的先声，为中国以后建立新学制奠定了基础，在中国近代教育史上有着重要影响。

二、维新学堂的管理制度

维新派创办的学堂与洋务学堂相比，数量偏少，时间偏短，但很有特色。万木草堂和时务学堂的管理深刻地体现了有别于洋务学堂的时代特色，尤其是百日维新时创办的京师大学堂对近代学校管理制度的改革影响极大。

维新学堂与洋务学堂有不同的特色，洋务学堂大多囿于一才一艺的教育，在课程设置上只局限于引进"西文西艺"。维新派认为这只是修修补补并无实效。他们认为帮助西方国家富强的根本是西方的治国之术，是西方资产阶级政治文化。要培养维新人才，关键是培养政治人才；引进西学，首先是引进西方的治国之术。因而维新派把"以政学为主体，以艺学为附庸"定为西学课程设置的原则，坚持要把西方资产阶级政治学说引入学校课程。

（一）万木草堂的管理

万木草堂是 1891 年康有为在广州长兴里创办的，是早期维新学堂的代表，其办学宗旨是培养"兼通中西学说"、德智体多方面发展的人才。起初只有梁启超、徐勤等 20 多个学生,到 1898 年时,学生已达千人,成为宣扬维新思想、培养变法人才的场所。

草堂的组织制度十分简单,康有为自任总教授和总监督,在学生中立三人或六人为学长,分助各科,分管德智体三方面的教育,陈千秋、梁启超、徐勤和王觉任都担任过学长。

万木草堂的课程中、西兼学,又分内课、外课。内课学科有:(1)义理之学,包括孔学、佛学、周秦诸子学、宋明学、泰西哲学等。(2)考据之学,包括中国经史学、万国史学、地理学、数学、格致学。(3)经世之学,包括政治原理学、中国政治沿革得失、万国政治沿革得失、政治经济学、群学。(4)文字之学,包括中国辞章学、外国语言文字学。外课学科分校中、校外两种,校中有演说(每月朔望课之)、札记(每日课之);校外有体操(每间一日课之)、游历(每年假时课之)。除上述课程外,还有音乐和体育。概括起来,万木草堂施教内容,有中国经史、诸子之学,也有包括了自然科学与社会科学在内的西学,是德、智、体、美兼而有之。

草堂的教学方法,除讲授外,主要是靠学生自己读书,写笔记,每天每人发给一本功课簿,也叫札记簿,凡读书有疑问或心得即写在功课簿上,每月朔望呈缴一次,康有为仔细审阅,详加评语。功课簿写满之后存入“书藏”(图书室),供同学阅览,互相交流。

功课簿外,另设一本“蓄德录”,各人随意志所好,每日记入几句古人格言、名句或俗语,顺着宿舍顺序以次传递,每隔三五个月,康有为便翻阅一次,借以了解学生的思想趋向。

万木草堂学生还需参与编书,康有为写《孔子改制考》,指定一二十个同学,把上自秦汉、下至宋代各学者的著述,从头检阅。凡有关于孔子改制的言论,简单录出,并分任编检校勘。学生通过参加编书,既促进学习深入,又获得写作训练,他们中的不少人从此“斐然有述作之志”,逐渐开始了自己的著述活动。

康有为在草堂讲学四年,在社会上产生了深远影响,可以说,万木草堂继承了旧式书院的自由讲学的精神,更有传播西方先进文化的新质。尤为重要的是,万木草堂所特有的优良学风给其时八股之风弥漫的教育领域带来了新的气息。

(二) 时务学堂的管理

时务学堂是 1897 年由熊希龄、陈宝箴、黄遵宪、梁启超、谭嗣同等在湖南长沙创办。梁启超为中文总教习,谭嗣同、康才常为分教习,开始时仅 48 人,其中有蔡锷、范源廉等名人。

时务学堂采用康有为办“万木草堂”的经验,通过教学活动,大力宣传变法思想。梁启超拟定《湖南时务学堂学约》,其办学指导思想是“使学者于中国经史大义悉已通彻,根柢既植,然后以其余日肆力于西籍,夫如是乃可谓之学”。简而言之,即中体西用之方针。

梁启超规定时务学堂的内容,“所讲则春秋改制,兼及西学,以新学教育湖南青年”。中西学并重,分经、史、子和西学几类,他把学堂的功课分为普通学和专门学。普通学的学科有诸子学、经学、公理学和中外史志及格算诸学之粗浅者。专门学分 3 部:公法学、掌故学、格算学。学生入学后 1 至 6 月皆学普通学,从第 7 个月开始,在继续学习普通学的同时增加专门学,学者各认一门学习,以充实专门知识。学生所读之书,分“涉猎”和“专精”两部分,专精之书,按日分课,依次递进;涉猎之书,随意翻阅。此外,还开设时务课,以每星期日为讲期,或谈学术,或论政治,延揽名流,轮流演讲,极大地活跃了学术空气。

时务学堂亦注重学生自学。要求每生设札记册一份,每日就所读之书阐发新义数则,或引申本书之义,或辩驳本书之义。札记册 5 日一缴,由院长批答、评定后按日填注分数。学习中如有疑义,则用待问格纸写好,投进待问箱内,由院长当堂批答榜示。学堂还提倡同学之间互相切磋,每月以数日为同学会讲之期,诸生各出其札记册在堂互观,或有所问而互相批答,上下议论,各出心得。

时务学堂规定每月设月课一次。院长批阅评定成绩,分列等第,给予奖赏,月课成绩也将作为大考成绩统计之用。每季设大考一次,请学堂督办官与绅董共同到堂汇考。将三个月内的札记册、待问格及课卷三项通同核阅,计算总分。其功课精进,能自创新理,或自著新书者为异常高等,可另给特加分。所有学生成绩张榜公之学堂大门,并登《湘学报》及《湘报》以示鼓励。对优秀的札记问格课卷,每季由学堂抄存刊刻。这些做法体现了维新派对传统考试制度的审视和改革。

时务学堂从教员、教材到教学方法、培养目标,都同传统教育有很大的不同。它重在灌输西方文明,培养学生独立思考的能力和人格尊严的意识。该学堂为维新变法事业培养了一批出色的人才,它的创办大大地推进了湖南的维新运动。

(三)京师大学堂的管理

京师大学堂之设,首倡于1896年李瑞棻《请推广学校折》,他提出在京师设大学堂的建议,1898年康有为在《请开学校折》中又重申此议,光绪在《明定国是诏书》中,宣布设立京师大学堂,总理各国事务衙门委托梁启超草拟《京师大学堂章程》上报,令孙家鼐为管学大臣,聘请丁韪良为总教习。其职能有二:一是实行教育之机关,二是同时也为全国最高之教育行政机关;各省大学堂均属大学堂管辖。

京师大学堂由管学大臣"主持全学,统属各员",下分教学和总务后勤两个系列,教学系列由总教习主管,下设中、西分教习若干,教授各门功课。总务后勤系列由总办主管,下设提调、供事若干人,协助总办分别负责支应、稽查学生功课、堂中杂务。

京师大学堂与洋务派办的京师同文馆不同,同文馆以外国语教学为主,而大学堂的课程可分两类:一是普通学,一是专门学,依日本通行学校功课的种类,又参以中学,具体地说,普通学有经学、理学、中外掌故、诸子学、初级算学、初级格致学、初级政治学、初级地理学、文学、体操学等十门,同时,还要在英、俄、德、法、日语五种语言文字中,选其一与普通课同时并习。专门学有高等算学、高等格致学、高等政治学(含法律学)、高等地理学(含测绘学)、农学、矿学、工程学、商学、兵学、卫生学(含医学)等十门。

大学堂对学生的管理非常严格,不仅在《章程》中规定了学生的入学资格、待遇、毕业后的安排,而且相继颁布了《京师大学堂规条》《京师大学堂禁约》,对学生管理的各个方面作了详尽的规定。

在招生对象上,一为翰林院编检、各部院司员、大内侍卫、候补候选道府州县以上官员子弟,八旗世职,各省武职后裔;二为各省中学堂学成并领有文凭的学生。学生入学3个月,先行试习,由提调、教习各考核其勤惰优劣,有不率教者开除。

学堂规定,每日必以六小时在讲堂,由教习督课,以四小时归斋自课。考核依西例积分之法,学生每月考课一次,题目出自普通学和专门学,由教习阅定;分别上取、次取,课卷札记列为高等者,择优刊布。功课书外,每日仍当将所读书条举心得入札记册中,呈教习评阅,记注分数以识别高下,每月总核其数之多寡,列榜揭示。

学堂规定,学生学成后要奖以出身。规定"大学卒业,领有文凭者作为进士,引见授官",并"就其专门,各因所长授以职事,以佐新政"。同时,对卒业各生,"择其尤高才者先授之以清贵之职,仍遣游学欧美各国数年,以资阅历而期大成"。

京师大学堂的办学和管理,虽然仍带有旧式教育的印记,许多管理措施沿袭了明清国子监的方法,如采用强制、压服、禁锢等办法约束学生,但京师大学堂毕竟不同于以往的封建官学,1902 年《钦定学堂章章程》的制定就是在此基础上扩充而成。大学堂虽为仿效西方学制而建,但于我国近代终究有了自立办学宗旨、课程制度、学生入学等一系列较为系统的规定,有了新学制的萌芽,京师大学堂的创办实为中国近代新学制的摹本。

三、私立学堂的创建及其管理

对中国近代学制的建立具有直接促进作用的私立学堂,当为天津中西学堂和南洋公学。

天津中西学堂是 1895 年由盛宣怀禀请王文韶奏准成立。学堂分头等、二等两级,二等可升头等,招收 13～15 岁学生,虽说二等学堂名谓小学,但其入学年龄和课程内容相当于中学。这是中国设立中学的先声。

南洋公学是 1897 年盛宣怀奏设,该学堂的经费由招商局、电报局两局众商捐赠,故称"南洋公学"。学堂分师范院、外院、中院、上院四院,各院均为 4 年毕业。外院相当于附属小学,中院相当于中学堂,上院相当于高等专门学堂,师范院培养教育人才。外院招收 10 岁以下聪颖儿童,这是仿日本师范学校有附属小学之法,为师范院设立的实习场所。南洋公学是我国采用分级教育制度的开始,也是近代学制的雏形。

盛宣怀办南洋公学的指导思想是"中体西用",公学推行任何一种"新式"的教育方法,他都"悉心斟酌",唯恐违反朝廷政策。

盛宣怀亲任公学督办,他在管理上颇有建树。首先,善于选贤用能。如他聘请的第一任总理(校长)何嗣琨,堪称忠良之士,为公学的开办立下汗马功劳;第二任总理张元济,受到政府"革职,永不叙用"的处分,但正是张元济为公学拟订章程,主持开办特班和招生工作等等,使公学步入了常轨。其次,校规严谨,设置合理。他曾下令整顿学校纪律,总结管理不善的教训,改监院为斋务长,下设监学官、检查官。斋务长主要职责为"考验学生品性,管理学生宿舍,并稽核监学官、检查官的工作",以加强对学生的管理。再次,尊重教师。公学教师待遇优厚,对任教多年的教习,给予出国进修的机会,对工作辛劳,教学达 5～8 年以上者,给予表彰或奖励。这些措施促进了教学质量的提高。

南洋公学首立四院,建立了小学堂、中学堂、师范院、专科配套的教育体系,并参照日本草订新式学堂章程,采用分年级按班级授课制;延聘中西教习,开设中西课程。西学的引用,不仅培养了近代科技人才,而且促进了学校管理的发展,同时传播了资产阶级民主思想。

清朝末年,在维新思潮的影响下,民间兴起了办学热潮。戊戌变法期间,光绪帝在"上谕"中鼓励民间办学:各省绅民如能捐建学堂或广为劝募,准许各督抚按照筹捐数目酌量奏请给奖;有独立捐巨款者,还有特别的奖赏。民间办学的热情受到鼓舞,越发高涨。后来,变法虽然失败了,但是民间办学者仍不乏其人。

当时民间办学颇盛名者,是清末的杨斯盛。杨斯盛深受维新派教育救国思想的影响,对于国家民族的前途抱有极强的责任心。他认为作为国民一分子,负有兴办教育的义务。他将毕生积蓄的家产全部用来开办新型学堂。1904 年,在上海县寓所捐办广明小学。1906 年,添办广明师范传习所。1907 年又在原籍开办浦东私立中学堂,且移广明小学为附属高等小学,并增设第一附属初等小学。后来又在川沙厅青墩地方筹设第二附属小学。

杨斯盛所办学校,其办学宗旨不同于封建私学的"升官教育",而在于谋求教育的普及,为地方的发展培养人才。学校实行董事会制,浦东中学和附属小学由 10 人董事会全权负责,并嘱子孙不得干涉校务。最初的董事由他从"方廉公正""久为乡里所推崇"的学者名流中选出,以后凡一人退职,由其他9人公举。学校的课程设置、教学方法、学校场地、设备等,一切按官章办理,以使学生毕业享有与官立学堂学生一样的待遇。学校以"勤""朴"二字为校训,"勤"即勤奋,"朴"即务实敬业。

此外,严修、张伯苓创办的私立南开中学堂在当时影响也很大。南开中学堂后来不断发展壮大,形成了包括大学、中学、小学和研究所在内的近代著名学府。

第三节　科举制度的废除与近代新学制的建立

一、科举制度的废除

科举制在近代已远远不能适应社会发展的需要,而且成为新式学堂发展的最大障碍。因此受到康有为、梁启超等有识之士的尖锐批评,并成为中国近代改革教育的关键。康有为从1895年的《公车上书》起,不断上奏,请求变科举,其目的在于否定传统的教育制度和选拔人才的制度。梁启超也对科举制度的腐朽性做了深刻的揭露,他说:"八股取士,为中国锢蔽文明之一大根源,行之千年,使学者坠聪塞明,不识古今,不知五洲,其蔽者由于此。""科举不变,荣途不出,士大夫之家聪颖子弟皆以入学为耻,能得高才乎? 如是则有学堂如无学堂。"他的意思是说,如果不变科举,人们仍被功名所诱,不愿入新式学堂,即使办了新学堂,也培养不了有用之才。因此他向光绪皇帝建议:"将下科乡、会试及此后岁科试,停止八股试帖,推行经济六科,以育人才而御外侮。"

1898年6月23日,光绪帝谕令,自下科开始,乡、会试及童岁科各试,向用"四书"文者,一律改试策论。这是八股文第一次被逐出科举考试。戊戌变法后,刚被废除的八股文又死灰复燃,但已是强弩之末。1901年1月29日,新政实施,清廷又颁改科举上谕,"著自明年为始……一切考试,均不准用八股文程式",自此八股文正式退出历史舞台。八股文的废止,使科举制受到重创,敲响了它衰亡的丧钟。

义和团运动之后,清政府的一些封疆大吏渐萌停废科举的思想,较早的是张之洞、刘坤一。他们在1901年5月上奏的《变通政治人才为先折》中提议递减名额,以学堂生员补充。到了1903年,清政府虽颁布了壬寅学制,但各地士人对科举仍趋之若鹜,新式学堂却冷冷清清。于是袁世凯、张之洞又奏请递减科举,同年11月,张百熙、荣庆、张之洞联合上《奏请递减科举注重学堂折》,建议从下科起,每年递减中额三分之一,俟末一科中额减尽以后,即停止乡会试。得到朝廷首肯,并准照此执行。据此方法,科举3届减尽,10年消亡。

随着社会形势的变化,清政府加快了废除科举的步伐。1905年8月30日,直隶总督袁世凯、湖广总督张之洞、湖南巡抚端方等奏请立停科举,以推广新式学校。他们认为,"欲补救时艰,必自推广学校始;而欲推广学校,必自先停科举始"。清政府接受了他们的建议,于1905年9月2日颁布上谕:"著即自丙午科为始,所有乡会试一律停止,各省岁科考试亦即停止。"自此,在中国盛行了1 300年之久的科举制正式寿终正寝。

科举的废除标志着封建教育在形式上的结束,推动了新教育体制的建立和发展。废科举之前,《癸卯学制》已经颁布,但各级各类学堂的建立却因科举的障碍而步履维艰。废科举之后,各省督抚锐意兴学,新式学堂大兴。总之,科举的废除是中国教育史上的一件大事,它标志着中国教育进入一个新的历史发展阶段。

二、新学制的建立

1902 年 8 月 15 日(农历壬寅年),经过张百熙等人的努力,中国第一部近代学制《钦定学堂章程》终于制定并由清政府正式颁布,史称《壬寅学制》。此学制包含《钦定蒙养学堂章程》《钦定小学堂章程》《钦定中学堂章程》《钦定高等学堂章程》《钦定京师大学堂章程》及《考选入学章程》等内容,分别规定了各级各类学堂的目标、性质、年限、入学条件、课程设置等。但由于《钦定学堂章程》内容显得比较简单,另外由于政府内部权力之争,颁布后并没有得以实行。

自张百熙任管学大臣后,清政府各派势力就开始了争夺教育权的斗争。清政府派荣庆为管学大臣,以分张百熙之权。荣庆处处掣肘,张百熙不能有所作为,遂请清政府派张之洞主持制订学制。1903 年 6 月 27 日,张之洞开始主持学制修订工作。经数月努力,七易其稿,于 1904 年 1 月 13 日(农历癸卯年),由清政府颁行全国,史称《癸卯学制》。

《癸卯学制》是中国近代教育史上第一个比较完整并正式公布、在全国范围内推行的系统学制。包括《学务纲要》《大学堂章程》《通儒院章程》《高等学堂章程》《中学堂章程》《初等小学堂章程》《蒙养院家庭教育法章程》《优级师范学堂章程》《初级师范学堂章程》《实习教员讲习所章程》《高等农工商实业学堂章程》《中等农工商实业学堂章程》《初等农工商实业学堂章程》《实业补习普通学堂章程》《艺徒学堂章程》《译学馆章程》《进士馆章程》《各学堂管理通则》《实业学堂通则》《征用教员章程》《各学堂考试章程》《各学堂奖励章程》等,共计 22 件,甚为详备。

《癸卯学制》在纵向方面可分为 3 段 7 级。第一阶段是初等教育,内分 3 级:蒙养院 4 年,不在正式学制之内;初等小学堂 5 年;高等小学堂 4 年。第二阶段是中等教育,仅设立中学堂一级 5 年。第三阶段是高等教育,内分 3 级,即高等学堂或大学预科 3 年,分科大学 3 到 4 年,通儒院 5 年。在横的方面分师范教育和实业教育两个旁系。师范教育方面,与中学堂程度相当的是初级师范学堂 5 年。与高等学堂程度相当的是优级师范学堂 4 年(选加习科的为 5 年)。实业教育方面,与初等小学堂平行的是艺徒学堂半年至 4 年;与高等小学堂平行的是实业补习普通学堂 3 年,初等实业学堂 1~3 年;与中学堂平行的是中等实业学堂 3 年;与高等学堂平行的是实业教员讲习所 2~3 年和高等实业学堂 3~5 年。此外,还设有译学馆及文言学馆,属于高等教育阶段,修业年限约 5 年。还有为新进士学习知识而设的进士馆,为已仕官员学习新知识设立的仕学馆,属于高等教育性质。详见图 7-1。

这一学制的建立和施行改变了中国长期封建式的官学、私学、书院等学校形式,为现代学制奠定了基础。但这个学制实质上还受封建思想的支配,且基本上抄袭自日本,带有明显的半殖民地半封建性质。其宗旨明文规定:"无论何等学堂,均以忠孝为本,以中国经史之学为基。"各级学校经学均占很大比重,初小读经课为 12 小时(每周),占总学时 40%。此外,还保留有浓厚的科举色彩,高小、中学、高等学堂、大学堂毕业生分别赐以附生、贡生、举人、进士等称号。对于科举出身的人也可以分别送入高小、中学、高等学堂,名义上是沟通学校与科举,实则保存着浓厚的封建性。

《癸卯学制》颁行后,在实施过程中,存在的问题陆续暴露,于是 1907 年后进一步补充修订使之尽量完善。其中影响较大的有初等教育、中等教育、女子教育和师范教育等几方面。

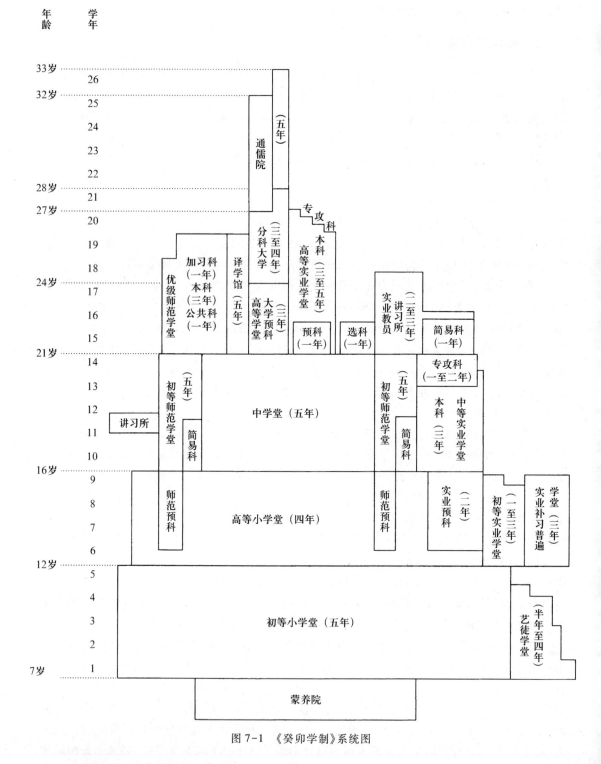

图 7-1 《癸卯学制》系统图

初等教育方面,《癸卯学制》规定初等教育阶段学习时间长达 9 年,学制颁布不久,各地就有学制太长的议论。1909 年江苏教育会呈学部"请变通初小学堂章程",建议缩短初等小学的年限,并简化学习科目。学部根据各方面的意见,于 1909 年颁布《变通初等小学章程》,把初等小学分为 3 种:5 年完全科、4 年简易科和 3 年简易科。又因 5 年完全科过长,3 年简易科过短,且小学阶段分为 3 等过于混乱,就"一律以四年为毕业期限,并删除简易科名目"。1911 年,中央教育会议决定初小 4 年为义务教育,这是中国教育史上实施义务教育的开端。

中等教育方面,1909 年学部奏请"变通中学堂课程分为文科、实科",文科以经学、国文、外语、史地为主课,实科以外语、数理化、博物为主课。实行 1 年后,又令废除,但对后来中学教育有一定影响。

女子教育方面,《癸卯学制》没有女子教育的地位,在社会舆论的压力下,清政府于 1907年 3 月 8 日颁布《奏定女子小学堂章程》和《奏定女子师范学堂章程》,作为对《癸卯学制》的补充。这是中国女子教育正式纳入教育制度的开始。《女子小学堂章程》规定,女子小学堂分初高两级,学制各 4 年。学堂须与男子分立,堂长、教习以女子充当。"以养成女子之德操与必须之知识技能,并留意使身体发育为宗旨。"初小设修身、国文、算术、女红、体操 5 门课程,另以音乐、图画为随意科。女子高小在初小开设课程基础上,再加中国历史、地理、格致、图画,以音乐为随意科。《章程》还规定,凡女子小学堂学生一律禁止缠足。女子师范学堂"以养成女子小学堂教习,并讲习保育幼儿方法,期于裨补家计,有益家庭教育为宗旨"。规定每州县必设 1 所,允许民办,学制 4 年。课程在女子高小基础上另加教育、历史、家事、裁缝、手艺、音乐等 13 科,其中音乐可作随意科。女子师范学堂附设女子小学堂及蒙养院各1 所,供女子师范学生实习。对学生不收学费,但毕业后须服务 3 年,充女子小学堂教习或蒙养院保姆。中国女子教育自此纳入法制化轨道。

师范教育方面,1907 年 3 月,学部公布《奏定师范学堂毕业效力义务章程》。不久又奏准大学堂师范毕业生义务期限为 5 年,5 年之内不得营谋教育以外之事,1907 年 5 月,学部奏准官费生回国后,皆令充当专门教员 5 年,以尽义务。义务年限未满之前,不得调用派充他事,为稳定教师队伍提供了法律保证。为保证教师质量,提高教师工作的积极性。1909年 12 月,清政府颁发《检定小学教员章程》《优待小学教员章程》。1911 年 1 月,又颁定《检定初级师范学堂、中学堂教员章程》《优待初级师范学堂、中学堂教员章程》等,分别对教师考察范围、考察科目、资格、待遇等做了较为详细的规定,并强调如无检定文凭(即考查不合格)者,一律不得延聘。这对提高教师水平,保证教育质量,是有积极意义的。

第四节　晚清的教育行政

科举制废除后,新学堂如雨后春笋般迅猛发展,旧教育管理体制远不适应新教育发展的需要。为此,清政府开始探索建立新的教育行政管理制度。于是我国近代新的教育行政三级管理体制开始逐步建立。中央设学部,省设提学使司,府州县设劝学所,新的管理体制是新学堂发展的有力保障。

一、学部的建立

学部设立前,清政府没有专门管理教育的行政机关。按传统旧制,教育行政事务归属于礼部国子监。国子监则既是全国最高学府,又同时兼有管理学校的职能,新学堂初发阶段,数量少，规模小，学校内部简单，这种旧管理体制尚能勉强维持。但新学堂的大量发展，使旧教育管理体制显出捉襟见肘的窘态，不改革就不能适应新教育的发展。1898 年 7 月，清政府创立京师大学堂，令孙家鼐为管学大臣，美国人丁韪良为总教习，委托梁启超起草《京师大学堂章程》。按此规定，京师大学堂不仅是全国最高学府，且兼有全国最高教育行政管理机关的职能。管学大臣既是京师大学堂总管，又是全国最高教育行政长官。作为新旧交替的过渡形态，京师大学堂可视为学部的最早雏形，成为中国近代中央教育行政机关的发轫。1904 年张之洞鉴于"学务一事，实为今日自强要图"，奏请朝廷"于京师设总理学务大臣，以统辖全国学务"。原京师大学堂另设监督，专司大学堂事务。其地位降下一格，受总理学务大臣节制。学务大臣分掌专门、普通、实业、审订、游学、会计 6 处，总揽全国教育大权，首任总理学务大臣张百熙。这项制度实行时间虽仅一年多，却将中央教育行政机关从京师大学堂分离出来，赋予它以独立的管理教育的职能。

　　1905 年 10 月，山西学政宝熙、翰林院编修尹铭受、顺天学政陆宝忠、江苏学政唐景崇等，先后奏请仿日本文部省成规，在京师六部之外，另设学部或文部，以利发展新教育。同年 12 月，清政府谕旨，着即设立学部，荣庆调补学部尚书，熙英补左侍郎，严修署理右侍郎。学部正式成立，序列礼部之前，专管全国教育。不仅标志着新式中央教育行政机关的独立存在，而且意味着中国教育管理开始步入近代化轨道。

　　1906 年，《学部奏定官制》规定，学部设尚书（后改大臣）1 名，左右侍郎（后改为副大臣）各 1 名，均为政务官。尚书、侍郎之下设立各项事务官，左右丞各 1 名，协助尚书、侍郎管理学部工作，领导各司，稽核五品以下各职员功过。左右参议各 1 名，协助尚书、侍郎掌订法令、规程，审议各司重要事宜。参议下设参事 4 名，协助左右参议审核事务。

　　学部下设 5 司 1 厅 12 科，每司设郎中 1 名，总理司务。各司分科，科设员外郎 1 名或数名。科下设主事 1 名或数名，分别掌管学部内部各司、科有关事务和全国各项有关教育专门事项。各司职责如下：

　　总务司：内分机要、案牍、审订 3 科。机要科负责处理机要文书，撰拟紧要奏章及关涉全部事体的文件、函电，稽核京外学务官员功过、任用、升调及检定教员、聘用外籍教员等；案牍科，掌收储各种公文函电，案卷册籍编类编号，编算统计报告兼管各省学务报告等；审订科负责审查教科图书，收管本部应用参考图书，编录各种学艺报章等事。

　　专门司：内分专门教务和专门庶务 2 科。专门教务科负责核办大学堂、高等学堂及凡属文学、政法、学术、技艺、音乐各种专门学堂校务，并稽核私立专门学堂教学设备，拨发公款补助等事项；专门庶务科负责保护奖励各种学术技艺，考察各种专门学会，考察耆德宿学研精专门者是否应赐予学位，处理学堂与地方行政、财政的关系，办理图书馆、博物馆、天文台、气象台等，并掌海外留学生功课程度及派遣奖励等事项。

　　普通司：掌管师范、中小学堂，各以其法定规程，稽查课业等事。内分师范、中等和小学教育 3 科。师范教育科负责优、初级师范，盲哑学堂，女子师范学堂教课规程和设备规则的制订，以及管理员、教员、学生的管理，学堂与地方行政、财政关系的处理等。另外，通俗教育、家庭教育、教育博物馆等，也归该科管辖；中等教育科负责中学堂、女子中学堂及与中学堂相类似学堂教课规程、设备规则的制订，教员、管理员、学生的管理，学堂与地方行政、财政关系的处理等事项；小学教育科负责小学设立、教课规程、设备规则及管理员、教师、学生，以及劝学所、教育会、学堂与地方行政有关系的一切事务，与蒙养院及小学相关的事务，也归并该科。

实业司:掌农工商专门学校,审核各省实业,为民兴利等事。内分实业教务、实业庶务2科。实业教务科负责农工商实业教员讲习所、实业补习学堂、艺徒学堂的设立和维持,教课规程和设备规则的制订,管理员、教员、学生等的管理事务;实业庶务科负责各省实业的调查研究,处理实业教育与地方行政、财政有关的事务,并筹划实业教育补助费等事项。

会计司:掌管教育经费和学校建筑等事宜。内分度支和建筑2科。度支科负责本部经费收支报销、预算和决算,财产器物的管理,各省教育经费的核拨等;建筑科负责本部直辖的各学堂、图书馆、博物馆的建造修缮,对全国学堂、图书馆等经营建筑工作进行考核。

司务厅:设司务2员,负责启用印信、收发文件、值日住宿、递折、传抄折件、管理本部人事及不属各司的杂务等。

此外,与上述5司1厅并行的还有视学官、编译图书局、学制调查局和京师学务局等。学部还设有教育研究性的学术机构,主要有教育研究所和中央教育会议(或称高等教育会议)。教育研究所是学部下设的教育研究机构,邀请教育专家定期向本部人员讲演,以教育原理和教育行政为主要内容。下设庶务员1名,编辑员1名,均由本部派员兼任。中央教育会议属临时性机构,由尚书、侍郎物色教育素养较高人士,奏请充任议员,每年定期开会一次,或必要时临时召集会议,讨论和解决有关重大的全国教育问题。设庶务2人,由部派司员兼任,负责处理会务。

学部的设立,是中国教育管理史上的一件大事,它是中国近代最早设立的独立的中央教育行政管理机关。它的设立,结束了以往中央与地方教育行政各不相干、各自为政,国子监名义上管理全国教育、实则不相闻问的历史,是中国教育行政近代化的标志。同时也表明清政府对教育功能认识的提高,对中国近代新教育的进一步发展具有保障作用。

二、学务公所的建立

《癸卯学制》颁行后,各省教育行政事务多由督抚兼管,各省教育行政机关仍建制不一,处于新旧杂陈的过渡状态。由于新学堂大兴,各省学务繁杂,原来的提督学政管理地方教育的体制已不适应新教育发展的需要,朝廷谕旨各省学政改为"司考学堂事务",并且不再隶属于礼部而隶属于学务大臣,不受地方督抚的节制,又不受当地官员的管辖。于是学部奏请裁撤学政,并于各省设置了提学使,建立了学务公所。

学务公所是省级教育行政机关,提学使是省教育行政的最高长官。此机关的办事机构分设六科:总务科、专门科、普通科、实业科、会计科、图书科,每科设科长1人,副科长1人。六科之外还设有参议性质的机构。省级教育行政机构的职责主要是:综理全省教育行政事务,筹划全省教育经费,管理全省各级学堂。提学使受各省督抚的节制,为正三品官。有关学务公所的章程明确规定,提学使必须具有相当的教育修养,并且要接受有关教育学、教授管理诸法,及教育行政、视学制度等方面的培训。所有学务职员每星期至少须上堂听讲3次。

三、劝学所的建立

科举废除后,原来的府州县学官均成无用之人,而各地新式学堂的设立和发展又急需地方教育行政机关来管理。在建立府州县教育行政机关的过程中,严修做出了杰出贡献。他在担任直隶学务处督办时,率先在直隶省内试行劝学所制度,以加强对新式小学教育的管理。1906 年,严修任学部侍郎,把直隶的经验推向全国,劝学所由此成为府厅州县教育行政机关。

1906 年 5 月,学部奏定的《劝学所章程》颁行,规定劝学所为各厅、州、县的地方教育行政机关,管理本地学务,其任务是:"按定区域,劝办小学,以期逐渐推广普及教育。"劝学所的具体职责有 5 项:第一,不由官府经手,在当地筹款兴办学堂;第二,管理使用办理本地学务的一切经费;第三,管理本地学务,劝学兴学;第四,讲习教育,培训各地区劝学员;第五,宣讲《圣谕广训》及学部颁行的要求宣讲的各种政策文件。

劝学所结构较简单,每个劝学所设常务总董 1 名,由县视学兼任,总理各区学务。所辖境内划定若干学区,每学区约三四千家,设劝学员 1 名,掌理学区劝学事宜。总董选本地缙绅 30 岁以上,品行端方,曾出洋游历或曾习师范者充任,给以正七品虚衔。劝学员由总董选择本籍品行端正、热心学务的绅士,禀请地方官委派。各村设学堂董事,也称学董,协同劝学员在本村劝学兴学,学董一般由地方绅士富豪充任。

劝学所制度在各地普遍推行,成效明显。据 1909 年统计,全国各府、厅、州、县共设劝学所 1 588 所,总董 1 577 人,劝学员 23 645 人,这是推动基层教育发展的主力军,对当时地方基层新教育的发展起着关键的作用。但是劝学所与其他地方教育行政机构的情形一致,都受当地政府行政长官的节制,不具有独立性,后来劝学所多受地方封建势力的把持,妨碍了基础教育的发展。

四、教育视导制度的创设

《癸卯学制》颁布以后,全国掀起了一股兴学热潮。为了加强管理和控制,清政府建立了中央、省和县三级教育行政体制。同时,还相应地设置了中央视学、省视学和县视学,以便及时掌握各地办学情形,并予以积极引导和严格规范。1906 年,在确定学部官制时,拟设视学官,名额在 12 人以内,官阶五品,专巡京外学务。京内学务则由京师督学局负责。1906 年 5 月,学部在《奏陈各省学务官制折》中指出,提学使以下设省视学 6 人,巡视各府厅州县学务。各厅州县劝学所设县视学 1 人,兼学务总董,巡查各乡村镇学堂。1909 年 10 月,学部制定《视学官章程》,规定了视学官资格、责任、权限范围、视学日期、经费,以及与地方教育行政的关系等。至此,教育视导制度初步建立起来了。

第五节　《癸卯学制》颁布后的学堂管理

一、学堂的组织机构

《癸卯学制》对各级各类学堂的组织与管理做了比较详细的规定。

初等小学堂、高等小学堂设堂长一人,主持学堂教育,兼理笔墨收支等项事宜,并兼充教员。学生在 60 人以上可置正教员或副教员。登记账目、照料杂务,须置司事一人。

中学堂设监督一人,统辖全学人员,主管一切教育事宜。下设教员若干人,分教各科教学;掌书一人(以教员兼充);文字一人,专管学堂往来文牍;会计一人,负责学堂的款项出入;设庶务一人,管理学堂的各项杂务。

高等学堂的最高领导是监督,统辖全学人员,主持全学教育事务。下设教务长,负责稽核各学科课程、各教员教法及各学生学业勤惰优劣；正教员，分掌各科教学；副教员，助教员教授；掌书官，掌一切图书仪器等项；庶务长，专理学堂庶务；文案官，掌理文报公牍；会计官，掌银钱收支；杂务官，管理雇佣人员和各种杂务；斋务长，掌考验学生品行和学生斋舍一切事务；监学官，稽查学生出入、考查学生功课勤惰及学生起居等事；检查官，照料食宿、检视被服、注意一切卫生等事。正副教员及掌书官均听命于教务长，文案、会计和杂务官均听命于庶务长，监学、检查官均听命于斋务长。

大学堂内设分科大学堂(共 8 科)，设总监督，总管全堂各分科大学事务。总监督受总理学务大臣节制。分科大学设监督，每科一人，受总监督节制，掌管一科之教务、庶务、斋务一切事宜；每科设教务提调一人(总管该门功课及师生一切事务)、庶务提调一人(管理该科文案、收支、厨务及一切庶务)、斋务提调一人(整饬斋舍，监察起居)，均为分科大学监督之副。各分科大学设正教员，主所设之专门讲席，教授学艺、指导研究；设副教员，助正教员教授学生，并指导实验。正副教员受分科大学监督和教务提调考察。庶务提调下设文案官、会计官和杂务官。斋务提调下设监学官、检查官和卫生官等。

师范学堂分为初级师范学堂和优级师范学堂，初级师范学堂设监督、正教员、副教员、监学、附属小学办事官、小学教员、庶务员，由监督主持全学事务。优级师范学堂设监督、教务长(下辖正教员、副教员、管书)、庶务长(下辖文案官、会计官、杂务官)、斋务长(下辖监学官、检查官)，以及中学办事官、中学教员、小学办事官、小学办事员。

实业学堂分高等实业学堂、中等实业学堂、初等实业学堂，各级实业学堂的组织管理办法基本上依照同级普通学堂或师范学堂的办法办理，但实业学堂设有实验场等，事务繁杂，可酌情增置委员司事办理。

二、教师管理

《癸卯学制》对教师的任用、待遇、晋升、奖惩都有详细的规定，这些规定和要求主要有如下几条：

第一，明定教师任职资格。1904 年《奏定任用教员章程》规定，各级各类学堂的教师都分为正教员和副教员两类。正、副教员的确定标准主要是依据学历和资格而定。

大学堂分科正教员须是通儒院毕业及游学外洋大学院毕业并取得文凭者，副教员须是大学堂分科毕业考列优等及游学外洋得有大学堂毕业文凭者，大学堂可择优选聘外国教师担任正副教员。

高等学堂正教员必须取得大学堂分科毕业文凭，成绩中等以上，或游学外洋得有大学堂毕业文凭。副教员必须是大学堂选科毕业，成绩中等以上及游学外洋得有大学选科毕业文凭。

普通中学堂正教员由优级师范毕业，成绩优等以上或游学外洋高等师范毕业，成绩中等以上者充任；副教员由优级师范毕业，成绩中等以上及游学外洋得有高等师范毕业者充任。

高等小学堂正教员由初级师范毕业，成绩优等以上及游学外洋寻常师范毕业成绩中等以上者充任；副教员由初级师范毕业成绩中等及游学外洋获寻常师范毕业文凭者充任；

初等小学堂正教员由初级师范毕业，成绩中等者充任；副教员由曾入初级师范学习，获修业文凭者充任。

明定中小学教师任职资格是教师职业专业化的重要标志。当然，由于当时学制初定，各类学堂刚刚开始创办，师资非常紧缺，对教师资格的规定并非绝对化，在实际中也并未得到真正贯彻落实,而是采取了灵活的措施,广开师源,往往以同等学力权充。

第二,制定教师考核制度。1909年,学部制定《检定小学教员章程》,规定对小学教员实行"检定"制度。在京师由督学局办理,在省由提学使司办理。《章程》规定小学教员的检定分为无考试检定和考试检定两种。对检定合格者,由检定委员将有关材料呈督学局或各省提学使司复核后,发给检定文凭,可担任相应的小学教员。对曾犯刑律或现有刑事诉讼或沾染不良嗜好者,不予检定。对业经检定之教员,如有不能尽职之处,可酌核情形,令其辞退。如因事故致失教员资格,可撤销检定文凭,任何学堂都不得聘其为教员。可见,这一时期清政府对教师的任用和管理是逐渐加强的。尽管这些规定在当时并没有完全实行,可是对教师的品行和工作都有一定的约束措施,对于师范毕业生能够从事与所学专业相符合的工作,也是大有益处的。

第三,列学堂教员为职官,以便节制,并定年限。《学务纲要》规定:"此后京外各学堂教习,均应列作职官,名为教员,受本学堂监督、堂长统辖节制,以时考核其功过而进退之。"这个做法是承袭传统教育的规制。其目的在于,一是以示正规与重视,使教员自觉荣宠有加,可免来去自如,对稳定教师队伍有好处;二是可以对教师加强统辖节制,加强考核,对保证教师队伍的质量有好处。《癸卯学制》的制定者认为,对教师聘用应有任期规定,或三年一任,或两年一任,或视该学堂毕业之期为一任。届时考核,优者留任,不力者随时辞退,平庸者如期更换。教员在任期未满时不得自行告退,另就别差。

第四,确定外国教员权限。《奏定学堂章程》规定,凡聘用外国教员者,学堂总办、监督应对其加以节制。除其所教讲堂本科的功课外,其余有关学堂事务,概由总办、监督主持,外国教员不得越权干预。并且,如果所聘外国教员系传教士出身,其不准在讲堂内宣讲宗教。

三、学生管理

《癸卯学制》的制定者十分强调学堂对学生的管理。张百熙、荣庆、张之洞在上奏《奏定学堂章程》时就指出要订立规条,申明禁令,编为《学堂管理通则》。该管理通则沿袭国子监的一套做法,以加强封建统治者对学生的威慑力。主要有如下几点:

第一,重视考核学生品行。《癸卯学制》把德育放在学生管理的首位,强调封建伦理纲常对学生的束缚作用。尤其是针对当时的资产阶级革命浪潮,要求各学堂的管理者在各学科之外,另立"品行"一科。品行科的考核也采用积分法,与其他课程一体同记分数。其考核办法,分言语、容止、行礼、作事、交际、出游六项,要求各学官随处稽查,第其等差。在讲堂则由教员定之,在斋舍则由监学和检察官定之。

第二,统一学生冠服。《癸卯学制》要求各学堂冠服统一,以形成一种整肃的气氛,提出:"学生冠服庞杂,殊失整肃气象,形式未立,何论精神?"学生外出,殊异于众,由此,他们要求大、中、小学堂皆统一服装,公立、私立学堂应有所区别。

第三,加强考试管理,奖以科举出身。《癸卯学制》规定,各学堂考试分五种:临时考试、学期考试、年终考试、毕业考试、升学考试。其中又以毕业考试为重。届时视学堂程度,由所在地方官长会同监督、教员一同到场,照乡试、会试的规模进行。考试成绩评定等第,并分别奖以科举出身。高等小学堂毕业奖以廪、增、附生;中学堂及初级师范学堂毕业,分别奖以拔贡、优贡、岁贡;大学预科及各省高等学堂、优级师范学堂毕业,分别奖以举人;大学分科毕业,奖以进士出身。

第四,学生不准妄干国政。《癸卯学制》要求:所有学生都应遵守孔子所谓"君子思不出其位"的规条,不得妄干国政。为此,特别制定了《学堂禁令》一章,规定凡是各学堂斥退之学生,概不准更名改籍,另投别处学堂。一经查出,不仅严惩该学生,而且还须将保结人议处。

第五,学生在学期间不准另就他事。咨学堂未毕业的学生,一律不准无故自行退学,及由他处调充别项差使,"如有故犯禁令,希图退学,及于放假期内潜往他省就事者,查出后,除咨照该省立即撤退押送回籍外,并应追缴在学堂时一切费用,唯保人是问"。

第六,实施师范生免费制度。《癸卯学制》规定,除初等小学堂、优级及初级师范学堂不收学费外,其他各类学堂均应收取学费。作用有二:一是此时初兴学堂,一切费用甚巨。如不令学生贴补学费,必使官费支绌,反而影响了学堂的兴办。二是学生以学费不需自出,不免怠惰旷废,不肯切实用功,不守规矩。

此外,对学生的学籍管理也较严格,学堂一般都备有学生名簿履历、学生受学之登记簿、学生学业成绩之登记簿等。

四、课程与教材管理

《癸卯学制》对各级各类学堂的课程设置有较严格的规定,并制订了相应的教学计划。总的来说,课程分为两大类:一类是中国传统课程(如读经讲经),一类是西方式的现代课程。初等小学堂完全科课程分 8 科:修身、读经讲经、中国文字、算术、历史、地理、格致、体操,各地可根据具体情况酌增图画或手工课程。中学堂课程分 12 科:修身、讲经读经、中国文学、外国语、历史、地理、算学、博物、物理及化学、法制及理财、图画、体操。这种课程设置与"中体西用"的办学思想是相呼应的,带有浓厚的封建色彩,但西学被正式列入学校课程,取得了合法地位。

学部成立之前,由于没有专门的教育行政机关,清政府对教科书的编写与使用没有明确规定。《学务纲要》鼓励教员和书局自编、出版教科书,经学务大臣鉴定后使用。当时较有名的是商务印书馆编辑的《最新教科书》。1904 年颁布《大学堂编书处章程》,规定普通学课本,由编书处分门编辑;西学各项课本,完全译自西书,归译书处办理。根据中小学课程分类,编出经学、史学、地理、修身伦理、诸子、文章、诗学七类课本。此外还规定了课本编写的原则等。这是最早的编辑教科书的官方规定。

1906 年,学部设立图书局编辑教科书,这是近代由政府编纂教科书之始。1909 年,学部曾想统一全国教科书,由于教育界对学部教科书多有批评而没能成功。因此,辛亥革命前,教科书是多元化的,没有统一。

复习思考题

1."中学为体,西学为用"思想在晚清是怎样演进的？如何理解张之洞的"中体西用"思想？

2.《癸卯学制》确定的学校系统有何特点？它对各级各类学堂的组织机构和领导体制是如何规定的？

3.洋务派和维新派为近代学制的建立做出了怎样的贡献？

4.如何理解科举制度废除的原因和意义？

5.晚清的教育行政体制是怎样的？

第八章　民国初期的教育管理

　　1912年1月1日,孙中山在南京就任临时大总统,宣布中华民国成立,它标志着中国2 000多年封建专制统治的结束,新的资产阶级民主共和国的诞生。中华民国成立以后,即对清末的教育进行全面改革,试图建立资产阶级的新教育管理体系。尽管民国初期许多教育改革措施没有真正实行,但是,临时政府锐意改革封建旧教育,全面建设资产阶级新教育,使中国近代教育无论在法规制度层面上,还是在实际管理层面上,都向前迈进了一大步,为教育的进一步发展发挥了重大的促进作用。

第一节　民国初期的教育行政体制

一、中央教育行政机构

　　南京临时政府成立以后,蔡元培被任命为临时政府教育总长。1912年1月9日,临时政府教育部成立,开始对清末专制主义教育行政体制进行改革。1912年8月,临时政府以临时大总统令公布了《教育部官制》。其后,几经修正,于1914年以教令第97号颁布实施。此次颁布的教育部官制,不仅沿用到民国十六年(1927年)无大变动,而且成为整个中华民国时期中央教育行政机构的基础。

　　民国初期教育部直接隶属大总统,部设总长1人,为最高教育行政长官,负责管理本部事务,监督属员及所辖各官署。同时,对各地行政长官及各巡按使在执行教育部事务方面有监督权,凡有违令者,他可以呈报大总统予以处置。总长之下设立次长1人,辅助总长处理上述事务。设参事3人,负责拟定教育部的法令。还有视学16人,负责视察全国的学务。

　　教育部内的组织机构设有普通教育司、专门教育司、社会教育司和总务厅,简称三司一厅。普通教育司分设四科负责师范教育、中等教育、初等教育、职业教育等项工作,同时还负责与初等教育发展有直接关系的地方教育行政机构的设立与变更事宜。专门教育司分设三科负责大学教育、专科学校教育、留学教育以及国家学术团体的工作。当时正值国语化运动,因此在专门教育司的工作事项中列入了"关于国语统一会事项"。社会教育司分设两科,其第一科负责图书馆、博物馆等事项,其第二科负责通俗教育的管理。教育部的总务厅事务繁杂,因此设立了两处四科,即秘书处、编审处及文书、会计、统计、庶务四科。

　　民国初年教育部的建制,具有以下几个特点:

　　第一,重视成人教育。社会教育司的设立,即体现了这一点。这与蔡元培的思想认识有直接关系。蔡元培多年留学欧洲,发现欧洲的社会教育十分发达,且与欧洲各国国力的增强有直接关系。同时他深为我国文盲充斥、年长失学者过多而忧虑。主持教育部工作后,他便大力提倡社会教育,以提高整个民族的文化素质。社会教育司的设置,对于我国近代文化体育等各项事业的发展都起了推动的作用。

第二,注重初等教育的发展。传统社会初等教育多为私学(称蒙养教学),程度不齐,管理不善。民国教育部在普通教育司的章程中,强调了对于私塾的改良,提出要进行有关儿童入学的调查,要专门奖励小学老师,并要掌握专管初等教育的教育行政部门的变更事项等,使初等教育的管理在普通教育司中占有重要的地位。

第三,教育总长的地位、权限有所提高。教育部官制规定总长有权监督地方最高行政长官对教育的实施情况,使教育不完全从属于国家的行政机构,而有相对的"独立"性。

第四,开始建立近代教育行政视导机构。1913 年,民国教育部公布了《视学规程》,规定将全国分为 8 个视学区,每区派视学 2 人,视察该区的普通教育和社会教育。视学分为定期、临时两种。规程还对视学人员的资格、视学的具体内容、视学的原则以及视学结果的汇报等做了规定。此后,又公布了《视学室办事细则》等法规,逐步建立了比较完整的视学制度。

总之,民国初年教育部的建制,比清末学部有长足的进步,它不同于封建官制,拥有一定的教育立法权力,其设置也有近代倡导的"组织法"作为依据,因此,可以称作是近代的中央教育行政机构。

二、地方教育行政机构

(一)省级教育行政机构

民国建立后,清末原有的提学使司宣告废止,各省在军政时期,一切行政均隶属于军政之下,省级教育行政也大多由省都督府兼管。各省都督府为了管理方便,在分署中设立了专管教育的教育科,管理全省教育行政事宜。学务比较发达的省区,如江苏省规定省立各学校,由都督府管辖;县立学校由民政长官管辖。京师地区则设学务局,其中设局长 1 人,主持局务;副局长 1 人,辅助局长工作。设总务、中学、小学、通俗四科,任用科长科员,分科治事。教育部曾试图统一地方教育行政制度,但没有结果。

(二)县级教育行政机构

民国初期,县级教育行政机构的设置十分混乱,有的县设立了学务委员会,有的仍保留着劝学所的建制,有的将劝学所并入县公署,有的设立教育公所,有的专门设立县视学等。1914 年 12 月,教育部正式公布了《劝学所规程》,通令各县设立劝学所,"辅佐县知事办理县教育行政事宜,并综核各自治区教育事务"。规定劝学所设所长 1 人,劝学员 2～4 人,劝学所经费在地方公款项下自筹。自此,纷乱的县级教育行政机构才大体稳定下来。

可见,这一时期地方教育行政机构的改革,没有像中央教育行政机构那样受到相应的重视,其教育管理的职能也没有得到发挥。这必然会影响地方教育事业的发展。

第二节 民国初期的教育方针与学制改革

一、制定民国教育方针

为了消除封建教育的束缚,使教育适应资产阶级的政治、经济发展的需要,首先必须改变清朝的教育宗旨。因为清末"忠君、尊孔、尚公、尚武、尚实"的教育宗旨,是无法与资产阶级民主共和国的教育相协调的。因此,以何种教育方针为指导,是这次教育改革的关键所在。早在1912年2月,蔡元培就发表了《关于教育方针的意见》一文。文章在对清末教育宗旨进行批判检讨的同时,提出了一个以培养共和国民为宗旨的"五育并举"的教育方针。他认为:"忠君与共和政体不合,尊孔与信教自由相违。"必须从教育宗旨中删除。同时,清末以来教育界所倡导的军国民主义和实利主义,固然是适应时代要求的,但二者要朝着健康的方向发展,必须以公民道德教育为中坚;而要养成公民道德,又必须以哲学上的世界观和人生观作基础,因而世界观教育亦应提到议事日程。不仅如此,在从现象界到实体界的提升过程中,美感教育实是一个不可或缺的"津梁"。通过这种论述,他提出了以公民道德教育为核心,包括军国民教育、实利主义教育、世界观教育和美感教育在内的五育并举的教育方针。这一思想为打破封建专制教育的思想统治、确立适合民国需要的教育方针奠定了基础。

1912年7月10日,在蔡元培的主持下,教育部召开了临时教育会议。会议讨论通过了新的教育方针,即"注重道德教育,以实利教育、军国民教育辅之,更以美感教育完成其道德"。并于9月2日由教育部颁布实行。

所谓"道德教育",实际上是指资产阶级的自由、平等、博爱思想;所谓"实利教育",实际上是指发展资本主义生产所需的知识技能、科学技术教育,这是富国强兵、发展经济的重要措施;所谓"军国民教育",即军事体育教育,目的在于训练全国青年和广大人民具有健康的身体和自卫的能力;所谓"美感教育"是指音乐、图画、手工等艺术教育。

从总体上看,这一方针与清末教育宗旨有着本质的不同。它以养成共和国民的健全人格为目标,通过德、智、体、美四育,造就既有资产阶级思想又有近代科学技术知识的人,突破了"中体西用"的旧模式,是与民国建立后的社会发展需要相吻合的。特别是它强调公民道德教育的核心地位,突出了新教育的民主意义,是从封建教育观念到资本主义教育观念的质的飞跃,反映了资产阶级的政治原则和道德观念,较之封建主义的道德信条无疑是具有进步意义的。

二、制定新学制

在1912年7月10日的临时教育会议上,讨论了学制改革的问题。会议决定改革旧学制,并拟定了一个《学制系统案》。9月3日,教育部正式颁布《学校系统令》,即《壬子学制》。到1913年8月,又陆续公布了《小学校令》《中学校令》《师范教育令》《专门学校令》《大学令》《小学教则及课程表》《中学校令施行规则》《师范学校规程》《高等师范学校规程》《公私立专门学校规程》《大学规程》《实业学校令》等法令,补充了该学制,逐步形成了一个新的学制系统,统称《壬子·癸丑学制》。

从学制纵向构成来看,该学制规定整个教育期限为17—18年。共分三段四级,其中初等教育二级,初小4年,男女同校;高小3年,男女分校,且均设补习科;中等教育一级,学制4年;大学本科6—7年,其中含预科3年。

从学制横向构成来看,可分3个系统,除普通教育系统外,还有师范教育与实业教育系统。师范教育分师范学校和高校师范学校二级,相当于中等和高等教育阶段。实业教育分乙种实业学校和甲种实业学校,相当于高小和中等教育阶段,还有专门学校,相当于大学教育阶段,本科3—4年,预科1年。

根据相关法规法令,《壬子·癸丑学制》中各级各类学校的具体情况如下:

(一)小学校

《小学校令》对小学的规制作了具体的规定。小学的修业年限为 7 年,其教育宗旨是:"留意儿童身心之发育,培养国民道德之基础,并授予以生活所必需之知识技能。"小学校分为初等小学校和高等小学校,前者以城镇乡立为原则,后者以县立为原则,初等小学校的课程为修身、国文、算术、手工、图画、唱歌、体操,女子加课缝纫;高等小学校的课程为修身、国文、算术、本国历史、地理、理科、手工、图画、唱歌、体操,女子加课缝纫,男子加课农业。各科目教授之目的方法,务使正确,并宜互相联络。

从形式上看,由《壬子·癸丑学制》所确定的小学教育制度与《奏定学堂章程》有两个显著差异:一是小学校的入学年龄提前 1 年,修业年限缩短 2 年,这更有利于小学尤其是初等小学教育的普及;二是在教学课目方面,取消了读经讲经课,初等小学校不再设历史、地理、格致课,高等小学校将原来的格致科改为理科,这更能适应儿童身心发展特点。

(二)中学校

《中学校令》及其实施细则规定:中学校的修业年限为 4 年,以完成普通教育、造就健全国民为宗旨。中学校以省立为原则,专教女子的中学校称女子中学校。中学校的设立、变更与废止,均须经过教育总长认可。中学校的教学课目为修身、国文、外国语、历史、地理、数学、博物、物理、化学、法制经济、图画、手工、乐歌、体操。女子中学校加家事、园艺、缝纫,外国语以英语为主。

中学校教员以经检定委员会认为合格者充任。省立中学校校长由省行政长官任用,教员由校长任用,但须呈报省行政长官。

从形式上看,《壬子·癸丑学制》的中学制度与清末学制中学段的显著区别有:一是修业年限缩短 1 年;二是部分教学课目作了调整,取消了读经讲经,改算学为数学,改法制及理财为法制经济,分物理化学为两科教授,并取消了文实分科,从而加强了自然学科的教学。

(三)大学及专门学校

1912 年 10 月 24 日,教育部公布了《大学令》,于 1913 年 1 月 12 日和 16 日又分别公布了《大学规程》和《私立大学规程》,对大学制度做了如下规定:大学以教授高深学术,养成硕学闳材,应国家需要为宗旨。大学分文科、理科、法科、商科、医科、农科、工科等 7 科,而以文、理两科为主。大学设预科及本科,预科招收中等学校毕业生或经考试具有同等学力者,本科招收预科毕业生或经考试具有同等学力者。预科附设于大学,不得独立。大学须设大学院,招收本科毕业生或经考试具有同等学力者。其修业年限,本科 3—4 年,预科 3 年。大学院不计年限。大学预科生修业期满,考试及格,授以毕业证书,升入本科;大学本科毕业生得称学士。

与清末学制相比,《大学令》等所规定的大学制度有如下重要变化:一是废除了清末"以忠孝为本""以经史之学为基"的宗旨,取消了经学科,以学位制代替奖励科举出身;二是由于清末的高等学堂程度不齐,难以与大学相衔接,故新制废止了各省的高等学堂,使以大学预科的形式附属于大学;三是用大学校长和各科学长取代了原来的大学总监督和各科监督,通过设立评议会和教授会负责大学内部的决策等重大事项,开了高等教育史上教授治校和民主治校的先河。

与大学平行而程度略低的,是专门学校,它是由清末的高等学堂改造而来的。1912 年

10月22日,教育部颁布了《专门学校令》,同年11月14日,又颁布了《公立私立专门学校规程》。规定专门学校以教授高等学术、养成专门人才为宗旨。专门学校分为法政、医学、药学、农业、工业、商业、美术、音乐、商船、外国语等10类。按设立主体的不同,专门学校可分为国立、公立、私立3种。公立和私立专门学校之设立、变更和废止,均须呈报教育总长认可。专门学校下设预科,上设研究科,其修业年限为预科1年、本科3年、研究科1—2年。专门学校学生的入学资格为中学毕业生或经考试证明具有同等学力者。

(四) 师范学校

1912年9月和12月,教育部分别公布了《师范教育令》和《师范学校规程》。次年2月,又公布了《高等师范学校规程》,规定师范学校以造就小学教员为目的,女子师范学校还担负着培养蒙养园保姆的任务;高等师范学校以造就中学校和师范学校教员为目的,女子高等师范学校以造就女子中学校、女子师范学校教员为目的。师范学校以省立为原则,一县或数县联合及私人或私法人也可设立师范学校,高等师范学校为国立。

师范学校分预科及本科,预科修业年限为1年。本科分第一部(完全科)与第二部(简易科),修业年限分别为4年和1年。预科招收高小毕业生或14岁以上具有同等学力者,毕业后可升入本科第一部;中学毕业生或17岁以上具有同等学力者,可升入本科第二部。师范学校应附设小学校(女子师范学校加设蒙养园)、小学教员讲习科(女子师范学校附设保姆讲习科)。

师范学校的课程,预科学习的课目有:修身、读经、国文、习字、外国语、数学、图画、手工、乐歌、体操等10种,女子师范学校预科加设缝纫。本科第一部学习的课目为:修身、读经、国文、教育(包括实习)、习字、外国语、历史、地理、数学、博物、物理、化学、法制经济、图画、手工、农业、乐歌、体操等18种,此外还可以选修商业。女子师范学校本科第一部的学习课目与前者大致相同,但以家事、园艺和缝纫代替农业和商业,并把外国语定为选修。本科第二部的学习课目为:修身、读经、教育、国文、数学、博物、物理、化学、图画、手工、农业、乐歌、体操等13种。女子师范学校第二部的课目除以缝纫代替农业外,与男子本科第二部的课目相同。

高等师范学校分为预科、本科和研究科,并可设培养师范学校和中学紧缺师资的专修科,以及专为愿任师范学校及中学教员设立的选科(选习本科及专修科中一或数课目,并兼习伦理学、教育学)。其修业年限,预科1年,本科3年,研究科1年或2年,专修科2年或3年,选科2年以上、3年以下。预科由师范学校、中学毕业或具有同等学力者,经保送、考试后录取,本科由预科毕业生升入,研究科从本科与专修科毕业生中选拔。

高等师范学校的课程,预科学生学习的课目为:伦理学、国语、英语、数学、伦理学、图画、乐歌、体操等8门,国文部及英语部预科增设文学概论。本科分为国文、英语、历史地理、数学、物理化学、博物等部。各部的通习课目为:伦理学、心理学、教育学、英语、体操。本科三年级学生应在附属中学校、小学校进行教育实习,专修科和选科学生最后一学年进行教育实习。

民国初期的师范教育制度具有如下特点:一是与普通中学相比,在培养目标上更重视人格培养和训练,《师范学校规程》所列教养要旨共9条,其中有6条是关于品德与人格方面的要求,但从课程设置尚保留读经科来看,人格训练中的封建性因素较多;二是为了适应快速培养中小学师资的需要,师范学校本科除第一部外还设有第二部及讲习科,高师除本科外,还设有专修科和选科;三是课程设置整齐划一,由于师范专业训练没有教材教法,教育实习的分量不大,故师范性不够突出。

（五）实业学校

1913 年 8 月,教育部公布了《实业学校令》和《实业学校规程》。规定实业学校以教授农工商业所必需的知识技能为目的。实业学校分为甲、乙两种,甲种实行完全的普通实业教育,乙种实行简易的普通实业教育。实业学校分为农业学校、工业学校、商业学校、商船学校和实业补习学校等。艺徒学校视作乙种工业学校,也可参照工业补习学校之办法办理。各专门学校所附设的甲种程度学科称甲种实业讲习科,各专门学校及甲种实业学校所附设的乙种程度学科均称为乙种实业讲习科。甲种实业学校以省立为原则,乙种实业学校由县及城镇乡或农工商会分别设立。

实业学校的修业年限,各类学校不完全一致,但大体上为甲种实业学校预科 1 年、本科 3 年,乙种实业学校为 3 年。实业补习学校是为已有职业或志愿从事实业者设立的,传授实业应用知识技能,并补习普通学科,可单独设立,也可附设于小学校、实业学校或他种学校内,其授业时间按学生的方便确定。

《壬子·癸丑学制》与清末《癸卯学制》相比,有明显进步,其特点主要有:第一,它缩短了学制期限,较之《癸卯学制》,共缩短 3～4 年。学制的缩短,特别是初等教育年限的缩短和分级,一方面反映了资本主义需要有一定文化的劳动者;另一方面也在客观上增加了劳动人民享受教育的权利和机会。第二,取消了毕业生奖励出身的制度,消除了科举制度的阴魂;同时取消了专门为贵族设立的贵胄学校,废除了封建特权和等级限制,具有鲜明的反封建特色。第三,女子教育取得了一定的地位,《癸卯学制》中没有女子教育的地位,而在《壬子·癸丑学制》中,普通中学、甲级实业学校、师范学校、高等师范学校都规定设立女校,初等小学还可以男女同学,反映了资产阶级男女平等的思想。第四,以教授农工商等实用知识技能为目的的实业教育得到加强。新制将清末高等实业学堂部分改为专门学校,将中、初两等实业学堂改称甲种和乙种实业学校,甲种实业学校实施全面的普通实业教育,乙种实业学校实施简易的普通实业教育,实业学校较实业学堂的专业范围扩大了,各学校都设立了众多的实用学科和课程,更强调传授技艺,职业性和针对性增强,教育目标更倾向于使受教育者各得一技之长。第五,从课程改革与教学方法看,取消了忠君、尊孔的课程,增加了自然科学课程和生产技能的训练,这主要体现在以研究和传授高深学术为宗旨的大学教育中。按照《大学令》和《大学规程》,理、工、农、医 4 科大学所规定的课程,从清末的 400 余种增加到 684 种,科学教育的课目和内容更加全面和系统化,增设了许多新的学科和课程。如物理科增设了理论物理学和实验物理学;冶金与采矿、动物与植物原来是合在一起的,此时已成为各自独立的学科;医学中设立了解剖学,而清末大学医学中没有解剖学,理由是解剖人体与中国固有风俗不合;第六,改进了教学方法,反对体罚,要求教育联系儿童实际,适合儿童身心发展的特点。

但总的看来,这一学制在形式上与《癸卯学制》尚无重大区别,改革的力度有限。首先,从形式上看,其创新性不大,基本上沿袭了清末以来的日本模式,其突出表现,是初等学校以上取多轨形式,使普通教育、师范教育和实业教育三系并立,各自成一系统。其次,中学校的修业年限太短,上不足以为高等教育提供合格生源,下不足以为学生就业提供必要的条件,从而使大学不得不普遍地设立预科以补救之。第三,预科的设立分散了大学的力量,且虽然条文规定预科不得独立于大学之外,但本科与预科的关系并没有完全理顺,事实上存在着预科与大学争胜的问题。第四,这个学制最大的缺点是缺乏弹性,整齐划一,限制了各级各类教育依据地方情形灵活发展。

第三节　民国初期各级各类学校的管理

民国初期,各级各类学校的管理,都建立了相应的比较详细的法规,使教育管理走上了法制化的轨道,促进了近代教育管理的发展。

一、初等学校和中等学校的管理

(一)办学体制

民国初期,初步建立了普通学校分级管理体制。1912年公布的《小学令》规定:初等小学由城镇乡设立,经费由城镇乡支给,教育行政由城镇总董或学校联合长,承县行政长官之令负责掌管。高等小学由县设立,经费由县支给,教育行政由县行政长官掌管。还规定城镇乡立小学、县立高等小学的校长和教员所执行的教育事务,以及私立小学的教育事务,均由县行政长官监督。同年公布了《中学校令》和《中学校令施行规则》,规定中学校基本由省设立:"中学校定为省立,由省行政长官规定地点及校数,报告教育总长。教育总长认为必要时,得命各该省增设中学校。"省立中学经费从省经费支出;各县如有力量,也可以一县或数县联合设立中学,称县立中学;私人也可依照法令设立,称私立中学;专教女子的称女子中学。上述中学的设立,"须经教育总长认可"。由于教育经费的拨发权掌握在地方行政长官手中,常发生教育经费被挪用的现象。

(二)学校内部领导体制

民国初期,学校的行政负责人一律称校长。中小学校长一般由当地掌管教育的行政长官任用。如省立中学校长由省行政长官任用,县立中学校长由县知事呈请行省行政长官任用。

中小学校长之下,设立教务主任、训务主任及庶务、会计、图书管理员、书记(管理文书档案)等。校长综理校务,并有权任免教员。《小学校令》明文规定学校教员的任用,"由各该校校长定之",但须呈报上级教育行政长官。初等小学教员的任用,由校长、城镇总董或学校联合长呈报县行政长官;高等小学教员的任用,则由校长呈报县行政长官。

(三)教师的管理

民国初期,对于中小学教师的职称、资格、任命和待遇等,都逐步地作了法规规定。如小学教员有正教员和副教员之分,正教员又有本科正教员和专科正教员之分。凡是能够担任一个学级各科教学者,称本科正教员;专门教授手工、图画、唱歌、体操、农业、缝纫、英语、商业之一科目或数科目者,为专科正教员;辅助本科正教员者为副教员。

小学教师继续施行清末创建的教师检定制度。这是对小学教师资格的审定制度。它分考试检定和无考试检定两类。1916年教育部颁发了《检定小学教员规章》,规定每年举行一次考试检定,本科正教员主要考修身、国文、算术和教育学等,专科正教员则考手工、图画等。考试的方法有口试和笔试两种。而无考试检定则随时进行,经过验证审查符合条件者,允许其担任相当的职务。经检定委员会检定合格者,授予教员许可状。

二、高等学校的管理

民国初期,颁布了《大学令》《大学规程》等,对高等学校的办学宗旨、领导体制、教育教学管理等,都做了规定。如《大学令》规定大学实行分科,分为文科、理科、法科、商科、农科、工科、医科,以文理二科为主。只有文理两科并设或文科兼法商两科,或理科兼医农工三科者,方能称大学。

大学设校长 1 人,各科设学长 1 人。教师由清末的正教员、副教员改称教授、助教授,必要时,可延聘讲师。各科设讲座,由教授主讲。学校设立评议会和教授会等组织机构。评议会由各科学长及各科教授互选若干人组成,校长为议长,随时召集会议,处理各学科之废置、讲座的种类、大学内部规则及教育总长及大学校长咨询事件等。教授会由各科分设,以教授为会员,学长为会长,可随时召集会议,负责规划学科课程、审定申请学位者合格与否以及教育总长、校长咨询事件等。这两个机构兼有行政与咨询的职能,意在实行教授治校、专家治校,使教育行政学术化,也体现了民国初期教育管理的民主精神。

大学和大学院实行学位制,大学本科毕业称学士,大学院学生在院研究有特别成绩时,经大学评议会或教授会认可,得遵照学位令授予学位。由于是初步试行,尚不规范。

1913 年 1 月公布的《大学规程》又规定:大学科下设门(相当于现在的系),门下有类(相当于现在的专业),如文科分为哲学、文学、历史学、地理学四门,哲学门下又分中国哲学类、西洋哲学类等。同时对各类应设的课程也作了详细规定。总之,民国初期大学的管理较清末有很大进步。

三、实业学校的管理

民国初期实业学校由清末的初等、中等、高等实业学堂改为甲、乙两种实业学校。甲种实业学校招收高小毕业生,施行完全的普通实业教育;乙种实业学校招收初小毕业生,施行简易的普通实业教育。与《癸卯学制》实业教育系统比较,取消了招收小学毕业生、相当于大专程度的高等实业学堂。但《壬子·癸丑学制》规定,同大学并行的有专门学校。专门学校只一个专业,共计有政法、医学、药学、农业、工业、商业、美术、音乐、商船、外国语共 10 种专门学校。专门学校"以教授高等学术,养成专门人才为宗旨",重在实际应用。可见,民国初期之专门学校实乃高等职业教育,与清末之高等实业学堂程度相同,只是种类增多了。《壬子·癸丑学制》设立专门学校,而取消高等实业学堂,看似削弱实业教育,实则有所加强。

有关专门学校的法令,还对专门学校的师资、设备、内部管理等作出了明确的规定。如师资,规定在外国大学毕业或在国立大学或经教育部认可的私立大学毕业,或外国或中国专门学校毕业,或有精深的著述者,可任公、私立专门学校的教员。

此外,在相继颁布的具体的专门学校规程中,对各学校的培养目标、课程等作出了更为具体的规定,使学校管理制度进一步得到完善。

四、师范学校的管理

这一时期的师范教育承担者,主要是师范学校和高等师范学校,相应的法规主要有 1912 年公布的《师范教育令》《师范学校规程》和 1913 年公布的《高等师范学校规程》《师范学校课程标准》。

高等师范学校为国立,并由教育总长通计全国分区定点设立,经费取之国库。师范学校定为省立,但视情况也可经批准后县立或私立。教育部将全国划分为北京、南京、武昌、广州、成都、沈阳6个高等"师范区",分区设置高等师范学校。学校协助本地区教育行政机关办好中等教育,校长每年视察本区中学,然后提出报告,同教育行政机关共同研究解决办法。各省师范学校也划有相应的学区,校长除管好本校校务,对学区教育也负有重大责任。可惜这一制度在当时没有实行。

师范学校的课程也有明确的规定,如高等师范学校除国文、英语、史地、数学、理化、博物外,还要学伦理学、心理学、教育学、英语、体育等,教材基本是中国人自己编的。

在学生管理上,注重推行学生自治,发扬学生主动精神,尤重人格的培养。《师范学校规程》从师范的特性出发,提出了一些"教养学生之要旨",如要求师范生"陶冶情性,锻炼意志""富于美感,勇于德行""明建国之本原,践国民之职分""尊品格而重自治,爱人道尚大公""明现今之大势,察社会之情状"等,务使学生于受业之际,悟施教之方。《规程》重视对师范生的身体素质、道德品质和学识水平进行全面要求,是很有战略眼光的。

复习思考题

1. 民国初期确定的教育方针是什么?
2. 民国初期教育部的建制有什么特点?
3. 《壬子·癸丑学制》与《癸卯学制》相比,有哪些改进?
4. 民国初期中小学在办学体制上有什么特点?中小学是如何进行管理的?
5. 民国初期的大学是怎样管理的?
6. 民国初期的实业和师范学校是怎样进行管理的?

第九章　北洋军阀政府统治时期的教育管理

北洋军阀统治时期，军阀之间争权夺利，连年混战，政治上一片混乱。在思想文化上，北洋政府推行复古主义，以封建道德反对和压制民主。1915 年，以《新青年》创刊为标志，掀起了新文化运动。新文化运动以"民主"和"科学"为旗帜，反对旧道德、旧思想、旧文学，极大地促进了思想解放，使新思想能够得到广泛的传播，社会上文化教育改革的呼声也日益高涨。资产阶级教育家坚持"教育救国论"，积极组织教育团体，创办教育刊物，宣传资产阶级教育思想和教育制度，提出改革教育的方案，使这一时期的教育管理得到了进一步发展。

第一节　教育行政体制的完善

民国初年设立的教育部，其内部结构及其教育管理职能，一直没有大的改变。1925 年广州国民政府成立，各部组织改行委员制，教育部改为教育行政委员会。但不久就被大学院所取代。因此，这一时期教育行政体制的完善，主要体现在地方教育行政机构的建设和发展上。

一、省教育厅的建立

民国建立以后，各省的教育事业最初由都督兼管，使地方教育缺乏有力的领导，影响地方教育的发展。对此，教育界人士一直谋求改革。1917 年，北洋政府接受教育界的建议，以大总统令公布了《教育厅暂行条例》，规定各省设立教育厅，隶属于教育部。教育厅设教育厅长，由大总统任命，为国家简任官（即文官第二级）。其职能为"秉承省长执行全省教育行政事务，监督所属职员暨办理地方教育之各县知事"。教育厅内分科理事，根据省的大小设置各科，但至多不得超过 3 科，每科科员不得超过 3 人。还规定教育厅设省视学 4—6 人，由厅长委任，承省教育行政长官之命视察全省教育事宜。

教育部还规定："各省教育行政事项，自各该厅长到任之日起，一律划归教育厅主管；惟关于行政事项，应由该厅长视其性质之轻重大小，分别呈明省署及本部核准，或径行处理，呈报备案"，意在使教育厅行政尽可能少受普通行政干预，具有相对的独立权限。这与欧洲近代的教育管理体制大致接近，但在当时的中国却难以推行。此外，教育厅成立后，各省公署内的教育科并未完全取消，只是改名为教育厅的第三科。所以，许多省的教育行政实权，仍在省公署的教育科。

二、县教育局的建立

民国初期县级教育行政机构的设置十分紊乱。直到新文化运动兴起之后，教育界要求县教育行政保持相对的自主功能,实行专业化,从而推动了基层教育行政机构的建设。1921年,第 7 届教育会联合会在广州召开,鉴于劝学所是一种官办组织,它的地位和组织都有变更的必要,于是通过了《改革地方教育行政制度案》,主张设立县教育局为全县的教育行政机构,揭开了县教育行政体制改革的序幕。第二年教育部召开学制会议的时候,决定改劝学所为教育局,通过了《县教育行政机关组织大纲案》《特别市教育行政机关组织大纲案》等议案。按照这些方案,地方教育行政以县区为单位,包括市乡镇,成立教育局,特别市按县区办理。1923 年 12 月 29 日,正式颁布《县教育局规程》和《特别市教育局规程》。县教育局由局长 1 人及视学、办事员若干人组成。教育局长主持全县教育行政事宜,并督促指导属于该县之市乡教育事务。为了加强基层教育行政人员的专业性,《规程》明确规定了教育局长的资格,要求有一定的学历、教育理论修养和教育实践阅历等。其任命也有一定的程序规定,必须由县知事从有资格者中推选 3 人,呈请该省教育行政长官选任,然后报教育部备案。《规程》还规定以董事会为教育局的参议机构,其主要职权为审议县教育方针及计划,筹划教育经费及审议教育预算决算,董事均为名誉职。为保证董事会发挥参议作用,规定开会时教育局长可以参加,但没有表决权。这一细节,多少表现了教育管理的一种民主精神。

县教育局的设置是比较简单的,除了几个办事员外,全县教育事业几乎全部集中于教育局长一人身上。虽然各区都设有教育委员会,但全县教育的整体规划往往无暇顾及,成立董事会的县也不多。所以,县教育局虽较原劝学所有了较大的独立性,但整个教育行政管理在实际上并没有明显的改进。这种局面的形成,是与中国近代农村基层组织的改革与发展相对滞后一致的。

第二节　教育宗旨的演变和《壬戌学制》的颁布

一、教育宗旨的演变

随着袁世凯复辟帝制的失败和反封建教育的斗争,1916 年北洋军阀政府撤销了 1915 年颁布的《教育纲要》,在 1916 年 1 月颁布的《国民学校令施行细则》和《高等小学校令施行细则》中,删去了"读经"的规定及有关内容,1917 年宪法审议会将"国民教育以孔子之道为修身大本"的条文撤销。

1919 年教育部组织的由范源廉、蔡元培、陈宝泉、蒋梦麟等参加的教育调查会,提出新的教育宗旨应为:"养成健全人格,发展共和精神。"健全人格即:(1)私德为立身之本,公德为服役社会国家之本;(2)人生所必须之知识、技能;(3)强健活泼之体格;(4)优美和乐之感情。共和精神为:(1)发挥平民主义,俾人人知民治为立国根本;(2)养成公民自治习惯,俾人人能负国家社会之责任。

1919 年 10 月,在全国教育会联合会第五届大会上,讨论通过了《呈教育部请废止教育宗旨宣布教育本义案》,提出废止民国初期公布之教育宗旨,并以"养成健全人格,发展共和精神"为教育本义的建议。虽然这一议案未被当时的教育部所采纳,但其基本精神却被吸收到了 1922 年新学制的 7 项标准中。

二、《壬戌学制》的颁布

五四运动前后,一些教育社团积极倡导学制改革。1919 年和 1920 年,全国教育联合会的两届年会均讨论了学制的改革,1921 年美国实用主义教育家孟禄来华讲学,也研讨了学制改革问题。同年,全国教育联合会第七届年会在广州召开,以学制改革为主要议题,广东、浙江等 10 个省均提出了各自的学制改革案,最后决议以广东的提案为基础,征求全国意见。随即改革学制的热潮迅速遍及全国。

1922 年 9 月,北洋政府召开全国学制会议,对全国教育联合会的提案稍做修改后,提交全国教育联合会第八届年会征求意见。最后,教育部以全国教育联合会和全国学制会议的两个决议案为基础,颁布了学制改革案,并于同年 11 月 1 日以大总统的名义颁布实行,这就是 1922 年"新学制",或称《壬戌学制》。由于采用的是美国式的"六三三"分段标准,故又称"六三三学制"。

这个学制有三方面的内容:其一是作为指导原则的"七项标准",即:发挥平民教育精神;注意个性之发展;力图教育普及;注重生活教育;多留伸缩余地,以适应地方情形与需要;顾及国民经济力;兼顾旧制,使改革易于着手。其二是"六三三"分段的学校系统,即小学六年(初级小学四年,高级小学二年)、初级中学三年、高级中学三年。与中学校平等的有师范学校和职业学校;大学四至六年。其三是四项附则,即:为使青年个性易于发展,得采选科制;为适应特殊之智能,对于天才者之教育应特别注重,其修业年限得变通之;对于精神上或身体上有缺陷者,应施以特殊教育;对于年长失学者,应施相当之补习教育。

《壬戌学制》的颁布,结束了辛亥革命以后教育上的混乱状态,反映了五四运动以来教育改革的基本要求,堪称这一时期教育改革的综合成果。较之《壬子·癸丑学制》,这一学制具有以下进步性:其一,它缩短了小学年限,改 7 年为 6 年,有利于初等教育的普及;其二,延长了中学年限,有利于提高中等教育的水平,同时将中学分为两段,设立三年制高中,既增加了办学的灵活性,又有利于中学的普及;其三,取消了大学预科,使大学不再负担普通基础教育的任务,有利于大学集中力量进行专业教育和科学研究;其四,在中学开始便实行选科制和学分制,兼顾学生升学和就业两种准备,可使学生有较大发展余地,适应不同发展水平学生之需。其五,1922 年学制的制定,不仅适应了当时社会政治、经济发展的需要,同时也考虑了儿童身心发展的特点。"六三三"分段的学校系统,基本上是符合少年儿童身心发展的阶段性的。

当然,这一学制诞生于美国实用主义教育思潮在华传播的时代,故不可避免地打上了实用主义的烙印;中学实行学分制,破坏了课程的系统性与科学性;文理分科又造成了重文轻理、比例失调现象;降低了师范教育在学制上的地位,导致师范生与师范学校数量的下降;同时由于社会条件的限制,以及师资、教材、设备之不足,加之缺乏严格的统一管理,故在实行中困难重重。

第三节　各级各类学校管理的发展

一、普通中小学校的管理

根据 1922 年颁布的新学制,中学教育年限延长两年,取消大学预科,减轻了大学的负担,使之不再负有普通教育任务。所以,这一时期的普通教育特指初等和中等教育而言,更确切地说是特指普通中小学的教育而言。

这一时期对普通中小学管理措施的改革,除前述的中小学学制上的变化外,最主要的是课程结构的变化与教学方法的改革。

(一)课程结构的变化

全国教育会联合会除推动学制改革外,还积极倡议课程改革,力求将新的教育方针政策进一步落实到教学科目上,全国教育会联合会组织了"新学制课程起草委员会",着手进行课程改革,于1923年6月确定并颁布了《中小学课程标准纲要》。此纲要的主要内容有:其一,提出上课以分钟计时,如规定初小前两年每周至少1 080分钟,后两年至少1 260分钟,高小每周至少1 440分钟。其二,小学取消修身课,增加公民、卫生课,将手工改为公用艺术,图画改为形象艺术;后又将初小的卫生、历史、公民、地理合为社会科,增加自然园艺科;将国文改为国语,体操改为体育。其三,初级中学必修科目有公民、历史、地理、国语、外国语、算学、自然、图画、手工、音乐、生理卫生、体育。高级中学分设普通科和职业科。普通科分文理两组。文科组科目为:特设国文、心理学初步、伦理学初步、自然科或数学一种。理科组科目为:三角、高中几何、高中代数、解析几何大意,以及物理、化学、生物选习两科。此外还设有若干公共必修科和选修科,公共必修课有:国语、外国语、人生哲学、社会问题、文化史、科学概论、体育。其四,中学一律采用选科制和学分制,每学期每周3节课为1学分。

这一课程纲要虽未经政府正式公布,但由于全国教育联合会在当时有相当的代表性和权威性,各地均按此施行。

(二)教学方法的改革

教学方法的改革一直是近代教育教学改革的重要内容。五四新文化运动以前,主要借鉴赫尔巴特教学方法,五四新文化运动以后则主要引进杜威的实用主义教学法。新学制颁布后,教学方法的改革实验一时成为热潮。美国的教育和心理测量方法以及设计教学法、道尔顿制,20世纪20年代曾在许多学校试行过。

这一时期在对学生行为习惯等方面的管理上,也从管制约束转为积极指导,将监学改为训育主任,设训导处,道德格言改为训育目标或信条,推行"级任制",即每学期每一年级设一专任教师担任级任,负责训导该级学生,学校的训导管理体制初步建立。

在儿童本位教育思潮和五四时期民主精神影响下,学校推行学生自治,许多学校成立了学生自治会,在训育主任和级任导师的指导下开展各种活动。五四运动以后,普通学校的学生自治十分活跃。许多学校由学生组建了"食事会",管理伙食;开办了"消费合作社",由师生共同入股分红,借以探讨经济供销问题。许多学校在教师指导下创办了校刊,分送各地校友。如《扬州校刊》在10年中竟出版了102期,发行全国。至于学生社团,更是不胜计数,课外活动丰富多彩。有的学校还成立了"平民学校",由学生担任教师,招收学校附近的失学儿童就读。为了培养学生适应现代社会的自治能力,许多学校设立了"学生银行""商店""邮局""市政府"等。

二、高等学校的管理

这一时期高等学校的管理,不仅法规制度更趋完善,而且在管理实践上也有很大发展,许多管理制度得到实施。在这个过程中,北京大学的管理改革所起的作用是应该充分肯定的。

北京大学的前身是京师大学堂,1912 年改称北京大学,但是学校的封建性质并没有得到改变,学生以升官为目的,官老爷作风严重。1916 年底,蔡元培就任北京大学校长之前,先作了一番调查研究,认为整顿北大的办法,第一是改变学生的观念。1917 年 1 月 9 日,北大举行开学典礼,蔡元培发表就职演说,要求学生改变求学动机。他明确指出:"大学者,研究高深学问者也。"在北大 1918 年开学式上,他又说:"大学为纯粹研究学问之机关,不可视为养成资格之所,亦不可视为贩卖知识之所。"由于大学的性质在于研究高深学问,故他认为大学不能只是从事教学,还必须开展科学研究,要求大学生不要死记讲义,而应主动地研究学问,并鼓励学生组织各种学术研究团体,当时的《北京大学月刊》便是学术理论刊物。蔡元培的这一思想,对于改变北大学生的观念,明确求学目的,从而养成良好的学风,起了积极的作用。

为了使大学真正成为研究高深学问的场所,他又提出了"囊括大典,网罗众家,思想自由,兼容并包"的办学方针。延聘新教员时,只问学识不问派别、资格、年龄、国籍。他认为学术上的派别是相对的,每一种派别,只要言之有理、持之有故,就应让它们并存。这能使学生能够广泛接触教员中不同学派的观点,兼听则明,启发思路,令其有自由选择的余地。

在学校管理体制上,蔡元培则推行校长和委员会相结合的制度,成立了评议会为立法机构,评议会人员由教授互选,约每 5 人推举 1 人,校长为评议长,凡学校的章程等重大事项,均须经评议会讨论决定。如开放"女禁"之事就是由评议会决定的。此外,还有教授会、教务会、组织委员会、聘任委员会等,充分发动广大教职工共同管理学校。这些管理制度贯穿着一个核心思想,就是"教授治校",即让教授为评议会的多数,让教授中的学长"分任行政方面的事",让教授主任"分任教务"等。在教学管理上,蔡元培根据"沟通文理,废科设系"的思想,对学科设置进行了改革。为了发展学生个性、扩大学生的知识面,他实行"选修制"等。

经过改革的北京大学,面貌焕然一新,成为一所名副其实的近代高等学府,在学界产生了广泛的影响。许多改革的思想和措施被吸收到《国立大学条例》等新定的法规之中,促进了高等学校管理的规范化。

1924 年的《国立大学条例》规定,国立大学分文、理、法、医、农、工、商等科,可以设数科或单设一科,各科分设各学系,修业年限 4-6 年,合格者授某科学士。此外,国立大学可暂设预科。国立大学得设董事会,负责审议学校计划、预算、决算和其他重要事项。取消各科学长,代之以教务长 1 人,主持全校教务,由教授兼任;恢复教授会,负责规划课程及进行事宜;同时,添设教务会议等。随着这一法令的颁行,大学内部管理体制有了较大进步。

在课程管理上,新学制规定"大学实行选科制"。《国立大学条例》进一步规定由教授会规划课程及进行事宜,给各大学以设计各自课程的更大自由。于是各专科以上学校纷纷自行设计课程,使各校的办学积极性和创造性得以发挥,也使所设课程更接近了当地的社会经济生活。但是,也使课程凌乱无序,影响了教学质量。

三、职业学校和师范学校的管理

(一)学校的设置

新学制规定,改旧制实业学校为职业学校,甲种实业学校酌改为(高级)职业学校(招收高小毕业生,学习4—5年),或高级中学的职业科(招收初中毕业生,学习3年);乙种实业学校的改为(初级)职业学校,招收高小毕业生,但依地方情形,亦得招收相当年龄之初小毕业生。关于独立的职业学校的学习年限、设科及课程,也可依地方情形规定之,从而体现出七项学制标准之一的"多留各地方伸缩余地"精神。另外于小学高年级,斟酌地方情形,增置职业准备的学科;大学及专门学校得附设专修科、专门学校(修业年限一般为3年以下)和专修科(修业年限不等),均招收高中毕业生,属于高等职业教育;得于相当学校内设职业教育养成所。

新学制颁布后,原有的分区设立的6所高等师范学校,仅北京高等师范学校于1923年升格为国立北京师范大学,其余5所则先后与普通大学合并,成为大学中的一科或一系。另外,北京女子高等师范学校于1924年改为国立北京女子师范大学。这是中国最早的两所国立师范大学。至于中等师范教育,也是倾向于综合高中中设立师范科,独立的师范学校数量大减。总之,新学制取消了师范教育的独立性,加之师范学校分区设立的制度以及师范生的公费待遇无形中被取消,师范教育被大大地削弱了。

(二)教学管理

在课程上,除必修课外,还大量开设选修课,实行学分制。职业学校及综合高中之农、工、商、家事等职业科之分科专修课程,新学制公布后只有讨论并无正式规定。1923年,中华职业学校联合会决议,职业学校课程应有下列三种分配:① 职业学科:以培养各该职业之知能;② 职业基本学科:以培养各该职业知能之基本,如农科须习生物及化学,画业须习算术,只有国文、算学为基本必需之学科;③ 非职业学科:至少应有公民、体育、音乐三科,此为人生不可少之修习,与职业有间接相关之影响者,其教学总时数至少应占全时间之20%。此决议提出的课程分配方案为各学校所普遍接受,但具体课程的设置,各校并不统一。

关于大学之教育科、系或教育学院及师范大学的必修、选修课程,由各学校自定,实行学分制。新学制规定师范大学的任务有三:一是培养中等学校师资;二是培养教育学术界及行政界领导人才;三是研究实验各种教育方法。但在实践中,师范大学多偏重教育学术研究而忽略中等学校师资的培养。

在教学方法上,职业与师范学校也进行了教学改革实验,中华职业教育社把心理测验方法用于职业教育和职业指导,师范学校设立各科教学法及教育测量和统计课程,都是有积极意义的。

复习思考题

1. 北洋军阀统治时期,教育宗旨有什么变化?
2. "六三三"学制的主要内容有哪些? 应该如何历史地评价"六三三"学制?
3. 北洋政府时期,高等学校是怎样进行管理的?
4. 北洋政府时期,职业和师范学校是怎样管理的?

第十章　国民政府统治时期国统区的教育管理

1927年,蒋介石在南京成立"国民政府",中国历史进入了国民党统治时期。1928年10月,国民党公布了《训政纲领》,规定由国民党对全国人民实行"训政",一切国家大计均由国民党中央政治会议决定,而后交由国民政府执行。这种所谓的"训政",实际上是国民党"一党专政"。在教育上,国民政府加强了对教育的管理,确立了三民主义教育宗旨,并根据这一宗旨对1922年新学制进行了调整,还通过一系列教育法律法规的制定与颁布,使各级各类教育朝着由国家集中统一控制的方向发展。

第一节　教育行政体制的变革与调整

一、大学院、大学区制的试行

试行大学院与大学区制,是中国近代教育行政制度的一次重要创新。早在北洋军阀时期,中国的教育事业就备受摧残。各地军阀都把扩充军备、发展个人势力当作头等大事。同时,教育行政权力也把持在政客、军阀手中。由于教育经费匮乏,各级各类教育连维持现有局面也已大成问题,更不用说由国家按规划有步骤地加以发展了。这样,从五四运动前后开始,以教育经费问题为导火线,逐步演变成一场教育独立运动。教育独立运动所关注的核心问题之一,就是成立一个独立于军阀政府之外的、强有力的教育机构,统一筹措和支配教育经费,维持和发展各级各类教育。

（一）大学院制

1927年6月13日,根据蔡元培等人的提议,国民党中央执行委员会决定,取消教育行政委员会,组织中华民国大学院。1927年10月,大学院正式成立。

根据《大学院组织法》和《大学院组织条例》,大学院为全国最高学术教育机关,承国民政府之命,管理全国学术及教育行政事宜。大学院设院长1人,综理院务,院长同时也是国民政府委员。大学院的最高评议机关为大学委员会,它由各学区中之大学校长、大学院教育行政处主任、大学院院长所选聘国内专家学者5～7人组成,以院长为委员长。它负责议决全国学术、教育上之一切重要问题,并有推荐大学院院长的权力。大学院同时设立中央研究院、图书馆、博物院、美术馆、观象台等国立学术机关。

1928年6月13日国民政府公布《修正中华民国大学院组织法》,规定大学院为全国最高学术教育机关,直接隶属于国民政府,依法令管理全国学术及教育行政事宜。对于自己主管的事务,大学院有权监督各省及各地方最高行政长官的执行情况;对于各省各地方最高级行政长官的命令或处分,大学院认为违背法令或逾越权限者,得呈请国民政府变更或撤销。

大学院下设 6 个处,它们分别是:(1) 秘书处,处理院长委办事务;(2) 总务处,负责撰拟收发保存文件、本院会计、本院庶务、记录职员进退,以及其他不属于各处的事务;(3) 高等教育处,负责关于大学及专门学校、国外留学、学位考试、各种学术机关及其他高等教育事项;(4) 普通教育处,职掌关于师范学校、职业学校、中小学事项及与之相关的各种学校事项,关于幼稚园、取缔与改良私塾、检定教职员、调查学龄儿童就学、地方学务机关的设立与变更、教育会议及其他关于普通教育之事项;(5) 社会教育处,职掌关于公民教育、平民教育、低能及残疾者教育、公共体育、民众剧院、美化教育、博物馆及教育展览会事项,以及其他关于社会教育的事项;(6) 文化事业处,职掌关于全国出版物征集保存及奖励、图书馆及保存文献、国际出版品交换、编制统计报告及公报、教科图书审查、教科书及其他教育上必要图书编纂等事项。

大学院与以往的国民政府教育部相区别的最大特色,是大学委员会的设立。由于大学委员会拥有讨论全国教育及学术重大方案之权,与国民政府其他部门相比,就具有更大的独立性和自主权。故大学院不称"国民政府大学院",而称"中华民国大学院"。

按蔡元培的本意,实施大学院制,其目的在于改变"教育官僚化"的现状,追求教育独立,希望在中央以大学院负教育行政全责,不受行政院的约束,真正使学术教育独立健康地发展。但学术教育与行政难以分离的现实,国民党各派系对大学院内部权益分配的争斗,国民党中央对大学院独立地位的质疑,导致大学院在教育管理实践中难见功效,教育官僚化根本难以铲除。大学院试行不久,非难四起。1928 年 8 月,蔡元培辞去大学院院长之职,试行一年的大学院制遂告终结。

(二) 大学区制

1927 年 6 月,国民党中央政治会议批准了蔡元培草拟的《大学区组织条例》及《大学行政系统表》,推行大学区制。

《大学区组织条例》的主要内容是:全国依现有省份及特别区定为若干大学区,以所在省或特别区之名命名。每区设校长 1 人,总理区内一切学术及教育行政事项。大学区设评议会为本区最高教育立法机构;设研究院为本大学区研究专门学术最高机关,院内设设计部,凡关于省政建设的一切问题,都可临时提交该院研究。大学区下设三部:高等教育部管理本部各学院及区内其他大学专门学校及留学事项;普通教育部管理区内公立中小学校及监督私立中小学教育事项;扩充教育部管理区内劳农学院及关于社会教育一切事项。

1927 年 6 月 23 日,教育行政委员会召开会议,议决奉令筹划大学区,"以大学区为教育行政之单元",并先在江苏、浙江两省试办。浙江行动较快,于同年 8 月 1 日宣告大学区和"第三中山大学"(后改名浙江大学)成立,蒋梦麟被任命为大学校长。稍后江苏大学区和第四中山大学亦宣告成立,张乃燕被任命为大学校长,最后被定名为中央大学区和中央大学。1928 年 1 月,鉴于各地的人力财力有相当差异,遍设大学会降低水准而流于形式,遂对大学区制进行了第一次修正,将原条例中"全国依现有之省份及特别区,定为若干大学区"改为"全国依各地的教育、经济及交通状况,定为若干大学区,每区设大学 1 所"。

大学区制自公布施行后,遭到许多非难,指责"大学区制"不仅不能使教育行政机关学术化,反而使学术机关官僚化;不仅不能提高工作效率,反而降低工作效率。而且由于大学校长成为学区的教育行政长官,导致其只重视大学,忽视中小学基础教育。1929 年 6 月,国民政府决定停止试行大学区制,大学区制的试行,前后约两年时间。

大学院、大学区制的失败,表明蔡元培"教育独立论"过于理想化,不仅在理论上存在缺陷,在实践上也是行不通的。

二、重建中央集权制教育行政体系

(一)中央教育行政机构

1928 年 10 月,国民政府明令改大学院为教育部,同年 12 月 11 日公布《教育部组织法》,规定教育部分设总务司、高等教育司、普通教育司、社会教育司,并设大学委员会和其他委员会,另设编审处。教育部的框架初步搭成。

1929 年 10 月 1 日,修正原《教育部组织法》,增设蒙藏教育司和华侨教育设计委员会,体现了对少数民族和华侨教育的重视。

1931 年 7 月第 3 次修正《教育部组织法》,增设督学 4 ~ 6 人,使清末曾设立过的教育视导制度得以恢复。

1940 年 11 月,国民政府对《教育部组织法》进行第 7 次修订,将普通教育司一分为二:中等教育司和国民教育司,以配合当时推行的"国民教育制度"的变革。

1947 年 2 月,公布第 10 次修正后的《教育部组织法》,增设"国际文化教育事业处"。从大学院废止后,教育部组织机构经 10 次修正,规模和设置逐渐完备。

(二)省教育行政机构

1929 年 7 月,大学区制陆续废止,河北、热河、浙江、江苏等省逐渐恢复教育厅制。未试行"大学区"的省区,均延续教育厅制。

1931 年 3 月,国民政府公布《修正省政府组织法》,规定教育厅为省政府组织之一。教育厅下设五科:第一科管理高等教育中等教育和留学事宜,第二科管理小学教育和幼稚(儿)教育,第三科管理社会教育和文化设施,第四科管理教育预算,第五科管理总务。另外还设有秘书处、督学室和编审室。

1937 年,国民政府规定:各省区的教育行政机构可自行调整,大多省区皆撤厅改科,将教育科附设于政务厅之下,少数省区仍维持教育厅制。

(三)县(市)教育行政机构

1929 年 6 月,国民政府公布《县组织法》,规定县教育行政机构为"教育局",掌管学校、图书馆、博物馆、公共体育馆、公园及其他社会文化事业。

1937 年 6 月,国民政府颁布《县政府裁局改科暂行规程》,教育局即在裁改之列。1940 年 9 月 19 日,国民政府公布《县各级组织纲要》,将县教育行政机构统一为教育科,科长由县长委派,成为佐治设施。1947 年,国民政府行政院训令:县政府"酌量恢复设置教育局",1948 年,教育部饬令各省,应尽可能设置县级教育局。

三、教育视导制度的恢复

教育视导指上级教育行政机构对下级教育行政机关和学校的工作进行视察、监督、引导和辅导,它包括"视"和"导"两个方面。

1927 年国民政府设大学院,大学院未设专职视学人员和视学机构,仅在 1928 年初颁布过一个《大学院华侨视学员条例》,拟派人分赴美洲、欧洲、日本和东南亚等地华侨聚集区,实地调查和提倡,指导华侨教育。1928年末,国民政府取消大学院,恢复教育部。起初国民政府教育部的视察工作也无专人负责,只是根据需要,临时派人充任。

1931年7月,国民政府第三次修正教育部组织法并颁布,规定教育部内须设督学四至六人。同年8月,国民政府教育部颁布了《教育部督学规程》,9月颁布了《教育部督学办事细则》,至此,中断了数年的教育部视学制度再次建立。

《督学规程》规定,有简任和荐任文官资格,且曾任教育职务二年以上者,才有资格荐任督学。督学的任务是"视察及指导全国教育事宜。"其视察及指导事项包括:(一)关于教育法令之推行事项;(二)关于学校教育事项;(三)关于社会教育事项;(四)关于地方教育行政事项;(五)关于其他与教育有关事项;(六)关于部长特命视察及指导事项。

1935年5月,国民政府颁布第五次修正教育部组织法,督学名额较前略有增加,改为六至十人,但是,当时由于督学人数太少,又正处战争期间,督学多被派至部外负责收容安置战区学生、教师,因此,1940年前,督学制度的发展变化只是停留在规程上,督学工作实际未能很好地开展。就连督学室也中辍了数年,直至1941年才恢复设立。

从1941年起,国民政府教育部视导分定期视导与特殊视导两种,其中定期视导实行分区与分类两种。所谓分区视导,即清末起即实行的做法,把全国各省市分成若干区,每两省或三省为一区,每区派若干人分任该区域内教育的视导。所谓分类视导,即按教育的种类,分高等教育、中等教育、国民教育、社会教育、边疆教育、职业教育、体育、训育、助产护士等类,按类派人视察。

为了使各级视导人员在视导时,能有统一的评判标准和依据,从1942年5月起,国民政府教育部分别委托国立中央大学师范学院、国立社会教育学院,拟订中学、师范和社会教育的视导标准。同时,又指定部内督学及有关人员分别拟定职业学校、省市教育行政、县市教育行政和国民学校部分的视导标准。以后又将中学、师范、职业三部分视导标准合并为中等学校视导标准。1946年4月,国民政府教育部将上述标准颁行,统称《教育部视导试行标准》,供各地试行、修改。试行标准共分省市教育行政、地方教育行政、中等学校、中心国民学校、国民学校、社会教育等六部分。

从规程来看,国民政府的视导制度从一开始,就显露出向专门化、科学化、视察与指导并重方向发展的特点。但由于中国当时处于动荡不安的战争环境以及其他诸种因素,教育视导未能较好地实施。

第二节　三民主义教育宗旨与新学制的修订

一、南京国民政府的教育宗旨

国民政府的教育方针经历了一个从党化教育到三民主义教育转变的过程,到1929年3月国民党第三次全国代表大会议决三民主义教育宗旨,这个转变才宣告完成。

第一次国共合作时,广东国民政府教育行政委员会便提出了"党化教育"的口号,1926年的中央教育行政大会上,正式通过决议,要求推行党化教育,所有公私立学校师生必须加入国民党。这在当时,对抵制北洋军阀政府的复古教育、配合北伐进程,是有进步意义的。

1927年,南京国民政府成立后,仍然推行党化教育,蒋介石还授意各省成立"党化教育委员会"，拟定"党化教育大纲"，规定"使学生受本党之指挥而指挥民众。"1927 年 8 月，国民政府教育行政委员会颁行《学校施行党化教育办法草案》，指出："所谓党化教育就是在国民党指导之下，把教育变成革命化和民众化。换句话说，我们的教育方针要建筑在国民党的根本政策之上。"这一方针从本质上规定了教育只能服从和服务于国民党一党专政，实质上是把全体国民的教育变为一党的教育，强化国民党对学校的专制统治。

但当时教育界人士及国民党内部一些官僚认为"党化"二字含义空泛，解释无法统一，提出了用概念更为明确的名称。1928 年，大学院召开第一次全国教育会议，提出废除党化教育名称，改称三民主义教育，即以实现三民主义为目的的教育。

1929 年 3 月 25 日，国民党第三次全国代表大会表决通过了《确定教育宗旨及其实施方针案》。4 月 26 日，又以国民政府令的形式，公布了教育宗旨："中华民国之教育，根据三民主义，以充实人民生活，扶植社会生存，发展国民生计，延续民主生命为目的；务期民族独立，民权普遍，民生发展，以促进世界大同。"这样，三民主义教育宗旨就有了官方统一的解释，并为各级各类教育所遵循。

在 1931 年 5 月通过的《中华民国训政时期约法》中，三民主义被确立为中华民国教育的根本原则，从而以法律的形式将三民主义教育宗旨固定下来。同年 9 月 3 日，国民党第三届中央执行委员会第 17 次常务会议又通过了《三民主义教育实施原则》，按照三民主义教育宗旨和方针，对初等教育、中等教育、高等教育、师范教育、社会教育、蒙藏教育、华侨教育、留学生教育等各级各类教育，从目标到课程、训育、设备等各个方面作出了原则性的规定。

二、《戊辰学制》的颁行

在学校制度方面，基本上仍继续实行 1922 年公布之学制。但是，也根据实际情况进行了一些变通，修正了原学制中的一些缺陷。1928 年 5 月，在蔡元培的领导下，大学院在南京召开了第一次全国教育会议，在 1922 年的基础上，通过了《整理中华民国学校系统案》，史称《戊辰学制》。

与《壬戌学制》相比，《戊辰学制》的主要变化是：在师范教育方面，改 6 年制师范为 6 年或 3 年，取消师范专修科及师范讲习所等名目，添设乡村师范学校；在职业教育方面，除在高级中学设职业科外，可单独设立高级职业学校及初级职业学校，与初级中学和高级中学相对应，并在小学中增设职业科；大学采用多院制，取消单科大学（称为学院）。

1928 年后，国民政府针对学制中的弊端又做了一些局部修改与改革，特别是在 1932 年随着《小学法》《中学法》《师范学校法》《职业学校法》《大学法》等法令的颁布，对学制做了一些重大调整。这次修改最大的是废除综合中学制度，分设中学、师范、职业三种学校。通过几次修订，使得学校类型更加多样化，整个学制系统更加完善，更加符合中国实际。

第三节　各级各类学校的管理

一、普通中小学校的管理

（一）学校领导体制

为了加强对普通中小学的管理，国民政府非常重视中小学内部管理机构的建设，

1929 年 7 月 8 日,国民政府教育部通令各省市遵照国民党中央执行委员会所制定的《中小学训育主任办法》,设置训育人员,以加强对中小学的训育管理。于是在全国中小学设置训育主任,开始实行训育制度。训育主任的职责是专门考查学生的思想、言论和行动。

1934 年公布的《中学规程》,对中学内部的管理制度作出更为具体的规定:① 设校长 1 人,综理校务,并担任教学工作,其时间不得少于专任教员教学时间最低限度的二分之一。② 设教导主任,协助校长处理教务训育事项。六学级以上的中学,经主管教育行政机关批准,可以设立教务、训育主任各 1 人,协助校长分别处理教务训育事项。七学级以上的中学,可以设立事务主任 1 人,处理教务训育以外的事务。③ 设校医 1 人,会计 1 人,图书、仪器、药品、标本及图表管理员 2 ~ 3 人。六学级以下的中学,设事务员及书记 2 ~ 4 人,七学级以上的中学,每增二学级,得设事务员及书记 1 人。④ 设置训育指导委员会和经费稽核委员会。前者由校长、各主任、各教员及校医组成,以校长为主席,负责学生的训育和管理事项,每月开会一次。后者由专任教员公推 3 ~ 5 人组成,委员轮流充当主席,负责审计收支账目及单据,每月开会一次。⑤ 中学举行四种会议,即校务会议,讨论全校一切兴革事宜,每学期开会 1 ~ 2 次;教务会议,讨论一切教学及图书添置等事项,每月开会 1 次;训育会议,讨论一切训育及管理事项,每月开会 1 ~ 2 次;事务会议,讨论一切事务进行事项。⑥ 中学各主任,皆由专任教师兼任,校医由校长聘任,其余职员由校长任用,均应报教育行政机关备案。中学专任教师平均每学级 2 人。

此后,中学行政组织制度又不断地得到补充和修订,使中学行政机构更趋完善。比如规定,九学级以上的中等学校得分教务、训导、体育、事务 4 处,在处之下设立组。教务处之下可设教学、注册和设备 3 组;训导处之下可设训育、管理两组等。处各设主任 1 人、各组设组长 1 人。规模较大的学校还可设置人事室,设人事主任 1 人,干事若干人。学校教职员的考绩工作,专门成立“考绩委员会”主持,人事管理人员仅负责办理例行手续。为了控制学校的人事权,人事干事不由校长聘任,由上级委任。就中学行政机构设置制度的总体来看,近代教育管理的法制与民主性都有所加强。

1945 年 9 月国民政府教育部公布了《国民学校及中心国民学校规则》,明确规定国民学校和中心国民学校设校长 1 人。中心国民学校置教导主任 1 人,国民学校达六学级以上者也要置教导主任 1 人。国民学校和中心国民学校校长的职责是:综理全校校务,并指导教职员分掌校务及训教事宜;督率教职员协助乡镇公所及保办公处训练民众,推进地方自治,举办地方服务事业;中心国民学校校长应负辅导各保国民学校事宜,并肩负协助办理地方自治之职责。教导主任的职责是:秉承校长主持全校教导事宜,协助校长训练民众,推进地方自治,举办地方服务事业等各项事宜,并酌量担任教学工作。

(二) 校长的资格、任用的规定

国民政府统一全国以后,对校长的资格、任用有了明文规定。初级中学的校长,除了应品格健全、才学优良之外,还必须合于以下资格之一:其一为国内师范大学、师范学院、大学教育学院教育科毕业或其他院系毕业而曾学习教育学科 20 学分,毕业后从事教育职务 2 年以上卓有成绩者。其二为国内外大学本科高等师范本科或专科毕业后,从事教育职务 3 年以上卓有成绩者。其三为国内外专科学校或专门学校毕业后,从事教育职务 4 年以上卓有成绩者。高级中学的校长,除具有初级中学校长资格之一外,并须合于下列资格之一者:其一是曾任国立大学文理师范或教育学院科系教授或专任讲师 1 年以上者;其二是曾任省及直辖市教育行政机关高级职务 2 年以上卓有成绩者;其三是曾任初级中学校长 3 年以上卓有成绩者。

《小学规程》规定小学校长必须具备小学教师之资格,"服务二年以上具有成绩者,得为小学校长"。

以上规定,虽然还很不完善,但已开我国校长资格等级制之先河,初步将普通学校校长资格分为三级:小学校长、初级中学校长和高级中学校长。所任用校长必须具备一定的资格,这有助于改进学校教育的人事管理制度。

(三) 教师管理

为了保证师资质量,关于教师资格的规定更为严密。高级中学教师的资格是:高级中学教员须品格健全,其所任学科为其所专习之学科,且合于下列规定资格之一者:① 经高级中学教员考试或检定合格者。② 国内外师范大学或师范学院毕业者。③ 国内外大学本科、高等师范本科毕业后,有 1 年以上之教学经验者。④ 国内外专科学校或专门学校毕业后,有 2 年以上之教学经验者。⑤ 有专门的著述发表者。

为了配合教师资格制度的实施,保证普通学校的师资质量,国家普遍实施了教师检定制度。检定的目的"一方面在对于不合格教员的任用加以限制;一方面在给予能力优秀而无教师资格者,以取得正式教员之机会"。其检定方式,仍如以前一样分为有考试检定和无考试检定两类,其内容则与教员资格的规定相一致。

公私立学校的教员均实行聘任制,初聘任期为一学期,以后续聘任期为一学年。民国以来,推行军事教育,普通中学实施军训,其教官由陆军和教育机关委任,不由校长聘任。鉴于当时小学教员任用较滥,为防止学校校长滥用亲信,特规定在开学两个月以前,应公布国民学校或中心国民学校合格的教师名单,"凡依本法登记公布教职员,均应尽先任用之"。这是由于当时社会上有相当一批失业知识分子,愿意从事小学教学工作。

教师待遇在近代也逐渐走向法制化轨道。1932 年 11 月,国民政府教育部颁布了《中等学校教职员服务及待遇办法大纲》,要求全体教员"均须负训导责任"。在待遇上取消"时薪制",一律改为"月薪制"。一年以 10 个月计算薪俸。"月薪制"是职务工资,根据职务来区分工资的档级是其核心内容。例如,普通中学的薪俸,校长为最高档,分校校长或分部的主任、处主任、科任老师、高中导师、高中专任教师、校医等为第二档;初中导师、初中专任教师为第三档;处下的组长为第四档;护士、干事为第五档;管理文书档案的书记为最低档。每一类职务工资还分级,例如校长的工资大致分为七级,处主任又分四级等。

为了使各地对教师薪俸的计算渐趋合理,国民政府教育部还提出了最低薪俸的计算方法,以当地个人的衣食住三者所需生活费之三倍为国民学校教职员之最低薪俸标准。其中,食以各该县市政府中级职员包膳所需之膳费为标准;衣以每月添土布单一件所需费用为标准;住以当地中等居户租赁市镇房屋 2 间所需之租金为标准。而且规定此项最低薪金,应每隔 3 年修订一次。1943 年,国民政府教育部为了改善中学教师的待遇,又颁布了国立中等学校教职员薪给表,并通令全国各省市教育厅参照此薪给表,酌订各该省市适用之中等学校教职员薪给标准,可以根据各省的经济情况上下浮动。当然,这些规定在旧中国战乱不已、政治腐败的年代,大多未能如数付诸实施。

（四）教学管理

1. 课程的管理

国民政府教育部很重视课程标准的制定，以加强对学校教育教学的管理。1928 年 12 月，国民政府教育部就着手制定中小学课程标准。1929 年 8 月，公布了《小学课程暂行标准》和《中学课程暂行标准》，规定小学开设的课程有国语、社会、自然、算术、工作、美术、体育、音乐，并对各科的目标、作业类型、教学方法要点做了规定。初中取消选修科目，课程设有国文、外国语、历史、地理、算学、自然科学、生理卫生、图画、体育、工艺，增加"党义"和"党童子军"。高中普通科不再分组，增加"党义"和"军事训练"。仍试行"选修制"和"学分制"。

1932 年 10 月，国民政府教育部正式颁布了《小学课程标准》，分别就小学初、高两级的课程目标、内容等做了规定，并将"党义"科教材融化于国语、社会、自然等科目中，另设"公民训练"。同年 11 月，国民政府教育部正式颁布《中学课程标准》，规定了初中的课程科目；改"党义"为公民、改"党童子军"为童子军训练；初中每周教学 34 ～ 35 小时，在学校自习 13 ～ 14 小时。高中课程设有公民、国文、英语、中国历史、外国历史、中国地理、外国地理、算学、物理、化学、生物、体育、卫生、军事训练（女生习军事看护）、伦理学、图画、音乐等。考虑到中学有固定修业年限，学分制不便实行，而且学分制要求开设出相当数量的选修课，需要有足够的高质量的师资和高水平的管理，当时中国还不具备这些条件，因此，高中取消学分制，改为学时制，取消选修科目，每周教学 31 ～ 34 小时，在学校自习 26 ～ 29 小时，而且明令这些课程是为了严格训练青年的身心，培养健全的国民而制定，各级学校不能自行决定课程的增减。

1933 年 2 月，教育部公布了《小学公民训练标准》，分目标、纲要、愿词及规律、细目分类、实施方案要点等五个部分。其中规定公民训练的目标是："发扬中国民族固有的道德，以忠孝仁爱信义和平为中心"，并采取其他各民族的美德，训练儿童，养成健全公民。为此，要对儿童进行关于公民的体格、德性、经济、政治四个方面的训练。关于公民的体格训练，养成强健、清洁、快乐、活泼的精神；关于公民的德性训练，养成礼义廉耻的观念，亲爱精诚的德行；关于公民的经济训练，养成节俭劳动的习惯，生产合作的知能；关于公民的政治训练，养成奉公守法的观念，爱国爱群的思想。公民训练分公共训练、个别训练两方面实施，各校在每学期开始时，应将训练细目分阶段印成小册或活页，分发给儿童，使儿童明了本学期内应该注意的事项。公民训练注重实践和人格感化，其考查办法，除各教师平时视察记载外，各组或各团，应每星期或每月定期举行考查。

1936 年 10 月，国民政府教育部公布了《修订中学课程标准》，又对中学的课程进行了修订，主要有：① 减少教学时数。初中每周教学 31 小时、高中每周教学 29 ～ 30 小时；② 取消在校自习时数的规定；③ 初中第三学年减去劳作、图画、音乐等，改设 4 小时职业科目。1940 年 2 月 20 日，国民政府教育部又公布《高初级中学教学科目及学期每周各科教学时数表》，对原初高中的教学科目和教学时数又做了调整。如初中增加本国史地教学时数（相应地减少了外国史地的教学时数），高中三年级增加简易职业科目等。

2. 毕业会考制度

这是一种地区性的统一考试制度，由教育行政机关对所属中小学应届毕业生进行统一考试，各科成绩及格才能毕业。1930 年上海教育局开始试行这种制度，1932 年国民政府教育部颁布了《中小学生毕业会考暂行条例》,将毕业会考制度推广到全国。小学会考只实行了1年,中学会考因多数学生考不及格而遭到不少学校、学生及其家长的反对。1933年国民政府教育部公布了《中学生毕业会考规程》,坚持中学毕业会考制度。1934年又推广到师范学校。

1935年,国民政府教育部在总结实施经验的基础上,重又颁发了修正的《中学学生毕业会考规程》,对会考作了详尽的规定,它要求"各省市区教育行政机关,对于所属各中学应届毕业之学生,经原校考查毕业成绩及格后,举行毕业会考"。会考由各地教育行政机关成立"会考委员会"主办。会考的科目,高级中学有公民、国文、算术、物理、化学、生物学、历史、地理、外国语;初级中学有公民、国文、算术、理化(物理、化学)、生物(动物、植物)、史地(历史、地理)、外国语。会考成绩有特定的计算方法:"以学校各科毕业成绩(即三学年成绩之平均数)占十分之四,会考各科成绩占十分之六,合并计算之。"

毕业会考各科均须及格,始得毕业。会考三科不及格者,应令留级。会考有一科或二科不及格者,准其参加下两届该科会考两次,及格后,方得毕业。如仍有科目不及格时,应考试全部会考科目。如果会考有一科或二科不及格,而志愿升学者,经主管教育行政机关开具准予参加升学考试的证明,考取后以试读生的资格就读,只有会考补考及格方能转为正式生,也才能准其参与所升学校之毕业考试。会考之后,教育主管机关要公布学生个人成绩的名次,还要将"各校应届毕业学生人数,与参加会考人数之百分比,列为甲、乙、丙、丁四等,再以各校会考及格学生成绩之平均数,分列为甲、乙、丙、丁四等揭示之"。1945年,"因战事交通物价以及复员之影响",暂停举行中学毕业会考。

中学毕业会考制度,与国民政府的统治者推行"党化教育"不无关系,是其实行文化专制的一种手段。同时,它也是国民政府为了提高教育质量而采取的督促检查激励的手段。

3. 导师制的推行

为进一步加强学校的训育管理,1938年3月,国民政府教育部颁发了《中等以上学校导师制纲要》,通令中等以上学校实施导师制,每一学级学生分为若干组,每组5～15人,由校长指定专任教师1人担任导师,对学生思想、行为、学业和身心健康,施以严格训导。训导的方式不拘一种,可个别谈话、小组讨论等。学生毕业时,必须有导师的"训导证明书"方能获取毕业文凭。从此,中等学校的级任制改为导师制。

1943年后,国民政府教育部将中等学校的导师制改为年级导师制,规定每学级设导师1人,由校长聘请专任教师担任。各级导师须根据训育规程及各校训导计划,对学生施以严格的指导,使学生获得正当的发展,以陶冶他们健全的人格。

导师制原为英国高等学校的一种教学制度,民国时期引入中国,与国民党推行"党化教育",强化对学生的思想控制有直接关系,因此,在实行之初即遭到许多进步教育家的反对。实际上,导师制作为一种教育教学管理制度,是有合理成分的,值得研究借鉴。

二、高等学校的管理

(一)高等学校领导体制

1929年以后,高等学校除了已有的董事会、评议会和教授会之外,国民政府还根据不同类型的学校规定了不同的行政管理机构及相应的管理职责。

大学设校长1人,综理校务。各学系设系主任1人,办理该系的教务工作,由校长任命。

全校设立教务、训导和总务 3 处,分别设教务长、训导长和总务长,秉承校长的指令分别主持教务、训导和总务事宜。教务长和总务长都由教授兼任。国民政府对于高等学校加强政治控制,训导主任一般由"党政要员"担任,故教育法令没有明言这一职务可以由教授兼任。

独立学院设校长 1 人,综理院务。各科设科主任 1 人,综理各科教务,由院长聘任。各学系设主任 1 人,由院长聘任。全院设教务、训导和总务 3 处,各设主任 1 人,秉承校长指令主持全院教务、训导及总务事宜。各主任均由教授或教员兼任。

专科学校设校长 1 人,综理校务。下设教务、训导和总务 3 处,各设主任 1 人,秉承校长指令主持全校教务、训导和总务事宜。各主任均由教授或教员兼任。

大学的研究院设院长 1 人,由校长兼任。各研究所及所属各部各设主任 1 人。

公立大学的校长,不论是国立、省立或市立的大学,均为国家简任官(即国家文官第二级),属于高级文官,其任职资格必须具备很高标准:其一,曾担任教育行政职务,或大学或独立学院教授,或相当于教授之学术研究工作 2 年以上者。其二,曾任公立大学校长,经"铨叙"(审查资历,确定级别)合格者。其三,曾任公立大学或独立学院教授或相当于教授之学术研究工作 6 年以上者等。独立学院的院长和专科学校的校长,其任用资格,项目大致与此类似。

不同的高等院校,其任命权也不尽相同。公立大学的校长,由国民政府任命;私立大学的校长由董事会任命;国立独立学院的院长和专科学校的校长,由教育部聘任;省立或市立的校长则由省政府或市政府呈请国民政府教育部聘任。

(二)教师管理

1. 教师资格的审查

国民政府成立后,公布了《大学教员资格条例》,规定大学教员名称分为教授、副教授、讲师和助教四级,并规定了各级的具体条件。1940 年 10 月,国民政府教育部又颁布了《大学及独立学院教员资格审查暂行规程》,其中明确规定国民政府教育部的学术审议委员会是审定教师资格的机关。

助教须具下列资格之一:国内外大学毕业、有学士学位而成绩优良者;专科学校毕业、曾在学术机关研究或服务 2 年以上卓有成绩者。

讲师须具下列资格之一:在国内外大学或研究所研究、得有硕士或博士学位或同等学历证书,且成绩优良者;任助教 4 年以上,卓有成绩,并有专门著作者;曾任高级中学或同等学校教员 5 年以上,对于所授学科确有研究,并有专门著作者;对于国学有特殊研究及专门著作者。

副教授须具下列资格之一:在国内外大学或研究院、所,得有博士学位或同等学历证书,且成绩优良,并且有价值之著作者;任讲师 3 年以上,卓有成绩,并有专门著作者;具有讲师第一款资格,继续研究或执行专门职业 4 年以上,对于所习学科有特殊成绩,在学术上有相当贡献者。

教授须具下列资格之一:任副教授 3 年以上,卓有成绩,并有重要之著作者;具有副教授第一款资格,继续研究或执行专门职业 4 年以上,有创作或发明,在学术上有重要贡献者。

凡在学术上有特殊贡献而其资格不合于上述副教授、教授之规定者,经教育部学术审议委员会出席委员总数的 3/4 以上之表决,得任教授或副教授。

2. 教师的任用和待遇

所有高等院校的教师,都必须由院校呈报国民政府教育部学术委员会审查,验证合格者发给等级证书,各校方能聘任。任期大致是:助教 4 年,讲师 3 年,副教授 3 年,任期一满,校部就须呈请升等审查,合格者另发证书。聘任的期限则是:第一次试聘 1 年,第二次续聘 1 年,以后每次续聘均为 2 年。高等学校的教师以专任为主,每周须任课 9～12 课时,教学实验 2 小时算作 1 个课时。凡是合乎上述标准的按助教、讲师、副教授和教授支付薪水。助教、讲师、副教授的薪俸均有七级,教授则有九级。不同的等级,薪俸的级差也不一样,助教的级差小,教授的级差大。1947 年开始,高等院校还实行了年功加俸制,规定凡经审查合格的教授月薪已达最高级,呈报教育部有案者,得给予年功加俸,按年递进,但有最高的限额。还规定各校每年给予年功加俸的教授,不得超过已支付高薪的教授总名额的 1/3。

（三）教学管理制度

1. 课程管理

国民政府教育部十分重视高等学校的课程设置,将其视为保证教学质量的重要环节,1938 年和 1939 年两年间,分别颁布了《各学院共同必修科目表》和《分系必修及选修科目表》,使我国近代高等学校的课程设置初具规范。1944 年在各类高等学校实践的基础上,又进行了一次较大的修正,抗日战争结束后进行了总结,一方面肯定"现行大学科目表尚合实际需要",另一方面又指出其不足之处是"必修科目稍多,致使各校不能因人因地制宜,稍有伸缩余地"。国民政府教育部根据各校的意见重新颁发了各校共同必修科目表和各分系必修科目表,使大学课程的管理臻于完善。

为了确保高等学校课程设置的严肃性,国民政府教育部要求各校认真执行部颁标准,严格规定"每学年开始时,各校应遵照本科目表将各学系设置之必修科目名称、学分数及设置学期,报部备案",如果学生"未修满规定科目及各科目之规定学分者,不得毕业"。在执行该规定的过程中,即使根据本校或本系的实际需要有所变更,也必须"呈准"。国民政府教育部对具体的教学安排也有一定的要求,如要求所有学系未经呈准,不得分组。各院系共同必修科目,应开设大教室合班讲授,以求全校互相沟通,语文科每班不得超过 40 人等。这是针对有的学校用分组的办法来讲授部颁课程,表面看完成了应教的科目,实际上经分组之后,学生却未能学到应学的全部课程。国民政府在高等学校课程的管理上,有几个比较突出的特点:

一是注重中文和外文的教学。国民政府教育部将国文及第一外国语列为各院系共同必修科目,各为 8 学分。教育部要求各校"尽量广设语文课程,包括国内各民族语文及东西方各国语文"。并提出语文授课时间"每周均为三小时",足见对学习语言的极端重视。

二是注重学生德、智、体全面发展。各院校设置伦理学为一年级公共必修课,"注重阐述先哲嘉言懿行,暨伦理道德方面各种基本概念,以砥学生德行,转移社会风气"。此外,"三民主义""军事训练"、体育都被列为大学公共必修科目。

三是注意提高学生实践和研究的能力。国民政府教育部规定"工学院应注重工场实习,农学院应注重农场实习"。为了提高学生进行分析研究的能力,教育部还提出:"高年级学生应在教授指导下,搜集资料,作专题研究,经常举行讨论会,不计学分。唯其研究报告成绩优良者,毕业时得由校另给荣誉状。"同时,还规定"毕业论文为各学系当然必修科目,不计学分,不及格者,不得毕业"。

2. 学位制的颁定

　　学位制是由高等学校或国家授予的表明专门人才专业知识水平的称号。1931年,国民政府公布《学位授予法》,1935年又制定了《学位分级细则》《硕士学位考试细则》等,同年7月开始实行学位授予法。

　　我国近代学位分为三级:学士、硕士和博士,但特种学科可设一级或两级。凡曾在公、私立大学或独立学院修业期满考试合格,并经国民政府教育部审核确实者,由大学或独立学院授予学士学位。凡在公立、私立大学或独立的研究院(所)从事了两年以上的研究,经该院(所)考核成绩及格者,由该院(所)提出为硕士学位候选人,硕士学位候选人经考试合格,并经国民政府教育部审核确实者,由大学或独立学院授予硕士学位。获有硕士学位,在研究院(所)继续研究两年以上,经考试合格、提交国民政府教育部审查认可者,得为博士学位候选人。凡在学术上有特殊著作或发明者,或曾在公、私立大学或独立学院教授3年以上者,经国民政府教育部审查合格者,亦得为博士学位候选人。博士学位候选人,经学位评定会考试合格者,由国家授予博士学位。

三、职业和师范学校的管理

(一) 职业学校的管理

　　国民政府成立之初,对职业教育仍按1922年学制办理。1932年,国民政府教育部颁布了《职业学校法》,1933年又颁布了《职业学校规程》,从此,职业教育脱离普通教育成为独立系统,得到了很大发展。为了推动职业学校的发展,1942年国民政府教育部曾颁布该年中等教育经费分配比例,其中职业学校应占35%。

　　职业学校的课程、授课时数、教学大纲和教材,最初由各校自己决定。1934年国民政府教育部开始规划各科课程标准,颁布了《职业学校各科课程表教材大纲设备概要汇编》,制定了各科教学科目及每周教学时数表、教材大纲及教学要点。自此,农业职业学校的农艺、蚕桑、园艺、畜牧、水产、养殖、森林等11科,工业职业学校的机械、电机、土木、建筑、实用化学、染织、丝织、棉织、毛织、陶瓷、测量等17科,商业职业学校的银行、簿记、会议、文书、保险、汇兑、运输等7科,海事职业学校的驾驶、轮机2科,医事职业学校的护士、助产等5科的教学,都有了统一的要求和标准,切实推动了各学校教学质量的提高。

　　职业学校教材,由"职业学校教科用书审查委员会"审查合格,陆续付印发行的有103种。凡没有教科书的学科,由任课教师自编讲义,讲义须送国民政府教育部备核。在教学方式方法上,职业学校特别重视职业技术的实地训练,平时学科占总时数的30%,实习占70%。

(二) 师范学校的管理

　　1932年,国民政府教育部公布了《师范学校法》,1933年和1934年又先后公布了《师范学校规程》《修正师范学校规程》,自此,师范教育也从普通教育中分离出来获得独立地位,得到很大发展。

　　国民政府特别注重小学师资的培养,把中等师范分为师范学校和简易师范学校两级,以解决小学师资紧缺的问题,从面促进了中等师范教育的发展。同时,受当时乡村教育运动热潮的影响,国民政府对乡村师范教育给予了充分的重视,使这一时期的乡村师范教育发展很快。

　　国民政府非常重视对师范学校的控制和管理,规定师范学校的校长、训导主任必须由国民党党员担任,非国民党党员担任校长者必须加入国民党。同时为了加强各级师范学校训导工作,中等师范学校设立公民课,师范学院设立党义课。中等以上学校学生普遍进行军事训练,中等师范学校学生还有童子军课程。1935 年 4 月,国民政府教育部实行师范学校学生毕业会考制度,既有统一师范教学要求、促进各地师范学校提高教学质量的目的,也有加强对师范生思想控制的意图。

复习思考题

1. 何谓大学院、大学区制? 请总结其失败的原因。
2. 三民主义教育宗旨的基本内容是什么?
3. 国民政府对普通中小学校是如何进行管理的?
4. 国民政府对高等学校是如何进行管理的?
5. 国民政府为加强职业教育和师范教育采取了哪些措施?

第十一章　革命根据地的教育管理

　　1927 年,第一次国共合作破裂。中国共产党开始创建独立的革命根据地,而其所推行的教育方针,是以工农大众教育为核心的新民主主义教育,所实施的教育制度也与"国统区"的教育制度有着本质的区别。革命根据地的教育管理,是在中国共产党直接领导下,工农大众第一次掌握教育权实施的管理体制。因此,无论是文教政策、教育管理制度、教育管理的内容及方式,都形成了一整套独具特色的体系,开创了文化教育管理制度的新局面。

第一节　革命根据地的教育方针、政策

一、瑞金时期的文教方针、政策

　　以瑞金为中心的根据地建立后,苏区政府立即确立了教育为工农民众服务、为建设和巩固新生政权服务的文教方针。

　　首先,保证工农劳苦民众有受教育的权利。1931 年 11 月,《中华苏维埃第一次全国工农兵代表大会宣言》中宣布:"工农劳苦群众,不论男子和女子,在社会经济、政治和教育上,完全享有同等的权利和义务。""一切工农劳苦群众及其子弟,有享受国家免费教育之权。"1934 年第二次全国苏维埃代表大会通过的《中华苏维埃共和国宪法大纲》中对此作出了更明确的规定:"中华苏维埃政权以保证工农劳苦民众有受教育的权利为目的,在进行革命战争许可的范围内,应开始施行完全免费的普及教育,首先应在青年劳动群众中施行,应该保障青年劳动群众的一切权利,积极引导他们参加政治的和文化的革命生活以发展新的社会力量。"此外,强调男女平等,重视女子教育,也是这一教育方针政策的重要方面。在苏区,党根据革命战争和根据地建设的需要,在红军大学、苏维埃大学等中央办的和地方办的干部学校中都招收了许多女学员。中央列宁师范学校和各苏区的师范学校为了照顾妇女入学,还降低了对她们在文化程度方面的入学要求。此外,各苏区党政军机关和妇女团体开办了数目众多的妇女训练班。鄂豫皖苏区还创办了"妇女职业改进社",湘赣苏区开办了妇女职业学校,赣南苏区开办了专招女子入学的看护学校。这些训练班和学校培养出了一批女干部,妇女教育取得了在当时条件下难得的、开创性的成就。

　　其次,以马克思主义(共产主义)为指导来发展文化教育事业,用共产主义精神教育广大的劳苦民众。1931 年 11 月通过的《中华苏维埃共和国第一次全国工农兵代表大会宣言》中规定:"取消一切麻醉人民的封建的、宗教的和国民党的三民主义的教育""取消各种宗教团体的特别权利……教育机关与宗教事业绝对分离,但人民有信仰宗教和反对宗教的自

由"。1934 年,毛泽东提出中华苏维埃文教事业总方针:"苏维埃文化教育的总方针在什么地方呢? 在于以共产主义精神来教育广大的劳苦民众,在于使文化教育为革命战争与阶级斗争服务,在于使教育与生产劳动联系起来,在于使广大中国民众都成为享受文明幸福的人。"

第三,文化教育为革命战争与阶级斗争服务。1933 年 4 月 15 日,《中华苏维埃共和国临时中央政府教育人民委员部训令》指出:"苏区当前文化教育的任务,是要用教育与学习的方法,启发群众的阶级觉悟,提高群众的文化水平与政治水平,打破旧社会思想习惯的传统,以深入思想斗争,使能更有力的动员起来,加入战争,深入阶级斗争,和参加苏维埃各方面的建设。"1933 年 7 月,中央教育人民委员部在第 4 号训令中指出:"在目前一切给予战争,一切服从斗争利益这一国内战争环境中,苏区文化教育不应是和平的建设事业,恰恰相反,文化教育应成为战争动员中一个不可少的力量,提高广大群众的政治文化水平,吸引广大群众积极参加一切战争动员工作,这是目前文化教育建设的战斗任务,各级教育部必须以最大的努力,来完成这一战斗任务。"

二、延安时期的文教方针、政策

以延安为中心的根据地建立后,各项文教方针政策都是以夺取全面抗战胜利这一总目标为出发点制定的。主要政策包括:第一,改订学制,废除不急需与不必要的课程,改变管理制度,以教授战争所必需之课程及发扬学生的学习积极性为原则。第二,创设并扩大增强各种干部学校。第三,广泛发展民众教育,组织各种补习学校、识字运动、戏剧运动、歌咏运动、体育运动,创办敌前敌后各种地方通俗报纸,提高人民的民族文化与民族觉悟。第四,办理义务的小学教育,以民族精神教育后代。

1940 年 1 月毛泽东发表了著名的《新民主主义论》,系统地论述了中国共产党在民主革命时期的理论、路线、方针和政策,奠定了新民主主义革命学说的理论基础,其中包括新民主主义的文化教育问题。

在《新民主主义论》中毛泽东首先指出:中国革命的性质,既不是旧的资产阶级民主主义革命,也不是无产阶级的社会主义革命,而是无产阶级领导的人民大众的反帝反封建的新民主主义革命。根据这个政治上的总路线,新民主主义的文化教育是"无产阶级领导的人民大众的反帝反封建的文化",也就是民族的、科学的、大众的文化。

新民主主义的文化是民族的;第一,它是反对帝国主义压迫,主张中华民族的尊严和独立,决不和任何别的民族的帝国主义反动文化相联合。第二,它是我们这个民族的,带有我们民族的特性。"民族的形式,新民主主义的内容——这就是我们今天的新文化。"第三,它不是狭隘民族主义和闭关自守的,而是"同一切别的民族的社会主义文化和新民主主义文化相联合,建立互相吸收和互相发展的关系,共同形成世界的新文化。"同时还要有批判地,取其精华弃其糟粕,大量吸收外国的进步文化。

新民主主义的文化是科学的,"它是反对一切封建思想和迷信思想,主张实事求是,主张客观真理,主张理论和实践一致的"。毛泽东特别提出一定要反对形而上学,指出"决不能和任何反动的唯心论建立统一战线"。对待中国古代的文化,必须尊重自己的历史,决不能割断历史。尊重历史是给历史以一定的科学地位,尊重历史的辩证法的发展,决不能颂古非今,赞扬任何封建毒素。清理古代文化要剔除其封建性的糟粕,吸收其民主性的精华。

新民主主义的文化是大众的,因而即是民主的。其含义是:"它应为全民族中百分之九十以上的工农劳苦民众服务,并逐渐成为他们的文化。"在民族民主革命过程中,大众文化,实质上就是提高农民文化。

三、解放区的教育方针、政策

(一)接管旧学校,采取"先维持,后改良"政策

党对解放区的教育政策,首先是保护学校、教育机关不受侵犯。1948 年中共东北局在"关于保护新收复城市"的指示中,指示各部队"对蒋伪公营企业……医院、学校等,均无没收处理之权。相反地,在战争中及战斗结束后,攻城部队应派出必需的部队加以保护""所有部队不准驻在工厂、医院、学校和教堂"。1949 年中国人民解放军公布的"约法八章"中规定:"保护一切公私学校、医院、文化教育机关、体育场所,和其他一切公益事业。凡在这些机关供职的人员,均望照常供职,人民解放军一律保护,不受侵犯。"其次是维护现状,逐步改造。中共东北局规定对新解放地区的学校暂时维持现状,"使学校教育不致中断,原有知识分子不致流散而安心工作学习"。对原有课程,不切合目前需要的,可酌量减少或改为选修。反动课程如国民党的"党义""公民""军训""童子军训"等一律取消,代之以革命的政治思想教育,取消反动的训导制度,代之以革命的政治思想工作。"原有国民党、三青团反动组织,必须坚决解散,但对于参加反动党团的一般青年学生应热情积极地教育改造"。尽快争取编写新的教材。对原有教职员除少数反动分子和破坏分子外都采取团结、教育和改造的方针,一方面在生活上给予照顾使之安心工作,另一方面对他们进行思想教育,启发他们的觉悟,分清是非,树立为人民服务的思想。中共西北局指出,"办好新区教育,争取与改造广大知识青年,为目前建设新区的重要任务之一"。要求原有学校要争取迅速开学,要派得力干部办好一两所,要团结原有教育工作者,在政治上提高他们,在生活上照顾他们,物质待遇一般应不低于国民党统治时期。这些政策对稳定社会秩序,迅速恢复学校教育,避免过渡时期的混乱和脱节,争取改造知识分子起了很大的作用。

(二)工作重心转移,使学校教育正规化

辽沈、淮海、平津三大战役结束之后,党的工作重点转向城市,为了迎接大规模的经济恢复和建设工作,党在 1948 年以后对各级学校教育作出新的规定。1948 年 8 月华北召开中等教育会议,东北召开第三次教育会议,着重讨论中学教育问题;改变中学干部训练的性质,确定中学为普通教育。中学学制仍用三三制,还要求建立入学和毕业考试制度,及各种教学制度,加强文化课学习,重视课堂教学等。

1949 年 6 月华北人民政府在北平召开华北小学会议,提出建立小学的正规制度问题。要求根据新区和老区,城市和农村的不同情况处理。小学学制六年(四、二分段),初小可以根据具体情况,采取二部制、半日制、巡回小学、季节性小学等办法,修业年限可根据情况伸缩。

1949 年 8 月中共中央东北局、东北行政委员会作出了关于整顿高等教育的决定,确定学制为:工、农、医等学院四年,社会科学及文艺学院三至四年,专修科二年。并且规定了甄别学生、改变学生待遇、整顿与充实教员阵容、改进管理方法、适当地加强政治教育等具体办法。

第二节　革命根据地的教育行政

一、瑞金时期的教育行政机构

1931 年 1 月,中华苏维埃共和国临时中央政府在瑞金成立,临时中央政府设置了中央教育人民委员部,作为全国各根据地最高教育行政领导机构,掌管苏区的教育行政事务。中央教育人民委员部设部长 1 人,负责执行中共中央和临时中央政府制定的教育方针、政策和指示,督促和检查本部和下级教育行政机关的工作,同时对本部的部分干部有权任免。为协助部长工作,设副部长若干人。瞿秋白任首任部长,副部长是徐特立、沙可夫。瞿秋白到任后,主持制定了一系列教育法规,使苏区教育走上法制化的轨道。

为有效地领导和管理苏区的教育事业,中央教育人民委员部下设了初等教育局、高等教育局、社会教育局、艺术局、编审局、巡视委员会等机构。其中,初等教育局和高等教育局协同管理学校教育;社会教育局和艺术局协同管理社会教育;编审局负责教材的编审;巡视委员会负责计划与指导巡视。

中央教育人民委员部中还设立了教育委员会,其任务是讨论、计划、建议和检查教育工作中的问题。

1933 年 4 月,中央教育人民委员部颁布了《省、县、区、市教育部及各级教育委员会的暂行组织纲要》(以下简称《暂行组织纲要》),规定省、县、区设教育部,分别隶属于上级教育部及中央教育人民委员部,同时受同级执行委员会及主席团的指导与监督;市设教育科,受市苏维埃的领导;乡在苏维埃指导下设教育委员会,其任务是:执行中央政府及中央教育人民委员部的文化教育政策、计划、命令,领导广大的工农群众,用教育与学习的方法,提高群众的阶级觉悟、文化水平与政治水平,使之能深入开展阶级斗争,参加苏维埃各方面的建设,以争取苏维埃运动在全中国的胜利。

《暂行组织纲要》规定:省、县教育部设正副部长各 1 人,下设普通教育科、社会教育科。另设巡视员若干人。省教育部还要设编审出版委员会和总务科。区教育部和市教育科设部长或科长 1 人,另设普通教育兼文书 1 人,社会教育兼统计 1 人,乡苏维埃政府在常驻人员中指派 1 人负责管理教育事宜,并领导乡教育委员会。各级教育部长和市教育科长由同级苏维埃政府执行委员会或主席团选任,并经上级教育部批准。教育部(科)的其他干部均由同级教育部长(或科长)委任后报上级教育部备案。

普通教育科的任务是管理成年补习教育、青年教育(如夜校、识字运动)及儿童教育(如列宁小学)。社会教育科的任务是管理俱乐部、地方报纸、书报阅览所、革命博物馆及巡回演讲等工作。编审出版科的任务是编辑普通教育和社会教育的各种教材、审查下级编辑的材料,并为之出版。巡视员的任务是往所属各地巡视,直接指导下级的工作。

此外,各级教育部均设教育委员会,教育委员会主要由苏维埃政府代表、列宁小学校长、夜校校长、俱乐部主任和共青团、工会、少先队等群众团体代表组成,其任务是讨论、计划、建议并检查该管辖范围内发展文化教育的一切问题。乡教育委员会还要承担制定教育实施计划、领导识字运动委员会开办各村识字班以及建立俱乐部、夜校、列宁小学等具体任务。各级教育委员会的设立,集中体现了苏区依靠社会力量办学的政策。

总之,各级教育部及教育委员会在教育管理中相互配合,形成了一个独特的教育管理体系,在苏区教育发展中发挥了重要作用。

二、延安时期的教育行政

1938 年 11 月,中共中央决定成立中央干部教育部,洛甫(张闻天)任部长,罗迈(李维汉)任副部长。干部教育部的任务是:统一制定中央直属各学校的教育计划与教学方法;适当地调剂各学校的教员、教材、课程;有计划地进行招收新生的工作;领导党政军民各机关的干部教育;总结各学校、机关干部教育的经验等。中央干部教育部内设党内干部教育科、国民教育科。中央干部教育部实际上领导了各个民主根据地的教育工作。1940 年 6 月,中央干部教育部与中央宣传部合并,改称中决宣传教育部。同年 10 月,又改为中央宣传部。从此,中央宣传部直接领导全国各个民主根据地的教育工作。

各民主根据地的教育行政机构,是随着各根据地政府机构的建立而建立的,在各级政府内都设置了相应的教育行政机构,主管本地区的教育事务。各边区教育行政机构成立的时间有先后,名称也是不统一的。如陕甘宁边区、晋冀鲁豫边区等均称教育厅(或民教厅);晋察冀边区、山东抗日民主根据地则称作教育处;华南抗日民主根据地则称作宣教科或教育科。即使是在同一根据地内,在不同时期教育管理机构的名称也有变化。其内部的组织机构,边区的教育厅或教育处,大部分设小学教育科、中学教育科、社会教育科、编审科、督学或督学室及秘书室。专区以下的教育科根据工作性质,各项工作均有专人负责。如陕甘宁边区 1941 年 11 月以前,边区教育厅直接领导各县三科,1942 年 1 月以后,专署才设置教育科,县设教育科,区设教育助理员,乡设教育委员。

边区各级政权对各级教育行政管理机构的职责做了规定。如边区教育厅负责制定本地区教育发展规划,发布通令或指示,巡视各地教育情况,培养教育管理干部,管理各级教育及社会教育,管理图书教材的编审,对教育文化、学术团体、图书馆、博物馆及公共体育娱乐场所进行统一管理。行署教育处(科)具体执行上级的方针、政策,按照教育厅的指示,执行计划并督促检查,研究和处理有关文化教育的各项事务,管理各县的"短师""联师"、中学和地方干部班等等。

三、解放区的教育行政

解放区的教育行政与抗日战争时期相比,有以下几点变化:

第一,各级教育行政管理机关的职能有了明确的划分。如 1949 年 7 月,华北解放区在小学教育会议的《总结报告》中规定:各级政府教育部门必须认真进行新民主主义教育业务的研究学习,及时总结经验,同时,负责制定中等学校的方针、学制、课程、编制及主要干部的配备。对各级教育部门的具体职能,《总结报告》指出,专署教育科的工作重点是执行上级教育方针、计划,督促检查研究问题,并将各县"短师"或"联师"办好。县政府教育部门必须加强小学的领导,区文教助理员在人民政府领导下负责协助各村解决学校行政问题。村政府对小学应切实予以帮助,将村小学办好。

第二,注意提高各级教育行政人员的素质,提高工作效率。为改善和健全教育行政管理机构,提高管理效能,各解放区都选拔了一批优秀称职的干部充实教育行政管理机关,同时大量吸收地方知名人士参加教育工作。有的地区还专门办班集训干部,以培养提高教育管理工作干部的素质和专业水平。

第三,建立了一定的工作制度。解放区各级教育行政管理部门,注意克服过去在游击战争中工作缺乏计划的现象,要求各学校按计划办事。有的解放区还明确规定各级教育行政部门要定期举行会议,制定教育工作检查制度及汇报制度等。东北、华北等解放区都数次召开教育工作会议,在一定程度上促进了教育管理的正规化。

第三节　革命根据地的学校管理

一、干部教育的管理

从 1927 年到 1949 年,干部教育一直是革命根据地的重点。中国共产党通过创办多种类型的干部学校,以多种多样的培养方式,培养各类干部和专门人才。根据地的干部教育类型包括在职干部教育和新干部培养,途径包括在岗短期培训、离岗系统教育和岗前系统培训,学习的内容包括文化识字、理论知识和业务知识三个方面。

革命根据地的教育机构可分四类:第一,干部短训班。一般是按系统、分层次举办,其特点是时间短、内容比较集中、学习目的明确,学习方法主要由教员讲课、学员讨论,不时还进行测验、考试,以巩固学习效果。第二,军政学校。这类学校比较正规,其目的是培养党政军干部,比如红军学校、苏维埃大学、中国人民抗日军事政治大学、延安大学、陕北公学、华北联合大学等。第三,技术学校。如瑞金时期的中央农业学校、红军卫生学校、红军通讯学校,延安时期的自然科学院、白求恩卫生学校、医科大学、铁路学院等,目的是培养革命所需要的各种专业干部。第四,文化艺术学校。最著名的有瑞金时期的高尔基戏剧学校、延安时期的鲁迅艺术学校,其目的是培养党与非党的各级文艺干部。其中影响较大的干部学校有:

中国工农红军大学。它的前身是 1931 年秋成立的苏区中央军事政治学校,是中国共产党领导的红军培养高级军事政治干部的学校。1932 年改称中国工农红军学校。1933 年 11 月扩编为中国工农红军大学,校址在江西瑞金。刘伯承、叶剑英先后担任该校校长兼政委。该校设调训红军中军以上高级干部的高级指挥科和培养团营以上军政干部的上级指挥科、上级政治科、上级参谋科,还附设了教导队、高射炮队、测绘队。学员都是从红军中抽调出来的干部。教员分专职、兼职两种。主要课程有:党的建设、社会发展史、红军政治工作、步兵战斗条令、野战条令、从班至团的基本战术和射击、刺杀技术等。教学中贯彻理论联系实际、前方与后方结合的原则。学员除上课外,还进行各种军事演习、代职参加前方部队的指挥工作和地方上的各项中心工作。

苏维埃大学。1933 年在江西瑞金成立,是中华苏维埃共和国培养政权机关干部的高级干部学校,毛泽东、瞿秋白先后担任校长,徐特立曾任副校长。该校设本科和预科两部。凡 16 岁以上有半年工作经历并且积极参加斗争的男女青年或在各项工作中有成绩,其文化程度能看普通文件者都有入学资格。本科分土地、国民经济、财政、检察、教育、内务、劳动、司法、外交、粮食 10 个专业班,学制半年。学习的课程包括苏维埃工作的理论、实际问题和实习三项。预科招收文化程度较低的学生,给予文化补习教育。这个学校为中央苏区的各级政权机关培养了大批干部,1934 年并入马克思共产主义学校。

中国人民抗日军事政治大学。其前身是中国工农红军大学,1936 年 6 月改称西北抗日红军大学,1937年初迁至延安,改称中国人民抗日军事政治大学(以下简称"抗大"),毛泽东兼任政治委员,林彪任校长,罗瑞卿任教育长。同时校部成立了政治部、训练部、校务部。在校长领导下,"抗大"设大队、支队和学员队。后来,为了适应作战形势,对学校的建制作了进步的调整。"抗大"第一期学员300人,都是红军中经过长期革命锻炼的干部,学习的目的在于使红军干部,对抗日民族统一战线和抗日民族革命战争等政治、军事的新问题,在理论上有深刻的认识,在实际上有充分的准备。从第二期起,为了适应抗日民族统一战线的新形势,"抗大"除继续担负提高红军干部工作水平的任务外,还担负起培养外来知识分子和青年学生的新任务。"抗大"的教育方针是"坚定不移的政治方向,艰苦奋斗的工作作风,灵活机动的战略战术"。"抗大"的任务是培养八路军和新四军的骨干力量。"抗大"的校训是"团结、紧张、严肃、活泼"。课程由于各期的情况不同而不完全统一,但主要的有政治课、文化课和军事技术课。"抗大"教学的主要原则是"少而精""理论与实际并重""理论与实践联系""军事与政治并重"。学习方法上有集体研究、自主学习、互相帮助等。"抗大"的学员参加生产劳动,自己修建校舍,进行大生产运动,也参加实际的战斗。为了发展敌后的游击战争,1938年底"抗大"在敌后抗日根据地开办分校。第一分校开赴晋东南,第二分校奔向晋察冀。1938年"抗大"除留一部分在延安组织第三分校外,总校迁至晋察冀,1940年2月又转移到晋冀鲁豫边区,1943年总校返回延安。"抗大"总校共办了八期,在晋东南、晋察冀、华中、苏北、苏中、鄂豫皖、太行、太岳等根据地办了十二所分校,有的分校又办有分校,先后培养了二十多万名军政干部。

1941年12月,中共中央为了加强对干部学校的管理,印发了《关于延安干部学校的决定》,指出学校行政组织以短小精干为原则。学校内党支部的任务,是保证学校教育计划的完成,纠正支部与行政并立的不正确现象。在统一战线性质的学校内,应纠正党员包办一切的党化作风。根据这个决定的精神,在干部学校中,逐步形成了学校的领导管理体制。军事学校大部分是政委负责学校政治领导,正副校长负责行政领导。其他干部学校一般实行校长负责制,也有的是实行党组领导下的校长负责制,或组成校务委员会实行集体领导。

干部学校内的机构,一般设政治部(处)、训练部(处)、校务部(处)。教学组织一般按班、排、连编制,或按期编制。

干部学校的教学注重两个环节:其一,严格课程管理。凡是专门性质的学校,必须突出专业特点,以学习有关该项专门工作的理论与实际的课程为主,纠正过去以政治课压倒其他科目的不正常现象,规定了专业学校各类课程的比例:专门课占50%,文化课占30%,政治课占20%。其二,改进教学方法。干部学校采取启发的、研究的、实验的方式,废止注入的、强迫的方式,以发展学生在学习中的自动性与创造性,必须加强实践的环节,就地取材,作广泛的调查研究。要求干部学校的学生要"养成自由思想、实事求是、埋头苦干、遵守纪律、自助自治、团结互助的学风",去掉"主观主义、宗派主义、教条主义、好高骛远、武断盲从、夸夸其谈、自以为是及粗枝大叶、不求甚解的恶习"。

二、普通教育的管理

在全面抗战胜利之前,革命根据地的普通教育主要是初等教育。根据地的初等教育为国民教育的一部分,学制一般为5年,分为初级小学和高级小学两级,前3年为初级小学,后2年为高级小学,合称为完全小学。初级小学可以单独设立。小学教育的宗旨是发展儿童的身心,以民族精神与生活知识教育儿童,把他们培养成为优秀的新一代。

关于小学的领导体制,《小学管理法大纲》规定,小学实行乡教委领导下的校长负责制。校长的职责是:领导全校的工作,负责编造预算决算,报告乡教员委员会和区教员部,保管小学的财产器具,计划并进行学校设备的改良。领导教员进行全校的教务及训育事宜,并负责检查其成绩。领导学生会的工作,协助校内儿童团,训练全校学生。负责定期召集学生家长联席会议,讨论教授、训育方法及其他与家长有关系的问题。在学校行政问题上,校长对外代表学校,并领导教员、学生参加种种社会工作。负责对乡教员委员会及区教育部报告每月工作及每学期的成绩总结。这种管理体制,体现了管理学校的民主集中制原则。延安时期的小学在领导体制上有所不同。民办小学一般只有1名教员并兼校长。完全小学等有多个年级的学校,除设校长1人总理全校事务外,有时还设有负责后勤的总务部、负责教学的教务部、负责思想教育的训育部(或生活指导部),后提倡"教导合一",教务部和训育部合并组成教导部。各部设主任,各部之下又设若干组。各根据地都规定,小学校长必须在本校任课,如晋冀鲁豫边区曾规定高小校长的任课时数不得少于教员的三分之一。

在教师管理上,《小学管理法大纲》规定,教员的职责有:一是负责教授学生各种科目,训练各班学生;二是领导劳作实习和社会工作;三是测验学生的成绩。延安时期,各边区政府采取了一系列行之有效的办法,加强教师队伍建设。首先,根据建立文化教育统一战线政策,吸收、教育和改造社会上的知识分子任教,要求他们一面教书、一面学习,以提高政治理论水平;其次,任用政府有关部门的干部或过去曾经从事过教育工作的人任教,并采取各种办法提高他们的水平。如以专区为单位设置师范学校或师资班,普遍利用寒暑假举办各种讲习班、训练班、座谈会、讲习会等;再次,大量培养新师资。革命根据地的教师,大部分是自己培养出来的。

在学生管理方面,实行民主化管理。具体措施有二:其一,明令废止体罚。苏区小学不是把学生当作"被统治者"看待,废除了体罚和打骂的办法,陕甘宁边区教育厅在《陕甘宁边区小学规程》中也规定,对小学生的管理,"应以民主集中精神与自觉纪律为原则,不得对学生施用体罚"。其二,成立学生自治组织。苏区小学内都成立了由学生选举产生的学生会,并成立了在共产党和共青团领导下的共产儿童团,由它在学生会中起核心的作用。学生会的任务是:① 使教育与实际工作不相分离,发扬学生的创造性,加强他们学习与工作的积极性,巩固入学儿童人数,使全体学生有集体生活、互助的精神和革命斗争的组织能力。② 学生会组织学生自己的生活,发展自治的能力,参加学校行政管理,并动员学生参加社会工作,培养将来社会主义的建设者。

在课程管理上,1933年10月中央教育人民委员部发布的《小学课程与教则草案》规定,小学教育要达到的程度为:政治水平要达到了解马克思列宁主义的基础;达到能了解阶级斗争一般的理论和策略;知识技能、身体要达到能满足目前斗争和一般生活最低限度的需要,同时要准备将来学习专门知识技能的最低限度的基础。根据1934年4月中央教育人民委员部发布的《小学课程教则大纲》的规定,初小课程为:国语、算术、游艺。高小课程为国语、社会常识、算术、自然常识、游艺。劳作及社会工作列入教学计划。《小学课程教则大纲》还对小学的课程安排和课时分配做了规定。1939年8月,陕甘宁边区教育厅公布了《陕甘宁边区小学规程》规定:小学课程,初小为国语、算术、政治、自然、历史、地理、美术、劳作、音乐、体育。劳作以生产劳动为主,体育以军事为主。社会活动、生产劳动列入正式课程。

在教学方法上,《小学课程教则大纲》提出小学教授方法的三原则:小学教育与政治斗争的联系;小学教育与生产劳动的联系;小学教育与有利于儿童创造力之发展相联系。苏区小学是反对采用灌输式方法来进行教学的,它在教学方面提倡采用启发式,充分发展儿童自发的能力和创造性,用实物显示,参观各种机关团体,观察自然界的物产现象,儿童自己练习选举、办事等等,用具体的问题,去引起儿童对于课目的兴趣,自发地思考、解答。各边区政府强调调动学生学习的主动性、积极性。

三、社会教育的管理

苏区为了加强对社会教育的管理,在中央教育人民委员部中设置了社会教育局和艺术局,协同管理社会教育。在省、市、县、区的各级教育部或教育科里,也设置了社会教育科或主管社会教育工作的干部。同时,乡教育委员会的主要工作之一,就是以扫除全乡文盲为目的,进行广泛的识字运动,建立和领导各种教育团体,以推动社会教育的广泛开展。苏区的社会教育团体,主要有识字运动委员会和消灭文盲协会。

识字运动委员会一般以乡为单位设立总会,以村为单位设立分会。任务是指定各识字小组中识字的人教不识字的人和指导教法;检查和督促本乡本村识字活动的开展。在分会之下,以居住相近的 5～6 家邻居,或 10 人上下编成一个识字小组,推举组长 1 人,负责组织进行识字。它一般不建立乡以上的组织系统,但个别苏区也有建立区、县识字运动委员会的。识字运动委员会没有行政指导权。它制定的有关识字运动的计划、办法等,可以提交教育行政部门颁布执行;也可以将开展识字运动的经验编印成小册子出版或撰写成稿件投寄各报刊采用;它对于识字小组的活动,可以进行督促和指导。这个组织在苏区的识字运动中是起过作用的。

消灭文盲协会是 1933 年 10 月全苏区文化教育建设大会上决定成立的。在这次大会通过的《消灭文盲决议案》中,认为过去“识字运动仅有乡以下的组织,没有建立全苏整个系统”,是不重视识字工作的表现。决定“今后的组织,仍当以乡为基本组织。每乡设立一个消灭文盲协会,夜学和识字小组、短期训练班、半日学校等,仍旧有的组织系统属于乡协会,旧有的识字运动委员会和分会取消,从乡到中央,均组织消灭文盲协会,成为独立系统的广泛的群众组织,在行政上受各级教育部指挥、监督并帮助工作进行。”此后,在中央苏区和其他一些苏区就陆续以新成立的消灭文盲协会代替了原有的识字运动委员会。

消灭文盲任务协会是各级有组织的群众、各机关、学校、部队在同级教育部的领导下,为完成消灭文盲任务而进行工作的群众组织。按照 1934 年颁布的《消灭文盲协会组织纲要》规定,其主要工作有以下六项:一是动员本组织内不识字的人,一律加入夜校和识字班,使本组织内的识字工作健全起来。二是组织宣传队,进行消灭文盲的宣传。三是有计划地把夜校、识字班广泛地建立起来。四是举行消灭文盲运动周、消灭文盲运动大会等。五是检查夜校、识字班的工作,并使其健全起来。六是举行各团体消灭文盲的竞赛。

为了做好上述工作,1934 年颁布的《消灭文盲协会章程》中又规定,消灭文盲协会以村分会为基本组织(原来以乡协会为基本组织),在村分会之下,设若干消灭文盲小组,每个小组同时就是一个识字班或夜校或半日学校。村分会设干事会,其干事即由小组长充任,并互推 1 人为主任。乡协会的干事会由村分会的主任联合组成,并互推 1 人为主任。村和乡协会须定期召开会员大会检查工作和交流经验。区、县、省的协会机关均由下一级的主任联席会议选举干事会,各级干事会设主任 1 人。县以上的协会须有常驻人员办公。另外,各级党、政、群机关团体内所设之消灭文盲协会,亦归同级消灭文盲协会领导。

延安时期的社会教育,以发展民众教育,消灭文盲,提高边区成年人之民族意识与政治文化水平为目的。其形式不仅有民众教育馆、俱乐部等社会教育机构,而且有夜校、半日校、民众学校、冬学、正规学校的成人班等业余学校性质的机构,其中,以民众学校和冬学的制度较为完善。

为了发展社会教育,加强管理,各边区政府采取了以下几项管理措施:

第一,建立健全组织领导。各边区先后成立了冬学委员会,作为冬学的管理机构。设专门人员负责冬学工作。如陕甘宁边区从分区、县到区、乡、村,都成立了冬学工作委员会,专员、县长分任分区和县两级冬学委员会主任。

第二,实行"民办公助"的社会教育政策。根据群众的实际需要,把社会教育交给广大群众自筹自办,政府给予帮助、指导及适当的补助。

第三,编印识字课本。除中央教育部专门编印新文字课本供各边区使用外,各抗日民主根据地也编印切合本地区实际的教材。如陕甘宁边区编印的教材就有《新千字文》《日用杂字》《庄稼杂字》等。

第四,提出指标,建立检查制度。各边区政府都提出了教学要达到的标准,并且建立了一套行之有效的检查制度。如陕甘中边区提出,凡边区 50 岁以下的公民,每人要识 1 000字,要能读《群众报》。各边区政府还制定了一套相应的督促检查制度,如考试、发证、检查汇报、巡视等。

第五,建立教育社团,促进社会教育发展。1940 年 3 月,中共中央作出了《关于抗日民主地区的国民教育的指示》,指出:"应组织各种帮助国民教育的社会团体,如小学教育联合会、社教促进会,或国民教育研究会等。各种文化团体,如文化协会、戏剧协会等,应以帮助国民教育为它们的主要任务之一。"于是,各抗日民主根据地先后组织了各种教育社团,推动了根据地教育的发展,增强了抗战力量。

第六,创办教育刊物。为了不断交流教学经验,提高教学水平,活跃儿童生活,各抗日民主根据地还创办了一些教育刊物,如陕甘宁边区先后创办的教育刊物就有《边区儿童报》《边区教师报》《新文字报》等。其他抗日民主根据地也创办了类似的教育刊物。这些教育刊物的创办,对于坚持教育必须为战争服务,加强抗日民主根据地的教育管理起到了巨大的促进作用。

四、革命根据地教育管理的基本经验

(一)坚持教育紧密为革命战争和阶级斗争服务

在当时特定的时代背景下,以武装斗争的手段去夺取民族民主革命的胜利,是革命根据地工作的重中之重,因此革命根据地的教育必须首先服务于革命战争的需要;一方面,要培养大批干部作为武装斗争的领导和骨干,以保证军队和地方建设的需要;另一方面,革命战争是人民战争,只有最大限度地发动人民群众才能进行战争,要通过教育来提高军民的政治觉悟和文化水平,动员他们积极参加和支持革命战争。因此,革命根据地的干部教育、社会教育和普通教育都得到广泛开展,而且都是紧密为革命战争和阶级斗争服务的。在革命根据地的各类教育中,政治思想教育始终被置于首位,即使是开展文化知识的学习,也尽可能

地渗透进政治思想教育的内容。

（二）新型的教育体制

根据党的教育方针和革命战争的需要，革命根据地创立了一个完全新型的教育体制，它包括干部教育、社会教育和普通教育三个部分。干部教育的任务是培养和训练干部，社会教育的任务是提高群众的革命觉悟和文化水平，普通教育则着眼于造就未来的革命接班人。这三类教育又有明确的主次之分，即在整个教育体制中，成人教育重于儿童教育；在成人教育中，干部教育重于社会教育；在干部教育中，对现职干部的培训又重于对未来干部的培养。因为成人受到教育后，其效果能立即体现到革命和生产中去，而干部又是一切工作的领导和骨干，重要性更加显著，尤其是对现职干部的培训更具有迫切性。由此可见，革命根据地的教育重在实效，强调立竿见影，这也是由当时严酷的战争环境所决定的。

（三）教育与生产劳动和社会政治活动紧密结合

在革命根据地教育中，各类学校都根据自身特点组织师生参加劳动，乃至将劳动列为教育计划的重要组成部分。开展生产劳动不仅自力更生创造了物质财富，减轻了政府和群众的负担，为发展教育提供了有力保证，更重要的是培养了师生的劳动观点、群众观点、艰苦奋斗和团结协作的精神，对于造就革命斗争的坚定战士具有重要作用。根据地师生还广泛参加各类革命斗争和政治活动，既有助于提高他们的思想觉悟，锻炼革命意志，提高工作能力，同时也有力地支援了革命斗争和解放区建设。

（四）走群众路线，依靠群众力量，实行多种形式办学

中国共产党历来重视群众路线，进行革命战争和经济建设要走群众路线，文化教育事业也必须走群众路线。革命根据地教育是人民群众的教育，光靠政府办学，不仅难以满足需要，而且也是违背群众教育的原则的；所以，发动群众办学，"以民教民"，就成为根据地和解放区办学的一个重要特点。为了更好地发挥各方面的优势和积极性，出现了"民办公助"的办学形式。所谓民办公助，就是由群众集资、出力，自己办学，主要是家长和学生通过劳动来解决资金和人力问题，也采用集资、提取结余、开学田、组织文教合作社等方式来筹集办学资金，政府则给予方针上的指导、物质上的补助和师资上的支援。既然是民办，就必须根据群众的需要，由群众自愿办学，教学内容也必须适应群众的需要；教学方式上也是因地制宜、因人制宜，尤其是成人教育更要适应生产和生活。由于教育内容实用，形式多样，因此效果很好，受到群众的欢迎。

（五）教学制度和方式的改革

为适应革命斗争需要，根据地教育打破旧的"正规化"的框框，采取各种切合实用的教学制度和教学方式，主要有：

第一，缩短学制。干部学校一般都是半年至一年，中学、师范学校先是二年，后延至三年，小学是五年。社会教育及各类训练班的学习期限就更短了。这样虽然不易传授系统的知识和理论，但能够尽快地学到革命和生产所必需的知识和技能，迅速地为革命斗争输送人才并教育、发动群众。

第二，教学紧密联系实际。由于环境艰苦，学制短，学生文化的基础又普遍较差，所以各类学校一般都精简课程门类，删除陈旧或不切实用的内容。干部教育主要学习马克思主义基本理论、党的方针政策和从事革命斗争、根据地建设所必备的知识。社会教育则以扫盲为基础，要求掌握起码的读写算技能和革命的基本道理，以及必备的生产和卫生的知识。

　　第三,注重实效的教学方法。不受正规的教师、课堂制约,提倡能者为师,先学的教后学的,"小先生制"广泛运用于各类学校和群众教育中,使教育活动渗透到一切可以从事教学的时间和场所,获得最广泛的效果。在较高程度的干部教育中,多是以自学为主,重在启发、研究、讨论和实际考察、实习训练。由于教学内容密切联系实际,学员多数都有丰富的实际经验,所以有问题可思,有心得可言,通过学习和交流,收获就更大、更深刻。

　　总之,革命根据地教育是一种新型的革命教育,它的无产阶级和人民大众的性质,为革命战争和阶级斗争服务的目的,以及与此相适应的新型教育体制,多种形式的办学途径,注重联系实际、讲究实效的学制、教学内容和教学方法,都是别具一格的。在当时严酷的斗争环境下,它的政策、理论、措施、方法已经被历史证明是卓有成效的,因此,它在中国教育史上有着十分重要的地位。

复习思考题

1. 革命根据地的教育方针和政策的内容是什么?
2. 革命根据地的教育行政管理的基本内容及主要措施是什么?
3. 革命根据地的干部教育管理有什么特点?
4. 革命根据地的教育管理工作有哪些基本经验?

下编　外国教育管理史

第一章　古代的教育管理

大约在公元前 3500 年至公元前 2000 年,在尼罗河、底格里斯河与幼发拉底河、印度河诸流域,人类已先后进入文明时代。埃及、巴比伦、印度、亚述、波斯、赫梯、希伯来和腓尼基等东方古国先后创造了灿烂的文化。与此同时,正是在这些人类文明的发源地,诞生了世界上最早的学校。由于学校的出现,人类教育的历史从此进入到一个全新的发展阶段。古代东方国家大多拥有两大类学校:世俗学校与宗教学校。世俗学校的教育呈现出多样化的特点,而宗教学校则是传播宗教思想、实施社会教化的重要机构。

第一节　文明古国的学校及管理

大约在公元前 3500 年,在尼罗河流域出现了古埃及文明,在两河流域兴起了苏美尔文明;公元前 2500 年,印度河流域出现了印度河文明。古埃及、西亚古国、古印度等都是世界上最早步入文明时代的国家,历史上称之为"文明古国",它们是人类初始文明的源头。

一、古巴比伦的文明与学校

古代西亚的地理位置东起伊朗高原,西至地中海东岸,地域面积广大,包括伊朗高原、两河流域、小亚细亚、叙利亚、巴勒斯坦和阿拉伯半岛。这个地区是人类文明的发祥地之一,相继出现了若干国家。苏美尔人是较早生息在这里的居民,他们是开创两河流域文明的先驱者。之后经历了阿卡德王国、乌尔第三王朝。公元前 18 世纪,古巴比伦王国统一两河流域。公元前 8 世纪至公元前 7 世纪,强大的亚述帝国推翻古巴比伦王国的统治。亚述帝国后来又被新巴比伦和米底王国消灭。但为时不久,新巴比伦和米底王国这两个西亚强国又先后被伊朗高原另一个新兴的国家——波斯帝国所征服。

小亚细亚以东的地中海沿岸地区曾是海陆交通的要地,公元前 3000 年前后,出现了腓尼基诸城市国家;公元前 1500 年前后,赫梯王国曾强盛一时;公元前 10 世纪,希伯来人建立了犹太王国。西亚古国的先民们在这里创造了灿烂的文化。

楔形文字是古代两河流域最辉煌的文化成就之一。苏美尔人很早就在石头上刻下图形文字,后来,他们将黏土制成半干的泥板,用削成尖头的芦苇秆、骨棒或木棒在上面书写。用这种书写方式在泥板上留下的字形落笔处印痕宽而深,起笔处印痕窄而细,很像木楔,故称之为楔形文字。泥板用火烘干,制成泥板书,可长久保存。楔形文字流行于亚洲西部的许多地方,为阿卡德人、巴比伦人、亚述人等所接受,并结合自己的需要略做修改加以使用。公元前后,楔形文字逐渐被人遗忘,成了一种死文字。17 世纪,欧洲人从东方带回了削劚楔形文字的拓片。1800年,德国学者格罗铁芬解读了楔形文字中的"皇帝""大流士""薛西斯"等词。1835年,英国学者罗林生在伊朗发现《贝希斯敦铭文》,并于1857年成功破译了其中的一部分,揭开了楔形文字的神秘面纱,从而诞生了亚述学,流传至今的一些泥板书成为研究古代西亚历史的珍贵史料。腓尼基人于公元前13世纪创造出了世界上第一套拼音字母。这套字母共22个,只有辅音,没有元音,它简单易懂,适应了腓尼基人从事航海和贸易的需要,因此很快就在东西方传播开来。古希腊字母和阿拉米亚字母都来源于腓尼基字母,在希腊字母的基础上衍生出了拉丁字母和斯拉夫字母,阿拉米亚字母则发展成为印度、阿拉伯等语言的字母。

西亚古国留下的文学作品中,最脍炙人口的当属史诗,《吉尔伽美什史诗》就是其中最杰出的作品。这是两河流域人民创作的一篇英雄史诗,史诗中以曲折动人的故事情节塑造了智勇双全的英雄吉尔伽美什的形象。史诗用楔形文字刻在12块泥板上,共3000多行。此外,还有一些反映尖锐的阶级矛盾和贫苦人民生活的作品,如《主人与奴隶的对话》《咏受难的诚实人的诗》等。

早在公元前30世纪中叶,苏美尔人就已制定出了成文法典。两河流域出现的法典主要有《乌尔纳姆法典》《苏美尔法典》《俾拉拉法典》《汉穆拉比法典》《亚述法典》等,其中影响最大、保存最完整的就是《汉穆拉比法典》。这部法典是古巴比伦国王汉谟拉比在位时制定的,是世界历史上第一部比较完备的成文法典,共有282条律文,内容涉及广泛,全面反映了古巴比伦的社会、政治、经济状况。

古代两河流域形成了较为完备的占卜体系,成为西方占星术的渊源。两河流域形成的关于世界起源、挪亚方舟等传说,成为犹太教和基督教经典《圣经》(*The Holy Bible*)的来源。在古代希伯来人中形成了犹太教并产生了其经典——《圣经》。基督教兴起后,一方面接受了犹太教的经典,同时又产生了新的经典。为了加以区别,习惯上将犹太教时的经典称为《圣经·旧约》,而把基督教经典称为《圣经·新约》。这对世界产生了重要影响。古代波斯民族创立了琐罗亚斯德教,其教义所信奉的宗教二元论,以及关于灵魂与来世、天堂与地狱、救世主、末日审判等宗教思想和一些宗教仪式被犹太教所吸收和继承,后来又通过犹太教为基督教所继承和发展。

古巴比伦人很注重天象观测,在他们所建的每一所庙宇里都设有图书馆,收藏着天文学和占星术的文献。古巴比伦时期,天文学家已能把五大行星和恒星区别开来,并将天上的星体按方位划分星座,绘制出星象图,这些星座的命名,如天蝎座、狮子座、巨蟹座、双子座、天秤座等一直沿用至今。古巴比伦人制定了太阳历,在亚述帝国和新巴比伦时期,人们还根据月相周期变化把一个月分为四周,每周七天(七曜日),分别由日、月、火、水、木、金、土等七位星神掌管,这就是今天世界上通行的星期制度的由来。

古巴比伦人在数学方面也取得了很大成就。古巴比伦人曾采用十进位和六十进位的双重计数法。他们已掌握了算术四则和分数的演算法,而且也在实践中运用了一些几何学的知识。

古代两河流域的人们在农业生产方面积累了丰富的经验。成文于公元前1600年的《农人历书》是迄今为止发现的世界上最古老的农书,该书记载了大麦从播种到收获的全过程,对于我们了解这一地区古代农业生产有着重要价值。

古代西亚各国还在建筑、艺术、物理学、化学、地理学、生物学及医学方面取得了不少成就。

迄今为止,历史文献并未明确记载世界上最早的学校出现在什么时代和什么地方。对于这个问题,学术界一直众说纷纭。一些考古发现表明,古代东方国家是世界上学校教育发展最早的国家,关于学校起源的几次重要的考古发现都集中在西亚的两河流域一带。

发现之一:乌鲁克(Uruk)古城遗址。在该遗址中,发现了一些泥板文书,这些泥板文书有的是关于神庙经济的文书,也有的是用作学生的"课本",如教学生单词和读音的"单词读音表"等。据此,人们推断至少在 5 500 年前,两河流域就出现了学校教育。

发现之二:苏路帕克(Shuruppark)古城遗址。1902—1903 年,考古学家在苏美尔的重要城市苏路帕克古城发现了大量的泥板学生课本、作业,泥板上用象形文字刻了许多词汇表和作业,由此判断约在公元前 2500 年左右,两河流域就已经有了专门对学生进行读、写、算等基本训练的学校。

发现之三:马里城(Mari)的考古发现。在两河流域的马里城,考古发掘出了大量古代的泥板书,并且发现了一条通道和两个大的房间。房间的整体布局非常像一所学校,据此推测这是公元前 2100 年左右建立的马里城里一所使用楔形文字教学的学校。学界公认它也是迄今为止被发现的人类最古老的学校。也有人认为,此校舍是公元前 3500 年前的建筑,公元前 18 世纪曾被巴比伦国王汉谟拉比毁坏。如果这种判断正确的话,那这所世界上最早的学校就比古埃及公元前 2500 年产生的宫廷学校还早 1 000 年。

在考古发现的学校遗址中,有在王宫附近的,也有在神庙附近的,还有的靠近书吏居住地。根据有关研究,苏美尔人称学校为"埃杜巴",意即"泥板书屋",泥板是早期学校使用的主要教学用具。苏美尔学校的校长叫"尤米亚"(ummia),即"专家""教授"。校长也被称为"学校之父"(school father),学生被叫作"学校之子"(school son),助教被叫作"老大哥"(school brother)。助教的任务是书写新的泥板,以供学生誊写;检查学生的抄写作业和背诵功课。其余教员,有的教绘画,有的教苏美尔语。此外,还有一些导生负责考勤,其中有一人负责纪律。苏美尔学校开设的课程主要有语言、数学和自然科学知识。在苏美尔学校,学生自制泥板,例如数学泥板,用于数学学习。在语言教学方面,学生使用泥板学习苏美尔语语法的情况也很普遍。现存的泥板中有一批刻着名词复数形式和动词形式的表格,显示了学生对语法已相当熟识。此外,公元前 2250—前 2000 年,苏美尔的教师们编写了各种为人们所知得最早的"字典"(Dictionaries)。

之后的希伯来人也十分重视文化知识的学习,犹太教经典《塔木德》中有一句箴言:"学习是最高的善。"教义和律法在希伯来社会生活中具有特别重要的意义。对希伯来人而言,不懂得教义和律法,就无法与"上帝"进行心灵的沟通,就将失去精神信仰,社会也将因此而失去秩序。因此,希伯来人把从小接受宗教教育当作一种责任和义务。当时出现的学校类型有:

(一)"先知之子"学校

公元前 11 世纪,希伯来人建立起了本民族的王国——以色列犹太王国。在希伯来国王所罗门统治时期,商业、手工业等都有了进一步发展。为了培养宗教和商业、技艺等方面的人才,公元前 8 世纪左右,在首都耶路撒冷出现了"先知之子"的学校,这是希伯来早期的宗教学校。此类学校存在的具体形式史界尚无定论,有推测认为它们很可能附属于耶路撒冷的圣殿,理由是圣殿里的祭司和谙熟犹太教义的先知们有条件担任教学工作,向学生们传播教义和祈祷、礼拜等宗教仪式的规范以及律法等方面的基础知识。此外,圣殿的宗教活动可以募集到办学所需资金。"先知之子"学校的教学方式灵活,讲授与自学相结合。随着宗教活动的普及以及民间对各种人才需求的扩大,这类学校后来也出现在耶路撒冷以外的一些地方。

(二) 会堂学校

会堂是希伯来人进行宗教活动的重要场所。会堂学校产生的准确时间尚无定论,但可以确定的是,会堂学校与会堂的兴起以及与希伯来人颠沛流离的经历和犹太教的形成发展有着密切关系。在早期,会堂学校的性质属初级学校,后来逐渐建立起了初、中、高三级会堂教育网。接受初级教育的学生以掌握读、写、算等基础知识和能力为主;进入中级阶段学习的青少年则学习宗教、文学、历史等知识;在高级学习阶段,学生们主要在祭司和先知们的指导下研修宗教经典和律法。在会堂学校行使教师职能的主要是祭司和文士。《圣经·旧约》是会堂学校使用的主要教材,它集中体现了丰富多彩的希伯来文化、历史、文学、伦理、民俗等。公元前 4 世纪,在希腊文化的冲击下,许多希伯来人不再使用亚兰语,希伯来语也遭到轻视,这给讲解希伯来律法带来了困难。于是,会堂中开设了希伯来语课程,以帮助更多的希伯来人掌握自己的民族语言。但这仍然挡不住希腊语日渐流行的趋势。相传,为了便于希腊化程度较高的人不会因此遗忘本民族的历史和文化传统,72 位犹太学者联手,将《圣经》译成了希腊文,并对犹太教思想与希腊的相关思想进行了对照分析,这就是著名的《七十子希腊文译本》,会堂中也以此为教材。

(三) 初等学校

公元前 2 世纪,出现了从会堂学校中分离出来的初等学校。公元前 75 年,耶路撒冷犹太教公会颁布条例要求广设初等学校,规定社会必须资助设立公共教育,家庭必须送儿童入学,此时,希伯来的学校已经很发达。公元前 64 年,最高祭司卡马拉(Josue Ben Gamala)重申每个市镇必须设校一个,让 6 岁以上的儿童都入学。学生人数在 25 名以内,由 1 名教师教学;人数有 40 名的学校,再增加助教 1 人;学生满 50 名,则由 2 名教师执教。希伯来世俗初等学校的入学年龄一般是 6 岁左右,6—10 岁的儿童学习《五经》①和简单的读、写、算,约在公元 2—3 世纪,《塔木德》②也成为希伯来学校的主要教学内容。10 岁以后的儿童主要学习口头法律,时间通常为 3~5 年,为他们成为奉公守法的公民做准备。年满 15 岁以后,若家庭经济状况足以支付学费,则继续学习更深的法律知识、宗教理论,或学习数学、天文学等其他学科的知识。

二、古埃及的文明与学校

古埃及的居民主要是由非洲北部迁至尼罗河流域的土著构成,他们创造了铜石并用的文化。公元前 3500 年左右,埃及的氏族制度向国家过渡,进入了阶级社会。当时尼罗河两岸有许多"诺姆"(nome),这是希腊人的称呼,中文译为"州"。这些州实际上就是一个个小

---

① 《五经》——《创世纪》(Genesis)、《出埃及记》(Exodus)、《利未记》(Leviticus)、《民数记》(Numbers)和《申命记》(Deuteronomy)是希伯来学校最初的学习经典,它们既是文学作品和历史故事,又是法典,因此,也译为《律法书》。

② 希伯来人长期将《五经》奉为圣书。后来随着社会的发展,在公元前 2 世纪左右,希伯来出现了由一些新的不成文法编辑而成的书——《密西拿》(Mishna),即《法典》,后来又出现了对《密西拿》进行补充、诠释的作品《革马拉》(Gemara),即《法典诠解》,这两部著作合并形成《塔木德》(Talmudh),即《法典大全》,它成为希伯来学校的重要教学内容。

王国,独立行使着军事、行政、司法、祭祀等权力。各州之间经过长期的战争,上埃及提尼斯州的统治者美尼斯于公元前3100年左右统一埃及,建立起古埃及史上第一个王朝——提尼斯王朝。古埃及的历史有2 000多年,史学界将古埃及的历史分为古王国时期(约公元前28世纪—前23世纪)、中王国时期(约公元前21世纪—前18世纪)、新王国时期(公元前16世纪—前11世纪)和后期埃及(约公元前11世纪—前4世纪)等几个时期。公元前332年,马其顿国王亚历山大(Alexander the Greet)东征,占领埃及,埃及历史进入了马其顿—希腊时期。

早在公元前4000年左右,埃及就有了表形文字,这些字用一些简单的图画来表达意思,如在圆圈中加个点表示"太阳",以几道波纹表示"水"等。后来,在表形文字的基础上,又产生了表意文字,如画个展翅的鸟来表示"飞",一个弯着腰拄拐的人象征"老年",手持棍杖表示"打"等。由于用表形文字和表意文字还不能完全展现出社会生活的丰富多样,于是又出现了表音文字,如猫头鹰的图形表示猫头鹰,同时又表示"姆"这个音(埃及人将猫头鹰这个词读作"姆")。表音文字的特点在于赋予表形文字以一定的声音,从而衍生出24个表音符号。但是有些字发音虽相同,但却指代不同的事物,用表音文字仍不能体现它们的差别,于是又出现了部首符号,用以表示这个字的所属范围。经过长期演变,古埃及形成了一套由表形、表意、表音和部首符号组成的文字系统。其中,表音字母的创造是古埃及人留给世界的珍贵文化遗产之一。后来,腓尼基人吸收利用这一成果,创造了22个拼音字母,奠定了西方字母文字的基础。

古埃及表形文字——纸莎草古埃及文字的书写较为复杂,最早的字体是圣书体,由于其庄重古雅,主要用于书写宗教文书和镂刻碑铭。公元前2000年前后,草书体——祭司体(即僧侣体)出现,这种字体的笔画比圣书体的笔画更为简约。大约公元前8世纪,又演化出一种世俗体——民书体,笔画进一步简化,书写快捷,更有利于信息的传播。古埃及人将文字刻于石碑、神庙、宫殿、陵墓的墙上,或者书写于纸莎草上,用尼罗河口三角洲一带盛产的一种高秆植物制成,这种植物的茎部纤维多,将之剖成薄片,并用树胶粘连起来,再压平整,晒干后就可用于书写。这种书写材质在地中海东部地区很流行,许多古代文献都是用它来书写并保留下来。用纸莎草书写的书卷最长的可达几十米。英文中的Paper(纸)一词即由Papyrus(纸莎草)一词而来。

文字的创造奠定了文学繁荣的基础。古埃及的文学作品内容和题材都十分丰富,全面反映了当时的宗教、军事和社会世俗生活的状况,如神话《船舶遇难记》,箴言《伊浦味箴言》,诗歌《阿顿颂诗》《尼罗河颂歌》《牧童歌》等。

宗教在古埃及文明中占有很重要的位置,它对整个社会的经济、政治和文化生活都产生了深刻影响。在古埃及,宗教将统治者的权力神化,对于巩固王权、维护统治起了很大作用。古埃及人认为,死亡是走向另一个永恒世界,灵魂永存,也相信有亡灵审判。正是基于这样的宗教信仰,古埃及人才费尽心机制作木乃伊,修建金字塔,实施厚葬。宗教的兴盛导致了祭司特权阶层的形成,他们的力量十分强大,足以左右朝政,控制民众的思想。

古埃及人为了掌握尼罗河的涨落周期和季节变化,很早就开始观测天象,制定出了太阳历,现在世界上通用的公历就是从太阳历演变而来的。古埃及的数学也很发达。古埃及人在丈量土地的过程中积累了很多几何学的知识,促进了几何学的产生。古埃及人还修建了一些大型水利工程,在水利方面取得了很大成就。木乃伊的制作表明,古埃及人在解剖学、生理学等方面的知识十分丰富。古埃及最辉煌的成就是其建筑艺术,金字塔、狮身人面像、底比斯阿蒙神庙等闻名于世界。

古埃及文明的成熟也使得古埃及的教育十分发达,其学校种类也比其他国家多,主要有:

(一)宫廷学校

宫廷学校(court school)是较早创办的一种世俗学校。公元前 2500 年左右,埃及的王宫里就有了这种学校,它是埃及最古老的学校。宫廷学校设在王宫里,主要的教育对象是皇室子弟和贵族、高级官吏的子弟,目的是让他们学会管理国家,使其成为未来的统治者和政府官吏。古埃及的宫廷中具有开设学校所需的足够的人力资源和物质条件,宫廷中的高级官吏、法老的高级谋士及一些饱学之士均可为师,宫廷拥有图书馆和档案室,学习资料充裕。皇室子弟和贵族子弟们在宫廷学校里可以受到良好的教育,为将来管理国家做好准备;学生在学校学习一段时间后,还需到国家行政机关去实习,获得实际的经验,完成学业后即被委任为官吏。

(二)职官学校

职官学校(department school)出现在公元前 2100 年左右的古埃及中王国时期。这种学校主要由政府部门建立,以培养各级官吏从事国家管理工作为目的。由于政府事务繁忙,需要大量管理人员,这类学校遂应运而生。许多行政机关都附设学校来培养本部门所需的人员,教师多为行政管理机构的官吏。职官学校的学生除学习读、写、算等基本课程外,主要学习各种专门的职业知识和技能,如修建宫殿、庙宇、陵墓和治病之术等。由于从事一个职业往往需要多学科的知识,因而职官学校的教学内容也非常丰富,涉及法律、政治、数学、医学、天文、建筑等多种知识。学生的学习时间持续 10 年左右,毕业后即在相关行政管理机构里工作。职官学校的招生对象比宫廷学校宽泛,不限于皇家贵族。

(三)文士学校

文士学校(scribe school)亦称为书吏学校。"scribe"在古语中即为"书吏"之意。文士学校主要以培养能够进行文字书写和计算的书吏为目的。书吏有一定的社会地位,成为书吏就有机会获得职位升迁。普通书吏会阅读、书写、计算,高级书吏懂得数学、天文、医学、法律等方面的知识,并且通晓法令和政府公文等。文士学校的学生依其所学课程不同,修业年限也不同,如在学习读、写、算等知识和技能的基础上,再学习数学、天文等知识,修业年限则较长。家境一般或贫寒的子弟都可入文士学校学习,富家子弟也有入文士学校的,但往往都是去研修一些较高深的知识,以便将来成为高级书吏。由于书吏在古埃及社会中受人尊重,具有较高的待遇,因此甚至连一些贵族阶层也愿意自己的子嗣成为书吏。文士学校的教师有的已获得官职,有的虽无官职,但也有学识和一定的社会地位,他们一般把学校设在自己的家里,有时也在露天讲学。

除此之外,古埃及的宗教教育也很发达。古埃及最早建立的宗教学校是寺庙学校(temple school,又称为僧侣学校)。它建于古埃及中王国时期(公元前 2100 年左右),附设在神庙内,是早期寺庙生活的一部分。寺庙学校属于一种高级学校。学校由祭司执教。祭司在古埃及社会中属于特权阶层,由于其所拥有的雄厚财力和社会影响,他们往往可以左右朝政。祭司通常都有很高的学养,知识渊博,不仅谙熟宗教方面的知识,而且通晓社会和自然科学领域的知识。借助寺庙丰富的藏书,祭司还进行着科学研究。因此,祭司身兼数职,他们既是宗教人员,又是教学人员,同时还是研究人员。寺庙学校的学生一般来自较富裕家庭,并且都接受过基础阶段的教育,贫寒子弟极少能进入此类学校。在寺庙学校,学生除学习宗教知识外,还广涉文学、法律、数学、天文、医学、建筑、力学、绘画、雕刻等学科领域的知识。寺庙学校的修业期限不固定,依所修科目而定,有的学生要学习很长时间,直到可以担任神职方能毕业。在古埃及,寺庙学校是最高层次的教育机构,它以重学术、研究高深学问为特征,以培养高级僧侣为主要目标,为知识的进步作出了贡献。古埃及最有名的寺庙,如海里欧普立斯大寺(Helioplis)、卡尔纳克大寺(Karnak)、艾得夫大寺(Edfu)等在学术研究方面各有特色,不仅是当时的宗教中心,也是学术研究和培养高级人才的中心。除神学外,这些寺庙学校也教授古埃及文学、历史学、法律、伦理学、绘画、雕刻、天文学、地理学、测量学、水利学、建筑学、数学等,有的还设有外国语课。

三、古印度文明与学校

发源于喜马拉雅山麓的印度河和恒河是南亚次大陆两条最大的河流,它们分别注入阿拉伯海和孟加拉湾。以这两条河为中心的印度次大陆的广大地区,构成了古印度的地理概念。一般认为,达罗毗荼人等是古印度文明最初的创造者。公元前20世纪中叶,雅利安人入侵印度,成为古印度的主要居民。公元前10世纪中叶以后,又有波斯人、希腊人、安息人、大月氏人等先后入侵,这使古印度居民呈现多样化特点,由此创造出了独具特色的印度文化。

公元前2500年至公元前1750年,由达罗毗荼人创造的哈拉帕文化是印度文明的开端。哈拉帕文化最杰出的成就之一就是印章文字。印章文字主要刻在皂石、象牙、赤陶和铜制成的印章和护符上,虽然至今仍不能完全解读这些字,但它是古代东方最早的文字之一。

《吠陀》是印度最古老的文学作品,被译为《圣知》,是知识总汇的意思,实际上它是雅利安人进入印度时期形成的宗教诗集。史诗《摩诃婆罗多》和《罗摩衍那》堪与古希腊的《荷马史诗》相媲美,前者反映了雅利安人由军事民主制向国家过渡时期的社会情况,后者则塑造了印度家喻户晓的英雄人物——罗摩的形象。小说、民间故事、寓言集,如《佛本生故事》和《五卷书》等反映了古印度文学的较高水平。古印度在语言学、语法学等方面也取得了成就,公元前4—5世纪,印度大语法家波尔尼撰写的《语法规律八章》详细分析了梵语的语法形态和语言,是世界上最早的语法著作之一。在《吠陀》中,还有一些内容涉及宇宙起源、七大行星和二十八星座、日食、月食等自然现象。古印度人还编制了太阴历。《圣集史》一书中提出了地球自转说。古印度在数学方面的最大成就是发明了10个数字符号和进位计数法,形成了一套科学简便的计数符号,这套计数符号系统后来由阿拉伯继承并作了进一步修改,传入欧洲,被称为阿拉伯数字。古印度人在医学、农学、建筑艺术方面也取得了杰出成就。

印度最古老的宗教是雅利安人创立的吠陀教,形成于公元前1500年至公元前1000年,后演变为婆罗门教,影响了印度的种姓制度。公元前6世纪至公元前5世纪,一些手工业者和商人对婆罗门教和种姓制度不满,出现了各种思潮,佛教就在这样的背景下应运而生。佛教对后世产生了深远的影响,尤其是对亚洲国家的影响更大。

在古印度的文明与宗教的影响下,古印度的学校教育也逐渐成熟,主要包括:

（一）吠陀学校

"吠陀"译自梵文"Veda"，意即"知识"或"神圣知识"。《吠陀》是印度最早的宗教典籍和文学作品，由于它记述了公元前13世纪至公元前6世纪间印度的社会状况，成为研究印度这段历史的珍贵史料，因而印度这一时代又被称为"吠陀时代"。吠陀学校的兴起与种姓制度和婆罗门教有着密切关系。

公元前13世纪，入侵到印度次大陆的雅利安人社会逐渐分化，约在公元前900年，印度进入"后期吠陀时代"。雅利安人内部出现了等级，形成了婆罗门（僧侣阶层）、刹帝利（武士阶层）、吠舍（一般贫民）以及首陀罗（土著居民）四个等级，各等级的人有不同的社会地位和职业范围。婆罗门是第一种姓，他们有很高的社会地位，职业为祭司，研究和传播婆罗门教，举行一些祭祀活动，掌握着宗教和文化权力，也直接参与国家的政治生活；刹帝利是第二种姓，王公贵族和官吏属于这一阶层，他们拥有大量的产业和财富，掌握着国家的行政和军事大权；吠舍是第三种姓，主要是一些从事农业、畜牧业和商业的人，他们没有什么特殊权力，还必须向国王纳税，是普通公民。这三个种姓均为雅利安族。首陀罗处于社会的最低等级，他们是手工业者和奴仆。还有一些种姓之外的仆役，称为"旃荼罗"（不可接触的贱民）。各个种姓之间的界限严格，种姓制度对印度社会产生了深刻影响。

维护种姓制度的思想武器是婆罗门教。雅利安人最初的宗教信仰是对自然的崇拜。到"后期吠陀时代"，婆罗门教逐步形成，它保留了原始宗教的多神崇拜，并增加了新的宗教内容，是综合雅利安人的多种宗教学说而形成的一种宗教体系。婆罗门教所信仰的最高神是"梵天"或"梵"（brahma）。

"梵天"被认为是一种真实存在，是宇宙和人间的主宰。婆罗门教宣扬梵天创世，梵天的口、臂、腿、脚分别产生了四个种姓。婆罗门教的经典《吠陀》说："其口转化为婆罗门；两手制成罗阇尼亚；尚有两腿，是为吠舍；至于两脚，作首陀罗。"婆罗门教对原始的万物有灵论和灵魂转移的观念加以改造，创造出了"业力轮回"的理论。这种理论宣扬因果报应，认为人一造业必有果报，善有善报，恶有恶报，果报产生轮回。以此为依据，婆罗门教为四个种姓的人分别规定了各自应遵守的"法"（梵语"达摩"，dharma）——行为规范，每个等级只有按照这些行为规范行事，方能得到"善报"，否则就会有"恶报"降临。这就为不平等的种姓制度提供了理论依据，达到了维护社会等级制度的目的。婆罗门教的最高境界是"解脱"，是一种超脱轮回，达到"梵我合一"的境界。婆罗门教的祭司由婆罗门担任，婆罗门祭司垄断了祭祀特权，宣扬只有他们主持的祭礼才能成功。

在"后期吠陀时代"，婆罗门教在印度掌握了教育大权，宗教在社会生活中的显赫位置需要有更多的教士来参与各种宗教活动；同时，也需要更多信仰婆罗门教并能阐释婆罗门教的人来传播婆罗门教的教义，以维护种姓制度，这样一来，就出现了吠陀学校。

吠陀学校以培养未来的婆罗门教教士为主要目的，以传授婆罗门教义为核心。由于《吠陀》被称作神圣的知识或神的启示，反映了婆罗门教的吠陀天启、祭祀万能、婆罗门至上三大纲领，因此成为吠陀学校的主要教材。《吠陀》不仅是宗教经典，还是文学作品和历史文献，在阅读《吠陀》的同时，学生也获得了文学、历史以及民风民俗方面的知识。

婆罗门为第一种姓，社会地位最高，吠陀学校早期只招收婆罗门子弟入学，以保持其至高种姓地位。到了公元前500年左右，学生来源扩大，属于武士贵族的刹帝利和作为手工业者、商人的吠舍子弟也可入学。但是教师仍然只能由出身于婆罗门种姓的教士担任，主要原因是只有婆罗门种姓才通晓吠陀经,他们才是圣书的诠释者。

(二) 古儒学校

古儒学校产生于公元前 800 年左右,系由"古儒"开设的学校。"古儒"(Guru)在印度史籍中指对婆罗门教经典能够释读和有研究的人。婆罗门教以《吠陀》为主要经典,其中以成书于公元前 1500 年至公元前 1000 年间的《犁俱吠陀》为核心,此外还包括《娑摩吠陀》《耶柔吠陀》《阿闼婆吠陀》等,解释《吠陀》和阐发宗教理论的《梵书》《森林书》《奥义书》等也是婆罗门教的重要经典。特别是《奥义书》堪称一部哲学著作,具有高度的哲理性。如果仅仅诵读《吠陀》,在有的家庭教育中即可完成。但是,随着人们对《吠陀》解释和研究的深入,文法学、发音学、音韵学、逻辑学、哲学等逐渐发展起来,特别是《奥义书》等解释《吠陀》的著作问世后,印度进入了史称的"奥义书时期"。这些著作含有很深奥的宗教和哲学思想,非常人所能解读,遂产生了专门阐释经义并向他人传授这些知识的人——"古儒"。他们博学多闻,都属于婆罗门种姓。作为婆罗门教经义的传播者,很受社会尊重。为适应学习者的需要,古儒往往在家中设校授徒,"古儒学校"由此兴起。

古儒们通常在自己家中设校,一些没有能力或条件教育自己子女的家庭就把孩子送到古儒家中。学生的入学年龄一般在 7—11 岁,入学时要举行隆重的典礼且对这些孩子进行考验,通过考验者方能被录取。入学后,学生需离家搬到古儒家中,以便能按照学校要求作息和学习。古儒学校的学习年限不定,一般为 12 年左右。学生完成学业后要接受洗礼,然后再离校。古印度将传播吠陀经看成神圣之职,所以,古儒学校不收学费,但学生家长通常会赠以厚礼。

婆罗门教经典是古儒学校的主要教学内容。为了让学生能够很好地理解和掌握吠陀经义,古儒们通常要求学生学习"六艺",即六门主干学科——语音学、韵律学、文法学、字源学、天文学和祭礼,这是释读吠陀经典的基础。此外,教学内容还包括文学、伦理、历史、礼仪、美学等。总之,古儒学校的教学内容涉及非常广泛的知识领域。在古代印度,古儒学校既是宗教传播中心,又是学术研究中心。

古儒学校对学生的道德操行有严格的要求。学生在校期间不得有恐吓、诽谤、贪财、恋爱、伤害动物等行为,要讲真话,不轻易吃苦;生活要有规律、有节制,如不得白日睡眠、食肉、食香料、饮酒、穿鞋、乘车、赌博等,每日需沐浴;举止应有度,如不能狂笑、打哈欠;在老师面前需仪态端庄、言语婉转,不得交叉双腿、伸长两足、倚靠墙壁等。

在教学方法上,古儒学校大多强调记诵和练习,教师要求学生认真背诵吠陀经,在沙地上反复练字,熟练后再用铁笔在棕榈树叶上写字。与此同时,古儒在教学中常会让年龄稍大的学生充当自己的助手,由这些小助手协助教师去教其他学生。

古儒学校经历了一个由少到多、逐渐兴旺的过程。在"奥义书时期"早期,古儒学校的数量较少,而到了"奥义书时期"末期,古儒学校的数量有了很大增加,并且已走向制度化。

(三) 寺庙学校

佛教大约产生于公元前 6 世纪。公元前 6 世纪至公元前 4 世纪,印度正处于历史上的列国时代,在不同种姓之间的纷争中,刹帝利势力渐增,并且随着城市的兴起和工商业的发展,也出现了一批在经济上富有的上层吠舍,他们对于种姓制度下婆罗门的特权地位甚为不满,产生了谋求自己更高地位和更多利益的强烈愿望。佛教就是在这一背景下产生的,其创始人是乔达摩·悉达多(Gotama Buddha,约公元前 566—前 486 年),通常称之为释迦牟尼。

佛教最初是以反对婆罗门教的宗教派别出现的。它反对婆罗门教的种姓制度，提倡"众生平等"，因果报应，以及将世俗道德神圣化的"十善"等思想，满足和迎合了民众的心灵愿望，因而善男信女甚众，被广为传播。佛教要求出家的僧侣割断凡念，视僧师为亲人，以寺庙为家。在佛教中，僧侣的社会地位较高，且衣食无忧，使得不少家庭送子入寺为僧。这两方面的原因使得寺庙在印度林立，规模也越来越大，为推行佛教教育提供了有利条件。

寺院是佛教教育的主要机构，设施完善，有良好的学习和生活条件。只要无严重疾病或残疾、无债务纠纷，8—20 岁的儿童和青少年均可入寺接受佛教教育。8 岁的儿童可进入被称为帕伯伽（Pabbajja）的第一阶段学习，年满 20 岁以后则进入被称为乌帕沙姆帕达（Upassampada）的第二阶段学习。第一阶段 12 年的学习结束后，要由 10 名学养深厚、有一定资历的僧人进行考试，考试合格者方可继续留居寺院，成为正式僧侣，叫作"比丘"。寺内派僧侣再对其进行佛教教义的传授，并且在生活方面也给予监督。5 年后，若知行智慧有所长进，则与师分住而习，但师傅仍然要尽辅导照顾之责，这样再研习修炼 5 年后就可在寺中担任僧侣了。

佛教教育的主要内容是佛教经典，以宗教知识为主，但也要学习哲学、文学、历史、数学、逻辑学、天文学等。从教学方法来看，主要有记诵、讲解、辩论、自省、践行等。记诵是佛教教育中最基本的一种方法，要求受教育者反复诵读佛教的经典，并能烂熟于胸。讲解指僧侣详细阐述教义或解答僧俗的疑惑，帮助他们尽量理解掌握。辩论也是一种常用的方法。由于僧徒来自五湖四海，彼此的人生阅历和知识水平不尽相同，难免有分歧，辩论就是让他们有机会展现自己的见解和理由，揭露对方的矛盾，以获得越来越接近于真理的认识。辩论的议题常常是一些有价值的关键性的问题，而非烦琐小节。自省则是指僧徒们自我研修，反省自我，以独善其身。践行指僧徒们对教义身体力行，无论是洒扫庭除、饮食起居等日常小事，还是遇到危难大事，无不实践履行佛教的精神要义，遵守其清规戒律。

佛教主张普度众生，因而尽量扩大教育对象，广施社会教化。一是尽量扩大寺院规模，完善设施。在一些人口聚居的地方，往往建造规模庞大的寺院，以满足普施社会教化的需要。有的寺院能容纳数千僧侣，有的竟达上万人之众。寺院设有修行室、会议室、储备室、沐浴室等，尽量为入寺修习者创造良好的条件。二是设尼庵，为女子接受佛教教育提供方便。尼庵是女子修行学习之地，其宗教教育以训练僧尼为目的，其教育方式和教育内容与寺院相似，修习完毕，成为正式僧尼者称为"比丘尼"。尼庵使女子也得以受到文化知识教育，成为当时主要的妇女教育机构。三是鼓励在家修行。寺院和尼庵容量再大，接纳的人数也是有限的，难以满足众生接受佛教教育的需要，因此佛教也鼓励人们在家修行。在家修行的男子被称为"优婆赛"，女子被称为"优婆意"，他们在寺院或尼庵听僧侣传经、布道、解疑，回家后按照佛教教规守戒行善，佛教认为同样也能修成正果。通过这些举措，佛教教育的对象大大增加。

学校最早出现于古代东方国家，说明了学校的发端与文明的兴起之间存在着重要的逻辑关系。文明的兴起不仅为学校的创立提供了种种条件，同时也形成了学校肇端的需要。学校的出现标志着人类教育的发展进入了一个全新的历史阶段，教育逐渐开始从人类社会生活中分离出来，成为一种在专门的地点和场所进行的、运用特定手段并为了实现某些特殊目的的特殊活动。人类教育的历史方向也由此发生了根本性的转变。

第二节　古希腊罗马时期的教育管理

一、古希腊的教育制度

古希腊是西方文明的起点,也是西方教育的源头。从荷马时代教育的萌芽,到古风时代制度化教育的初现,再到古典时代希腊城邦教育的辉煌,直至希腊化时期希腊教育传统向更广泛领域的传播,在悠久的历史长河中,古希腊创造了高度发达的城邦教育制度,形成和发展了丰富的教育思想,为近代以来西方教育的发展奠定了坚实的历史基础。

在雅典的诸多城邦中,斯巴达(Sparta)和雅典(Athens)最具典型意义,这两个城邦的教育也代表了古希腊教育的两种不同的发展方向。

(一)斯巴达的教育

斯巴达人是多利安人的一支。公元前 8 世纪,斯巴达人征服了伯罗奔尼撒的拉哥尼亚(Laconia),建立起奴隶制城邦国家。伴随着斯巴达人的不断扩张,被征服民族进行了持续的反抗。为了巩固自身的统治,保持政权的稳定,斯巴达人先后实行了一系列具有浓厚军事色彩的措施,逐渐把整个城邦变成了一个壁垒森严的大兵营,国家的政治、经济乃至文化教育无不以强化统治阶层的军事专制为核心目的。在这种背景下,斯巴达走上了与希腊其他城邦完全不同的发展道路。

斯巴达的国家居民分为三个等级。处于统治阶层的是斯巴达人,他们享有一切政治和经济特权,不事生产,终生戎马,对外抵御敌国侵袭,对内镇压奴隶的反抗;社会最底层的是希洛人(Helots),他们终身为奴,被剥夺了所有的公民权,在人身和经济上完全依附于奴隶主阶层;处于中间阶层的是庇里阿西人(Perioeci),他们有人身自由,也有自己的土地,可以从事农耕和工商业活动,但不具有公民权,不能参与政治。从人口数量来看,在公元前 7 世纪时,斯巴达人仅有 3 万,而希洛人则有 25 万之众。因此,为了有效地控制希洛人,巩固政权,斯巴达人尤为重视军事,组建起一支以本民族成员为主的强大军队。这种全民皆兵的政治模式直接影响到斯巴达教育的发展。

在斯巴达的教育体制中,培养英勇果敢的战士是教育的唯一目的。而"教育的任务就是要使每一个斯巴达人在经过长期而严肃的训练后,成为一个坚韧不拔的战士和一个绝对服从的公民。因此,荣誉、勇敢、坚毅、强壮的体魄、娴熟的军事技艺、对城邦的绝对忠诚、对权威的驯服、对长者的尊敬等,就成为每一个公民都应具备的品质。"[①]通过这种教育,斯巴达在相当长的时间内拥有了希腊诸城邦中最为精锐的武装部队。正是由于其强大的军事力量,斯巴达得以在古希腊诸城邦中称雄一时。因此,这种专门化的军事教育被历代斯巴达统治者所推崇。

斯巴达的最高领导者将教育视为最重要的国家事务,教育完全由国家控制和举办,国家指派专门的官员具体负责并监督教育的实施。儿童自出生后即为国家所有,首先要经过严格的挑选,只有那些被部落长老认为身体健硕的婴儿才被允许继续抚养,而那些体质羸弱的婴儿则被弃之荒野,任其自生自灭。这种原始的体检制度是为了保证种族的优越性,是为培

---

①　滕大春.外国教育通史:第一卷[M].济南:山东教育出版社,1989:148.

养优秀的战士做准备。被留下来继续抚养的男女儿童在 7 岁之前由母亲或国家指派的保姆负责抚养。7 岁以后,男童开始在专门的机构接受教育,这种教育一直持续到成为正式的军人方告结束。所谓专门的教育机构,就是特别为青年儿童设立的军事训练营,在某种意义上也可以称为"学校"。

7—18 岁是教育的第一阶段。在这个时期,儿童被编为若干小队,由其中最为勇敢和机智的儿童担任队长,其他儿童都要接受他的领导,"随时关注着他,听从他的命令,忍受他施与的所有惩戒"①。教育内容主要是体能训练和道德培养。其中,体能训练以"五项竞技"为主,即赛跑、跳跃、摔跤、铁饼和标枪;道德教育的目的是培养儿童顽强的意志以及坚韧、服从和爱国的品质。负责训练工作的官员由国家直接任命,被称为"儿童督导"(Paidonomus),他拥有发布命令、组织训练和实施惩戒的最高权威。此外,斯巴达每一名年长的公民也都有权监督儿童们的训练,如发现不妥之处,可以随时处分任何儿童。军营中的训练过程异常艰苦,儿童们过着衣不蔽体、食不果腹的生活。为了充饥御寒,儿童常常会被教唆去偷窃,借以培养他们机警、勇敢和狡黠的品质。偷窃行为一旦被发现,就会遭到鞭笞,以惩罚他的迟钝。整个教育过程充斥着体罚,甚至"儿童督导"身边就有专事惩戒的人员——执鞭者(Whip Bearer),儿童经常受到来自队长、执鞭者和成年公民的体罚,自己却"还要高高兴兴地接受鞭打,当作使自己坚强的训练"②。经过这样的训练,儿童的身体素质得到提高,军事技能大大加强。

年满 18 岁的斯巴达青年,经过一定仪式成为"青丁"(Ephebe),进入高一级教育机构——青年军事训练团(又称"埃佛比",Ephebia)学习,接受"直接由军事首领组织的为期两年的强化军事训练"③。这两年的教育更为严格,而且每十天就要进行一次考试,教育内容也更贴近于实战需要。例如,一个重要的训练科目就是进行所谓的"秘密服役",即在夜间对希洛人进行突然袭击,以此提高青年战士的实战技能。经过两年的强化训练,年满 20 岁的青年开始服兵役,同时承担着对少年儿童的训练任务,到 30 岁时正式取得公民资格,此后至 60 岁一直在军队中服役。由此可见,斯巴达人的一生是军人的一生,他所接受的教育也都是和军事活动密不可分的。

在培养青少年的军人品质方面,斯巴达的道德教育被认为是卓有成效的。孟禄(Paul Monroe 1869—1947)曾评价说:"对于'道德是可教的吗?'这个问题,斯巴达的教育制度给出了非常明确的回答。"④斯巴达民族的爱国主义、英雄主义风尚以及爱国、服从、严守纪律的品质的形成与其成功的道德教育不无关系。

值得一提的是,斯巴达虽然是一个尚武的城邦,但与希腊诸城邦一样,斯巴达人非常注重音乐和音乐教育,并在音乐和音乐教育方面取得了相当的成就,甚至一度成为希腊世界的音乐之都。斯巴达人把音乐运用到对青少年的教育之中,用音乐培养他们勇敢作战、服从长者、遵守纪律和自我控制的品格。

斯巴达将女子教育置于很高的地位,女孩所受的教育在内容上与男孩并无不同,只不过

---

①　MONROE PAUL. A textbook in the history of education[M]. New York:The Macmillan Company,1905:74.

②　博伊德,金.西方教育史[M].任宝祥,吴元训,主译.北京:人民教育出版社,1985:13.

③　BUTTS R FREEMAN. A cultural history of western education: its social and intellectual foundations[M]. New York: McGraw Hill Company,1955:34.

④　MONROE PAUL. A textbook in the history of education[M]. New York:The Macmillan Company,1905:77.

她们是在家中而非在军营中接受教育。斯巴达人重视女子教育的目的在于强健女性体魄，以保证下一代的健康；同时，对女子进行军事训练，也可以使她们在男性出征时担当保卫城邦的职责。这是斯巴达教育与希腊其他城邦教育的不同之处。

斯巴达教育中没有给文化知识教育留下一席之地，他们几乎拒绝一切文化知识的学习，甚至连最基本的读、写、算都被排斥在教育之外，这造成了整个斯巴达民族文化素质的低下。大多数斯巴达人目不识丁，他们对历史、地理和天文学一无所知，对修辞学甚至抱有鄙视的态度。如果有人在外邦学习了修辞学，回国后还要受到惩罚。这种鄙弃文化科学的价值取向使斯巴达日益落后于整个希腊文明的进展，加之斯巴达民族原有的保守、狭隘、孤傲的性格，又让他们拒绝吸收一切外来文化。这种封闭的文明状态最终导致曾经称霸整个希腊的斯巴达城邦日趋衰落，而它的教育也随之走向终结。

（二）雅典的教育

雅典位于希腊中部的阿提卡（Attica）半岛。政治上的民主倾向与经济的繁荣发展为雅典形成独特的公民民主意识提供了宽松的社会环境和稳固的经济基础。在古风时代的雅典，公民参与国家政事非常普遍，途径也较为多样，如梭伦创立的四百人议事会和民众法庭等都为公民参政议政提供了便利条件。这种民主政治对公民的基本素质提出了更高的要求，因此直接影响到雅典教育的发展。

与其他希腊城邦一样，雅典也高度重视教育，并把教育视为培养城邦合格公民的有效工具。早在公元前 6 世纪初，梭伦就曾颁布法令，规定"父亲有责任让其子女接受适当的教育，否则，子女成年后有权不赡养父亲"①。但与斯巴达的国家化教育体制不同的是，雅典并不直接干预整个教育的细节，也不对教育进行绝对控制，国立教育机构只负责对 16—20 岁的青年进行教育，至于 16 岁之前的教育，则根据儿童的具体情况由家庭负责实施，这也是造成雅典私人办学盛行的原因之一。

雅典与斯巴达教育最大的不同还在于教育目的上的差异。斯巴达教育的宗旨是培养优秀的军人，而雅典教育的主要目的则是培养青少年勇敢、强健的体魄以及理智、聪慧和公正的品质，使其既能够担负保卫城邦的重任，更能够履行公民参政议政的职责。概言之，雅典教育所造就的是身心和谐发展的合格公民，是健美的体魄和高尚的心灵完美结合的人。因此，身心的和谐发展成为雅典人所理解的教育的主要内容，同时也是雅典教育最显著的特征所在。

在雅典，婴儿出生后也要进行体检。但与斯巴达不同的是，雅典婴儿的体检是由其父亲负责进行的。得到父亲的认可后，婴儿方能被抚养，否则将被丢弃。7 岁前，幼儿在家中由父母养育。7 岁之后，女孩继续在家中接受母亲的教育，男孩则在"教仆"（Pedagogue）的陪同下进入私人开办的音乐学校（Music School，又称弦琴学校），开始接受学校教育。

音乐学校教授的内容非常广泛。在雅典人的观念中，音乐教育几乎涵盖了体育之外的所有教育内容，不仅限于音乐、唱歌和朗诵，还有阅读、书写、算术，甚至包括哲学、法律和自然科学，凡是被认为利于增长知识、培养德行、陶冶心灵者均被列入音乐教育的范畴。这种广博的教育内容与雅典对公民的要求是联系在一起的。例如，阅读和书写是作为雅典公民必须具备的基本能力，不通文墨者会被视为下等人，这与斯巴达鄙弃文化知识的态度是截然

---

① 吴式颖.外国教育史教程［M］.北京：人民教育出版社,1999：34.

相反的;传授算术则是为了满足当时城邦工商贸易发展的需要,所教内容大多以实用为主,包括重量、计量等方面的知识;音乐和舞蹈教育是古风时代希腊教育的普遍内容,雅典人将音乐提升到更高的地位,把音乐教育视作和谐发展教育中最重要的组成部分之一,认为通过音乐可以陶冶人的心灵,形成高尚的道德。可见,这种教育是直接为培养身心和谐发展的公民服务的。

体育是雅典教育的另一个主要组成部分,"体育强健身体,音乐陶冶心灵"是对雅典教育的最好诠释。体育自孩童幼年之时即行开始,初期进行的是有关坐立行走的动作锻炼,使其行为动作合乎规范,姿势优美。13 岁起进入角力学校(Palaestra,或称"体操学校")进行更为严格的训练,其主要内容为"五项竞技"(赛跑、跳跃、摔跤、铁饼和标枪),虽与斯巴达相同,但其目的绝不仅仅是提高军事基本素质,而是锻炼身体的各个部位,形成健美的体格。16 岁后,大多数公民子弟不再继续上学,开始从事各种职业,只有少数人进入国立教育机构——体育馆(Gymnasium)接受体育、智育和审美教育。年满 18 岁后,经过严格的年龄和出身审查,青年被记录在城市公民册,成为"青丁",进入埃佛比,接受进一步的军事训练,两年后,他们被授予公民称号,成为城邦的正式成员。

在雅典,道德教育贯穿于整个教育过程之中。例如,在幼儿期,成人通过讲述神话故事、英雄传说等,向儿童灌输忠诚、勇敢的道德观念。通过体育训练,培养青少年坚韧不拔、公平竞争、严守纪律的品质,而音乐教育更是陶冶品性、崇尚美善、激发情感的有效载体。这种多方面的道德教育对于树立雅典人追求自由、忠于城邦以及爱美、爱智、爱和谐的民族风尚起到了积极的推动作用,对于弘扬雅典人的革新精神同样是大有裨益的。

在雅典,随着教育的日益兴盛,出现了一批专事教育工作的教师,大致可以分为文法教师(Grammatist)、音乐教师(Citharist)和体育教师(Paedotribe)三类。当然,这个时期的教师还不是严格意义上的职业教师,而且这种教师分类也很模糊,部分教师既传授文法,又教授音乐和体育。这些教师开办了私立性质的学校,招收 7—16 岁学生,并收取一定费用。私立学校的教学条件相当简陋,往往没有固定的教学场所,大多数情况是"教师在哪里,学校就在哪里"[1]。雅典教师的社会地位十分低下,常常受到社会的歧视,以授业为生的人多半是穷困潦倒的城市公民,甚至有一些是赎身奴隶,他们的收入不高,有时还会被学生家长克扣。

二、古罗马时期的教育

古代罗马国家的历史通常分为三个时期:王政时期(公元前 8 世纪—前 509 年)、共和时期(公元前 509—前 27 年)、帝国时期(公元前 27—476 年)。其中,共和时期又分为共和前期(公元前 509—前 146 年)和共和后期(公元前 146—前 27 年)。由于王政时期没有可靠的资料作为依据,因而对于古罗马教育的研究,一般都是从共和时期开始的。

(一)共和时期的教育管理

1. 初等教育

关于罗马学校产生于何时,历史上有争议。尽管各人的说法不一,但是可以肯定的是,在公元前 3 世纪末,罗马便有了初等学校。初等学校主要招收 7—12 岁的儿童,教学内容包

---

[1] BUTTS R FREEMAN. A cultural history of western education:its social and intellectual foundations[M]. New York:McGraw Hill Company,1955:37.

括道德格言和读、写、算的内容以及十二铜表法。罗马初等学校的教师被称为"Litterator"，意即"教字母的人"，有时也称为"Primus Magister""Magister Ludi""Magister Ludi Literarii"。教师的收入微薄，地位低下，多是希腊人以及一些穷困潦倒的罗马人。初等学校的教学条件和设备都很简陋，教师往往在街头巷尾和露天环境下聚集几位学生便开始教学工作。教学用具主要是书板、象牙制作的尖笔、羊皮纸、蜡纸等。由于纸张紧张，只有教师才有教科书。教师坐在前面讲，学生则坐在下面静静地听着，并在放在膝盖上的书板上记着，第二次上课时向教师复述前次上课的内容。在当时的罗马，体罚是初等学校教师经常使用的方法。一般来说，贵族以及富豪不愿意把自己的子弟送到这样的学校接受教育，而是聘请家庭教师（多为希腊人）教育子女学习初步的文化知识。

2. 中等教育

儿童接受完初等教育以后，贵族及富豪的子弟进入中等学校继续接受教育。罗马中等教育的主要类型是文法学家们开办的文法学校。罗马的文法学校是希腊化的产物。最初的文法学校大多由希腊人开办，学习的主要内容是希腊的文学作品，教学语言为希腊语，故而被称为希腊文法学校（Greek Grammer School）。希腊文法学校约产生于公元前 2 世纪。随着拉丁文学的形成，拉丁文和拉丁文学逐渐成为文法学校的教学内容，最终形成了以教授拉丁文学和文化为主的拉丁文法学校。到了帝国时代，拉丁文法学校获得了极大的发展，并超过了希腊文法学校。原本对拉丁文学不屑一顾的希腊文法教师，为了吸引更多的学生，也不得不教授一些拉丁文学作品和拉丁文法，由此造成了希腊文法学校和希腊文法的衰落。文法学校的教学内容主要是希腊语、拉丁语、《荷马史诗》和其他希腊作家的作品、西塞罗和其他罗马作家的作品、地理、历史、数学和自然科学等；学习方法主要是背诵，旨在掌握读、写、说的能力，为进入修辞学校继续学习奠定基础。

3. 高等教育

罗马高等教育的形式是修辞学校。它同样是希腊化的产物。但与文法学校相比，修辞学校在罗马的出现经历了一个较为曲折的过程。在修辞学校出现之前，罗马人就已经开始学习希腊的修辞学。据说公元前 2 世纪时，罗马的执政官就已能很流利地用希腊语向希腊人发表演说。但到了公元前 161 年，罗马元老院颁布法令，驱逐修辞学家和哲学家。由此可以断定，罗马修辞学校的出现应当晚于公元前 2 世纪中叶。

在拉丁语中，修辞学家被称为"Rhetor"或"Orator"。在罗马共和后期以及帝国初期，雄辩术是从事政治活动、获得升迁的重要途径，因此，以教授雄辩术为职业的修辞学家不仅收入高，也具有较高的社会地位。修辞学校的教学科目包括修辞学、辩证法、法律、数学、天文学、几何学、伦理学、音乐等。

（二）帝国时期的教育管理

公元前 1 世纪后期，随着疆域的不断扩大和奴隶制的发展，原本只是代表罗马城邦奴隶主阶级利益的共和制，已经难以适应已经变化了的罗马政治经济的需要，中央集权制成为了罗马社会发展的必然需要。这一时期，罗马内部充满了激烈的政治斗争。公元前 48 年，恺撒成了永久性的执政官；公元前 27 年，屋大维击败所有的对手，成为独裁者，称号为"奥古斯都"，罗马进入了帝国时代。帝国时代建立的前 200 年，罗马的经济繁荣，政治稳定，可称得上是罗马的"和平时期"和"黄金时期"。但是到了公元 3 世纪，罗马的工农业衰落，商业萧条，财政枯竭，官僚政治腐败、堕落，阶级矛盾激化，奴隶和隶农起义频发，蛮族入侵不断，宫廷政变更是层出不穷,罗马进入了全面危机,并开始由强盛走向衰亡。公元 395 年,罗马帝国正式分裂为西罗马帝国和东罗马帝国。公元 476 年,在奴隶起义和蛮族入侵的冲击下,西罗马帝国灭亡;1453 年,君士坦丁堡陷落,东罗马帝国也寿终正寝。曾经不可一世的、地跨欧亚非的罗马帝国成了明日黄花。

1. 政府授予教师某些豁免权

随着政治制度的改变,罗马的教育也发生了重大的变化。在共和时期,罗马人的教育主要是家庭的职责,由家庭特别是父亲决定孩子是否接受教育以及接受何种教育,官方并不直接干预教育事务。进入帝国时期,历任皇帝不断加大对教育事务的干预。干预的主要途径之一是授予教师以某些特权。

罗马学校(尤其是初等学校)教师的地位历来不高,收入微薄的教师们同样需要承担纳税等公民义务。最早授予教师免税特权的是恺撒。公元前 23 年,为了感谢医生所提供的服务,恺撒授予医生以免税的特权,并把特权扩大到了所有教授自由艺术的教师。后来,特权授予的范围逐步扩大,内容不断增加。公元 6 年,罗马出现了大饥馑。为此,奥古斯都下令在罗马驱逐外来者,却唯独留下了医生和教师。从公元 74 年开始,帝国政府不再要求医生、文法教师和修辞学家为军队提供膳食供应,并享有免税的特权。公元 150 年,政府把元老院的许多特权授予文法和修辞教师。此后,帝国政府陆续授予教师、医生、哲学家等以某些特权,如免税、免服兵役等,将公民权授予部分来自外省的教师,教师的住宅不受军队侵犯等。

2. 政府任命教师

罗马帝国政府干预教育事务的又一条重要途径是由政府任命教师。在实行帝制前,罗马人一般是由父母为自己的孩子选择教师和学校。到了帝国时期,学校和教师的选择权逐渐地转移到了政府和皇帝的手中。恺撒统治时期,允许医生和教师在帝国居住,旨在“为市民提供所有自由艺术教师。使他们渴望生活在这座城市里,以及诱使他们来求助于这座城市”①。到了皇帝韦斯帕芗(Titus Flavius Vespasianus,9—79 年)统治时期,则由政府为修辞学教师提供固定的薪俸,薪俸从帝国的国库中支取,教师由此成为公职人员。昆体良是第一位被官方正式任命的修辞学教师。这项政策为以后几任皇帝所延续,并逐步扩大到向文法学校和初等学校的教师发放薪水。到了安敦尼(Antonius Pius,138—161 年)统治时期,向教师支付薪水和授予特权的责任被交给各行省政府,并规定各行省必须保留 10 个医生、5 个智者和 5 位文法家职位,帝国政府仍保留对这些领取薪水的医生和学者的控制。马可·奥勒留(Marcus Aurelius,121—180 年)是一位爱好哲学的皇帝,他在雅典的 4 所哲学学校中各设置 2 个哲学讲座和 1 个雄辩术讲座,并规定向这些讲座教师支付薪水。而皇帝图拉真(Marcus Ulpius Nerva Traianus,53—117 年)更是在法令中规定了修辞学校、文法学校和初等学校三个层次学校教师薪水的比例为 5∶4∶1。

在各行省,教师的任命是在帝国政府的允许下由地方委员会决定的,地方委员会的成员由各行省选择确定。地方委员会在中央政府的指导下,对教师候选人进行评价和筛选,根据遴选结果任命并付给薪水。教师选择的条件:一是考察候选人的道德水平;二是考察学术方面的能力以及表达的能力,一般都要通过公开的演讲,得到公众认可的候选人方才有被任命的资格。

---

① BOWEN JAMES. A History of Western Education: Volume 1 [M]. London: Methuen & Co. Ltd. ,1975:197.

３. 政府建立图书馆

帝国政府干预文化教育事业的另一种途径是由政府建立图书馆。在共和时期,罗马的书籍和阅读还不甚普遍。到了帝国时期,书籍开始大量出版,这就为书店的出现和图书馆的建立奠定了基础。据说,恺撒曾委托著名学者瓦罗建立图书馆。在奥古斯都统治时期,罗马城建立了两座图书馆。到了皇帝图拉真统治时期,罗马城建立了一座用于收藏希腊语书籍的图书馆,一座用于收藏拉丁语书籍的图书馆,开始了对著作和书籍的分类收藏。公元54年,皇帝克劳狄亚斯(Claudius,公元前10—54年)在亚历山大里亚建立了一座博物馆。图书馆和博物馆的建立,既反映了帝国政府对学问和文化的保护,也体现了政府对文化教育事业的干预。

另外,在不同的教育层级中,与共和后期相比,罗马学校教育在这个时期并没有发生重要的变化。初等学校依然没有得到足够的重视,教师的社会地位仍然不高,教学条件改变不大,教学对象仍主要是平民子女。权贵子弟在幼年时期依然在家由家庭教师进行教育。文法学校的教学有了一定的改变,拉丁语取代希腊语成为主要的教学语言,拉丁作家的作品成为主要的教学内容。伴随着帝国政府对思想的钳制和对教育的干预不断加强。到公元3世纪时,文法学校的教学逐渐地走向形式主义,成为记诵文法规则和玩弄辞藻的场所。拉丁修辞学校逐渐成为主要的高等教育机构。由于实行帝制,皇帝大权独揽,其旨意成了法律和公理,元老院成了有名无实的装饰品,就国家重大的政治问题进行公开辩论已不可能,政府官员只是奉旨办差。政治和社会地位的升迁日益取决于皇帝个人的喜好,借助雄辩才能获得社会地位的改变失去了现实的基础,留给雄辩术的只有一块狭小的空间——法庭。在这种情况下,修辞学校成了培养律师的专门训练机构。

三、古希腊罗马时期的教育管理思想

(一) 柏拉图

柏拉图(Plato,约公元前427—前347年)是西方哲学史上继苏格拉底之后又一位著名的思想家。他本人出身名门望族,早年受过良好的教育,20岁时投于苏格拉底门下学习哲学。苏格拉底离世后,为免受牵连,柏拉图开始了长达12年的游学生涯,曾先后到过麦加拉、埃及等地。游学期间,柏拉图在了解各地政治、经济、文化与教育状况的同时,还对各派哲学学说、数学、天文学、音乐理论等知识进行了深入研究,这对他的世界观、哲学体系、学术造诣以及教育理论的形成起到了决定性作用。公元前387年,柏拉图回到雅典,创办了学园,从此专于教育和著述,他一生中的大部分著作都是其在主持学园期间完成的。学园是柏拉图对世界教育史的一大贡献,他在此任教40年,培养了一大批著名的政治活动家和学术思想家,使学园成为当时希腊世界的哲学和科学中心,并对中世纪大学的形成与发展产生了重要影响。

柏拉图的教育思想集中体现在他的代表作《理想国》和《法律篇》中。在柏拉图看来,最完美的国家是由执政者、军人和生产者组成的,并建立在智慧、勇敢、节制、正义这四种美德之上,而这种理想国度只有在哲学家成为统治者之后才有可能实现。因此,培养和造就哲学家也就成为柏拉图教育思想的最高目标和主要任务。从培养哲学家的教育目的出发,柏拉图提出国家应高度重视教育,将教育视为建设"理想国"的重要杠杆。在此基础上,柏拉图对教育阶段进行了较为明确的划分。

教育的第一阶段为学前教育期。儿童自出生后至 3 岁，要在家中接受父母和经过精心挑选的女仆的养育，3 岁之后就要进入附设在神庙的儿童游戏场，在国家委派的女公民监督之下接受教育，教育内容包括讲故事、做游戏、音乐和舞蹈等，主要目的在于养成未来公民所应具有的勇敢、坚毅、快乐等品性。

教育的第二阶段为普通教育期。年满 7 岁的儿童开始进入国家举办的初等学校，如文法学校、弦琴学校和体操学校，接受普通教育，学习内容以初步的读写算、音乐和体育为主。柏拉图关于音乐教育和体育的思想直接来源于雅典教育的经验，例如他所提及的音乐教育不仅指单纯的旋律，还包括诗歌和文学等内容。柏拉图认为，音乐教育可以熏陶人的心灵，而体育则可使人身体健康，避免因体质孱弱而导致精神萎靡，从而影响心灵的健全。因此，音乐和体育必须相伴而行，达到使人身心和谐发展的目的。

教育的第三阶段为军事训练期。在普通教育基础上，年满 18 岁的青年将升入高一级的教育机构（埃佛比）接受为期两年的军事训练。在这一期间，青年们的学习内容除军事技能和音乐外，还应该包括初步的科学知识，包括算术、几何、天文。这些知识的学习以实用为主，目的在于培养素质全面的军人。

教育的第四阶段为深入研究期。20 岁后，学业基本宣告结束，大部分青年将投入军营，成为国家的守卫者。少数经过筛选的优秀青年则要继续研究高深的科学理论，进入哲学家的培养阶段，其主要的学习科目是“四艺”，即算术、几何、天文和音乐理论。这些内容虽与前一阶段相同，但目的绝非为了实用，而是要使学习者心灵更加纯洁，更能够逐步接近真理。这一阶段的教育要持续十年，学习者年满 30 岁后，大部分人将充任公职，成为国家的高级官吏。

教育的第五阶段为哲学教育期。学习者在年满 30 岁后，经过非常严格的挑选，极少数最优秀的人开始专门学习哲学（辩证法），一直到 35 岁为止。柏拉图认为，研究哲学是认识真理的唯一方法。经过 5 年的哲学教育，学习者将被投入到实际工作中进行锻炼。直到 50 岁时，那些在实际工作和知识学习中成就卓越，特别是在哲学上有着高深造诣的人，才能够最终成为柏拉图理想中的哲学家兼政治家——哲学王。

作为古希腊最伟大的哲学家、思想家和教育家之一，柏拉图教育思想中包含了很多弥足珍贵的见解。如国家应重视对全体公民进行教育，对学前教育的倡导，主张身心和谐发展，确立“四艺”的课程体系，强调知识的实用和发展思维能力，将教育与政治理想联系起来，等等，都具有重要的启发性，且直至今日仍然散发着理性的光辉。

（二）亚里士多德

亚里士多德（Aristotle，公元前 384—前 322 年）是古希腊一位百科全书式的学者，他在哲学、政治学、物理学、伦理学、逻辑学、心理学等学科上都有相当精深的研究与建树。

在教育史上，亚里士多德首次提出教育应“效法自然”的原理，并把儿童和青少年的生理作为教育实施的依据。他将教育过程按照年龄划分为三个时期，即从出生到 7 岁为第一时期，7—14 岁为第二时期，14—21 岁为第三时期。由于不同时期青少年身心发展的不同特点，教育内容和方法也因此有所不同。

在第一时期，儿童处于身体生长和发育的关键期，这一时期的教育应顺应自然，及时引导儿童做些适宜于肢体发育的活动，促成儿童体格的健康发展。需要注意的是，在儿童 5 岁之前不可教授任何功课，以免妨碍其身体的正常发育，5 岁之后可以开始课业学习，但也不宜过重,应劳逸结合,保证充足的体格锻炼。第一时期的教育是在家庭中进行的,因此教育内容还包括游戏、讲故事等。

7—14岁为教育的第二时期,相当于初等教育阶段。这一时期要发展人的非理性灵魂,因此教育应以情感道德培养为主,教育内容包括阅读、书写、体育锻炼、音乐和绘画四种,学习这些科目是为了促成人的身心和谐发展。例如,体育锻炼旨在使儿童拥有健康体魄、培养他们的勇气;音乐和绘画教育则是要使儿童学会善于利用闲暇。亚里士多德特别重视对儿童进行音乐教育,认为音乐不仅能够给人娱乐,还能够陶冶性情、涵养理智,从而激荡人们的灵魂,形成高尚自由的心灵。

14—21岁为第三时期,属于教育的中、高级阶段。由于亚里士多德有关这一阶段教育的著作多已失传,因此无从知晓他对中、高等教育的论述。就高等教育而言,从他于公元前335年创办的高等学府——吕克昂的课程设置中,我们大致可以推断14—21岁青年接受的教育内容。在吕克昂中,为了发展理性灵魂,亚里士多德开设了包括"四艺"以及哲学、物理、文法、文学、诗歌和伦理学等在内的广泛的课程,学校中实行教学和科研相结合、研究与实验相结合、讲授与自由讨论相结合的教育模式,并根据学生的程度,将其划分年级或班级,进行分班授课。

作为苏格拉底和柏拉图的哲学思想与教育思想的传承者、发扬者,亚里士多德在继承先辈光辉思想的同时,并不拘泥于前人的成就,而是结合他所生活的时代特征和社会需要,形成和发展出自己的教育理论,并将其推向古希腊教育思想的高峰。

（三）昆体良

昆体良(Marcus Fabius Quintilianus,35—96年)是古代罗马帝国时期著名的雄辩家、教育家。昆体良生于当时罗马帝国的行省西班牙,其父是位颇有成就的雄辩术教师,因此他自幼便受到了良好的教育。青少年时代,昆体良在罗马接受教育,跟随帕拉蒙(Palaemon)、阿弗尔(Afer)等罗马知名的文法学家、雄辩学家和律师学习,学业完成后回到西班牙,从事律师和雄辩术的教学工作。公元68年,昆体良回到罗马;公元70年,昆体良受命主持一所公立拉丁语修辞术学校,成为罗马教育史上第一个由国库支付薪金的修辞学教师;公元90年,昆体良退休,此后主要从事著述工作,主要著作为《雄辩术原理》。

昆体良在总结自己20年教学工作经验的基础上,还对教学组织形式、教学原则和方法以及教师素养等提出了自己独到的见解。

从教学组织形式上看,昆体良极力主张实行集体教学的组织形式。他主张把学生分成班组,由教师面对全体学生而不是个别学生进行教学。采用这种教学形式,教师可以同时教很多学生,节省了时间和精力,学生也可以在游戏和学习中相互影响、相互模仿和竞赛,可以从教师对别人的表扬或者批评中得到鼓励或警醒。尤其是公共活动和人际交往对人的锻炼等,都不是个别教学所能企及的。在集体教学中,教师要善于观察学生,了解他们的倾向、能力和个性特征,做到因材施教。

从教学方法上看,昆体良认为,教学应该激发学生的兴趣和意愿。他指出,专心致志地学习是自愿而不是强迫的结果。为了激发学生的兴趣和意愿,昆体良建议:(1)学校应该严格管理,用纪律来约束学生的行为,但是不应该体罚学生,体罚只能造成学生心情压抑、沮丧和消沉。(2)教师应该以父母般的情感对待学生。(3)实行课业交替进行以及学习与休息相结合。(4)善于向学生提问,并善于回答学生的问题,无论是提问还是回答问题都应该符合学生的接受能力。

从教师素质上看,昆体良对教师所应具备的素质提出了自己的主张。他认为,教师应该是才德兼备、言行一致的人;应该是知识渊博的人;应该不仅娴熟于所教学科的内容,而且能熟练地运用教学方法;应该理智地爱学生,严峻而不冷酷,和蔼而不放纵;应该善于从学生的言语、行为和活动中,观察并深入地了解每个学生的差异,区别地对待每个学生。

昆体良的教育思想既是对自己长期以来教学工作实践经验的总结,又是对古罗马教育理论和教育实践的梳理,是古罗马教育理论的最高成就。昆体良强调专业教育和普通教育相结合,为文法学校制定的课程体系以及对文法学校的深刻见解,对教学理论的真知灼见,都对后世欧洲教育产生了深远的影响。

第三节　中世纪的教育管理

古罗马帝国灭亡后,欧洲进入了长达千年的中世纪。在中世纪,基督教教义和教会与封建制度一起构成了中世纪社会的意识形态基础和政治经济基础,从而使中世纪教育具有了显著的宗教色彩和等级化特征。社会的二元(宗教与世俗)特征使中世纪形成了类型丰富的教育机构。由于商业复兴而引起的中世纪城市的兴起,为教育的发展提供了全新的空间。中世纪大学的创建代表了中世纪文明和教育发展的最高成就。

一、基督教教育

所谓基督教教育,包含两层含义:一是指学习基督教的各种信条,即救赎所必需的真理;二是指道德训练,即基督教徒所必须遵循的行为律法。换言之,基督教教育是指对教徒们进行的宗教观念、宗教情感和行为准则的教育。在中世纪,基督教教育既是一种具有独立形态的教育,也是贯串于其他各种教育形式的教育活动,还是一切教育的基本目的所在。

(一)初等教义学校

早期基督教并不重视正规的教育形式。随着基督教的广泛传播,教会逐渐意识到,要使那些异教徒皈依基督教,必须使他们在正式成为教徒之前接受一定的基督教教育。这便是初等教义学校(catechumenate,亦译"望道学校或慕道学校")的起源。

初等教义学校的训练分成四个阶段:第一阶段是初步考察。即候选人提出入会申请,举行一定的入会仪式;第二阶段是听众。经初步考察后,慕道者被看作一名教徒,必须经过两年或三年甚至更长的时间才有资格接受洗礼。在预备期,不允许候选人参加教会的所有礼拜仪式;第三阶段是选民。候选人经过几年训练后,被同意接受洗礼,再由主教给予短期的特殊训练。这时的教学主要是信经的主要条文、圣礼的本质和忏悔的要求,所有这些都按照精确的教义进行。候选人在此期间还要经过禁食、守夜和祈祷的练习;第四阶段是洗礼。选民的名字在教会登记备案,在接受洗礼的前几天,教给他们主祷文,如果愿意,还给以改用基督教名字的机会,然后举行正式的洗礼,成为合格的基督徒。

公元 2 世纪中期,初等教义学校最早在埃及的亚历山大利亚出现,以后逐渐扩展到西欧部分地区,公元 5 世纪趋于鼎盛。公元 9 世纪后,由于初生婴儿洗礼已经成为普遍的做法,也由于基督教的原则和教义为人所共知,已没有初等教义学校存在的必要,因此这种学校便衰落和停止了。

在初等教义学校的早期,学校设置较为随意。只要便于教学,就可以设立学校。随着时间的推移,初等教义学校一般都设在教堂的中殿。初等教义学校的教师主要由主教或神父兼任。最初,初等教义学校的教学主要面向成年人。当所有成年人都被基督教化了之后,这种学校便成了儿童的学校,由堂区牧师负责。在中世纪早期,初等教义学校在传播基督教和使当时的"异教世界"基督教化方面发挥了重大作用。

(二) 教理学校

随着基督教的发展,基督教会中的有识之士越来越意识到建立更高级学校的必要。其原因有:首先,公元2世纪结束时,对基督再次来临的期望以及现有世界即将结束的说法在基督教会领导人的思想中已不再占据主导地位,教会的领导人开始感到需要吸收异教文化中的精华来改造基督教教义。其次,基督教开始吸引有教养的阶层。到公元2世纪中期,在希腊哲学和科学方面颇有造诣的一些学者陆续皈依基督教。这些学者在接受新教义的过程中,自然要把它与以前所掌握的理论概念相融合,于是产生了建立基督教高级学术机构的需要。再次,基督教教义受到异教中有学问的人的猛烈攻击,迫使教会人士武装自己以捍卫基督教教义。在此基础上,教理学校(the catechetical school)出现了,并成为最富有生机的教会教育机构。

教理学校的教学分为高级学科和初级学科。高级学科由校长以讲座的形式向听众讲授;初级学科则由校长的助手讲授。此外,教师还为所有学生举办公开的讨论会,就学生提出的有关教义的问题进行解答。教理学校既是进行普通文化知识教育的机构,也是基督教神学的学术中心。

教理学校的课程与罗马帝国时期的修辞学校具有相似之处,为学生开设百科全书式的课程,包括逻辑学、物理学、几何学、天文学(可能还有解剖学);这些学科之后是哲学,特别是伦理学和形而上学原理。

(三) 主教学校

基督教最早的传教方式是旅行传教,没有固定的教堂或学校。随着基督教的发展和信徒规模的扩大,基督教在城镇先后建立了教堂,设置了教堂牧师职位。每一座城市的教堂成为主教所在地,即大教堂(cathedral)。公元381年,君士坦丁堡宗教会议要求在城镇和乡村建立学校,免费教育所有儿童。公元529年,颁布了《维森公教会牧师训练法》(Training of Priests of the Council of Vaison)。在这些法规的敦促和规范下,在主教住所逐渐形成了一个由儿童、准备担任牧师的年轻人以及在任牧师组成的团体,这被认为是主教学校(cathedral school,亦译大教堂学校或座堂学校)和教会经院学校的起源。

鉴于中世纪的知识水平,主教学校最初只能传授最为基本的自由学科(liberal arts)知识,其中文法学习占据了重要地位。在10世纪末、11世纪初,主教学校以教义教学为主。随着贸易的发达、城市的复兴和知识的发展,从11世纪中叶开始,一些主教学校逐渐发展成为重要的知识中心和教育中心。

(四) 修道院学校

修道院学校缘于基督教的修道主义,而基督教修道主义的产生有其一定的历史背景和宗教信仰的原因。

首先,在基督教的经典《圣经》中,就已经存在着把贫穷和独身生活视为一种理想的生活方式的倾向。公元2世纪,基督教教会逐渐为富人所把持,并向等级化、官僚化的组织结构发展。这种变化在虔诚的基督教徒中引起了强烈的不满和各种形式的反抗。教会内部异端的产生是一种积极的反抗形式,而修行和修道士的出现则是一种消极的反抗形式,它以远离现实社会的方式、忘我的精神、对宗教的虔诚来对抗教会中日益增强的世俗性以及财富给教会带来的腐败和虚浮。独身、甘于贫穷、沉思退隐、远离尘世等成为当时众多虔诚的基督徒信徒所推崇的生活方式。

其次,基督教成为罗马国教后,随着财富的增长和势力的不断扩大,教会的道德水平不断下降,这使得一些虔诚的信徒产生了通过自我献身来纯洁教会的动机。此外,在罗马帝国后期,政权频繁更替,社会动荡,人人自危,失望乃至绝望促使人们逃避现实社会,隐居到荒无人迹的沙漠是他们能找到的"一条绝望的出路"。在这种情况下,修道和修道院先后在埃及等地兴起,并被传播到西欧。

据文献记载,最早开始修道的是埃及的安东尼(Anthony,约251—356年)。安东尼20岁时离开家园,来到人迹罕至的沙漠,开始了禁欲隐修的生活。不久,效仿安东尼的人逐渐增加。在当时的尼特里亚(Nitria)和斯西梯斯(Scetis)的荒野上遍布着许多修道士,他们按照自己的想象自由地决定自己的崇拜方式和修道方式。最初的修道士通常都是独自一人隐居,不与人往来。英语中的修道士"Monk"一词源于希腊语"Monos"一词,意即"单独的人"。公元314年,罗马帝国北非军团士兵帕科缪(St. Pachomius the Great,292—346年)在尼罗河畔建立了一所采用集体修道的修道院。这座修道院由围墙围着,内部分成很多单个的小密室,作为修道的场所之用。修道士形成了一个组织严密的团体。院规对修道士每天的饮食、睡眠、生活、劳作和修道活动都有明确的规定。修道士每20人左右为一个单位住在一间房内,由修道院院长(Prior)主持,所有的修士在院长的管理下,过着共同的修道生活。修道院的基本功能是沉思默想,每天的大部分时间用于祈祷,每天只吃一顿饭,用餐时需保持沉默。

帕科缪还建立了一所女修道院。到公元346年帕科缪死时,埃及已先后建立了9所修道院,修士超过7 000人。在这期间,修道主义在安提阿教会也有所发展。安提阿的修道方式与埃及有所不同,这里主要盛行独居式的隐修生活,并且出现了极端的"苦行"方式。公元4世纪时,修道院的观念和制度传到了意大利,并在意大利流行开来。公元520年,意大利人本尼狄克(Saint Benedict,一译作本笃,480—547年)创办了蒙特·卡西诺修道院,并制定了相应的规章制度,修道院由此从单纯的修行场所演变为兼具修行和文化教育功能的机构。约在公元7世纪时,修道院传入法兰克;公元8世纪时,修道院已遍布整个法兰克王国全境,仅高卢地区就先后建立了数百所修道院。修道院成为西欧一股巨大的政治、经济和文化教育的力量。

1. 修道院学校的产生

修道院学校大约出现在公元6世纪。到9世纪时,大多数修道院都办起了学校。修道院学校的办学宗旨也就是修道院建院的宗旨,凡是进入修道院学习的人都必须发"三绝誓愿":绝色(禁欲)、绝意(听命)、绝财(安贫),终身不得反悔。三绝誓愿的实质是要人绝对服从教会的权威,弃绝现世生活,奉行禁欲主义,为灵魂的得救、为来生而终日忏悔。到10世纪时,修道院学校发展成为内学(Interni)和外学(Externi)。内学是为立誓进修道院、过修道生活的人而设的,是为发愿者或称献身者做准备的;而外学则是为不准备过修道生活,只是为取得教士资格的人士而设的。

随着修道院的发展,为了更好地管理修道士,许多修道院都制定了各自的院规,其中最为著名的便是本尼狄克院规。圣·本尼狄克童年时曾在罗马接受教育,520 年在意大利的蒙特·卡西诺(Monte Cassino,约 360—420 年)(在此是地名)建立了一所修道院。为了能切实地管理这所修道院,公元 529 年,本尼狄克在参照基督教希腊教父阿塔纳修斯(Athanasius,约 293—373 年)关于东方隐修士生活的著作、吸收东方修士生活中禁欲苦修、自我克制的内容以及综合卡西安等前人制定的各种规程的基础上,依据基督教教父学中关于修道院的理论,制定了一个包括序言和 73 个条例的详细的修道院规程。本尼狄克认为,修道院是一所"服务于上帝的学校",因此,其院规规定修道院应是一个受统一规程约束的、在院长领导下的、有组织的、有纪律的、自治的宗教团体。由此,本尼狄克院规对于修道僧的入院条件、饮食和服饰、基本的道德、生活、劳动和教育等做出了全面的规定,此院规也成了其他修道院院规的范本。

修道院学校的课程主要包括是读、写、算、宗教音乐、宗教礼仪和"七艺"等。约在公元 6世纪,著名学者卡西奥多鲁斯(Flavius Magnus Aurelius Cassio Dorus,约 485—580 年)把文法、修辞、逻辑("三艺")和算术、几何、天文、音乐("四艺")合并称为"七种自由艺术"。"七艺"成为中世纪世俗和宗教教育的基础。中世纪前期,基督教大主教毛鲁斯在《牧师教育》(The Education of Clergy)一书中强调了"七艺"的教育价值。他认为,文法是"一门科学,使人学会解释诗人和历史学家的作品;它是一种艺术,使人能正确地写作和说话,人文学科之本就在文法";修辞学是日常生活中有效地利用谈话的艺术,是为了传授阐释教义和讲经布道的辩才;逻辑学是"理解的科学,它使我们能很好地思考、下定义、做解释和区别真假",是为了提供从事神学论证和反驳异端邪说的形式推理方法;算术"是可以用数字测定的抽象广延的科学,是数的科学","数的重要性不可低估,它对解释《圣经》的许多段落有莫大的价值",因此算术有助于解释《圣经》中数字的神秘意义;几何"解释我们所观察到的各种形式","几何学在建筑教堂和神庙方面也有用途";音乐是"关于音调中被感觉的音程的科学",音乐的内容是礼拜圣诗,其曲词均用于宗教仪式中的赞美诗吟唱;天文学则"是用来说明天空中星体的法则",教士努力学会天文学知识的目的是用来推算教会的宗教节日,确定复活节、其他节日和圣日。当时"七艺"教学普遍采用的教材主要是中世纪前期基督教拉丁教父伊西多尔的《词源》(Etymologiarum)和卡西奥多鲁斯的《神学和世俗学导论》(Institutiones Divinarum et Saecularium Litterarum)。"七艺"在修道院学校受重视的程度因时代的不同而不同。早期一般重视文法、修辞学,这些知识的学习都是为学习神学服务的。修道院学校的教学方法主要是:教义问答、抄写、背诵《圣经》段落、严格的纪律、体罚、沉思默想。

2. 修道院学校的作用

公元 6 世纪时,修道院实际上成了西欧主要的教育中心和学术中心。修道院本身的传统是禁欲主义,其特点是非探究性,但是"修道院逐渐演化成为知识的保护者,成为西欧几个世纪主要的教育机构"。英国文化历史哲学家克里斯托弗·道森(Christopher Dawson,1889—1970 年)写道:"对中世纪文化起源的任何研究,都不可避免地要给西方修道院制度的历史以重要地位,因为在从古典文明的衰落到 12 世纪欧洲各大学的兴起这一长达 700 年的整个时期内,修道院是贯穿于其中的最为典型的文化组织。……只有通过修道院制度,宗教才得以对这些世纪的整个文化发展产生了直接的和决定性的影响。"修道院制度在基督教保存、传播和塑造西欧文明的过程中,起着重要的、不可替代的作用,"修道僧必须不但在基督教教义方面,而且还在作为神圣的经典语言和仪式语言的拉丁文方面,指导他们的信徒。他们不得不教授读和写,以及那些为教会事务和仪式所必需的艺术品和科学,如书法、绘画、音乐,尤其是年代学和历法知识。因为对于中世纪早期的宗教仪式文化来说,这些知识有着与它们在古代宗教仪式文化中所曾获得的同样重要的地位。这样,一种自发的基督教文化兴起了,它以修道院为核心,并通过教育和宗教影响渗透到教会和人们的生活中"(克里斯托弗·道森,《宗教与西方文化的兴起》)。

二、世俗教育

中世纪的世俗教育是指与教会教育相对而言的教育类型。在中世纪,尽管世俗教育受到基督教和教会的直接影响,但并不以培养神职人员为目的。通常情况下,世俗教育机构不是由教会开办或管理的。而在世俗教育中,不同类型的教育也存在着很大的差异。这种差异不仅表现在开办的时间和开办主体,也反映在所承担的职能和所要达到的目的上。

(一)宫廷学校

中世纪中后期,随着西欧封建社会的稳定,经济的逐步复苏,世俗国家的权力不断扩张,培养世俗政权治理国家所需要的官员成为现实的需要。从公元8世纪开始,在西欧先后出现了一种新型的教育形式,即宫廷学校,其中较为著名的是法兰克王国查理曼(Charlemagne,742—814年)统治时期开办的宫廷学校和萨克森王国阿尔弗雷德大帝(Alfred the Great,848—899年)开办的宫廷学校。

(二)骑士教育

骑士教育是西欧中世纪封建社会一种特殊的世俗教育形式,是封建等级制度的产物。在西欧社会的封建等级制度中,国家的最高统治者是国王,按照分封的次第以及权力地位,以下贵族依次为公、侯、伯、子、男爵,处于贵族底层的是骑士。骑士制度盛行于11—12世纪,在此之前是骑士的"英雄时代",12世纪则进入了骑士的"礼文时代"。中世纪骑士教育场景在发展过程中,骑士制度不仅成为封建等级制度的重要组成部分,而且发展成为一个独立的社会阶层,并拥有了一套独特的行为方式、荣誉观和道德准则。骑士教育正是在骑士制度的基础上形成和发展的。

骑士教育的实施分为三个阶段:儿童出生到7岁为第一阶段——家庭教育阶段。这一阶段主要是在家庭中进行的,主要的教育内容是宗教知识、道德教育和身体的养护和锻炼。孩子出生后的首要大事是接受洗礼,并选定教父和教母。随后在父母、亲人和教父、教母以及教会神职人员的言传身教过程中,在亲身参与各种宗教活动以及履行宗教义务的历练中,学会服从教会权威,学习尊重和保护弱者,乐善好施,养成勇敢、忠诚、诚实、恪守信誉等良好的基本品质;学习语言和"七艺"等简单的内容。家庭教育阶段的另一个重要内容是身体锻炼,以养成健壮的体格。儿童七八岁后进入第二阶段——侍童阶段。封建主按其等级将孩子送到高一级的贵族家里充当侍童,侍奉主人和主妇,接受礼文教育。在服侍主人尤其是主妇的过程中,学习上流社会举止得体、彬彬有礼等礼节和行为规范,并学习识字、拉丁文法、唱歌、吟诗、下棋、口才训练、演奏乐器、赛跑、角力、骑马、游泳和击剑等。14—21岁之间为第三阶段——侍从阶段。此时,由侍童转为侍从的准骑士继续在主人家里学习骑士的各种军事技能和生活方式,为主人料理日常生活事务、招待客人、照管马匹和保管武器等;战时则随主人出征,并以自己的生命保护主人的人身安全。这一阶段重点是学习"骑士七技",即骑马、游泳、投枪、击剑、打猎、弈棋和吟诗。此外,骑士教育中还包括爱情教育,即年轻的骑士对于年长的贵妇人表现出忠贞、爱慕、奉献、守信等情感。到21岁时,通过隆重的仪式,侍从们被授予"骑士"称号。

(三) 城市学校

城市学校是中世纪后期城市兴起的产物。罗马鼎盛时期,西欧曾出现过许多繁荣的城市。然而,由于罗马帝国由盛而衰、蛮族的大迁移和由此而导致的连年战争,到公元4—5世纪时,那些原本繁荣的城市或完全消失,或沦为村落,失去了城市的意义,少数幸存的城市大都成了封建诸侯或主教的驻地。到10—11世纪时,随着社会的安定、贸易活动的活跃和商业的繁荣,在交通要道、封建主的城堡和教堂附近,逐渐出现了一些手工业和贸易的集中地,在此基础上形成了市集、乡镇,进而发展成为城市。与古希腊罗马的城市不同的是,中世纪城市首先是作为经济活动的中心出现的。随着社会文化的发展,城市也逐渐成为中世纪的知识和教育中心。

城市学校并不是一所学校的名称,而是为新兴市民阶层子弟开办、由城市当局管理、学习世俗知识的学校总称,其中包括不同种类、不同规模的学校。城市学校主要有以下一些类型:

城市拉丁语学校。中世纪时期,许多城市同时存在着两种拉丁语学校,即由教会举办的拉丁语学校,以及由市政当局管理的城市拉丁语学校。城市拉丁语学校的学生主要是商人和其他富人的儿子,但教学内容与教会举办的拉丁语学校没有多大的区别。

写作和算学学校。这种学校与世俗生活的联系更加密切,主要讲授阅读、写作、商业代数和簿记,学生则主要是工匠和商贩的儿女。13世纪,随着方言的发展,这种学校开始使用本族语进行教学。到15世纪时,这类学校在欧洲城市已经非常普遍,汉堡的50名算学教师还成立了行会,这可以算是最早的教师联合会。

歌祷堂学校。一些笃信宗教的富有商人留下部分遗产修建歌祷堂(小教堂),聘用教士为其灵魂超度而祈福,这些教士则利用自己的业余时间向歌祷堂附近的居民和儿童教授识字、算术等,这便是歌祷堂学校。这种学校免费,属初等学校性质,由神职人员任教,但受俗人资助和监督。16世纪时,这类学校在英格兰就有百所之多。

城市学校的出现,体现了新兴工商业阶层的要求和力量,打破了教会对学校教育事业的独占权。教会虽竭力扼制这种新型学校,但由于这种学校适应了新的生产力发展的要求,教会终究也不能阻止它的发展。另外,城市的扩展和市民的兴起促进了文化的世俗化,知识从修道院中走出,成为市民阶层的财富。

三、中世纪大学

作为一种全新的教育机构,中世纪大学是一种与教会教育完全不同的、世俗的和专业化的高等教育机构。中世纪大学起源于11世纪,按其形成方式划分为三类,即自然形成的大学、因迁校而形成的大学、由教皇以及封建领主创办的大学。西欧最早产生的大学是意大利的萨莱诺大学、波隆那大学,法国的巴黎大学,英国的牛津大学和剑桥大学,它们有"母大学"之称,后来的大学大都是以它们为样板而建立起来的。

中世纪大学的领导体制可分为两类:一类是以波隆那大学为代表的"学生大学",由学生主持校务,教授的选聘、学费的数额、学期的时限和授课的时数等,均由学生决定,欧洲南部的大学多属于此类。另一类是以巴黎大学为代表的"先生大学",由教师掌管校务,欧洲北部的大学多属于此类。为了保护自身的利益,大学效仿行会的做法,建立由教师或学生组成的行会性质的社团。其中,最先出现的是学生的社团组织,称为同乡会。教师则按照学科专业组成了教授会。每所大学在建校之初都制定有《大学章程》,规定组织由哪些成员构成、组织成员具有什么样的权利、如何遴选组织的首长、选举出来的首长对内对外如何行驶管理职权等。校长的选举以及校长职责与职权的行使是大学组织发展得以生存和发展的核心。

中世纪大学在与教会、城市当局以及市民等的斗争中获得了许多特权。中世纪大学的特权主要有两个来源:一是教皇的训令,如教皇塞勒斯丁三世(Celestine Ⅲ)1198 年赐给巴黎大学的特权;二是皇帝和国王的敕令,如 1155 年腓特烈一世颁给波隆那大学的《安全居住法》。总之,中世纪大学的特权主要包括以下几方面:(1) 居住权;(2) 司法自治权;(3) 罢教权和迁徙权;(4) 颁发教学许可证的特权;(5) 免税、免役权。

中世纪大学包括文科、法科、医科和神科(不同大学各有侧重,文科是基础课程),教学语言是拉丁语。大学的课程开始并不固定,较为随意,由各大学甚至是各教师自己规定。13世纪以后,基于教皇的训令或者是大学的章程,课程方才趋向统一。文科属于预科的性质,一般学制为六年,主要学习的内容是"三艺"(文法、修辞和逻辑)、"四艺"(算术、几何、天文和音乐),以及自然哲学、道德哲学和形而上学。法学的学习分为民法和教会法。医科主要的学习内容是希波克拉底和盖伦,以及阿拉伯、犹太和萨拉尔诺派医师的作品。神学则主要学习《圣经》和经院哲学家的作品。

中世纪大学最常用的教学方法是演讲,由阅读、评注和介绍作业等部分构成,同时穿插不同程度的讨论。演讲又分为普通演讲(由年长的、富有经验的教师负责)、特殊演讲(是普通演讲的补充,由不太出名的教师负责)和粗略演讲(这是作为教学训练的一部分内容,由学士或年长的学生担任)。此外,还采用辩论的方法。辩论也有两种方式:一种方式是一个人就某个论题的正反两面自己提出论据,自己进行辩论;另一种方式是"问题辩论",辩论的题目由教师给出,学生分成支持和反对两组展开辩论,然后教师再出面总结这些问题。大学教师中每年也举行两次大型的辩论,讨论一些深刻的问题。

中世纪大学已经有了学位制度。学生学习 3 ~ 7 年,修完规定的课程,考试及格便可以获得"硕士"(master)、"博士"(doctor)或"教授"(professor)学位。在中世纪,硕士和博士都是用来称呼大学教师的,并没有高低之分和程度上的差异,只是在不同的大学用法不同而已。直到 15 世纪时,博士才被用来指称高级系的教师,硕士用来指称低级系的教师。硕士考试不公开举行,合格者发给证书,取得教学资格;而博士则通过公开的考试,需要进行演讲和辩论,并伴有隆重的仪式。至于"学士"(bachelor)学位,其起源要比硕士和博士为晚,时间约在 13 世纪,起初只是一种获得教授证书的候补者的资格,意味着取得了进一步学习的资格,后来才发展成为一种独立的、职称低于"硕士"水平的学位。

中世纪大学产生后,迅速成为欧洲文化复兴和传播的中心,也是随后进行的文艺复兴、宗教改革和近代启蒙运动的重要阵地。此外,中世纪大学追求和传播高深学问的宗旨、世俗化的趋向、学术自治的组织原则、教学体系、学业考核制度、法律地位等,乃是近现代大学教育制度的直接先驱。

复习思考题

1. 从古代文明古国最早的学校产生的史实出发,分析学校产生的条件。
2. 试分析影响教育制度形成的主要制约因素。
3. 试述柏拉图对教育的理解。
4. 简述亚里士多德的教育主张。
5. 请谈一谈中世纪大学的各项制度。

第二章 文艺复兴、宗教改革时期的教育管理

文艺复兴是欧洲新兴资产阶级在思想意识领域发动的一场反封建、反神学的人文主义新文化运动。人文主义者所提出的培养多才多艺、全面发展的"全人"的理想,对文艺复兴时期的教育变革产生了重要影响。人文主义教育具有重视教育的作用、学习人文学科、运用新的教学方法和重视教师的作用等特征。在人文主义思潮的影响下,产生了新型的学校,欧洲教育开始出现世俗化的趋势。大学打破了经院主义课程的垄断地位,人文主义课程的比例不断增加。与此同时,中世纪大学所具有的自治权和国际性特征也逐渐消失。

宗教改革是欧洲基督教世俗化过程中出现的一场普遍性的历史运动,同时也是欧洲各国民族意识增强、要求摆脱罗马教廷控制的大规模社会政治运动。宗教改革中提出的"因信称义"等新教教义,为人人皆有权接受教育奠定了理论基础。路德、加尔文倡导的强迫义务教育,推动了正在形成中的欧美民族国家开始关注普通民众的教育事业,并先后建立了近代早期的国民初等学校。

第一节 文艺复兴时期教育管理的变化

文艺复兴(Renaissance)是13—15世纪新兴资产阶级在思想意识领域发动的一场反封建、反神学的新文化运动和思想解放运动。文艺复兴运动具有阶段性和地域性,它最初发生于意大利,以后逐渐蔓延至尼德兰(相当于今天的荷兰、比利时、卢森堡和法国北部的一部分)、西班牙、法国、英国和德国等地。文艺复兴前期,人文主义运动具有显著的贵族色彩,后期才逐渐走向贫民大众。

一、文艺复兴的时代特征

"文艺复兴"一词的原意是复活或复兴,其含义基本包括两个方面:一是指古希腊、古罗马文化艺术的复兴;二是表示人类精神的觉醒,是对中世纪束缚人的精神的反抗和对人的个性解放的追求。与中世纪基督教教育相比,文艺复兴时期的人文主义教育呈现出一些前所未有的特征。

(一)重视教育培养人的作用

文艺复兴时期的人文主义者根据他们对人性的新理解,否定了基督教的"原罪"说,批判由教会控制的学校和经院主义教育,反对仅仅培养神职人员的教育目的。他们十分重视教育在培养人中的作用。人文主义者根据新兴资产阶级的现实需要,在继承和发展古希腊身心和谐发展的教育思想基础上,提出了培养"全人"的教育理想。他们希望通过教育培养

出西塞罗所说的"政治家"、昆体良所说的"善于演说的善良人",培养出具有优秀品德和理智的好市民和好的统治者,以及具有探索精神的开创性人物。许多人文主义者积极投身于教育活动,他们建立新型教育机构,探索新的办学模式,撰写教育论著,提出新的教育思想。人文主义者在教育方面的贡献成为他们在文艺复兴时期最重要的贡献之一。

(二) 重视学习人文学科,教育内容不断拓宽

首先,在智育方面,人文主义教育家重视学习希腊和罗马的古典作品。对希腊、罗马古典作品的学习逐渐取代了以往神学的支配地位。随着知识的发展,学科本身也发生了分化。中世纪"七艺"中的文法分化为文法、文学和历史;几何学分化为几何和地理学;天文学分化为天文学和力学。加上原有的修辞学、辩证法、算术和音乐,"七艺"演变为 11 门学科。

其次,体育成为人文主义教育的重要内容。与经院主义教育把人的肉体视作"灵魂的监狱",蔑视和禁止身体的锻炼相反,人文主义教育家注重人的身心和谐发展,强调对学生进行身体训练,培养学生健壮的体格,以适应新生活的需要。

再次,在德育方面,与人文主义反对神性、神权、宗教束缚,倡导人性、人权、个性自由相一致,人文主义教育家反对教会所提出的禁欲、出世思想以及愚昧、盲目的信仰等道德观念,提倡人的尊严、现世幸福和意志自由等新道德观念,强调要培养符合现实社会生活所需要的坚强、勇敢、克制、乐观、热爱自由、追求平等、人道主义和合理的享乐等道德品质。虽然人文主义教育家仍然重视宗教品质的培养,但是他们希望以更富有世俗色彩和人性色彩的宗教来教育学生。

(三) 重视运用新的教学方法

与经院主义教育压制和体罚儿童、死记硬背的教学方法相对立,人文主义教育家强调要尊重和热爱儿童,重视儿童个性的发展,考虑儿童的个别差异在教学中的意义。他们注意激发儿童的学习兴趣,反对纯书本教学,主张运用参观、观察、旅行、直观教具、游戏等方法进行教学。人文主义教育家还主张在教学中使用民族语言,打破了完全用拉丁语进行教学的局面。

(四) 重视教师的作用

人文主义教育家将教师的道德、智慧、学识和身体素质看作教学成功的关键,强调教师教育学生要言传身教和以身作则。许多人文主义教师本人就是德高望重、学识渊博、掌握了几种语言,并在教学中取得巨大成就的教育家。

二、人文主义的教育实践

在办学方面,涌现了弗吉里奥、维多利诺、格里诺等著名的人文主义者。弗吉里奥 (Pietro Paolo Vergerio,1349—1420 年)是第一个表达人文主义教育思想的人。他是拜占庭学者克里索罗拉 (Manuel Chrysoloras,1355—1415 年)的学生,曾在巴维亚、威尼斯、米兰、帕多瓦和罗马等地从事教育活动。维多利诺 (Vittorino da Feltre,1378—1446 年)是弗吉里奥的学生,他继承了弗吉里奥的教育思想,并将其付诸实践。维多利诺 18 岁入帕多瓦大学学习,曾受教于彼特拉克的学生,对西塞罗的《论雄辩家》有精深的研究,成为当时最优秀的一位拉丁文作家。维多利诺在帕多瓦教了 20 年的文法和数学后,于 1432 年在曼图亚公爵冈查加的一再邀请下,来到曼图亚创办了一所宫廷学校,名为"快乐之家"(House of Joy)。"快乐之家"环境幽美,建筑恢宏瑰丽。维多利诺在这所学校里工作了 20 多年,直至去世。他

的教育实践获得了很大的成功,他所建立的宫廷学校是当时欧洲最好的宫廷学校,成为欧洲大陆人文学校的范例,被认为是人文主义学校的发源地。

"快乐之家"的教育实践体现了维多里诺的人文主义教育思想。学校的大部分学生是贵族子弟,由于维多里诺的坚持,学校也招收了一些富有天赋的贫苦学生,并免费提供给他们衣服和食物。学生一般6、7岁入学,修业年限约为15年,从小学一直读到大学。维多里诺倡导自由教育(liberal education),培养全人。他接受了古希腊亚里士多德关于培养和谐发展的人的思想,认为教育的目的在于培养身心和谐发展的人,即"受过良好教育的完全公民"。这种人应当是学识渊博,道德高尚,身体健康,有社会责任感,能胜任管理国家、教会和工商业事务。为此,"快乐之家"实施体育、德育、智育并重的方针,开设以古典语文为中心的内容十分广泛的人文主义课程,从最基本的拼读字母和说话练习开始,到读、写、算的基本训练,再到拉丁文、希腊文、修辞学等传统的经典文化,并学习数学、天文、历史等知识。此外,学生还学习《圣经》和奥古斯丁的著作,以培养他们的宗教感情和信仰,而这也被维多里诺认为是人文主义教育中不可缺少的部分。维多里诺重视体育,主张学习骑士教育中的优点,对学生进行各种体育锻炼,如骑马、射箭、击剑、角力、游泳和各种有益于身心健康的游戏。维多里诺采用多种教学方法进行教学,并注意教学方法的实用性。如他使用活动字母教授读写;用游戏的方法教授算术的初步知识;有时还和学生一边散步一边讨论和学习。维多里诺还特别强调尊重学生的天性和个性,主张实行学生自治,减少惩戒,禁止体罚。

意大利另一位人文主义教育家格里诺(Guarino da Verona,1374—1460年),是克里索罗拉的学生、维多里诺的好友。1429年,应费拉拉侯爵之邀,他到费拉拉开办了一所宫廷学校。费拉拉的宫廷学校办得十分出色,与维多里诺的"快乐之家"被誉为文艺复兴时期教育的两颗"明星"。格里诺的教育观点与维多里诺不同,他不再把培养有德行、忠于社会的身心和谐发展的人作为主要目标,而是突出智育,强调以学习古典著作作为教育的宗旨。在他看来,古典文化教育本身就是教育的目的,而不是使人全面发展的手段。他坚决主张一个受过教育的人必须学习特定的科目而不管其内容如何。在教学方法上,格里诺认为文法是教育的基础,主张应先学习语法规则然后再学习古典作品,把规则与文学作品分割开来。这种对语言形式方面的强调不仅违背了人文主义思想的目标,而且还导致了形式主义的倾向。与这种倾向相伴的是过高地评价西塞罗文体,并把它当作作文唯一正确的范例。到15世纪,意大利出现了极端形式主义的西塞罗学派。这个学派主张机械地模仿西塞罗文体,完全反对使用在西塞罗作品中没有出现过的词汇和习语。与之相对的另一派则反对单纯地模仿西塞罗,主张个人要独立思考,要敢于用语言表达自己的观点。1528年,伊拉斯谟的作品《西塞罗学派》(Ciceronianus)出版,致使这场争论超出了意大利的范围,波及法、德等国。

第二节　宗教改革时期的教育管理

在文艺复兴运动处于高潮的时期,欧洲宗教界掀起了一场轰轰烈烈的改革运动。这场宗教变革,就其直接的目的和内容而言,是欧洲各地的宗教力量试图用一种新的宗教学说取代旧的宗教学说的变革;然而就其社会影响和历史意义而言,却是正在形成中的欧洲各民族国家极力摆脱罗马天主教会控制和干预的社会政治运动。

长期以来,天主教会一直是欧洲封建制度的政治中心与精神支柱,罗马教廷则是凌驾于世俗政权之上的绝对统治力量,控制着欧洲社会的经济、政治与意识形态活动。中世纪后期,罗马教廷和教会日益腐化,早期基督教所宣扬的淳朴、贞洁、服从、安贫等美德渐渐沦丧,教皇与教士关心手中的权力和财富远远超过对信仰和来世的追求,于是,腐败、贪婪、保守的教会蜕化成欧洲社会各阶层共同的敌人。与此同时,在欧洲封建经济缓慢发展、资本主义经济初步萌芽的过程中,受文艺复兴运动的鼓舞,一种独立精神、一种标榜民族生活方式独特性的思想情感在意大利以外的欧洲各国不断蔓延。各地的封建君主积极摆脱罗马教廷的干预,扩大各自在本国或本地区范围内的影响,并力图将教会置于自己的统治之下。在这样的背景下,改革教会成为普遍的社会要求。

一、宗教改革的过程

16 世纪的宗教改革运动首先是从德国开始的。由于长期缺乏政治上的统一,地处欧洲中部的德国不断受到罗马教皇的欺凌和压榨,因此德国社会各阶层与罗马教廷的矛盾十分尖锐。1517 年 10 月,教皇利奥十世(Leo X)以修建罗马圣彼得教堂为名,派特使到德国兜售"赎罪券"。同年 10 月 31 日,德国萨克森威登堡大学神学教授马丁·路德公开发表《关于赎罪券效能的辩论》[Disputation of Martin Luther on the Power and Efficacy of Indulgences,即《九十五条论纲》(The Ninety-Five Theses)],质疑赎罪券的价值,认为赎罪成为买卖是可耻的行为,并否认教皇拥有赦免任何罪恶的权力。

路德的《九十五条论纲》在德国获得了广泛的响应,并揭开了欧洲各国挑战罗马教廷权威的序幕。1520 年,马丁·路德被逐出教会,从而彻底走向与罗马教廷决裂的道路。就在这一年,路德先后发表了《致德意志基督教会贵族书》(To the Christian Nobility of the German Nation)、《教会的巴比伦囚徒》(On the Babylonian Captivity of the Church)、《基督徒的自由》(On the Freedom of a Christian)三篇著名的宗教改革论著,猛烈抨击罗马教皇和教廷的腐朽,全面阐发其新的宗教理念。路德的思想很快就成为欧洲宗教自由的旗帜,那些力图摆脱罗马教廷干预的欧洲国家和地区,纷纷效仿路德,改革本国和本地区的宗教。其中,卓有成效的改革主要来自瑞士和英国。

(一)瑞士的宗教改革运动

1519 年,瑞士苏黎世的茨温利(Huldreich Zwingli,1484—1531 年)在当地世俗政权的支持下推行宗教改革,反对罗马教廷,强调《圣经》是最高权威,主张建立民主的教会,认为教会组织的最高监督权属于世俗政权。1534 年,法国新教徒加尔文(Jean Calvin,1509—1564年)流亡到瑞士,随后在日内瓦推动其宗教改革。受路德思想的影响,加尔文强烈否认罗马教会的权威,认为人的得救与否以及贫困与富裕,不是靠斋戒、忏悔、赦罪等善行,而是早已由上帝的意志所"预定"(predestination),人在现实中的成功与失败,就是其作为上帝的"选民"抑或"弃民"的标志。无论上帝如何预定,个人今生都要积极而正当地生活。因此,加尔文非常重视信徒的道德训诫与纪律规范,制定严格的宗教律令,并主张政教合作,共同实现天国于人民生活之中。1641 年之后,加尔文成为日内瓦的政治、宗教领袖。在他的领导下,日内瓦逐渐成为以加尔文教义为指导思想的政教合一的共和国。

(二)英国的宗教改革运动

与德国和瑞士有所不同,英国的宗教改革是由英国国王自上而下推动的。1531 年,英国国王亨利八世(Henry Ⅷ)要求英国教士放弃向罗马教廷效忠,强迫教士会议宣布国王是教会的最高元首。1532 年,他促使国教会议通过议案,未得国王许可,禁止向罗马教廷缴纳岁贡。同年 5 月,又宣布未得国王准许,教会不得制定法规,国王有权委派神职人员及审批教会法规。1534 年,罗马教廷革除了亨利八世的教籍。作为反击,同年 11 月,英国国会通过《至尊法案》(The Act of Supremacy),宣布国王为英国教会最高领袖,将英国教会完全置于国王世俗力量的控制之下。亨利八世推动宗教改革的真正目的是摆脱罗马教廷束缚,加强君主专制,因此,改革后的英国国教(圣公会)并没有实质性地触动天主教的主要教义、教规和宗教仪式。

(三)反宗教改革运动

相继发生在德国、瑞士、英国等国家和地区的宗教改革运动,是对欧洲天主教会弊端的一种反抗。受新教改革的刺激,天主教内部也开始发动一连串变革运动,以对抗新教改革,故又称为反宗教改革运动(Counter-Reformation)。1545—1563 年召开的特兰托会议(The Council of Trent),是天主教反宗教改革的主要标志。会议确认教皇为教会的最高权威,宣布一切新教派都是异端,并宣布罗马天主教教会和教义正确无误。随后的天主教改革主要体现在两方面:一方面是内部革新,借此消除天主教会所受到的批评,包括训练神职人员,重整教会纪律,改组宗教裁判所,镇压异端,加强思想控制;另一方面是对外成立新的修会,扩大天主教会的影响,如成立耶稣会,与新教相抗衡;派遣传教士到新大陆,以弥补在欧洲损失的教会地域。随着反宗教改革运动的推进,天主教和新教在欧洲及其海外殖民地的斗争变得愈加激烈。

宗教改革运动之后,由于天主教和新教彼此敌对,同时由于各封建王国巩固势力范围的需求,16—17 世纪,欧洲各地沉陷在旷日持久的宗教战争之中。其中,以在德国为主战场的三十年战争(Thirty Years' War,1618—1648 年)的影响最为深远。这场战争的结果是《威斯特法利亚和约》(The Peace Treaty of Westphalia,1648 年)的签署。这项和约最终确定了"教随君定"原则,规定路德派、加尔文派信徒同天主教徒一样享有同等的权利,承认大小国家平等、信教自由的原则,大体上确立了欧洲各国疆界和新旧教会势力范围,结束了中世纪以来罗马教皇一统天下的局面。

宗教改革运动沉重地打击了天主教教会势力,导致欧洲宗教世界分裂,同时也促进了欧洲民族意识的觉醒和民族宗教文化的发展。欧洲各国的封建君主纷纷摆脱罗马教廷控制,并将各国教会置于世俗力量的控制之下,进一步强化了封建王权专政。与此同时,基于培养信徒和臣民的需要,欧洲各地的新旧宗教力量与世俗政权竞相给予民族文化教育事业以高度的关注。正是在宗教改革运动中,一些宗教人文主义者大胆改革教育,较早地提出了教育平等和强迫义务教育的主张,并进行了初步的实践,从而为西方近代国民教育的发展和国民教育制度的建立开辟了道路。

二、宗教改革影响下国民教育的出现

(一)德意志国民教育的成型

德意志是较早成功实现国家政权控制和干预学校教育的地区。宗教改革运动爆发后,在德意志信奉新教的地区,世俗政权通常谋求新教教派的支持,以对付来自国内外种种反对势力,从而维护其统治;而新教教派则希望借助于世俗政权的力量来实现教派的生存与发展。在对待教育事业上,二者有着相同的利益追求:世俗政权期望借助教育培养良好的臣

民;教会则期望借助教育获得虔诚的信徒。因此,宗教和政治的原动力促成了国家和教会在教育事业中的合作。于是,宗教改革中各新教教派提出的教育主张得到了世俗当权者的极力维护和支持。

早在1528年,路德的主要助手、教育家梅兰克顿(Philipp Melanchton,1497—1560年)提出的教育计划就被萨克森等地的统治当局所采纳。此后,黑森(Hessen,1526年)、波希米亚(Bohemia,1535年)、布伦瑞克(Prague,1543年)和勃兰登堡(Brandenburg,1573年)等公国先后制定了学校规程。整个16世纪,德意志地区先后颁布了100多个类似的法律或法令。德意志因此成为新教教育改革最为成功的地方。

1. 学校制度的确立

在德意志诸公国中,位于西南部的威登堡(Wittenberg)公国第一个建立了完整的学校制度。1559年,威登堡公国侯爵克利斯朵夫(Christopher)颁布在全国建立学校制度的章程。这个章程要求建立起由德语学校、拉丁学校和国立大学或学院构成的三级学校教育制度。其中,每个村庄必须建立德语学校,为适龄儿童提供免费的初等教育。德语学校由教会办理,国家负责监督,实行男女分校,开设阅读、写作、宗教和音乐等课程,并全部用德语教学。校长由教区选举产生,但必须通过教会总监的考试,以便确定他在宗教信仰和业务能力方面是否胜任这个职务。学校的监督管理人员是教会的牧师。教学工作由教会或教区的执事人员担任,并规定这些人可免除杂役和教会的一般事务,但不能兼任公务员或警察等职务。

威登堡颁布的学制标志着德意志国民教育制度的真正开端,德意志诸国纷纷效仿。十年之后,布伦瑞克颁布了类似的学校教育法令;1580年,萨克森公国也参照该范例修改其学校组织。

2. 德意志诸公国的教育改革

16世纪,德意志诸公国的初等学校基本上是作为教会的附属机构而存在的,儿童入学被看作对教会尽义务。到了17世纪,这种情况发生了很大的变化,初等学校的管理权逐步由教会转向世俗政府,强迫儿童入学逐渐成为必须强制执行的公民义务。

(1)魏玛公国

1619年,魏玛公国颁布的学校规章要求,境内的教士和校长必须列出所有6—12岁男女儿童的名单,以便当局劝告家长履行送子女入学的职责,必要时甚至可以由地方政府出面勒令家长履行职责。该规章同时规定,适龄儿童必须全年上学,除农业收获季节放假四周和宗教节日放假数天外,不得缺席一天,甚至不得缺席一小时。学校每日上课四小时,每节课之间有休息时间。每个学生都要有教科书,每个教师要有自己的教室。学校在教授拉丁文之前,先要学习德文。规章中还规定禁止体罚学生。

(2)萨克斯-哥达公国

1642年,萨克斯-哥达公国的埃纳斯特公爵(Ernest the Pious,1601—1675年)为了恢复三十年战争造成的学校衰败,发起了一场著名的教育改革。这场改革的最主要成就是颁布了《学校规程》(School Method),要求把儿童的入学年龄提早到5岁。虽然《规程》中没有硬性规定强迫教育的年限,但却强调学生必须学完全部知识,并经当局审查合格,方得离校。这些知识在初等学校里分年级进行传授:一年级传授教义问答、圣歌、祈祷、字母、音节、阅读;二年级学习教义问答、祈祷、读法、书法、加法、减法、乘法;三年级开设教义问答、祈祷、读法、书法、算术(四则运算和比例)。学生每年都要参加考试以确定升级。此外,《规程》中还具体规定了实行班级教学和教学视导、提高教师薪俸、免费供应教科书,以及儿童缺课时对其家长的罚款办法。这个《规程》被认为是第一份不折不扣地得到落实的规程,哥达公国的教育水平也因此得以提高。

总的看来,宗教改革之后,德意志诸公国相继颁布了强迫教育法令,这反映了统治当局对发展教育事业、振兴民族国家的迫切愿望,客观上为这些地方的教育发展创造了有利的条件。更具有历史意义的是,德意志诸公国的世俗政权代表国家颁布教育法令这件事情,标志着中世纪以来一直把持在教会手中的教育权正在悄悄地向世俗政权转移,逐渐摆脱宗教羁绊的民族国家正在承担起教育国民的使命,一种未来将会影响世界的国民教育体制正在逐渐成为现实。

(二)英格兰的教育改革

与德意志等欧洲大陆国家和地区相比,英国的宗教改革只是将本国教会的管辖权限从罗马教廷转移到英国国王手中,但保留了罗马天主教的主要宗教理念和仪式。至于路德和加尔文所倡导的"因信称义"、人人阅读圣经、个个接受教育、国家办理教育,并没有能够在英国成为共识。英国依旧坚持中世纪以来的传统,即儿童的教育是家庭和教会的职责,这种教育从根本上讲就是宗教教育,世俗政权无须染指。但这并不意味着英国世俗政权完全不关心民众教育。由于英国国王已经成为英国国教会的最高首脑,而国教会负责在国内办理教育事业的活动,因此,事实上这也反映和体现了国王的利益。于是,英国国王通过教会实现了对本国民众教育的干预。

宗教改革之后,英格兰国王亨利八世(Henry Ⅷ,1509—1547 年在位)与爱德华六世(Edward Ⅵ,1547—1553 年在位)先后颁布多项命令,要求遣散天主教修道院以及附设在各个天主教教堂的读经班或唱诗班,并将修道院土地和财产没收充公,用于充实海防与海军建设,开办文法学校以及补助牛津大学和剑桥大学。这些政治措施不仅褫夺了天主教修道院的教育权,而且削弱了天主教会在教育事务中的势力,为国王通过国教会干预和控制全国教育创造了条件。

1. 通过国教会干预民众教育

在消除天主教教育影响的同时,英格兰国王还通过国教会加强对民众教育的干预。其中,最重要的措施就是加强对学校教师和学生的言行与宗教信仰的监督。任何人要取得教师资格,必须首先获得国教会当局颁发的特许状,同时还要签署一份书面誓言,宣誓效忠国王、遵奉国教。对于那些不遵奉国教的教师,则处以罚款、免职甚至关进监狱的惩罚。甚至还曾经规定,非国教徒不能取得大学学位。这些措施虽然假手国教会实施,但客观上却提升了英国国王对民众教育的影响。

此外,英格兰国王在宗教改革中采取的其他措施也有助于推动英格兰本国民众教育的民族化。其典型的举措是,将宗教仪式中所用的语言由拉丁语改为英语。1536 年,亨利八世下令,将英译本《圣经》分发给各地教会,要求教会讲经布道、祈祷、唱赞美歌都要使用英语。1538 年,亨利八世又下令,每一教堂必须放置一部英文《圣经》,供民众自由阅读,并要求向民众讲授信条和《十诫》。1559 年,伊丽莎白一世(Elizabeth I,1558—1603 年在位)再次发布与亨利相似的皇家敕令,要求每个教区都要增加额外的布道活动,用英文定期宣读权威的主祷文、《使徒信经》和《十诫》。颁布这些法令的初衷,无非是基于宗教的目的,但随之却产生了显著的教育影响,英语在学校教学中的地位相应地得到加强,民族团结与认同的情感也因此得到不断升华。

2. 政府鼓励慈善办学和强迫学徒教育

宗教改革之后,英国教育的另一个重要变化就是慈善办学、强迫学徒教育受到政府鼓励。由于修道院的解散,贫民和灾民的安置成为普遍的社会问题,英国国王通过颁布一系列《济贫法》(The Poor Law)加以解决。1553 年的法令要求教会收容穷人,劝勉人们参与慈善募捐;1572 年的法令准许地方当局通过税收筹集经费资助穷人;1601 年的法令则进一步确认:国家有责任照顾穷人,强迫穷人子弟做学徒,强迫师傅教给学徒谋生技能,费用由政府税收偿付。由于得到政府的鼓励,英格兰最终形成了由宗教团体与慈善组织共同办理民众教育的格局。宗教改革之后,英格兰大量开办专门招收穷人子弟入学的教区学校。

总而言之,宗教改革运动虽然没有彻底改变教会势力控制英国教育的状况,但是负责办理民众教育的宗教团体已经不再向罗马教廷负责,转而服务于英格兰国王以及英格兰本民族的利益。英格兰国王所代表的世俗政权,虽然没有像德意志诸公国一样颁布强迫的教育法令,但是通过加强对宗教势力的控制,以及一系列慈善法令的颁布,也使得英国形成了宗教团体和民间力量共同推动民众教育的传统。

(三)北美殖民地早期的民众教育

从 17 世纪开始,一批批来自尼德兰、德意志、英格兰、法国、苏格兰的新教教徒,基于宗教的、政治的、经济的动机,远渡重洋到北美大陆开辟新的家园,相继在大西洋沿岸建立起 13 个稳定的殖民地管辖区。在此过程中,欧洲国家的一些政治、经济、宗教以及教育组织形式被移植到新的殖民地。北美殖民地通常被分为北部、中部、南部三个区域,并各自进行了别具特色的教育实践。

1. 北部殖民地的教育实践

北部殖民地包括马萨诸塞、康涅狄格、新罕布什尔、缅因和罗德岛等地,因大部分移民是来自英格兰的清教徒,因此又被称为"新英格兰"(New England)。这些清教徒多数是因受英国国教会迫害而被迫移民至此的,他们中的部分人在英国国内家境良好,受过良好的教育。同时,受加尔文宗教义的浸润,他们关心宗教和教育在自身生活中的意义。在新的殖民地定居之后,他们对下一代的教育表现出了极大的热情。

1642 年,马萨诸塞议会率先通过了北美殖民地第一个强迫教育法令,责成各地方的市镇委员会挑选并委派一些专门人员,授权他们随时检查家长和师傅们是否能够履行自己的教育职责,儿童们是否接受阅读、宗教、法律以及谋生技能的教育。如果家长或师傅不履行职责并且没有正当理由的,将受到罚款惩戒,并可以把孩子带走交给更有能力的监护人,在他们的监护下充当学徒。这项法令将执行的权力赋予市镇委员会,同时还规定市镇委员会如未能履行其职责,则由法院来执行。

1647 年,马萨诸塞议会又颁布法令,要求凡是满五十户的市镇,应当立即任用一位教授读写的教员,其工资由孩子父母或主人支付,或者由所有市民负担,所收取的学费则不能高出别的市镇;凡满一百户的市镇,必须立即设立一所文法学校,对准备升入大学的青少年施以教育,否则就要处以五英镑(后来增加为二十英镑)的罚金。这项法令的意义在于,明确提出了建立学校及其类型的要求,明确指出提供教育是社会必须承担的一项义务;罚款不仅限于父母,市镇如果不能提供财政资助同样要被罚款。

继马萨诸塞教育法令颁布之后,新英格兰的其他地区也纷纷仿效。1650 年,康涅狄格颁布法令,要求教育孩子和仆人阅读英文,教给他们基本法律,每周进行教义问答,并让他们学会农技或其他对他们自己和社会有益的技艺。1663年,普利茅茨殖民地建议各市镇指派或雇用一位教师以训练儿童阅读与识字;1680年,新罕布什尔从马萨诸塞分离出来之后,继续沿用马萨诸塞的教育法令。

从新英格兰殖民地所颁布的这些教育法令可以看到,他们最初所要建立的是一种糅合了加尔文宗教义与英国国教会传统的普遍的教育。一方面,强调教育是民众的义务,要求所有人必须具备基本的读、写、算能力;另一方面,强调政府是公众利益的代表,为了避免犯罪与混乱,政府应当通过法令强制推行学徒教育,同时通过税收来维持教育的运行。这种制度对日后美国公共学校教育制度产生了重要影响。

2. 中部殖民地的教育实践

中部殖民地包括纽约、新泽西、特拉华和宾夕法尼亚,会聚了来自不同国家和教派的移民。由于缺少足够的认同感,每个国家和教派的移民都建立了与自己的教会相联系的学校,以保护自己的语言、宗教和文化的特质,从而使得中部殖民地早期的教育呈现出混杂交错的特征。

以纽约殖民地为例。该殖民地最早被称作新尼德兰(New Netherland),是由荷兰西印度公司在1624年开拓的。其最初的教育由荷兰改革教会派与荷兰西印度公司共同负责办理。1664年,新尼德兰转由英国殖民者控制,更名为纽约。英国国教会的海外福音宣传会随即成为纽约初等教育的控制者,他们在总督的保护下,为贫苦儿童提供有限的慈善性质的学校教育。其他教派如荷兰改革教会派、长老派、辉格派、浸礼会、犹太教和天主教等也都开办了自己的学校。

由于中部殖民地不存在占据绝对优势的宗教团体,因此最终并没有形成统一的教育模式,各地也没有颁布强迫的教育法令。各教派依据自己的理念教育自己的子弟,学校则依照其移民故乡的语言,如英语、德语、摩拉维亚语等进行教学。由于自行其是,因此中部殖民地的民众教育要远远落后于北部殖民地。

3. 南部殖民地的教育实践

南部殖民地包括弗吉尼亚和马里兰。这里的殖民者主要是来自英格兰国内贵族和地主阶层的国教会信徒,以及他们自英格兰本土或非洲大陆强行掳来的契约奴。作为英国国教会教徒,南部殖民者在宗教和社会生活的安排上均保持着与英国传统的联系。他们殖民的目的是发财致富,至于在教育方面,他们仍遵循英国的做法。大部分种植园主和富裕商人聘请受过英格兰和苏格兰教育的家庭教师为子女提供古典文雅教育,或者干脆将子女送回英国接受纯正的英格兰教育。另一些家境虽不富裕但父母粗通文墨的家庭,则由父母亲自教育子女。对于众多家境贫困且父母又不识字的孩子而言,则很少有机会获得起码的知识学习,他们很多只能在无知中度过一生。而那些被掳至此的黑人奴隶,则根本没有任何受教育权。

总之,北美殖民地的早期教育完全是从欧洲各地迁移而来的,呈现出形态各异的特色,为未来美国教育的多元化发展奠定了基石。尽管各殖民地的教育活动已经与当地的社会生活建立起较为紧密的联系,但宗教信仰依然是全部教育的起点和归宿。

三、宗教改革影响下中等教育与高等教育的变化

宗教改革后,西欧的中等教育和高等教育虽然仍是社会中上阶层的禁脔,但是由于政治—宗教格局的巨大变化,也同样面临着新的挑战,因而发生了显著的变化。与文艺复兴时期相比,宗教改革时期的中等教育和高等教育所发生的重要变化之一就是在保留浓郁的人文主义和古典主义的同时,逐渐获得了更加强烈的宗教性和民族性。

(一)宗教改革时期的中等教育

近代意义上的中等教育是在文艺复兴之后开始形成的。这类教育服务于社会贵族阶层子弟,收取昂贵的学费,将拉丁语作为教学语言,重视古典文化学习,为大学和上层社会输送后备人才。在宗教改革运动中,新旧各教派都非常重视将自己的力量渗透到中等教育中,因为这是影响未来欧洲社会领导者的最佳路径。其中,路德教派在德意志及北欧各国以及天主教耶稣会在欧洲各地推动的中等教育活动最具有代表意义。

1. 路德教派的中等教育改革

在宗教改革运动中,路德教派在德意志各地推动的中等教育改革主要是将传统的拉丁语学校改造成具有德意志民族特色的文科中学(gymnasium),使之成为能够满足培养德意志各地所需的宗教和政治人才的教育机构。路德教派的梅兰克顿(Philipp Melanchthon,1497—1560年)和斯图谟(Johannes Sturm,1507—1589)是推动这方面改革工作的主要代表。

梅兰克顿是路德在威登堡大学的同事,是路德教派的神学家,也是一位著名的人文主义者。他极力主张将路德教派的信仰与人文主义的教育结合起来,培养虔诚的路德教派信徒和有用的国家栋梁。他曾经应邀为德意志中部及南部许多城市和小邦国拟订过学校计划,改革传统的拉丁文法学校。其中,在1527年为萨克森当局拟订的计划中,梅兰克顿提出:"每一学校应包含有三个班级。在第一班级中,应授以本国语文及拉丁语文的初步读写、拉丁文法、信条、主的祈祷与教会仪式的祈祷文及赞美诗。在第二班级中,应以拉丁语为讲授语文,拉丁文法应均已彻底熟通。阅读拉丁作家的著作,并继续宗教教育。在第三班级中,应阅读更为高深的拉丁文著作,并研读修辞学及辩证术。"梅兰克顿的教育主张得到了许多人的赞同和实践,他本人也因此被称为"无与伦比的德意志人的伟大导师"。

斯特拉斯堡的斯图谟是路德教派信徒,在推动古典拉丁文法学校的改革方面作出了重要贡献。从1537年起,斯图谟开始担任斯特拉斯堡文科中学的校长,任职长达40多年。在这所学校里,斯图谟将古典拉丁文、希腊文和路德教派教义作为主要的教学内容,并实行较为严格的分级制度。学生分为十个年级,每个年级开设固定的课程进行教学,最后一级的课程与大学课程相衔接。学校每年都举行隆重的升级仪式,奖励品学兼优者。由于组织严密、管理有方,斯图谟的文科中学成为此后德意志境内中等学校的典范。1540年之后,这类学校开始收归政府管理。

经过梅兰克顿、斯图谟等人改造后的文科中学呈现出如下特色:

一是继续保留着文艺复兴以来中等教育的人文主义色彩,重视古典语言和文化的学习。正是通过研究希腊文、希伯来文及拉丁文撰写的古代基督教教义,路德教派的神学家们获得了战胜天主教神学家的思想武器,因而古典语言和文化成为路德教派开办文科中学的主要教育内容。

二是适当引进具有本民族特色的教学内容,本民族语的学习开始进入中等教育。尽管在这个问题上路德宗的神学家们并没有形成共识,但是由于文科中学培养的是未来的神学家和教师,这些人需要将《圣经》传递给本国的人民,因此本国语的修养自然无法忽略。当然,这部分内容在中等教育中的比例微乎其微。

三是采用当时先进的分班教学,将学生按照学习程度分成不同年级,分别授以不同的内容。这种教学组织形式的改革大大提高了教学效率,为未来班级授课制的提出积累了宝贵的实践经验。

正是由于这些特点,文科中学的改革在德意志各地取得了极大的成功,并被许多欧洲国家所效仿,成为当时乃至此后几百年间许多欧洲国家中等教育的主要形式。

2. 耶稣会的中等教育改革

耶稣会(Society of Jesus)是天主教反宗教改革运动的先锋和中坚,由西班牙退役军人、天主教徒罗耀拉(Ignatius Loyola,1491—1556 年)于 1534 年创办,并在 1540 年获得教皇保罗三世(Pope Paul Ⅲ,1534—1549 年在位)的批准。耶稣会成立的目的是反对异教,增进天主教会利益,加强教皇权威,"让世界都服从罗马教廷"。耶稣会仿照军队建制组成,纪律森严,入会须经严酷的训练,会员宣誓绝财、绝色、绝意并绝对服从上级。耶稣会成立之后,迅速渗透到欧洲各天主教国家。但是由于耶稣会为了维护教皇利益,不择手段地干涉各国政治事务,因此遭到许多欧洲国家的取缔和驱逐。耶稣会曾经在 1773 年被教皇宣布解散,1814 年之后又得到恢复。

耶稣会把兴办教育视为实现其宗教和政治目的的重要手段,并尤其重视培养将来能够成为宗教和国家领袖人物的教育,因此,其主要教育活动集中在中等教育和高等教育方面。由于措施得当、组织到位,耶稣会的教育活动卓有成效,其所创办的学校遍及法国、比利时、荷兰、德意志、奥地利、波兰、匈牙利、意大利等欧洲国家和地区,以及南北美洲殖民地。

耶稣会在创办教育的过程中,大胆借鉴当时欧洲各教派的教育经验,最终在学校管理、教学方法和师资训练方面形成了独具特色的风格。耶稣会创办的学校统称为学院(collège)。每所学院均设校长(rector)和学监(prefect of studies)管理,下辖教授、教员、舍监、教导长、级长和学生。学院一般分成初级部和高级部。初级部相当于中等教育和大学预科阶段,修业年限为 5～6 年,学习古典语言和文化;高级部又分成哲学部和神学部,其中哲学部修业 3 年,学习亚里士多德著作,神学部修业 4～5 年,学习《圣经》和经院哲学。各学院的日常教学工作则完全按照罗耀拉制定的《耶稣会章程》(The Constitutions of the Society of Jesus,1559)和耶稣会第五任会长阿奎瓦拉(Claudio Acquaviva,1543—1615 年)制定的《教学大全》(The Ratio atque Institutio Studiorum Societatis Iesu,1599 年)运行,有条不紊、整齐划一。

耶稣会学院采用全日制、寄宿制和分班级教学。学生按照能力被编入不同班级,教师面向班级集中授课,教学采用讲座、讲授、阅读、写作、背诵、辩论、考试、竞赛等方法,重视研读和记忆,禁止学生独立判断和理解。学院提倡温和纪律、爱的管理,强调亲密的师生关系,较少使用体罚,即便使用也由训导长而不是教师来执行。学监负责严厉监督全体教师和学生的思想与行为。诚如美国教育史学家克伯莱所指出的,耶稣会"学校的情形虽称愉快而诱人,但却弥漫着其所代表的教会绝对权威的思想"。

耶稣会教育最具有特色的是其严格的师资训练。凡是担任学院教师的耶稣会会员均需要经过严格选拔和规范训练。凡是终生担任教师者，都必须宣誓终生独身，甘于贫穷，保守贞节，生活严正，并绝对服从教团命令。耶稣会教师首先要完成 6 年初级部学习，然后要经过 2 年与世隔绝的修炼期，合格者进入哲学部修业 4 年，毕业后可以任教初级部；若任教高级部，还需要在初级部任教 3 年后，继续进入哲学部，修业 4 ~ 6 年。教师的训练科目包括古典文化知识、宗教、神学以及教育实习。较之欧洲任何新教国家，或者耶稣会以外的天主教教团，耶稣会对教师的训练要求都是最高的，这也是耶稣会学院取得高质量教学的基本保障。

在近两个世纪的时间里，耶稣会的教育工作取得了极大的成功。仅欧洲而言，在 1750 年，耶稣会控制的中学达 217 所，神学院 55 所，修道院 24 所，以及传道会 160 所，其毕业生更是遍布当时的学术界、宗教界和政界。耶稣会学校的规范运作也为后世的教育实践提供了丰富经验。但是，所有的这些成就都无法改变耶稣会本身逆历史潮流而动的性质，即恢复教皇和天主教对欧洲的统治，对抗民族国家的形成，这也是 18 世纪之后耶稣会及其教育遭到欧洲各国拒斥和冷落的原因。

（二）宗教改革时期的高等教育

中世纪以来，罗马教廷一直都是影响欧洲大学的至尊权威之一。随着宗教改革运动的兴起，欧洲的宗教世界发生了空前的大分裂，世俗民族国家正在逐渐形成，罗马教廷控制欧洲大学的地位受到了空前的挑战。作为培养高级神职人员和社会精英的重要机构，大学不断受到来自各教派以及世俗政治力量的干预，正在逐渐由普世性的教育机构逐渐转换成地域性和宗派性的教育机构。

1. 教派影响下的高等教育改革

宗教改革时期，新教在攻击罗马教廷的同时，对于天主教控制的传统大学也发动了猛烈的批判和改造。马丁·路德痛斥天主教的学校是"杀害儿童的凶手"，只能培养出一批"蠢驴和傻瓜"。他把大学和修道院称为"教皇的危险使者"，所以宁愿让青年无知和愚笨，也不愿让这样的大学或修道院成为青年们受教育的场所。

马丁·路德的助手梅兰克顿坚持将大学作为传播和支持新教的特殊工具，致力于改造旧教大学和创办新教大学。在威登堡大学任教期间，梅兰克顿努力推动用新教理念改革该校经院主义的课程和教法，尤其强调人文学科与神学的结合，从而使威登堡大学最先成为新教的学术中心。其后，梅兰克顿还为海德堡大学的改造提供建议，并参与马尔堡大学、柯尼斯堡大学、耶拿大学的创建，最终使这些大学成为培养路德宗神学人员、地方官员和法律专家的新教大学。

与路德派相比，加尔文教派更为重视大学的创办。1558 年，加尔文在日内瓦创办日内瓦学院，由加尔文的当然继承人、著名神学家贝札担任校长。日内瓦学院的课程设置同样体现了神学与人文主义的结合，包括神学、希伯来文、希腊的诗歌和伦理学、辩证法、物理和数学。学院还招收来自法国等西欧国家的许多信奉加尔文教义的学生。不久之后，日内瓦学院成为宣扬加尔文教义、培养加尔文宗高级神职人员的圣地。受其影响，荷兰的改革教会派创办了莱顿大学，苏格兰的长老会创办了爱丁堡大学和都柏林大学，北美殖民地的清教徒创办了哈佛学院，这些大学和学院的创办为新教的传播与扩散提供了有力的智力支持。

受新教改革的刺激，天主教罗马教廷也进一步加强对大学的监控，以克服所面临的信仰危机。特兰托宗教会议之后，罗马教廷宣布所有新教皆为异端，强化宗教裁判所的作用，镇压来自天主教大学内外的异端邪说,并建立严格的出版检查制度,开列禁书目录,禁止天主教大学师生阅读。作为天主教复兴者的耶稣会,积极致力于复兴旧大学、创办新大学,培养效忠于罗马教廷的天主教徒。耶稣会创办的学院和大学遍布欧洲各地,像德国境内的帕德伯恩大学、明斯特大学、奥斯纳布吕克大学都是耶稣会开办的。

2. 世俗政权影响下的高等教育改革

在新旧教派争相控制大学的同时,各国世俗政权也力图在大学中确立自身的权威。无论是新教国家还是旧教国家,这种趋势都在不断地加强。

宗教改革之后,罗马教皇的权威在新教国家和地区被严重削弱。根据"教随君定"的原则,新教控制的欧洲各地的世俗统治者有权选择辖区内人民的宗教信仰,并逐渐从教会手中取得领导和管理当地教育事业的权力。如德意志的普鲁士公爵曾经要求柯尼斯堡大学的所有教授除了要宣誓效忠路德教派的教义之外,还要对他个人宣誓效忠;在政教合一的日内瓦共和国,日内瓦学院则完全处于市政官员和议会的控制之下;英国的亨利八世在宣布与罗马教皇决裂之后,委派专门委员会清除了牛津大学和剑桥大学中的非国教派成员,并在1553年规定所有大学学位的申请者都必须信奉英国国教;英国伊丽莎白一世在1570年颁布的法令则规定,牛津大学和剑桥大学的校长需要由国王任命。

天主教国家的世俗政权虽然没有直接掌握教育权,但是同样采取干预大学的举措。如法国国王路易十四执政期间,政府颁布敕令,要求大学讲授法兰西民法及教会法,并禁止讲授笛卡儿及当代其他学者的著作;哈布斯堡大公则要求由天主教控制的维也纳大学服从自己,并接受政府对其教学科目的监督和检查;西班牙国王腓力二世在1559年规定,除波隆那(博洛尼亚)、那不勒斯、罗马和科英布拉大学之外,禁止西班牙人到国外学习。

欧洲各国世俗政权向大学不断渗透的结果就是,中世纪以来形成的具有普世性的大学正在一步步朝着服务于民族利益、服务于地方利益、服从于国家需要的方向迈进。

当然,由于各国世俗政权的力量还普遍处在成长过程中,宗教势力在各国政治生活中的作用仍然举足轻重,因此,政府力量的参与并没有彻底改变大学的宗教性。各派宗教势力都牢牢地掌握着大学的管理权,神学始终在大学中占据着鳌头地位,拉丁文、希腊文、希伯来文、哲学等一般科目以及各国宗教和世俗法律仍是大学主要的教学内容,中世纪的教学方法也一直得到沿用。

总而言之,宗教改革运动虽然使得部分欧洲大学摆脱了罗马教廷的控制,但是并没有使大学从根本上摆脱宗教力量的影响。宗教改革时期的大学,无论是由新教控制还是受天主教制约,都在继续致力于神学论争与正统教义的传授,并没有真正把知识进步作为己任。

宗教改革运动所推动的具有强迫性质的义务教育浸染着浓厚的宗教色彩。基于培养虔诚宗教信徒的理念,新教和天主教等各宗教派别都十分关注普通民众的教育,并按照各自的教义开办学校,推广宗教教育和识字教育。这在客观上有助于文化知识在普通民众中的传播,有助于提升普通民众的文化素质。与此同时,部分欧美国家的世俗政权已经意识到教育所具有的深远的政治意义,开始借助宗教力量介入普通民众教育。但是,由于宗教改革所引起的政治和宗教冲突,大多数国家都无暇顾及教育事业,尤其是民众教育事业。因此,16世纪以来出现的这种民众教育尚不是真正意义上的国民教育。近代意义上的国民教育直到18—19世纪随着世俗政权力量的不断壮大才逐渐成为普遍的现实。

第三节　夸美纽斯学说中的教育管理

捷克教育家夸美纽斯是17世纪感觉实在论教育学说的最伟大的倡导者和实践者。他出生在摩拉维亚(Moravia)的一个捷克(波希米亚)兄弟会会员的家庭里。少年失去双亲,受兄弟会的资助,完成小学、中学和大学教育,后被选为兄弟会牧师,主持兄弟会学校工作。三十年战争爆发后,他被迫流亡国外数十年,但继续从事教育活动和社会活动。夸美纽斯受到拉特克思想的影响,夸美纽斯编写出许多著名的教科书以推动学校教育的普及,如《语言学入门》(The Gate of Tongues Unlocked,1631年)、《语言学初听》(The Door of the Languages Unlocked,1633年)、《世界图解》(The World in Pictures,1650年)等。尤其重要的是,夸美纽斯基于近代机械论世界观的认识基础,力图运用科学的方法来理解和指导教育工作,撰写了包括《大教学论》(The Great Didactic,1632年)、《母育学校》(School of Infancy,1632年)和《泛智论导言》(Intimation of a Universal Science,1539年)在内的一大批卓越的教育理论著作,并提出了一套完整的教育理论体系,从而首次把教育学从哲学中独立出来,完成了教育理论史上的哥白尼式的变革,奠定了近代西方教育学理论发展的基础。

一、"泛智"教育论

夸美纽斯生活的年代恰逢近代科学革命蓬勃兴起,各种科学知识急剧增长,人类认识探究能力不断提升。他敏感地觉察到这些正在发生的变革,提出"泛智"教育主张,要求"把一切事物教给一切人类",使所有的人通过接受教育获得广泛全面的知识,并能够在智慧上得到全面充分的发展。

夸美纽斯的泛智主张体现出两层意义:一是教育内容泛智化,也就是要把人们现世和来生所需的一切事项,主要包括智力、道德和宗教信仰,全部纳入教育内容之中,这样的教育才是周全的教育,才能使人们"懂得科学,纯于德行,习于虔敬";二是教育对象普及化,也就是要求学校向全体人敞开大门,一切城镇乡村的男女儿童,不论富贵贫贱,都应该进学校接受一切有用的教育。其中,第一层意义是夸美纽斯针对科学革命所要求的学校教育内容扩充作出的反应,也是对此前人文实在论者和社会实在论者教育主张的综合和升华;第二层意义则体现出夸美纽斯教育思想的民主性,他把教育理论探讨的对象扩大到所有的人类,从而摆脱了人文实在论者和社会实在论者那种仅限于探讨贵族绅士教育的狭隘视野,这是夸美纽斯超越前人之处。

二、"教育适应自然"原则

从"泛智"教育理念出发,夸美纽斯进一步主张要把教育工作建立在科学理论基础之上,努力"寻求并找出一种教学的方法,使教员因此可以少教,但是学生可以多学;使学校因此少些喧嚣、厌恶和无益的劳苦,多具闲暇、快乐和坚实的进步"(夸美纽斯《大教学论》)。夸美纽斯发现的基本规律就是教育要适应自然。一方面,教育要适应自然界及其普遍法则。基于近代科学革命中所确立起来的机械论世界观,夸美纽斯把整个自然界看成一台机器,认为世界上的一切都是按照机械原则安排的,是有秩序的,秩序是事物的灵魂。教育活动同样也是有秩序的,"秩序是把一切事物教给一切人们的教学艺术的主导原则,这是应当、并且只能以自然的作用为借鉴的"(夸美纽斯《大教学论》)。只有通过借鉴自然界运行秩序,才能使得教育和教学工作步入科学化的轨道。另一方面,教育要适应人的自然本性及其发展规律,要适应人的认识发展规律。夸美纽斯指出,人是造物中最崇高、最完善、最美好的事物,但人的性情和天赋是各有差别的,不同年龄阶段的儿童的认识能力又是各不相同的,因此教育要按照儿童的个性差异和年龄特征区别对待。受培根哲学的影响,夸美纽斯认为"头脑里的一切没有不起源于感觉的",人的认识活动就是从感觉开始,通过想象成为记忆,然后再通过归纳个别达到理解一般,最后在理解的事实上进行判断,形成正确的知识。所以,"我们的格言应当是:凡事都要跟随自然的教导,要按观察能力的发展第次,要使我们的方法依据这种顺序的原则。"在此基础上,夸美纽斯总结出一套教学原则,如直观性原则、循序渐进性原则、巩固性原则、系统性原则等,这些原则后来成为近代学校教学工作的圭臬。

三、夸美纽斯的教学原则

1. 直观性原则。在教育史上,夸美纽斯首次从感觉论出发对直观教学进行了理论论证。他认为,人的认识始于感官,"一切知识都是从感官的感知开始的",通过感官获得的外部经验是进行科学教学的基础。因此,夸美纽斯指出教学应该从儿童的实际观察入手,引导学生用自己的眼睛去亲自观察、理解和思考;即使不能亲眼观察,亦要提供直观的模型,将所要学习的知识以具体形象的方式印在儿童的感观中,这样才有助于理解和巩固知识。

2. 循序渐进性原则。夸美纽斯认为,大自然的万事万物都是井然有序的,是有自身规律的。"自然并不跃进,它只一步一步地前进。"教学应该是循序渐进的,妥善地安排教学顺序,由简到难、由未知到已知,从而使先学到的为以后的学习打下坚实的基础。

3. 巩固性原则。夸美纽斯认为,教学务必使学生获得巩固的知识、彻底掌握知识、自如地应用知识是衡量教学和学习是否彻底的标准。如何巩固知识,夸美纽斯认为,首先儿童所获得的知识必须是易于理解的;其次,必要的复习和练习也会巩固所学知识。

4. 系统性原则。系统性原则是与循序渐进原则相对应的,知识的习得是有顺序和层次的,教学必须按照这一顺序组织知识,使知识成为一个系统的整体,这样才能应着自然的节奏使儿童获得系统的知识。

四、学制系统论

按照儿童身心发展的自然规律,夸美纽斯还提出建立统一的学制系统,以落实其泛智教育主张。他把人的学习期(0—24 岁)以六年为一阶段,划分成婴儿期(0—6 岁)、儿童期(6—12 岁)、少年期(12—18 岁)和青年期(18—24 岁)四个时段,与之相应的是母育学校(school of infancy)、国语学校(the public vernacular school)、拉丁语学校(latin grammer school or gymnasium)和大学(the university followed by travel)四级学制系统。各级学校均按照适应自然的原则,采用班级授课制和学年制开展工作,分别开设不同的课程来教育和培养儿童。如母育学校要在各个家庭实施,注重体育、自然与思维的研究、活动与表现、语言以及道德训练,为儿童体力、道德和智力发展奠定基础;国语学校要在每个城镇和乡村开设,招收一切儿童,教学内容着重本国语的读、写,以及算术、唱游、诗歌、韵律、道德规条、政治、经济知识、机械艺能;拉丁语学校要在每个较大的城市设立,招收较有理想的学生,主要学习文法、修辞、逻辑、算术、几何、天文、音乐、物理、地理、年代学、历史、伦理学、神学等;大学要在每个王国或省部设立,招收少数最有才华的人,提供哲学科、医学科、法学科、神学科等四类学科的完全训练,培养未来的教师和学者。夸美纽斯的这套前后衔接的完整的学制系统,总结了古希腊以来西方教育家们对于学校教育设置的基本构想,为宗教改革以来形成的国民教育理念的实践提供了具体而详尽的指导,也使得科学革命以来出现的实在论教育学说获得实践的制度支持。

从教育内容到教育方法,再到教育制度,夸美纽斯的教育思想汇集了人文主义者、宗教改革者、人文实在论者、社会实在论者在教育理论和实践方面所取得的一切有益的成果,实现了文艺复兴以来西方教育优秀思想和实践的伟大集成,完成了近代科学革命之后教育领域内具有划时代意义的革命。从此,西方教育理论和实践开始沿着科学化的方向不断攀登。

复习思考题

1. 描述人文主义教育的主要特征。
2. 请谈一谈宗教改革对国家教育制度形成的影响。
3. 试述夸美纽斯的"泛智"教育论。

第三章　近代民族国家的形成与国家教育管理制度（上）

近代社会的一个重要特征就是出现了与以往封建时期君主制国家不同的民族国家。民族国家的一个重要任务就是建立国民教育制度，为国家培养公民和合格的劳动者。因此，作为国民教育和公共教育主要承担者的公共学校和国家教育管理体制，便成为近代教育发展的焦点。

第一节　近代法国的教育管理体制

一般认为，法国实施国民教育制度的设想和实践都领先于欧洲其他国家。18 世纪法国启蒙思想家爱尔维修、狄德罗等人都曾呼吁建立公共教育制度，法国大革命时期先后上台的资产阶级政权也都曾出台过实施国民教育的计划，但这些都未真正实施。

19 世纪初，拿破仑执政时期建立了中央集权的教育领导体制。1802 年 5 月 1 日，拿破仑政府颁布了《公共教育基本法》（Law upon Public Instruction），旨在建立一个统一集中的国家教育行政体系。该法规定，中央政府将初等教育的工作交给地方政府，由市长和市议会任命教师，给他们提供住房，确定工资待遇；中等教育由国家管理，并列入国家教育系统。此后，以国立中学和市立中学为代表的公立学校逐渐成为法国学校教育体系的核心。为进一步掌握教育管理大权，拿破仑先后颁布了《关于创办帝国大学以及这个教育团体全体成员的专门职责的法令》（1806 年）和《关于帝国大学条例的政令》（Decree for Organizing the Imperial University，1808 年）。拿破仑第一帝国时期所确立的中央集权式的教育管理体制一直延续了近两个世纪，对法国国民教育制度产生了深远影响。

1833 年 6 月，法国历史学家、时任教育部部长的基佐（Francois Pierre Guillaume Guizot，1787—1874 年）提出一项大力发展初等教育和师范教育的法案，即《基佐法案》（Loi Guizot）。《基佐法案》规定，每个乡镇必须设立一所初等小学，每个城市设立一所高等小学，公共教育经费由中央和地方分担，即地方征收特别税作为教育经费，如果地方税款不足，可由国家补给；教师资格的确立权由国家掌握。《基佐法案》扩大了地方政府在管理教育上的部分自主权，但中央集权式的性质未变。

19 世纪 80 年代，全面推行普及义务初等教育成为法国政府最重要的目标之一。这项教育改革主要由当时的教育部部长费里（Jules Francois Camille Ferry，1832—1893 年）主持开展。他于 1881 年和 1882 年分别提出两项教育法令，史称《费里法案》（Loi Ferry）。根据该法案，幼儿园和公立小学一律免费，师范学校免收学费和膳宿费；6—13 岁儿童实行强迫、义务的初等教育；对不送孩子入学的家长处以罚款、监禁；废除宗教课程，取消教会、教士监督学校的权力,宗教团体成员不得在公共学校任教;教师必须获得国家颁发的证书才能任教;等等。《费里法案》确立了法国国民教育的义务、免费和世俗性三条原则,为以后近百年间法国国民教育的发展奠定了基础。

一、近代法国的国民教育制度的筹划

1789年,法国资产阶级革命爆发,一切旧有的国家机器都遭到了猛烈的破坏,原有的教育制度被彻底废止,创建新的教育体制成为资产阶级政权的迫切要求。在法国大革命前期的十年中,历届政府都把构建统一的国民教育体系、培养新一代合格的共和国公民作为教育制度设计的根本出发点。在大革命前期,共提出了近25个不同的教育法案和教育计划,其中以1791年的《塔列兰法案》、1792年的《孔多塞报告》和1793年的雷佩尔提计划最为著名。

(一)《塔列兰法案》

塔列兰(Talleyrand,1754—1838年)是法国政治家、外交家。法国大革命爆发后,塔列兰领导的委员会于1791年向国民公会提交了关于教育的法案,即《塔列兰法案》。该法案将教育作为国家而非教会的职责,将教育视为推进国家文化的机构。该法案设计了一个完整的学校系统,在初等教育方面,强调实施免费的教育,使所有儿童明确公民的职责,行使公民权利和义务,摆脱愚昧,成为幸福和有用的公民;初等学校的教学科目包括阅读、写作、初级法语、初级算术、测量、地理、道德和宗教;教师经由政府举办的考试加以遴选,在任职前须进行效忠国家的宣誓。在中等教育方面,以学区为单位设立中等教育机构;中等教育有双重目的:一方面进行普通教育,另一方面教授为生活做准备的职业科目;教学科目包括宗教、道德、法语、逻辑、修辞、地理、历史、数学、物理等科目,同时强调体育训练和军事练习;中等学校教师为国家公务员,通过严格的统一考试进行选拔、任命。由于中等教育收取学费,可能导致一部分优秀的贫困儿童无法就学,因此,法案主张设立学区奖学金,向那些贫困但优秀的学生提供资助。在中等教育之上,设置专科学校,分别培养相关职业的专门人才。在教育管理体制上,《塔列兰法案》主张建立中央集权的管理体制,以保证教育目标的统一性和学校系统的完整性;国家设立公共教育委员会(Commission of Public Instruction)来统一管理学校的教学和财政。另外,《塔列兰法案》主张允许私人在遵守教育基本法的前提下创办学校。

(二)《孔多塞报告》

孔多塞(J. A. Condorcet,1743—1794年)是法国的哲学家和数学家。法国大革命爆发以后,他成为吉伦特派法国大革命期间形成的温和的共和派,代表工商业大资产阶级利益。由他起草的教育提案是大革命前期有关国民学校系统最为完整、系统和全面的教育计划。

《孔多塞报告》将学校分为五级,即小学、中学、学院、专科学校和国立科学艺术院。这五个等级的学校在学制、课程设置、行政管理上相互衔接,低一级学校要服从于高一级学校的领导,而整个学校教育都要接受大学——国立科学艺术院的统一领导和管理。

在教育目的上,孔多塞认为,国民学校就是要"向人类所有个人提供为满足其需求、确保其福利、了解和行使其权利、懂得和履行其职责的手段;保证每个人有条件完善其技艺,使他们能够胜任他有权承担的社会功能,充分地施展大自然赋予他的所有才能,从而在所有公民中建立起事实上的平等,实现法律所承认的政治平等"(夏之莲,《外国教育发展史料

选粹》)。

在教育对象上,孔多塞主张,国民教育是国家对全体公民的义务,各级学校均应实行免费、普及教育。"我们关注的第一件事是一方面普遍地施教,另一方面视环境许可使教育尽可能完整。所有人都应平等地接受能够给予所有人的教育……"(夏之莲,《外国教育发展史料选粹》)

在课程设置上,孔多塞主张取消宗教学科,把古典学科的开设减少到最小程度,而把数学、物理等自然科学以及本国的历史、地理、语言等学科放在突出的位置。

(三)雷佩尔提计划

雷佩尔提(Lepelletier,1758—1794年)是法国大革命时期雅各宾派的主要代表人物之一。他的教育计划反映了雅各宾派的主要教育观点,该计划强调教育要面向人民大众,要重视解决贫穷儿童受教育的物质保障问题;要求教育内容既要联系社会现实,又要注重对儿童爱国精神的培养。在教育目的上,雷佩尔提认为,国民教育要"强健儿童的身体……使他们习惯于艰苦的工作;……通过各种合适的课程形成他们的思想和心灵,传授给他们不管今后从事何种工作都需要的知识"。(夏之莲,《外国教育发展史料选粹》)在课程设置上,该计划要求儿童记诵爱国歌曲、背诵法国大革命和人类自由历史上最重要的时间、学习共和国家的宪法和基本的伦理知识,以此培养他们的爱国热情。

以《塔列兰法案》《孔多塞报告》和雷佩尔提计划为代表的法国大革命时期的教育方案虽然都没有实施,却反映了启蒙运动的基本原则。它们都主张教育是国家的事务,必须接受世俗政府的管理和监督;强调学校教育应世俗化,应取消宗教课程;倡导建立国民教育体系,学校教育应以培养国家公民为己任;认为国家应该向全体公民提供普遍的教育。

二、近代法国中等教育制度的革新

宗教改革之后,法国的中等教育掌握在各宗教派别之手,各教派都创办了自己的中等教育机构,以扩大自己的势力。新教胡格诺教派创办的学院是16世纪下半叶到17世纪初期出现的主要中等教育机构。这类学校传授古典语文知识,开设拉丁文、希腊文和法文等科目。

法国国王路易十四执政期间(1643—1715年),胡格诺派的宗教活动受到限制,天主教各教派,如耶稣会和耶稣基督圣乐会(Oratorians),成为控制法国中等教育的主要力量,其中以耶稣会的势力最为强大。耶稣会建立的中等教育机构也称作学院。从17世纪下半叶到18世纪中期,耶稣会的学院是法国中等教育的主要实施机构,遍布法国各地。作为反对宗教改革的急先锋,耶稣会的办学宗旨是极为保守的,强调教皇至上,重视古典语文和宗教神学教育。启蒙运动之前,法国的中等教育机构主要是由耶稣会中学和文科中学组成,其教学内容也主要以拉丁语和"七艺"科目为主。

随着科学革命影响的扩大,以及实在论教育思想的流行和启蒙运动的开展,这些教派纷纷变革各自控制的古典中等学校,以适应社会的变化和民众的教育需求。

1. 耶稣会学校

在启蒙运动逐渐开展之时,为适应时代潮流,耶稣会的学院也进行了变革。耶稣会学校作为天主教派的学校,其教派性质和教会学校的性质依然没有变化,它的招生对象主要是天主教信徒的子弟,它主要培养具有天主教信仰和杰出才能的精英人才,与新教争夺信徒。因此,在教育的其他方面,耶稣会学校作出了较多的变革。

在课程设置方面,耶稣会学校逐渐扩大课程设置范围,增加了历史、地理及初级数学与科学的教学。在教学方面,耶稣会学校十分重视教学方式的变革,采用讲解、列举、领会、分析、戏剧表演等新的教学形式。在学校管理方面,耶稣会学校吸收当时欧洲各地学校组织和管理的优秀经验,建立起组织严密、设施完善、训练严格的中央集权式的半军事化学校管理机制,在每个学校采取一致的教育章程,通过规章制度严格统一管理,建立对每个学校的监督巡视制度,以保障各个学校的质量均衡。耶稣会学校还建立了研究体制和教师培养体制,为自己的中学培养优秀的教师。同时,耶稣会还对学生实行寄宿制,向贫困学生提供免费受教育的机会。

这些措施使得耶稣会学校在西欧中等教育发展过程中形成组织化、制度化、规范化等特性起到了重要的作用,耶稣会学校也因此成为当时欧洲最好的中等学校。

2. 圣乐会学校

耶稣基督圣乐会是由法国红衣主教、政治家贝律尔(Pierre de Berulle,1576—1629 年)于 1611 年创办的宗教团体。圣乐会的教育活动主要是在 1773 年耶稣会解散之后发展起来的,并一直持续到法国大革命时期。这个宗教团体从事神父培养,同时也为贵族子弟开办中学,并形成了别具特色的教育风格。在课程设置方面,圣乐会学校虽然也重视古典学科的教学,但是更多地引进具有现代意义的课程,尤其强调法国历史的教学,地理和现代外语也占有相当重要的地位。受笛卡儿理性主义哲学的影响,圣乐会的教育家们认为学习数学可以训练人的思维,使人善于思考,故而他们在自己的学校中扩大了数学教学的范围,并重视力学的学习。法语是圣乐会学校的教学语言之一,学生入学后前四年不学拉丁语,高年级学生学拉丁语不学希腊语。在教学方法上,圣乐会学校反对机械训练,重视启发思考,发展个性;提倡鼓励、表扬,不用恐吓与体罚。在推进法国中等学校近代化方面,圣乐会学校作出了重要的贡献。

3. 新学校的创建

在启蒙运动后期,法国成立了一批中心学校,并随后发展成为国立中学和市立中学,作为法国中等教育的主要机构。

(1)中心学校

1795 年 10 月,革命政府通过了《多诺法案》(Loi Danon),创办了中心学校(Ecole Centrale)。中心学校是介于中学和大学之间的一种学校形式,它以课程而不是班级来组织学生,学生在完成规定的课程以外,还可以自由地选择其他课程。一时间,中心学校很快发展起来,在不到一年的时间里,全法国就已经建立了 90 所中心学校。

(2)国立中学和市立中学

1799 年,拿破仑发动政变,取代了督政府,建立了执政府。中心学校也随之被中央政府兴办的国立中学(Lycée)和地方办的市立中学(Collège)两种中等学校所取代。国立中学实行寄宿制,主要目标是为学生升入大学做准备,同时还兼为拿破仑军队培养军官。学校开设的课程主要包括法语、文学、古典语文(拉丁语和希腊语)、修辞学、道德、数学、理化、天文、史地等,即在注意科学知识教学的同时,也给予古典文科以重要的地位。市立中学的课程学习要求要稍低于国立中学。当时法国的中学毕业生即可获得学士学位,担任国家官员。国立中学和市立中学创办以后,一直是法国中等学校的主要类型。此外,法国还有许多私立中学。

　　法国中等教育在近代的发展过程中，围绕着现代课程与古典课程、实科课程与文科课程在学校课程中的地位，一直争论不休。但从整体发展趋势来看，法国中等教育在重视和维护古典主义传统的同时，不断增设自然科学课程，以适应国际资本竞争和自然科学技术发展的需要。这对于中等教育在近现代的发展具有促进作用。

三、近代法国的高等教育制度

　　1799 年，拿破仑建立了执政府，开始对法国的教育体制进行全方面的改革，实行中央集权的教育领导体制。拿破仑先后颁布了《关于创办帝国大学以及这个教育团体全体成员的专门职责的法令》（1806 年）和《关于帝国大学条例的政令》（Decree for Organizing the Imperial University，1808 年）。其中，最具成效的一步就是建立了帝国大学（Imperial University）。在当时的法国，帝国大学不仅仅是一所大学，同时也是全国所有教育管理机构、学校设施以及所有从事教育管理、教学人员的总称。

　　1808 年颁布的政令规定，帝国大学的职能是"全面负责整个帝国的公共教育"，"未经帝国大学首脑批准，不得在帝国大学之外成立任何教育机构或学校"。同时，政令还对帝国大学的构成、人员配备、学校设施等一系列问题作出了明确的规定，"帝国大学设立大校长 1人，由拿破仑直接任命，是全国教育界的最高首脑，全面负责整个帝国的教育，包括学校的开办、取缔，教职员的任免、提升等事宜；大校长下面设委员 26 人，组成大学评议会，辅佐大校长决定一切重要事宜；又设中央视导员 5 人，分别负责巡视医学、法学、神学、文学、科学五科的教学，以及全国各地学院、中学的学风"。政令规定，法国全国划分为 27 个大学区，每个大学区分管几个省的教育行政领导工作。每个大学区设总长 1 人，并设由 10 人组成的学区评议会，同时还按省分设大学区督学。帝国大学、大学区的成员、大学和中学的教师都属于国家官员，有严格的任命制度。大学区总长及评议会成员、中央和地方的督学由帝国大学总监任命，负责管理大学区内的各级学校。同时，政令还规定法国所有的教师都必须事先加入帝国大学，成为帝国大学的成员并承担其职责，教师属于国家公务员，拿国家俸禄。所有帝国大学的成员在加入前还必须按照规定的誓词宣誓。在帝国大学中，大校长要绝对服从皇帝，帝国大学的所有成员要绝对服从大校长，没有大校长的批准，任何人不得离开教育团体。如果有人违反了帝国大学的任何规定，都要受到惩罚，从关禁闭、降职、停职直至除名。

　　同时，在 18 世纪末 19 世纪初的法国，还存在着一些专门学校。它们逐渐成长为法国高等教育金字塔体系的顶端机构——大学校（grandes ecoles），在人才培养和科技进步中发挥了重要的作用。

　　1794 年，第一批理工学校开始出现，其中以巴黎理工学校的创办最具代表性。1794 年12 月，在著名化学家富尔克鲁瓦的提议下，国民公会批准建立一所科技专门学校，以培养"经过防御工事的建筑与守卫、营地的攻击与守卫训练的工程师"，以及从事"陆路、水路、公路、桥梁、运河、船闸、海港、灯塔等交通设施的营建与养护，海陆地图的绘制，矿床的勘探与开采，金属的冶炼及冶金工艺流程的完善"等工作的工程师。起初，学校被命名为"公共工程中心学校"（Ecole Central des Travaux Publics），学制三年，聘请优秀的科学家任教，课程设置"基于培养民用与军事工程师必不可少的一般科学原理"。理工学校实行免学费制度，同时，每年每个学生还可以获得 1 200 法郎的生活津贴。学校的教学设备先进，有实验室、阅览室、机械模型及各种教学仪器。教学实行理论学习与实验相结合的方法。当时,在法国,理工学校是一种完全新型的学校类型:公立、免费、没有教士任教,不开设宗教课程,招生实行公平竞争等,所以理工学校是法国创立的第一所近代学校。巴黎理工学校后来一直是法国培养军事、科学技术人才的重要基地。拿破仑曾授予它一面写有"为了祖国的科学和荣誉"的旗帜。又如,巴黎师范学校也是一所十分著名的学校。它创办于 1794 年,1808 年改组为培养国立中学教师的学校,实行寄宿制,只招收男生,承担着为法国培养高级文职官员的重要任务。

四、近代法国的职业技术教育制度

19 世纪始,法国的职业技术教育随着工业化进程而兴起和发展起来。为了适应大工业发展的需要,一些大型企业在工厂内创办生产学校,这些学校成为法国职业学校的雏形。1867 年,万国博览会在巴黎举办,这使法国政府进一步认识到职业技术教育对振兴产业的作用。1881 年,法国成立了一所将小学高年级教育与职业教育相结合的学校——国立初等职业学校,由教育部领导,以训练工头和工匠为宗旨。经考试选拔,国立初等职业学校招收年满 12 岁的小学毕业生,修业 3 年,并按不同的职业类别分组教学。该校作为法国国立职业学校的前身,对法国职业教育的发展起了一定作用。1892 年,法国政府成立了工商实科学校,由工商部管辖(1920 年转为教育部管辖),以培养立即能工作的工人和职员为宗旨。学校招收年满 12 岁(初等学校毕业),且已在工厂、商店从业的人员,修业 3 年,进行定向性职业训练。工商实科学校的建立标志着法国职业技术教育的开端。但由于法国中等职业技术学校没有形成体系,学校所能培养的青年技术工人的数量非常有限,因此无法满足从业青年接受职业培训的愿望。法国开始致力于职业技术教育的制度化和法制化建设发生在第一次世界大战结束后,其主要标志是 1919 年 7 月 25 日议会通过的《阿斯蒂埃法案》(Loi Astier)。该法案的主要内容是:由国家设置专门的职业技术教育的部门,承担职业教育的任务;全国每一市镇均设立一所职业技术学校,学校的经费由国家承担一半,由工厂雇主承担一半;要求 18 岁以下的青年有接受免费职业技术教育的义务;职业技术学校的教学内容有初等普通教育、基础的职业技术知识、劳动实习三部分。《阿斯蒂埃法案》的颁布,使法国的职业技术教育首次成为一种国家事业。

第二节 近代英国的教育管理制度

在传统上,英国的初等教育基本由教会和慈善团体办理。为了造就国家良好的公民,提高劳动力素质,英国政府逐渐加强了对初等教育的干预。1806 年,国会议员怀特布雷德提出一项《教区学校提案》(Parochial School Bill),建议国家在每个教区设立以地方税收补助的学校,并由政府进行管理,以适应工业发展对群众文化知识的需求,使工人和童工接受一定的教育,成为合格的劳动者。这是国会首次以国家的名义讨论国民教育问题,从而改变了国家不过问教育的传统。但该法案遭到上院否决。此后,提议国家干预教育的呼声不断。1833 年,国会通过一项教育补助金法案,拨款 2 万英镑修建小学校舍。这既是英国政府正式干预教育的开始,同时也是英国初等教育从作为宗教教派活动或民间活动向国家行为发展的转折点。

1839 年,英国政府首次成立了枢密院教育委员会(Committee of Privy Council on Education),直接掌管和监督作为年度拨款的教育补助金的分配和使用。凡接受补助金的学校,必须接受国家委任的视学官的监察。1856 年,枢密院教育委员会改组为枢密院教育局(Education Department of Privy Council),领导和管理全国初等教育。

为加强学校中的科学工艺教育,1853 年,英国政府在南肯辛顿成立了"科学与工艺局"(Department of Science and Art),隶属贸易部,并从 1857 年起改由枢密院教育局领导。科学与工艺局组织一些校外考试,以提供合格的科学工艺教师,为进行科学工艺教育的学校提供资助,提升科学工艺教育在学校课程中的地位。不过,该机构的功能被 1899 年成立的教育署所取代。此外,地方政府对教育的领导与管理力度也逐渐增强。

1870 年,英国国会通过了《初等教育法案》,也称《福斯特教育法案》(Forster Education Act)。该法案的核心精神就是建立英国公共初等教育制度和由地方教育委员会负责的教育督导制度。法案规定:(1) 国家继续拨款补助教育,并在缺少学校的地区设置公共初等学校;(2) 全国划分学区,由选举产生的地方教育委员会监督本学区的教育,地方教育委员会有权征收地方教育税;(3) 各学区有权实施 5—12 岁儿童的强迫教育;(4) 承认以前各派教会所兴办或管理的学校为国家教育机关;(5) 学校中的普通教育与宗教分离,凡接受公款补助的学校一律不得强迫学生上特定的宗教教义课程。《初等教育法案》的颁布表明英国政府全面承担起国民教育的职责,标志着英国国民教育制度的正式形成。

为彻底解决中等教育领导权问题,枢密院教育局于 1899 年改为议会直属的教育署(Board of Education)。教育署的主要职责是管理和检查初等教育、中等教育和职业教育,分配补助金。这样,在英国教育史上第一次统一了对初等教育和中等教育的领导权,从此初步完成了英国教育领导体制的国家化。

一、英国近代初等教育制度的萌芽

17—18 世纪,英国的初等教育主要由国教会(Church of England,英国在宗教改革中建立的民族教会)把持。1699 年,英国国教会在国内成立了"基督教知识促进会"(Society for Promoting Christian Knowledge),1701 年又成立了"海外福音宣传会"(Society for the Propagation of the Gospel in Foreign Parts)。这两个团体在国内和海外进行教育宣传活动时发现,劳动人民文化知识的匮乏影响了他们对教义的理解,因此,这两个团体就开始创办招收贫困儿童的慈善性质的学校。在这些学校中,除了灌输宗教知识外,也教授一些初步的读写算知识。

英国国民教育的发展主要受到亚当·斯密(Adam Smith,1723—1790 年)和马尔萨斯(Thomas Robert Malthus,1766—1834 年)等人思想的影响。亚当·斯密指出,人接受教育后所学到的才能是国民财富的一部分,是发展生产的因素。熟练的劳动是花费时间和学费、接受教育和训练的结果。他把经过学习获得的才能看作资本,把受教育所花费的经费看作一种投资。因此,他主张实施国民教育,使全体人民接受基本教育。所谓"基本教育",主要是指诵读、书写、算术等基本知识和技能的训练。要实施这种"基本教育",国家就要兴办学校,使之"取费之廉,务使一个普通劳动者也能负担得起,这样,人民就容易获得基本教育了"。进而,亚当·斯密强调,在一个文明和商业化的社会里,要更为注重一般老百姓的教育,而不是有钱有地位的人的教育。

马尔萨斯是亚当·斯密古典经济理论的继承者,是伦敦政治经济学学会和统计学会的创办人之一。他认为,人口数量超过物质的供给是很可怕的事,所以国家要防止罪恶和贫穷,就需要建立一种广泛的公共教育制度。所以,他赞同亚当·斯密的想法,提出要建立一个国民教育体制,认为受过教育的和有相当知识的人民,比起愚昧无知的人民来说,受煽动性著作蛊惑的可能最小,也最有能力识破有图谋、有野心的煽动家的虚假宣言。

从 18 世纪后期开始,英国的初等教育逐渐发展起来,主要表现在以下几方面:

第一,星期日学校(sunday school)的广泛开设。星期日学校是传教士罗伯特·雷克斯(Robert Raikes,1735—1811 年)首创的一种在星期日传授宗教知识的班级,主要招收贫困儿童,尤其是童工,学习宗教教义,也兼学一些粗浅的读写知识。虽然这些学校主要以传教为主,但是也在普及基础教育方面作出了巨大的努力。1803 年,英国成立了"星期日学校协会"(Sunday School Unite),要求每个教区至少开设一所星期日学校。

第二,私立初等学校(Private Elementary School)的出现。私立初等学校出现于 18 世纪前后,主要包括主妇学校(Dame School)和普通私立学校(Common Private School)两种类型。私立初等学校主要由私人开办,教授读写算、文法知识、历史、地理等,也教授女子缝纫等家庭手工技能。

第三,慈善教育的进一步发展。受法国卢梭(Jean-Jacques Rousseau,1712—1778 年)民主教育思想和德国教育家巴泽多(J. B. Basedow,1724—1790 年)"泛爱主义教育运动"(Philanthropic Education Movement)的影响,在英国国内也出现了将泛爱主义和原有的慈善教育相结合的运动。一些社会人士积极筹措资金,推动初等学校的开办,以吸收更多的贫民子弟入学。其中主要有两类学校——"导生制学校"(Monitorial System of School)和"幼儿学校"(Infant School)。"导生制学校"是由兰卡斯特(Joseph Lancaster,1778—1838 年)和贝尔(Andrew Bell,1753—1832 年)创办的。在这类学校中,实行"导生制"教学,即由教师先对学生中年龄较大、成绩好的学生(即"导生")施教,然后由他们教给其他学生,代替老师的职责。这类学校的主要教学内容是阅读、教义问答、书写和计算等初步知识。这类学校节省师资、花费少,能够满足当时对儿童普及初等教育的要求,因此在英国迅速发展起来。"幼儿学校"则是由工业资本家中的慈善人士开办,不受教会的控制,其中以欧文(Robert Owen,1771—1858 年)创办的"幼儿学校"最为著名。幼儿学校为儿童学习创设了理想的环境,取得了良好的效果,赢得了社会的赞誉,一时间在英国出现了"幼儿学校运动"(infant school movement)。

二、英国中等教育制度的革新

文艺复兴时代以来,文法学校和公学(public school)一直是英国中等教育的主要机构。这两类中等学校主要招收社会中上层子弟,具有鲜明的贵族化色彩。文法学校注重传授古典语言和文法,教学上使用拉丁语,以满足上层社会职业对拉丁语和古典文科知识的需求。其毕业生大多进入牛津大学与剑桥大学,或者成为一般的官吏、医师、法官和教师等。英国资产阶级革命之后,文法学校获得了新的发展,其教育对象由原来的贵族、僧侣子弟扩展到大工业家、大商人、乡绅等阶层的子弟。

公学最初是由私人或公众团体集资兴办的,主要是培养平民子弟,后来出现了由国王或贵族设立并受到教会支持的公学。于是,公学的招生对象逐渐变成仅仅招收上层社会的子弟,其教育目的也逐步转变为培养未来的、具有特权的官吏和统治阶层人物。公学的课程与文法学校相似,注重人文学科,侧重古典语(拉丁语和希腊语)教学,宗教教育也是其重要的组成部分。公学十分重视培养学生的绅士风度,组织学生参加各种文学团体和研究各种问题的俱乐部以及其他各种社团活动。公学学生毕业后大多进入牛津、剑桥等大学,为成为未来的统治者接受进一步教育。

公学和文法学校曾为英国培养了很多杰出人才,但随着英国资本主义经济的发展以及工业革命的兴起,公学和文法学校在长期的历史进程中形成的古典主义和经院主义风格已经越来越难以适应社会变革的需求,并受到诸多有识之士的激烈批评。在《教育论》中,弥尔顿批判了传统经院教育和古典人文主义教育,指出传统学校偏重古典语言的学习,违反常规地强迫孩子们去写作文、写诗、写演说词,最多只能积累起一些琐碎的拉丁文与希腊文,白白浪费儿童的光阴,根本无法达成理想的教育目标。因此,他积极倡导建立新型的教育机构——学园。弥尔顿认为,只有在新型的学校中,才能培养出聪明、有教养而富有责任感的公民与领导人,这些人无论是在战争时期还是在和平时期,无论是为公还是为私,都能公平合理、敏捷娴熟地履行其职责。为此,他设计出一套培养年轻贵族和绅士的教育计划,并建议每个城市都应当建立一种文科和实科相结合的名为“学园”的教育机构来落实这种计划,培养经世致用的人才。洛克则在《教育漫话》中提出了一个包括广泛实用学科的课程计划。这些批评和计划对推动17—18世纪英国新型中学的兴起发挥了重要作用。

英国国王查理二世统治期间,颁布法令支持英国国教,反对清教,要求所有教牧人员以及教师都应当“毫无虚假地赞同并支持”英国国教会《公祷书》(The Book of Common Prayer)中所规定的一切,效忠国教,不遵从该法令者被称为“不从国教者”或“反国教者”,将遭到驱逐。因此,大量不信奉国教的教师和学生被赶出国教会控制的学校。于是从17世纪中期开始,一些非国教派教士开始在英国创办一种自己的新型学校。这类学校采用“学园”作为其名称,以区别于传统的文法学校和公学。这些学园程度不一,有些达到了中等教育程度,有些达到了高等教育程度,学园的性质主要还是教派学校的性质。

在培养目标上,学园在英国传统的文法学校和大学未能满足社会需求之时,发挥了自己实在论的特色,贴近生活实际,给正在发展中的英国资本主义开辟了培养实用人才的新路径,培养了大批中产阶级和自己教派的人才,为社会变革发挥了作用,为英国的光荣革命和宗教宽容奠定了基础。此外,学园通过实验科学和数学的教学,为工业革命奠定了思想和人才基础。

在招生对象上,学园主要为那些被排斥在国教会教育机构之外的非国教会子弟提供中等教育和高等教育。这是因为学园一般规模较小,因此它往往综合了文法学校和大学的教育功能。学园校址往往选择在学生家庭附近,学费也较文法学校和公学便宜。

在课程设置方面,早期的学园受宗教斗争和政治风气的影响,主要设置神学课程。有些学园未能摆脱传统文法学校和大学的影响,在课程上只重视古典科目。但大多数学园关注伦理学和自然科学的新进展,提供比传统学校丰富得多的课程,除古典科目外,还讲授数学、英语语法、算术、会计、几何、历史、地理、初级科学、现代外语以及工商业知识,重视实用知识和技能的培养。因此,学园在很大程度上推动了英语语言和文学、现代历史和政治研究的进展。18世纪之后,学园更加重视自然科学课程的教学,逐渐发展成为具有实科性质的中等学校。如1715年,瓦特(Thomas Watt,1639—1734年)在伦敦创办的学校开设数学、天文学、地理学、航海术、军事学、簿记等自然科学课程,还建立了科学实验室,采用演示和验证方法进行教学。1719 年,英国皇家学会会员克列尔(Martin Clare,1688—1751 年)同样在伦敦创办了类似的学校,除了设置传统古典科目外,着重教授代数学、三角法、天文学、地理学、航海术、物理学和建筑等自然科学内容。

在教学方法上,相对于文法学校和公学传统的教学而言,学园的教学既重视实证,又重视联系现实生活。教学方法鼓励学生思考,教学形式用广泛的阅读和学生间的自由辩论代替传统学校建立在标准教材之上的大课讲座,教学语言使用的是英语而不是拉丁语。这些都使得学园的教学更有效率。学园内的学生严肃认真,与大学里学生的闲懒散漫形成了鲜明的对比。

总体而言,学园是在宗教背景下诞生的新学校,并接受了实在论和科学革命的影响,一反文法学校和公学那种只重视古典文学和宗教课程的教学,广泛而多样地设置各门学科。它重视自然科学、外语课程和实用知识、技能的学习,并且使用英语教学。这些新的特征对于培养资产阶级的新人才发挥了作用,同时也为 18 世纪中期美国文实学校的创办提供了范例。不过,总的来看,因受英国保守文化传统的影响,这种实科学校在英国的社会地位和重要性始终不及公学和文法学校。到了 18 世纪中后期,英国的"学园"逐渐消失。

三、近代英国高等教育制度的发展

近代英国高等教育管理的发展主要体现在两个地区,一个是苏格兰的大学,一个是英格兰的大学。

受加尔文教派的影响,苏格兰的大学十分重视自然科学与实用知识的教学。早在1574—1580 年,由加尔文教派学者梅尔维尔(Andrew Melville,1545—1623 年)担任校长的格拉斯哥大学(University of Glasgow)就开始推行课程改革,增加了自然科学和实用科目的教学内容,第一年学习人文学科,第二年学习数学、宇宙学、天文学,第三年学习道德和政治学,第四年学习自然哲学和历史。从 1708 年开始,由苏格兰长老会牧师卡斯塔雷斯(William Carstares,1649—1715 年)担任校长的爱丁堡大学开始对教学进行改革,放弃了四年中由同样的教师讲授所有课程的做法,设置了拉丁文、希腊文、逻辑、自然哲学、数学、伦理学、医学等教授席位,扩大了教学内容的范围。随后,苏格兰的其他大学,如格拉斯哥大学、圣安德鲁斯大学(University of St Andrews,1413 年)、阿伯丁大学(University of Aberdeen,1495 年)也先后开始进行相似的教学改革。到 18 世纪中叶,苏格兰的大学在医学、科学和数学等领域的教学与研究甚至要远远超过英格兰的大学。

17—18 世纪,英格兰的高等教育机构依然主要是牛津和剑桥这两所古老的大学。这两所大学的教学内容主要是古典人文学科和神学。17 世纪末 18 世纪初,英国逐渐成为欧洲科学研究的中心,自然科学的发展,特别是培根的唯物主义哲学和牛顿的物理学、数学成就,对大学教学内容的变革产生了一定的推动作用,这两所大学开始关注自然科学教学,并设立了自然科学讲座。

最初,反映近代自然科学的新课程是通过收费的课外讲座设置的,后来则逐渐得到大学的正式认可。1633 年,查理二世准许剑桥大学设立数学教授职位,学院章程要求所有本科生完成第二年学业后须参加这个讲座;牛顿还亲自担任过数学讲座的教授。1675 年前后,牛津大学与剑桥大学都已经开始讲授培根的《新工具》。1700 年前后,牛津大学已开始用牛顿的物理学代替亚里士多德的著作,剑桥大学则已经成为数学研究中心,其数学已经取代了中世纪以来逻辑学的地位。1702—1750 年,剑桥大学先后设立了化学、天文学、实验哲学(物理学)、解剖学、植物学、地质学、几何学等教授席位,牛津大学也相继设立了植物学(1728 年)、实验哲学(1729 年)、临床医学(1772 年)、解剖学(1767 年)等教席。这些教席的设置,大大促进了自然科学在大学中的传播和教学。虽然其中的许多教席并没有能够成为大学课程的主要组成部分,但这足以预示一个新时代正在来临。

近代科学革命、哲学革命所造成的人类知识的爆炸式增长,深刻地影响了欧美国家传统的大学教育,直接导致了大学课程的巨大变革。在这个过程中,大学传统的以古典人文学科和宗教课程为核心的课程体系逐渐解体,大量新的知识领域特别是近代科学和哲学以不同方式渗透到大学课程。以国会通过的 1850 年《牛津大学法》(Oxford Law)和 1856 年《剑桥大学法》(Cambridge Law)为开端,大学逐渐取消了宗教方面的种种限制,逐步打破了故步自封的局面,开始接受近代科学发展的影响。至 19 世纪后期,以牛津大学和剑桥大学为代表的英国传统大学不仅逐步开设了适应工商业发展的课程,而且还在德国研究型大学的影响下,开始从事物理学、生物学、细胞学、免疫学、遗传学等方面的科学研究。

除此之外,在英国,在牛津大学和剑桥大学致力于适应现代社会需要的改造的同时,一批新型的高等教育机构也先后建立起来,以满足社会的多元化需要。19 世纪中叶,英国爆发了影响深远的新大学运动(the New University Movement)和大学推广运动(the University Extension Movement)。1828 年,伦敦大学学院的成立揭开了新大学运动的序幕。1836 年,伦敦大学学院(University College London)与国王学院(Kings College,1829 年)合并为伦敦大学(University of London)。在伦敦大学的带动下,19 世纪下半叶,英国出现了众多城市学院,如曼彻斯特欧文斯学院(Owens College,Manchester,1851 年)、南安普顿哈特雷学院(Hartley College,Southampton,1862 年)、纽卡斯尔学院(Newcastle College,1871 年)、利兹约克郡科学学院(Yorkshire College of Science,Leeds,1874 年)、谢菲尔德学院(Sheffield College,1879 年)、伯明翰学院(Birmingham College,1880 年)等。这些新型大学注重为工业和科学发展服务,为当地工商业发展培养高等专门技术型人才,丰富了英国高等教育结构,为英国高等教育传统注入了新的元素。

大学推广运动最早出现于 19 世纪 40 年代,伦敦大学、牛津大学、剑桥大学等全日制大学以校内或校外讲座形式将教育推广到非全日制学生。到 19 世纪末,大学推广运动影响广泛,它加强了大学与社会之间的联系,使社会中下层子女有了更多接受高等教育的机会。

四、近代英国职业技术教育制度的成型

英国是最早开始工业革命的资本主义国家,其职业技术教育是在大工业的基础上发展起来的。英国职业技术教育制度的真正形成是在 19 世纪中后期。在此之前,职业技术教育完全由私人或民间教育组织主办,大多以学徒制形式进行。技工讲习所虽有一定发展,但仍无法满足社会需要。1851 年,在伦敦举办的世界博览会上,其他欧洲国家的展品有许多优于英国展品,这让英国政府意识到职业技术教育的滞后。1853 年,英国政府成立了负责中等教育和技术教育的专门机构——科学和艺术局,对实施科学和艺术教育的学校提供资助。1856 年,皇家艺术学会(the Royal Society of Arts)成立,在技工讲习所中组织科学及贸易课程的考试,从此,技工讲习所逐渐成为英国进行技术教育的基地。从 1860 年开始,科学和艺

术局实施科学教育考试计划,制定了教学大纲,这是英国建立职业技术教育体系的开端。

尽管如此,由于深受传统古典教育的影响,英国政府对职业技术教育的投入仍非常有限,政府开办的技术学校非常少,主要依靠民间力量发展技术教育,所以英国职业技术教育进展缓慢。直到 1881 年成立以塞缪尔森(Bernhard Samuelson,1820—1905)为首的皇家技术教育委员会(Royal Commlssion on Technical Instruction),这种情况才开始得到逐步改善。该委员会先后考察了法、德、美、丹麦、荷兰等国的技术教育,分析了英国技术教育落后的原因,提出了如下对策:① 鼓励小学开设制图、金属加工、木器加工课;② 学校委员会和地方当局应开办科学工艺班,增强科学学科教学的实践性;③ 师范学院应增加科学课程并提高效果;④ 在捐款设立的中等学校大量增加科学技术的教学;⑤ 建立统一的初等和中等教育制度。这些建议大多为政府所采纳,并在有关技术教育的政策法规中得到体现。

1887 年,全国技术教育促进会(the National Association for the Promotion of Technical Education)成立。经过该组织的努力,1889 年,英国议会通过了《技术教育法》(The Parliament Act on Technical Education)。该法规定:各地设立技术教育委员会,负责技术教育和中等教育;郡议会有权征收特别税("一便士税",penny tax)。在 1867 年巴黎世界博览会上,法国等欧洲大陆工业产品的展览给英国带来了巨大的恐慌,90 个展览门类中,英国只获得了 10 个优胜奖,法国、德国等国的工业产品占有明显的技术优势。世博会带来的震撼使英国认识到了职业技术教育的重要性。1889 年,英国《技术教育法》提出了一项资助职业教育的规定:郡和自治市的议会有权向公众征收"一便士税"。到 1898 年,英格兰所有郡和自治市都开征"一便士税",160 个地方当局共征得税款 39 000 英镑,1900—1901 年增至 106 209 英镑,用以资助技术教育;各类机构开设的技术课程必须得到科学和艺术署的批准。这是英国关于技术教育的第一个立法,它标志着公共技术教育制度正式确立。1890 年,英国政府又颁布了《地方税收法》(Local Taxation Act),规定国家从关税和货物税中抽出一部分拨给地方当局,资助技术教育。

通过上述措施,英国职业技术教育在 19 世纪的最后 10 年获得了长足发展。首先,国家加大了干预职业技术教育的力度,技术学院数量大幅度增加。国家除了兴办新的职业技术学校外,技术委员会还接管了 25 所过去由私人开办的科学和艺术学校。其次,通过颁布相关法律,使职业技术教育资金得到了保障。自 1889 年《技术教育法》颁布后到 1898 年,英格兰几乎所有的郡和自治市都采取了征收"一便士税"的做法。根据 1890 年颁布的《地方税收法》,1898 年,在总金额为 807 000 英镑的关税和货物税中,将近 740 000 英镑用于技术教育。再次,参加技术学院学习的人数迅速增加。比如,伦敦技术学院在 1890 年有 483 个班,共有学生 12 022 名,而到了 1899 年增至 1 764 个班,34 176 名学生。

第三节 近代德国的教育管理系统

德国被公认为是最早建立公共学校制度的国家。早在宗教改革运动时期,马丁·路德就反复强调建立公共教育制度、实施普及义务教育的重要性。他被公认为是近代国民教育和普及义务教育的理论先驱。自 16 世纪起,德意志境内一些公国先后颁布了国家办学和普及义务教育的法令。虽然这些教育法令因种种原因没有得到彻底实施,但仍然使德国成为世界上最早实行世俗性的义务教育和最早从教会手中收回教育权的国家。

进入 19 世纪以后,德国初等义务教育步入一个快速发展时期。1806 年 10 月,普法战争爆发,普鲁士战败,失去大块领土。这激发了普鲁士人的爱国情怀,举国上下要求改革教育,挽救国家于危亡的呼声高涨。1807—1808 年,哲学家费希特发表一系列演讲,要求国家建立一套适当的教育体系,这个教育体系应当为国家训练出亟需的领袖和能够自觉跟从他们前进的民众;应当是国有化的体系,充满着复兴普鲁士的思想和观念;应当是民主的,使每一个儿童都得到适合于其才能与接受能力的教育。普鲁士国王腓特烈·威廉三世(Friedrich Wilhelm Ⅲ,1770—1840 年)决心"用精神弥补物质损失",实行开明政策,复兴普鲁士教育。他重用博学人士到大学或政府部门任职,推进教育革新。洪堡被任命为内政部公共教育司司长期间(1809—1810 年),主持了德国教育史上重要的教育改革。根据新人文主义思想,洪堡制定了一系列包括学制、课程、学校管理、师资培养等改革方案。他计划建立一个由初等国民学校、文科中学和大学构成的学校体系,并主张以裴斯泰洛齐的思想和精神改造普鲁士的初等教育。在洪堡等人的倡导下,普鲁士政府派遣一批青年到瑞士伊佛东向当时欧洲最著名的瑞士教育家裴斯泰洛齐学习,由此改变了普鲁士初等教育的面貌,并引起其他国家的关注,法国和美国都曾派代表来普鲁士观摩学习。1872 年,德国政府颁布了《普通学校法》(General School Regulations),规定 6—14 岁的 8 年初等教育为强迫义务教育阶段,设基础学校(4 年)和高等国民学校(4 年)两级。到 19 世纪末,德国初等教育的入学率已达到 100%,实现了初等教育的普及。

一、近代德国初等教育制度的形成

德意志的长期分裂,使得在德国出现了数以百计的大小邦国,其中以普鲁士(Prussia)、奥地利(Austria)最为强大。普鲁士长期以来奉行扩张政策,蓄意吞并其他弱小的城邦,统一整个德意志。因此,普鲁士认为对国民实施强迫教育,既可以为公国培养"忠臣""顺民",又可以为公国训练得心应手的兵士,可谓"一举两得"。1763 年,由腓特烈二世(Friedrich Ⅱ,1712—1786 年)颁布的《初等学校及教师通则》是普鲁士实施强迫义务教育的重要举措,为德国公立初等教育的兴起奠定了基础。

《初等学校及教师通则》(以下简称《通则》)颁布于 1763 年 8 月 12 日。它共分 26 个部分,对初等学校的入学年龄、学徒教育、离校资格、出勤要求、学时与学期、礼拜日教育、学费、贫穷儿童的问题、每年的讲道和集会、强迫入学、学校的调查、教师应具备的条件、教师守则、教师的考核、教师合格证、教师出勤、上学以前的祈祷、学时、学习课程、常规教材、纪律、学生用书、礼拜、教师与牧师的关系、牧师的监督检查、年终巡视等方面都做了详尽地规定。

第一,在教育目的方面,《通则》规定学校教育要培养有智慧、有德行的臣民,教育要为国家富强和各阶层人民的真正福利做贡献。

第二,在教育对象方面,《通则》规定,凡 5—13 岁的男女儿童都应上学,"对其教育负有责任的所有臣民——家长、监护人或主人就应该送他们到学校上学"。适龄儿童的家长、监护人有义务为儿童提供良好、充分的学习环境,无故不得让儿童辍学,否则,将被处以 16 分尼("分尼"为当时的德国货币单位)的罚款。

第三,在教学内容方面,《通则》规定宗教教育是主要的教学内容,同时兼有读写算的训练。《圣经》《柏林拼读课本》(The Berlin Spelling Book and Reader)是学校的主要教材。学校必须保证每个学生有相同的教材,教材由教堂和社区出资解决,是学校的财产,学生不得私自带回家。

第四,在学费方面,《通则》详细规定了不同年级各个学期的学费标准,并指出,那些因家境贫寒而无法支付学费的学生可以向市政当局提出申请,由教堂和市镇基金负责支付学费。

第五,在学时方面,《通则》规定,在冬季,儿童每周必须上课六天;在夏季,每日上午上课,下午放假。上学期间,学生不得无故缺勤,要"避免他们因放牧而无法上学的情况发生……"

第六,在教师方面,《通则》规定,贵族、士绅拥有选拔教师的权力,但是凡担任教师的人都必须领取教师资格证,在取得教师资格证之前,不得就职。教师必须接受牧师的管理,牧师有监督、检查教师教学工作的权力。

第七,在学校方面,《通则》规定,为了实行有效的管理,学校必须详细登记学生的一切学习情况,这些登记表每年都必须接受学员的检查。

《通则》颁布后,德意志其他邦国也纷纷效法颁布了类似的法令,要求实施普及义务教育,强调接受教育是国民应尽的义务。但由于德意志当时分裂的局面,使得这些法令都无法真正得以实行。尽管如此,以《通则》为代表的一系列法令依然代表了近代德国在建立国民教育体制上的进步与成就。

二、近代德国中等教育制度的发展

宗教改革后,德国的中等教育主要在两类学校里实施。一类是中世纪遗留下来的骑士学院(Chevalier College)。这种教育机构的主要任务就是把贵族子弟训练成为能够担任文武官职和从事外交事务的人员。骑士学院的教育内容十分庞杂,除了现代语言(法语等)、拉丁文和神学外,还有数学、机械学、物理、军事科学、法律、历史地理、伦理等学科,并且重视训练举止礼仪、舞蹈、骑马、角力、射箭等。与中世纪相比,此时的骑士学院较为重视文化知识的学习,但是所设文化科目内容浮浅,学生可以任意选修,并没有高深的要求。

另一类中等学校是德国教育家斯图谟从 16 世纪中期开始创立的文科中学。这类学校的主要任务是为大学输送新生和为政府培养一般的官吏,实际上是一种大学预科性质的学校。文科中学具有浓郁的古典主义色彩,开设课程主要包括拉丁语、希腊语和古典文学,此外还有音乐、算术、地理、历史等辅助科目,数学与自然科学的课程内容则较少。到 17 世纪以后,这种严格的古典主义文科中学成为德国中等学校的主体。

近代科学革命之后,随着社会生产与科学技术的发展,传统的骑士学院和以古典文学为主要教学内容的文科中学越来越难以满足社会对于各种实用技术人才的需要,以更具实用教育为导向的实科中学(Realschule)于是开始应运而生。

德国实科中学的创办主要归功于虔敬派教徒的努力。17 世纪末,德国虔敬主义者弗兰克(August Hermann Francke,1663—1727 年)就曾计划建立一种加强实科教学的教育机构,把儿童培养成具有虔敬心和实际生活所必需智能的善良的基督徒。1705 年,虔敬派牧师席姆勒(Christopher Zemler,1669—1740 年)发表了《在哈勒市建立数学工艺学校的有益建议》,提出了建立实科学校的设想,并指出能够升入大学深造的学生为数甚少,多数要进入社会从事某种职业,因此应对学生进行职前训练。1708 年,席姆勒在家招收 12 名穷孩子开办了一个称为"数学和机械实科学校"的实科班,由于缺乏资金、设备和教材,两年半后停办。1737 年,他又重建了"数学、机械和经济实科学校"。教学内容除宗教外,还有数学、物理学、机械学、天文学、地理学、法学、绘画和制图等实用学科,并采用直观的方法开展教学。席姆勒逝世之后,这所学校被解散。

1747 年,另一位虔敬派牧师赫克(Johann Julius Hecker,1707—1768 年)在柏林创办了德国第一所真正意义上的实科学校——"经济、数学实科学校"。这所实科学校分别设置数学、几何、建筑、地理、商品制造、贸易、经济等 8 个班级,讲授宗教、伦理学、德语、法语、拉丁文、数学、绘画、历史、地理、机械学、建筑学、自然知识及人体知识等课程。学生根据自己的志愿选读任何一班级,接受专门的职业训练。这所实科中学获得极大成功,随后成为柏林的皇家实科学校。其他许多城市也纷纷效仿开办实科中学,或者在文科中学中增加实科班。

实科中学的出现是世界中等教育发展史上的一个重要事件。比起古典文科中学,实科中学兼具普通教育和职业教育的双重性质,能够更直接地反映经济生产与科技革命给教育带来的影响,更接近社会生活和生产发展的实际需要,具有更鲜明的现代中等学校的性质。同时,实科中学具有更大的开放性,有助于推动教育的普及和推广。进入 19 世纪之后,实科中学已经成为德国中等教育的重要类型。

三、近代德国高等教育制度的发展

(一)哈勒大学

哈勒大学(University of Halle)的前身是一所骑士学院,1694 年正式得到普鲁士国王的特许而开办。哈勒大学与原有的教派大学有着很大的不同,它被认为是新大学的先驱。它和哥廷根大学被认为是德国大学复兴的主要代表,是它们率先打开了现代哲学和科学、启蒙文化的大门,并使这些思想和知识成为德国人民生活的一部分。正是由于哈勒大学和哥廷根大学,德国大学才从 17 世纪末的泥沼中挣扎出来。

哈勒大学的振兴离不开德国虔敬派信徒的努力。虔敬派主张,教育的目的是使学生在公共事业中能有实际作为。虔敬派的神学家弗兰克从 1691 年到 1727 年去世一直在哈勒大学任教。弗兰克主张让学生学习更富有实际意义的现代学科,如生物学、物理学、天文学等科目,其思想对于哈勒大学的办学实践具有重要影响。哈勒大学哲学教授托马西乌斯(Christian Thomasius,1655—1728 年)废弃了中世纪沿袭下来的经院主义课程,使哲学脱离神学而独立。他同样重视实用知识的教学,重视教学与现实生活的联系,并率先采用德语讲课,打破了拉丁语在大学教学中的垄断地位,被誉为"哈勒大学第一位教师"。深受莱布尼茨影响的德国启蒙哲学大师沃尔夫(Christian Wolff,1679—1754 年)也曾在哈勒大学长期任教,主讲数学、物理学和哲学。他同样使用德语写作和讲课,并在数学和自然科学基础上建构现代哲学体系。他明确否定哲学对于神学的依赖,而将哲学建立在数学和物理学等现代科学的基础之上,宣称哲学应该探索真理,摆脱任何假定。同时,他还否定了实践哲学的神学基础,认为法律和道德必须建基在人类生活和人类社会的理性知识之上。

哈勒大学坚持大学教学与实际生活相联系,并把现代哲学和自然科学引入到大学研究中,倡导学术自由风气,被称为"不仅是德国的而且是欧洲的第一所具有现代意义的大学"。在 18 世纪后期,沃尔夫哲学及其理性概念流行于所有新教大学。由于沃尔夫等人思想的影响,在摧毁巫术和各个领地狂热的信仰过程中,在发展一种根据数学建立的新宇宙观中,理性逐渐确立了统治地位。

（二）哥廷根大学

哈勒大学的成功引起了德意志地区其他大学的效仿。1737 年,由汉诺威政府出资创办的哥廷根大学(University of Gottingen)就是效仿哈勒大学的产物,也是哈勒大学的竞争对手。哥廷根大学的首位校长闵希豪生(Gerlach Adolph Von Münchhausen,1688—1770 年)曾经是哈勒大学的毕业生,其办学理念受到哈勒大学的影响。闵希豪生推动的哥廷根大学改革,较之于哈勒大学体现出更多的学术自由的进步特性。哥廷根大学注重宗教宽容,有意削弱神学家在大学中至高无上的地位,削减神学凌驾于其他学科的特权,禁止教师斥责异端观点,招收来自不同教派的学生入学。在课程方面,哥廷根大学拓展了传统哲学学科的教学内容,重视历史、语言和数学等现代学科的教学,并且建立装备优良的科学实验室、天文台、解剖示范室、植物园、博物馆、大学医院等,从而推动了自然科学的教学与科研工作。诚如德国教育史学家鲍尔生所指出的:"哥廷根大学不同于别校的优点,是该校真正的科学研究受到大力的鼓励和支持,其中最主要的是它有经费充裕和设备富丽的图书馆,还有专门从事自然科学和医学研究的研究所。"闵希豪生的改革使哥廷根大学在短短的时间里很快发展成为当时欧洲主要的学术和科学中心之一。

哈勒大学和哥廷根大学的成功实践,改变了德国大学过去死气沉沉的景象,成为日后德国其他大学改革的榜样。从这两所大学之中人们不难发现:学术自由、注重研究的风气、自然科学纳入大学课程,以及政府对大学的资助和控制等近代大学的特征已经初现端倪,这为 19 世纪德国柏林大学的创办奠定了基础。

（三）柏林大学

从柏林大学创办开始,近代德国的大学进入一个崭新的发展时期。由于强调科学研究是大学的主要职能,大学因此成为探索和创造知识的机构。柏林大学不仅是德国新大学的代表,也是现代大学之母。

柏林大学主要体现了洪堡等人的大学理念。第一,提倡纯科学研究,排斥职业性和功利性学科。柏林大学注重纯粹的科学,包括哲学、人文科学。直到 20 世纪初,柏林大学几乎所有的系都不开设有关技术或实用科学方面的课程。第二,鼓励学习自由和教学自由。柏林大学继承并改造了中世纪大学以来的学者自治、学术自由的传统。柏林大学"学习自由",即学生在学习内容和大学生活方面的自由选择;"教学自由",即教师的教学和科学研究活动不受干涉,能自由地传授和研究知识,探索真理。洪堡的"学术自由"思想的提出及其在柏林大学的实践,代表了当时进步势力的要求,体现了德意志民族特殊的文化精神,同时也孕育了现代大学的精神,开启了高等教育现代化的帷幕。第三,教学与研究相结合。为落实这种理念,柏林大学借鉴了哥廷根大学的哲学"习明纳"(seminar,意为"研讨班")这种师生共同参与、融教学与研究活动为一体的组织形式,并建立了众多研究所。后来新建的大学,如布勒斯劳大学(1811 年)、波恩大学(1818 年)、慕尼黑大学(1826 年)等,也竞相效仿柏林大学,注重专门的研究,先后设置研讨班和研究所。

四、近代德国职业技术教育制度

德国是较早开展职业技术教育的西方国家。早在 13 世纪,师傅带徒弟的培训形式就在手工业中被推广开来。到了 18 世纪,学徒制有了新的发展。学徒生活在师傅家里,师傅除了传授技艺外,还担负着监护人的责任,学徒期一般为 4 年。19 世纪,德国开始从传统的农业社会向工业社会过渡,传统的培训方式已不能满足社会经济发展的需要,专门以职业技术教育为主的学校逐渐增多。1817年,担任普鲁士商工局局长的博伊特就工业人才的培养问题提出了六项建议,其中包括在普鲁士的25个行政区内各设一所地方工业学校,并在此类学校基础上设中央工业学校,以形成工业学校网。他的建议得到了采纳和落实。到1835年,普鲁士的25个辖区设立了20所地方工业学校。博伊特本人也被誉为"德国地方工业学校之父"。随后,德国政府先后两次对这些地方工业学校进行改革。第一次改革发生在1850年,通过制定有关政策,建立全国统一的中等工业学校,使其达到正规中等教育机构的水平;第二次改革是在1870年,旨在增设普通教育,改革专业科目,提高入学条件,延长修业年限。但这种努力没有达到预期目的,工业学校逐渐被其他职业学校所取代。此外,19世纪德国的职业技术教育还有包括农业渔业、矿山工业、商业交通、家政、军事等在内的各种专门学校。如1817年创办的纽伦堡学校就是普鲁士最早的机械专门学校。从1860年开始,创建于19世纪20—30年代的中等程度的职业学校逐渐升格为工科大学,从事高等职业技术教育。经过长期的努力,至19世纪后半期,德国的职业技术教育已在欧美国家中处于领先地位。

复习思考题

1. 请分析近代国民教育形成的原因。
2. 试比较英法德三国近代教育管理体制形成的原因及其主要特征。
3. 请讨论柏林大学及其意义。
4. 试分析法国大革命时期《塔列兰法案》《孔多塞报告》和《雷佩尔提计划》的意义。
5. 请谈一谈你对于英国近代初等教育制度的认识。

第四章　近代民族国家的形成与国家教育管理制度（下）

近代社会的一个重要特征就是出现了与以往封建时期君主制国家不同的民族国家。民族国家的一个重要任务就是建立国民教育制度，为国家培养公民和合格的劳动者。因此，作为国民教育和公共教育主要承担者的公共学校和国家教育管理体制，便成为近代教育发展的焦点。

第一节　近代美国的教育管理制度

1776年，《独立宣言》(The Declaration of Independence)的签署宣告美利坚合众国的诞生，也标志着美国的教育发展进入了一个新的时期。建国之初，美国的学校类型主要有英国殖民者从母国移植而来的教会学校、星期日学校和一些慈善教育团体兴办的学校。与此同时，美国的开国元勋也纷纷出资兴办教育机构，如汉密尔顿(Alexander Hamilton, 1757—1804年)和约翰·杰伊(John Jay, 1745—1829年)等人就在纽约创立了放奴社(The Manumission Society)，主张维护黑奴的权利，并给予他们一定的教育。

美国建国初期，美国教育发展的突出特点是对公共教育制度的探索。其中，以托马斯·杰斐逊(Thomas Jefferson, 1743—1826年)的《进一步普及知识的议案》(Bill for the More General Diffusion of Knowledge)和普罗维登斯机械工人与制造工人联合会(The Providence Association of Mechanics and Manufacturers)的活动最具代表性。

一、近代美国初等教育的成型

(一)《进一步普及知识的议案》

1779年，作为弗吉尼亚州立法机构的成员，杰斐逊向立法机关递交了一份关于建立和完善公共学校体制的计划，即《进一步普及知识的议案》。在该《议案》中，杰斐逊建议在弗吉尼亚构建一个公共教育体系，它包括初等教育、中等教育和高等教育三个阶段。初等教育为期3年，实行免费，"区内的每个人都有权免费送孩子上学三年"。中等教育主要由文法学校组成，学制6年。杰斐逊主张在全州各地设立20所左右的文法学校，主要教授希腊文、拉丁文、地理、数学等学科。这些学校的学生每年或每两年要接受一次考试，每次考试结束后，选拔20名最优秀的学生，让他们免费学习直到从文法学校毕业。高等教育机构主要是威廉-玛丽学院(College of William and Mary)，为期3年。每年从文法学校中挑选出10名尖子生，将他们免费送到威廉-玛丽学院学习，由州政府承担一切费用。《进一步普及知识的法案》的目的是不仅要让全州的孩子都学会读书、写字和算术，而且要培养和挖掘出精英人才,让他们接受最好的教育,并为社会服务。

虽然《进一步普及知识的法案》最终没有得以实施,但它却代表了美国建国初期的开国元勋们对美国公共教育制度的探索。除此之外,在《独立宣言》《西北土地法》(Northwest Ordinance,1787年)、《权利法案》(United States Bill of Rights,1791年)中也多多少少涉及了公共教育体制的构想。例如,1787年的《西北土地法》第三条明确指出:"宗教、道德和知识对于一个良好政府和人类的幸福都是必要的,因此学校及教育方式应当永远受到鼓励。"该法还规定,在西北地区,按照每6平方英里为一个镇区划分土地,每个镇区再划分为36区,其中第16区的土地用以兴办公共学校。

(二)普罗维登斯机械工人与制造工人联合会的教育举措

普罗维登斯机械工人与制造工人联合会是美国建国初期积极倡导免费学校的重要组织之一。在教育问题上,约翰·浩兰(John Howland)是该联合会的核心人物,一般认为他是普罗维登斯免费学校的创立者。1799年,联合会向罗得岛州递交了请愿书。在请愿书中,联合会主张要为州内各城镇的全体儿童建立免费学校。同时,他们还强调,公共教育的对象是全州各个城镇的儿童,特别是那些贫穷和赤贫的儿童;教育的目的不仅是要保障每个儿童应享受的权利,而且是为了全州的公共福利,是为了"培养共和国家的接班人"。

1800年,罗得岛州通过了普及免费学校法案,该法案通过后,即建立了普罗威登斯学校,并制定了相应的学校规程,紧接着,罗得岛州的另外两个城镇也建立了免费学校。但到1803年,这个法案被废除。直到1828年才又通过公共学校的普通立法(Free School Act),普罗维登斯机械工人与制造工人联合会即根据这个法案建立了免费学校。这不仅成为美国建国初期最早的一所免费学校,而且也成为美国公共教育制度的先行者。

二、近代美国中等教育的革新

独立战争之前,美国中等教育的主要形式是拉丁文法学校,其主要目的是培养绅士,并为学生接受高等教育提供准备;主要教学内容为古典语言和人文学科。独立战争之后,随着城市商业和手工业的发展,拉丁文法学校的数量逐渐减少,在殖民地时期已经出现的文实中学逐渐得到发展。

文实中学(Academy)的创始人是英属北美殖民地最负盛名的启蒙思想家本杰明·富兰克林(Benjamin Franklin,1706—1790)。富兰克林认为,学校应当为所有人提供实用的知识教育,以便为将来从事任何职业做准备。富兰克林指出,政府有责任建立学校,并且从财政上资助学校,因为学校可以给国家和人民带来利益。根据这种观念,他提出了文实中学的教育计划。

在富兰克林的教育计划中,文实中学的课程包括书写漂亮的字体和绘画、算术、算账、几何和天文、英语语法、论文和信函的写作、修辞学、历史、地理和伦理学、博物和园艺、贸易史和机械原理。他认为,学习这些课程是人类物质进步的重要手段,也是社会道德改善的途径。由此可见,富兰克林看到了个体与社会的关系,看到了课程的实用价值对物质进步的作用,看到了教育对实现社会物质进步、改善社会、维护社会秩序的作用。

1751年,富兰克林在费城创办了第一所文实中学。文实中学是私立收费的学校,规模较小,一般包含文、实两科,文科侧重于英语及现代外语的教学,实科则侧重于算术、代数、几何、天文、地理等自然科学以及应用科学的教学。同时,文实中学还兼培训小学教师,并且招收女生。由于它兼顾了古典教育与实际教育、升学与就业,因此被许多人效仿。

美国独立后,文实中学得到了快速发展。纽约州曾颁布法令确认私人办学是一种天赋人权,政府不得干涉,从而保障了文实中学的合法地位。但是,由于文实中学是一种私立学校,各个学校的教学水平参差不齐、教学方法不一,缺乏严格的教学制度。

文实中学具有强调实际知识和自然科学的特征,重视社会的需求。应该说,它的出现扭转了古典文法中学重视古典学科教学、不适应社会变化的倾向,并且扩大了教育对象的范围,为更多的人提供了受教育机会。因此,这是美国中等教育的一个重要转变,标志着美国教育开始向符合自己实际需要的方向发展。

三、近代美国的高等教育

1636 年,哈佛学院建立,成为当时英属北美殖民地第一所高等教育机构,由此拉开了北美地区大学发展的序幕。1693 年,英国国王威廉三世和女王玛丽二世在北美殖民地创办了威廉-玛丽学院,成为当时北美殖民地第二所高等教育机构。1701 年,原来哈佛学院中顽固的清教徒师生在康涅狄格创办了"更纯粹的先知者的学院"——耶鲁学院。到了 18 世纪 40 年代,殖民地大学的发展速度进一步加快,在短短二十年中先后出现了新泽西学院、国王学院、罗德岛学院、女王学院、达特茅斯学院。这六所大学与之前的哈佛学院、威廉-玛丽学院、耶鲁学院成为殖民地最初的九所学院。这九所学院均为私立学院,课程仿效英国的牛津大学和剑桥大学,主要以古典学科、哲学与伦理学为主,也包括了少量自然科学的课程。

这九所殖民地学院拥有共同的一些特性。第一,它们一般都仿照牛津大学和剑桥大学的办学模式和课程设置,深受英国传统大学模式的影响。第二,受当时社会整体情况的制约,它们一般都深受宗教或教派的影响,在课程设置、教师聘用和招生等方面都体现了教派特性。第三,殖民地学院在发展过程中一般都采用了董事会的管理体制,其核心是校外人士获得对大学内部事务的管理权,形成了由校外董事执掌大政方针、大学内部人士负责校内事务的大学董事会管理模式。这一模式后来逐渐演化成为美国大学普遍的管理模式。第四,与欧洲大学相比,殖民地学院受当时情况的制约,其规模一般都比较小,办学条件也比较简陋,学术水平普遍比较低。

1776 年,美国独立以后,因为南北方之间的差异,以及民众对强大的全国性政府抱有普遍的不信任感,因此美国第一任总统华盛顿等人倡导的建立"国立大学"(National University)的提案被抛弃。于是,建立公立高等教育机构的任务就落在了各个州手里。到了 18 世纪晚期,美国已经有大学和学院 27 所。

1861 年,美国国会通过了《莫雷尔法》(The Morrill Act),翌年经林肯总统批准生效。其主要内容是:联邦赠拨给各州一定数量的土地,各州必须以赠地所得收益用于"实用技艺"(useful arts)方面的高等教育项目。《莫雷尔法》的颁布实施,在美国高等教育领域掀起了一场"赠地学院运动"(land-granted college movement),农业和机械工艺教育在大学得以广泛推行,为美国工农业现代化做出了突出贡献。此外,还形成了美国完整的高等教育体系,确立了美国高等教育民主化原则,孕育了在世界高等教育史上具有里程碑意义的"康奈尔计划"(Cornell Plan)和"威斯康星思想"(Wisconsin Idea),进而导致了现代高等教育理念的产生。

康奈尔大学创建于 1868 年,其采取"公私合营"的办学模式,坚持开放性、实用性、适应性的新型大学理念,成为一所以农业科学教育而著称的"人民的大学"。"康乃尔计划"的主要内容有:开设通用课程;所有学科、科目与课程具有同等的重要性,不得厚此薄彼;加强学科研究工作;加强商业、市政管理及人际关系事务的研究,向社会提供必要的服务;学校向社会各阶层开放,招收新生无种族及性别限制。

"康奈尔计划"得到了威斯康星大学校长查尔斯·范·海斯(Charles Van Hise,1857—1918年)的高度认同。他认为,服务应成为大学的唯一思想。大学的基本职能有:把学生培养成有知识、有能力的公民;进行科学研究,创造新文化和新知识;传播知识,使广大民众能够应用知识解决社会各方面问题。经过范·海斯的不懈努力,威斯康星大学将康奈尔大学倡导的大学为社会服务的思想推向了高潮,形成了著名的"威斯康星思想"。其内涵包括三个方面:一是大学要参与州政府的各项事务;二是大学与州政府密切合作;三是学术自由。其核心思想就是帮助州政府在全州各个领域开展技术推广和函授教育,将大学的知识和技术传播于社会,让大学中的专家、学生直接参与当地的工农业生产,实现大学与社区的一体化。威斯康星大学在全美高等教育领域率先拓展了大学的社会职能,从而使大学由开展教学活动、从事科学研究,走向直接为社会服务的新阶段;同时,也对美国"多样性"高等教育体系的形成做出了贡献。

四、近代美国的职业技术教育制度

美国职业技术教育的最初形式也是学徒制。18世纪以后,随着工商业和新兴资产阶级势力的扩张,中等教育领域中私立学校和文实中学的职业技术教育因素逐渐增加。19世纪初,美国开始了产业革命。在工业革命的推动下,职业技术学校取得长足发展。1814年波士顿设置了公共学校,1820年纽约出现了技工学校,1821年缅因州出现了农业学校,1851年费城有了专门讲授工业制图、制造工艺的学校,1859年纽约还出现了职业夜校。这些学校有的是私立的,有的是工人协会开办的。1880年巴尔的摩市率先开设公共工科中学,1888年明尼苏达州首创农业中学。1860年美国工业化发展跃居世界第四位,1890年前后美国实现农业机械化,至19世纪末,美国经济和技术在世界居于领先地位。毋庸置疑,职业技术教育为工业、农业、商业输送的大量人才,成为美国后来居上的重要因素。

美国中等职业技术教育快速发展的同时,还向高等职业技术教育领域延伸和渗透。1862年,美国颁布了《莫雷尔法》。该法规定,按各州国会参议院和众议院的名额,拨给每人3万英亩的土地,由州以土地所得的资金创设农业和工艺学院的基金。这些赠地学院后来大多发展成为州立大学,为美国工农业的发展作出了重大贡献。从某种意义上说,《莫雷尔法》是美国第一部职业教育立法,它开创了高等教育中开展职业教育的先例,并对美国高等职业教育的发展起了奠基作用。

五、公共学校运动

公共学校运动是近代美国教育史最重要的一个事件。所谓公共学校运动,是指建立由公共税收维持、公共行政机关监督、向所有儿童免费开放的初等学校的运动。它在19世纪20年代以后从新英格兰地区的初等教育领域开始,逐渐推向西部各州,并影响到中等教育范畴,最终推动美国公共教育制度的形成。

公共学校运动的兴起,除了受美国城市的发展、工商业的发达、进步势力的增强以及选举权的扩大等因素影响外,教育改革家贺拉斯·曼(Horace Mann,1796—1859 年)、亨利·巴纳德(Henry Barnard,1811—1900 年)等人的大力倡导也起了重要作用。贺拉斯·曼认为,公共学校的宗旨是把儿童培养成合格的公民,所有 4—16 岁的儿童不分经济地位、宗教信仰、家庭背景都应成为公共学校教育的对象;公共学校是国家培养公民的机构,它有助于形成一个具有共同文化的统一体和民族认同感;公共学校应当是免费的,为大众服务的,所以应由公众机构管理和支持,通过征收公共教育税作为其主要财政来源。贺拉斯·曼在担任马萨诸塞州教育委员会秘书期间,积极投身到推进和改善全州公共教育体制的活动中,使马萨诸塞州在普及初等教育方面走在了美国各州的前列。1848 年,该州在部分地区开始实行强迫入学制;1852 年,该州颁布了美国第一个由州议会制定并得以贯彻的普及义务教育法,即"强迫就读法"(The Massachusetts School Attendance Act of 1852)。该法规定,家长必须将 8—14 岁的儿童送入所在市镇的公立学校上学,每年上学时间不得少于 12 周,其中必须有 6 周为连续上学。凡违背此规定者处以 20 美元以下罚款。1853 年,纽约州也颁布了强迫义务教育的法令。南北战争以后,其他州也开始实行强迫入学制度。贺拉斯·曼的公共学校思想和教育活动为 19 世纪美国公共学校运动的发展指明了方向,他被誉为"美国公共学校之父"(the father of American common school)。巴纳德是美国康涅狄格州建立免费公共学校议案的发起人和主要倡导者。在他的努力下,康涅狄格州议会通过了包括《联合学校法》(Union School Law)在内的几个改革议案,修订了过去的一些法令,奠定了该州教育组织的基础。

美国公共学校运动的主要内容包括以下几方面:第一,建立了以各州为主的教育领导体制。1837 年,马萨诸塞州率先建立州教育委员会,贺拉斯·曼任秘书。此后,佛蒙特、新罕布什尔、康涅狄格、缅因、宾夕法尼亚、俄亥俄等各州也先后在 19 世纪 40—50 年代建立了州教育委员会。州政府对公共学校的监督和组织成为公共学校运动的主要组成部分,从而推动了公共教育的制度化。第二,确立了征收教育税制度。征收教育税收成为稳定的公共教育经费的主要来源。19 世纪 30 年代以前,美国大多数州办学主要依靠捐款捐赠的方式,办学经费主要由学费、捐资、学校土地收入来维持。以贺拉斯·曼、巴纳德为代表的一批教育改革家极力主张通过征收公共教育税来兴办公共初等学校。到南北战争时,大多数州都已建立了征收教育税制度。第三,促进了师范教育的兴起。1839 年,马萨诸塞州在贺拉斯·曼的领导下,在莱克星顿市建立了美国历史上第一所师范学校。19 世纪 60 年代初,教育家谢尔顿(Edward Austin Sheldon,1823—1897)在奥斯威哥师范学校通过宣传和实践裴斯泰洛齐的教育思想,发起了旨在改善师范教育质量的"奥斯威哥运动"(Oswego Movement),使公共师范学校迅速发展起来。

在公共学校运动中,导生制学校——即由教师先对学生中年龄较大、成绩好的学生施教,然后由他们再转教给其他学生,代替老师的职责。这类学校的主要教学内容是阅读、教义问答、书写和计算等初步知识。这类学校节省师资、花费少、能够满足当时对儿童普及初等教育的要求,所以受到青睐。而且从 19 世纪 40 年代开始,北部大多数城市小学初步实行分班教学,公共小学增设英语、历史、地理、音乐、图画等新学科,教材种类繁多,宗教与教学分离,裴斯泰洛齐教学法逐渐得到推广,这些都提高了公共学校的吸引力。

至 1865 年,美国大多数州先后建立了公共学校制度,儿童普遍获得了接受初等教育的机会。马萨诸塞、纽约、宾夕法尼亚等州的公共学校系统则已经将范围扩大到中学。公共学校运动和公共学校的建立奠定了美国教育制度的基础。

第二节　近代俄国的教育管理制度

在近代,俄国是整个欧洲体系发展中的一个薄弱环节,政治、经济都很落后。早在 14、15 世纪,英法两国的农奴制度就已经解体,而俄国却在 1649 年才在法律上确立农奴制度。俄国教育的发展与其他欧洲国家教育的发展情况也不同。学校教育产生比较晚,大约 10 世纪才出现一批招收贵族子弟和僧侣子弟的学校。11—13 世纪,当西欧文明处于"黑暗"时期时,俄国因受到拜占庭文化的影响,文化和教育水平较高。13 世纪末至 15 世纪,由于鞑靼人的入侵,俄国的文化驾驭遭到破坏,学校的发展处于停滞状态。俄国的近代教育是在封建农奴制和封建军事帝国主义的基础上发展的。

一、彼得一世改革与俄国国民教育的发展

近代俄国从彼得一世统治后期开始。17 世纪后期,俄国经过与波兰的长期战争,夺回了西部被波兰占领的地区。从此,俄国变成了幅员辽阔的大国。沙皇彼得一世(1682—1725 年在位)一方面进行一系列以加强中央集权和扩军备战为中心的改革,另一方面积极向西欧学习,聘请外国专家学者,引进先进的科学技术,模仿法国和德国的教育制度,把发展文化教育作为富国强兵的重要手段。开办国立学校,是 18 世纪初彼得改革的一个重要方面。1714 年俄国政府下令各教区开办计算学校。这是一种普通学校,以读写、算术、代数、几何、三角等为主要的教学内容。这是俄国最早的国立初等学校,到 1718 年发展为 42 所。它的出现打破了教会对教育的垄断,传播了新的科学知识,是俄国教育史上的一大进步。这种学校最初是招收各阶级子弟,但不久就另为僧侣子弟开办主教学校,贵族子弟也不来此就读,又明令不收农民子弟,所以实际上只培养一般官吏和市民的子弟。计算学校存在到1744 年。

二、叶卡捷琳娜二世的改革与俄国国民教育的发展

到 18 世纪后期,农奴制发展到前所未有的程度,同时以农奴劳动为基础的工商业迅速发展,各种形式的封建农奴剥削急剧加重,国内阶级矛盾异常尖锐。同时,欧洲的启蒙思想在俄国引起很大的反响。叶卡捷琳娜二世(1762—1796 年在位)不得不在表面上实行一些开明政治,以适应政治、军事以及经济发展的需要。她在国民教育方面也进行了一些改革。

叶卡捷琳娜二世于 1782 年组织了"国民学校设立委员会",并于 1786 年批准了该委员会制订的《国民学校章程》。这是俄国历史上第一部国民教育法令,第一次开始统一全俄的学制。根据这个章程,在县城设立两年制的初级国民学校,以阅读、写字、绘画、神学、公民义务为主要教学内容;在省城设立五年制的中心国民学校(共四个学级,头两级相当于初级国民学校,第四级为两年),学习神学、俄文、算术、几何、机械、物理、自然史、地理、建筑学,并按实际需要选修古代语文或现代语文。按章程规定,学校由市政当局拨给经费,学生免费入学。当时这些学校规模较小,实行班级授课制。初级国民学校的教师定员 2 人,中心国民学校的教师定员 6 人。学校由省长和总督直接领导,中央设"学校总管理处"。到 1800 年,初级和中心国民学校已发展到 315 所,学生 19 915 名。这两种学校为以后俄国城市学校的设

立和发展打下了基础。

三、法国的影响与俄国国民教育的发展

18 世纪末以后,拿破仑率领百万大军横扫欧洲,将法国大革命中乃至整个欧洲的先进社会思想包括教育思想传到了俄国,产生了深刻的影响。1804 年的《大学章程》和《大学所属学校章程》就是这种影响的产物。根据这些章程,俄国在城市和乡村按教区设立教区学校,每区 1 所,学制 1 年,每周上课 3 天,每天上课 3 个小时,学习阅读、写字、初等算术、神学和常识,毕业后可升入县立学校。县立学校设在县城,学习初步的几何、物理、自然、工艺知识,学生获得毕业文凭即可直接升入中学。各级学校由大学管理,全国分六大学区,每区设大学 1 所。大学成立以校长和教授 6 人组成任期一年的学校委员会,对其管辖的各级学校实行监督。各级学校免收学费,招收的学生不受社会出身和宗教信仰的限制。1804 年的学校章程进一步统一和完善了俄国的学校制度及其管理体制。

四、农奴制的废除为俄国国民教育带来新的气象

19 世纪中叶,俄国资本主义生产力有了较大发展,腐朽的农奴制严重束缚了资本主义经济的发展。迫于各方面的压力,沙皇政府不得不采取了极不彻底的自上而下的废除农奴制的措施,同时也对学校教育进行自上而下的改革。1860 年的《国民教育部女子学校章程》在俄国第一次明确规定设立女校,其中包括修业 6 年的女子初等学校。1864 年沙皇政府批准地方自治机关章程,允许俄罗斯欧洲部分的一些省份实行地方自治。同年,《初等国民学校章程》承认由政府、地方自治机关、社会团体、教会、私人举办的城乡初等学校均属于国民学校,招收各社会阶层的儿童,学制为 3 年,必要时允许男女同校。省和县设立了由教育部、内政部、教会、地方自治机关等各方面代表组成的教育委员会,负责管理国民学校。学校的课程根据地方的情况,由教育委员会决定,用俄语教学。收费由主办单位或个人确定。地方自治机关由资产阶级自由派主持。他们具有一定的先进性。在此期间,乡村教育发展迅速。1864—1874 年的 10 年间,就开办了 10 000 多所乡村初等学校。不过,1864 年的教育改革如同废除农奴制的措施一样是不彻底的。虽然教会独掌教育的局面已被打破,但 1864 年的章程仍把神学放在教学科目的首位,教师仍以教士为主,教区学校仍保留下来,并且不受国民教育部管辖而直属教会机构。因此,一直到 1917 年十月革命为止,俄国的国民教育都是双重体制的:一部分学校属教育部系统,另一部分则由东正教事务总管理局主管。

五、师范教育

长期以来,俄国人认为,凡是读过书、受过某种教育的人都可以成为"教书匠",而 18 世纪前后发展起来的俄国学校又有许多是靠聘请外国专家任教,因而,俄国师范教育起步较晚。1716 年,彼得一世指派莫斯科数学和航海学校以及彼得堡海军大学毕业生 47 人到各地的算术学校任教,这是俄国第一次有组织地分配教育专门人才。

为初等学校培养师资的师范教育史是在废除农奴制以后才开始出现的。19 世纪 60 年代,俄国著名教育家乌申斯基就曾经指出,当时俄国对人民教师的需要超过一切。这充分反映了当时俄国小学教师的严重不足。在社会的强大压力下,为了控制师范教育,沙皇政府于 1870 年正式颁布师范学校章程,开班学制四年的师范学校。这种学校除开设普通科目之

外,还开设教育学、低年级俄语和算术教学法。在此基础上,1872 年起俄国建立了三年制的寄宿的师范专科学校,招收市立学校和师范学校的毕业生,为市立学校培养教师。它的课程与文科中学相比,普通课程开设的要少得多,但教育学科和教育实习很受重视。在 19 世纪末,这种师范专科学校约有 10 所,且规模都很小,仍不能满足师资需求。

六、俄国中等教育及管理的发展

在俄国中等教育中,文科中学或者称古典中学一直占有统治地位。在彼得一世的影响下,为了发展俄国的科学事业并培养自己的专家学者,1725 年,彼得堡创办了俄国科学院,次年科学院又设立了附属的大学和文科中学。一般认为,这所文科中学就是俄国第一所中等普通教育学校。在 1731 年和 1752 年,俄国还先后设立专门招收贵族子弟的陆军贵胄学校和海军贵胄学校,其课程虽然也有军事科目,但更多的是当时普通中学的普通教育课程。此外,有许多贵族送子弟到外国人设立的私立寄宿学校就读,或聘请外国人做家庭教师。1755 年创办的莫斯科大学附属文科中学,由于贵族不愿送子女进入等级不明的学校读书,故分设贵族、平民两部。1758 年在喀山办起了另一所类似的文科中学。在进步思想家的倡议下,1764 年在彼得堡市郊斯莫尔尼女修道院办起了俄国第一所贵族女子中学——贵族女子学院,修业 12 年。

俄国中等教育的大发展是在 1804 年《大学所属学校章程》颁布后。章程规定由国家出资在省城设立四年制的中学,其课程除了古代的和西欧的语言外,还有哲学、政治经济学、数学、物理、文学、自然历史、商业科学、工艺学等。但是好景不长。1828 年新的《大学所属各级学校章程》将这种较为民主和注重实际的中学改变为特权阶级的、古典主义的中学(七年制)。1871 年颁布的《中等学校章程》进一步规定,古典中学是俄国中等学校的唯一类型,学业年限为 8 年,废除实科中学,将其他所有中等学校一律改为古典中学,并提高学费,减少招生名额。古典中学中,拉丁语和希腊语教学占全部教学时间的 41.2% 。这样,中等教育为贵族等上层阶级子弟所独享,越来越远离生活。

俄国的实科中学在欧洲出现得最早。1701 年彼得一世就在莫斯科开办了俄国也是欧洲第一所实科中学,即数学和航海学校。设置的课程有算术、代数、几何、三角、天文、地理、测量学、航海学等。这是一所职业性很强的中学。此后,俄国出现了一批实科学校,如炮兵学校、工程学校、外语学校、航海学校和矿业学校等。彼得一世死后,这些学校有的不景气,有的成为专为贵族特权阶级服务的普通教育性质的学校。由于资本主义经济发展的需要,1828 年保守、反动的政府不得不准许县立学校加设技术、商业课程,并在一些县立中学开办技术商业班。与此同时,技术专科学校(1828 年)、建筑工程专科学校(1832 年)等先后设立,各省也相继兴建其中等农业、技术和商业学校。1872 年,沙皇政府又不得不颁布《实科中学章程》,以职业性质的实科中学取代普通教育性质的实科中学,修业 6 ~ 7 年。但是实科中学毕业的学生只能升入高等技术学校,不得升入大学。到 19 世纪末,著名的中等专业性质的实科学校有 79 所,包括中等技术学校、农业学校、航海船舶技工学校、医士学校等。它们分属内政部、交通部、商业部、工业部、司法部、国民教育部、农业部管辖,但是各部给予它们的津贴很少。这些学校的开办和发展在很大程度上依赖私人以及各种商会、技术协会和地方自治会的支持。

俄国的实科学校较早受到重视,它不但为俄国各项事业的发展做出了贡献,而且为俄国高等专科教育的产生和繁荣奠定了基础。

十月革命前,整个俄国的中学实行男女分校,分别称为男子学校和女子学校。

七、近代俄国的高等教育及其管理

俄国的高等教育是从彼得大帝开始的。俄国的第一所高等学校是由基辅主显派兄弟会于 1615 年开办的,1632 年改为专科学校,到彼得一世时正式给予高等学校的权利和称号。1700 年前后,彼得一世开办了莫斯科数学和航海学校,1715 年它的高级版迁到位于海滨的彼得堡,扩建成海军大学。1726 年俄国科学院创办了附属大学。当时科学院要求外国学者除科研工作外,必须承担大学的教学工作。这所大学是世俗性质的。彼得的教育改革注意培养本国的专家学者,这是一条值得借鉴的经验。但彼得死后,这所大学和彼得所创办的其他一些学校一样,很快就变得不景气了。

在俄国高等教育史上第一所最具影响力的大学是 1755 年在罗蒙索诺夫倡议下成立的莫斯科大学。由于罗蒙索诺夫的坚持,这所大学的招生不分阶级,教学采用俄语、拉丁语和法语。初创时教授约 10 名(由来自外国和基辅的学者任教)、学生约 100 名,设哲学、法律、医学三系,没有设神学系。莫斯科大学是俄国第一所世俗的近代化的高等学校。在近 50 年的时间里,莫斯科大学是俄国唯一的大学。

19 世纪初,由于法国革命及启蒙思潮的影响,俄国沙皇政府不得不进行了一些进步的教育改革。1804 年颁布了《大学规程》,规定全国共分 6 个学区,各区设一所大学,共 6 所大学。大学不仅是一个高等学府,还是一个学区的教育性行政领导机构。大学本身有选举校长、副校长、系主任、教授等自治权利。大学设有哲学、法学、医学 3 个系,无神学系。规程公布后不久,沙皇反动势力就出来活动,有的地区就开始改变规定。1835 年新的《大学规程》完全废除了 1804 年规程中积极进步的内容:大学自治被取消;无贵族身份的人不能进入大学学习;历史、哲学课必须由神学教授担任,等等。

19 世纪中叶,俄国资本主义得到了较大的发展,沙皇政府不得不废除农奴制。废除农奴制后,资本主义生产对受过高等教育的专家的需要急剧增加,以至任何政治原因都无法阻挡。1863 年沙皇政府又不得不颁布了一个《大学章程》,基本恢复了 1804 年《大学规程》规定的大学的自治权。学区督学的作用只是一般地监督大学的活动。同时,开办了新俄罗斯大学、俄罗斯华沙大学、托木斯克大学等新的大学,并扩大了原有大学的规模。但好景不长,为了防止大学中的革命运动,1884 年的《大学章程》再一次将大学的教学活动和学生的全部生活置于专制政府的严密控制之下。

与西欧相比,俄国的高等教育虽然起步较晚,但高等专科教育却比较受重视。俄国专科教育的传统形成于 18 世纪彼得一世时期。当时俄国建立了各种类型的专科学校。创立于 1774 年的彼得堡矿业学校,后来改名彼得堡矿业学院,是俄国高等工业学校的开始。废除农奴制以后,由于工农业的发展,高等专科学校迅速发展。至 1895 年,俄国的高等工业学校已发展到 11 所。与此同时,高等农业教育和高等艺术教育也纷纷发展起来,出现了彼得堡农学院、彼得罗夫斯克-拉祖莫夫农林学院、彼得堡音乐学院等著名的专科学院。1779 年,按照罗蒙诺夫的设想,莫斯科大学建立了一所师范学院,为文科中学和自己培养教师。这实际上是俄国第一所高等师范学校。随后,其他综合大学如哈尔科夫大学、喀山大学、杰尔普大学、基辅大学都建立了师范学院。1859 年沙皇政府借口综合大学不能兼顾科学人物和培养教师的任务,关闭了所有师范学院。废除农奴制之后,高等师范学校才得以重建。此外,自 1869 年起在彼得堡、莫斯科、敖德萨、哈尔科夫、基辅等许多城市建立了相当于大学的女子师范学校。这些学校主要靠私人资助,学生须缴纳学费。由于沙皇统治,俄国的高等教育在极其曲折中求发展,发展非常缓慢。

第三节　近代日本的教育管理制度

日本是亚洲第一个走上资本主义道路的国家。自 7 世纪中叶到 19 世纪中叶,日本经历了长达 1 200 年的封建社会时期。其间,12 世纪之前,是天皇统治时期,由天皇和大封建贵族掌握国家政权。12 世纪后,一些地方封建领主依仗私人武装不断扩充实力,形成武士领主集团,并由控制地方政权最终发展到取代天皇、独揽国政,到 12 世纪末开始了军事封建贵族独裁的幕府政治统治。从 1192 年到 1868 年明治维新运动推翻幕府,称为日本封建社会的幕府时代。日本的地方封建主称"大名",他们的领地称"藩"或"藩国"。日本的国民教育就是从幕府时期极其简陋的民众教育基础上发展起来的。

一、幕府时期的民众教育

明治维新之前幕府时期的封建教育主要分为幕府直辖的教育机构、藩国的藩学和民众教育三种。民众教育机构种类较多,有乡学、寺子屋和私塾等。乡学又分两类:一类是大藩领主的支系或家臣为他们的子弟开设的,其程度低于藩学;另一类是为平民子弟设立的,比较简陋,类似寺子屋。这类乡学十分重视思想道德教育,目的在于缓和平民对于自己处境的不满,培养驯服和勤劳的顺民。寺子屋因最初设于寺院、就读的儿童成为寺子(寺庙的孩子)而得名。寺子屋由僧侣主持,教阅读、书写、诵经。后来,一些商人、武士在寺院之外办学教育儿童,也称寺子屋。寺子屋是一种世俗性的面向平民子女的初等教育机构。儿童一般 6~7 岁入学,学习读写算,女童还学缝纫,到 10~13 岁时,结束学习开始谋生。私塾则是学者个人收徒授业的,有的还以传授一家之说而闻名。

上述幕府、藩国和民众教育,带有鲜明的封建等级性,对入学者都有一定的身份限制。只有在封建社会末期,偶尔有藩学准许平民旁听。这两种教育的目标是培养幕藩统治的接班人。

二、明治维新后国民教育制度的初步形成

19 世纪中叶,幕府统治危机重重。城乡劳动人民、中下层武士、一些强藩的藩主,以及对幕府势力历来不满的皇族和京都大贵族,都不同程度地倾向于要求改变现状。与此同时,美、荷、俄、英、法等资本主义国家都相继武力强迫日本开港通商,接受不平等条约,日本濒于沦为殖民地的危险境地。在这种形式下,"倒幕运动"迅速高涨,终于在 1868 年推翻了幕府统治,成立了大地主资产阶级联合执政的天皇制明治政府。明治政府上台后就提出"富国强兵""殖产兴业""文明开化"三大政策。"富国强兵"就是建立一个经济发达富足、军事实力强大的资本主义国家。"殖产兴业"是指废藩立县,没收大名地主的领地,消灭封建割据,大力鼓励与扶持资本主义经济的发展。"文明开化"则是改变传统的思想和生活方式,发展近代科学技术文化教育。1863 年 3 月日本以天皇誓言的形式发布政府的施政纲领《御誓

文》中的"破从来之陋习"和"求知识于世界"两条，表明放弃闭关自守以及学习西方的决心。三大政策确定了明治政府改革的总方向，"倒幕运动"和由政府自上而下实行的资产阶级性质的改革，统称为"明治维新"，是日本历史上一个重大转折。明治维新后的教育改革被称为日本近现代教育史的第一次教育改革。

日本政府把学习西方、兴办教育视为"立国之本"。两次以天皇的名义发布指令，决定教育的宗旨，即1789年的《教学大旨》和1890年的《教育敕语》。1872年，日本制定颁布了近代第一个教育改革法令《学制令》，具体规定了日本的教育领导体制和学校制度。日本近代学校制度经历了一个不断改革调整的过程，从1872年的《学制令》开始，经历1879、1880年颁布的《教育令》，至19世纪80年代末制定的一系列有关发展各级教育的《学校令》，最终确定下来。

1872年发布的《学制令》是在学习欧美资本主义教育经验，批判封建幕府教育的基础上制定的。它批判过去日本教育的封建等级性，以资产阶级倡导的教育机会均等原则为基础，明确提出"邑无不学之户，家无不学之人"的普及教育的思想；批判旧教育"记诵碎章之末，陷于虚谈空议"的陈腐教学内容，使教育与生活和个人发展紧密相连。为此《学制令》废寺子屋和藩学，开办新式学校。1879年颁布的《教育令》和1880年颁布的《改正教育令》在《学制令》的基础上，进一步强调接受教育不是个人权利，而是像服兵役、纳税款一样，是为实现"富国强兵"的目标服务的，是国民必须承担的义务。在19世纪80年代后期，文部省设立了普通学务局和专门学务局两个机构，分别加强普及初等教育和发展高等教育的工作。

明治维新后，日本政府把大力发展初等教育定为实施《学制令》的首要任务。《学制令》废止寺子屋和乡学，开办八年制的小学校，分为初级和高级两段，各四年，儿童6岁入学，接受8年的普及义务教育。这一要求反映日本政府为了"富国强兵"而急于发展教育的迫切愿望。但是这种愿望在实施过程中遇到困难。1879年《教育令》将普及初等教育的年限缩短为4年；1880年又将八年制的初等学校划分为"三三二"三段，第一阶段的3年为义务教育；到1886年颁布的《小学校令》，才将初等教育学制确定为8年，分为两段：前4年的寻常小学和后4年的高等小学。前4年为义务教育阶段，实行收费制，但是在生活水平较低的地区仍然允许设立三年制的简易小学。这种较为灵活的规定比较实际可行，使初等教育的普及得以真正实施。

小学教学科目安排的一个特点是重视自然科学知识的教学，据统计，其教学时数约占总教学时数的一半，而且国语教材内容的2/3也是理、化和工业知识方面的内容。这种特点充分体现了日本近代资本主义发展对文明开化的要求。不过，与此同时，遵照《教学大旨》和《教育敕语》的精神，修身课与经常性的督导教育活动，不断向学生灌输着封建伦理纲常和军国主义思想。这又充分体现了当时日本的强烈的封建主义和军国主义特征。

日本近代普及国民教育的发展速度非常快。日本在发动甲午战争之后，依靠索取赔款掠夺财富充实了国力，决定实施免费的义务教育。到1907年，义务教育入学率迅速提高到97.3%，基本实现了普及四年制义务教育目标。同年，决定将义务教育年限延长为6年。

日本近代国民教育的快速发展和双重性质为今后日本的发展奠定了一定的国民基础。

三、建立完善的师范教育体制

明治政府在实现普及初等教育宗旨的最初阶段碰到的最大难题就是缺少师资。为此，明治政府于1872年在东京开办了第一所师范学校,聘请美国教师斯科特来日指导办学及授课。他采用导生制的方法,招收已有相当文化基础的青年,通过短期速成培养师资,一届共培养了24人。他们在一年的学习后,就分赴各地兴办的小学任教。次年又在大阪、长崎和广岛等六地各建一所师范学校,学制仍为一年。同年,又修订师范学校规则,将师范分为预科和本科,前者修业一年,后者修业两年,开设的课程有数学、历史、地理、博物、理科、体育、音乐等。1874年2月,又在东京设立女子师范学校。1875年,文部省又明令各地县、府设立师范养成所,用短期速成办法培养小学师资。但即使如此,师资培训的速度仍然赶不上迅速发展中的小学之需要。例如在1876年的52 000名小学教员之中,师范学校毕业生仅占1/6。为了解决这一困难,政府不得不使用有学问的旧士族及原寺子屋的教师。因为这些教员不熟悉新的学科和新的教学法,尤其是自然科学和算术课程,学校的教育质量受到影响。

为了保证初等教育的质量,吸引优秀青年报考师范,明治政府相应采取了一系列的措施,规定师范为公费制。同时,在教师待遇方面又做了一些改进,如规定町村小学教员,有5年工龄,教学成绩优异者,工龄加薪;对单级学校或偏僻地方多级学校教员发给特别津贴。在此期间日本政府还派遣了相当数量的人员赴英法德美等国学习师范教育,研究各派教育理论。

这个时期,日本师范教育发展的特点是从本国的实际需要出发,积极学习、借鉴欧洲国家的经验,采取灵活、多样、快速的方针,并在全国大城市和中小县城合理布局,发展师范学校网络,有计划有步骤地迅速培养各类学校所需要的教师。

明治政府经过30年的努力,就在全国基本普及了初等义务教育。这在世界教育史上是一个奇迹。在全国范围内基本实现普及初等义务教育的,日本是最早的国家之一,它比英国早4年,比法国早10年。同时就普及的速度而言,也远远超过英国和法国,日本仅用了30年,而工业化最早的英法两国,则经历了70~80年。

日本义务教育所以能发展得如此之快,最主要的原因是明治政府对国家发展的正确的理性思考,对教育尤其是初等教育的高度重视和对教育的较强宏观领导能力。据有关资料显示,明治初年政府的财政是相当拮据的,但政府却对教育进行了大量的经费投入,尤其确保初等教育这个重点,这就为初等教育的普及提供了基本的也是最重要的条件。

四、日本中等教育管理的发展

明治维新以前,中等性质的教育主要存在于藩学和私塾里。由于中等教育必须以初等教育的发展为前提,同时要求以较高的经济水平和经济投入作为支撑,因而,明治政府在发展新的教育的时候,首先将重点放在初等和高等教育方面。明治中期以后,手工纺织已为机器纺织所代替,同时日本政府从对华和对俄两次作战中发了横财,这样就造成了日本的"经济繁荣",于是日本政府利用这一机会大力发展中等教育。据有关资料证明,明治十九年即1887年日本仅有中等学校58所,明治四十年即1908年时已经发展到285所。第一次世界大战,日本政府又趁机发了战争财,中等学校的发展势头更快了。

日本的普通中学与英、法等国有所不同,而与美国比较接近。英、法等国将中学视为贵族学校,而日本将其视为"高级国民教育",是初等教育的继续。与此相适应的是明确规定中学教育的方针是升学与就业兼顾。在这一点上,日本的做法远胜于英、法。

1872年《学制令》规定在八年制初等学校之上设立六年制的中等学校。经过一段时期的探索后,1886 年的《中学校令》规定,中学的学制延长为 7 年,分为"五二"两段。五年制的初级中学称寻常中学,由地方设置和管理,是普通教育学校;二年制的高等中学校是中等教育的第二阶段,属于大学预科性质,全国只设 5 所,由文部省大臣直接管辖。至此,日本中等教育学校的结构初步定型。

寻常中学的大部分学生毕业后不再继续深造而是就业,因此其课程设置的大多是重视科学基础知识和外国语的教学。开设的科目有修身、国语及汉文、习字、数学、物理、化学、矿物、农业知识、第一外国语(英语)和第二外国语(德语或法语)、图画、唱歌和体操。高等中学校主要为升大学做准备,所以采用分科设置,一般有文法理医农商等科。1894 年,高等中学校改名为高等学校,更为突出其专科性质。同时,明文规定可以在高等学校中单独开设为升大学做准备的大学预科。这种学校的学生几乎都是名门巨富的子弟。这种为数极少的、起着阶级选择作用的中等学校,已不具有全民性,具体而充分体现了日本近代学校制度的双轨制性质。

实业教育是应工业发展的需要而产生的一种教育,是日本近代教育中的一个崭新的组成部分。日本在学习西方国家的教育经验时就注意到了实业教育的重要性。明治四年即1872 年 8 月,工部省就在东京虎门设立了工业学校,这是日本最早的一所工业学校。后来又在北海道的札幌设立了农业学校。明治八年即 1876 年,森有礼在东京银座设立商业学校。19 世纪 80 年代,由于工业革命的发展,文部省开始整顿和兴办实业学校。一些政府部门分别经办的实业教育机构逐渐转归文部省统一管辖。日本的实业教育体系主要是在学习德国的经验基础上形成的。到 19 世纪 80 年代末,日本逐步形成了包括实业补习学校、实业学校和实业专科学校的实业学校体系。明治二十五年即 1893 年的 11 月 26 日,文部省公布了《实业补习学校规程》,规定该类学校招收寻常小学毕业少年,授予职业上所需要的知识技术,学习时间不超过 3 年,开设的科目有修身、读法、习字及有关实业科目。实业学校是中等技术教育学校,分工、农、商、水产、商船等科。实业专门学校比实业学校又高了一个层次。1894 年国会又批准了《实业教育国库补助法》,规定每年拨款 15 万日元用于充实和发展实业学校。甲午战争后,政府又增加了 10 万日元,即每年以 25 万日元用于实业教育。为了发展实业教育,一方面决定在中小学及师范学校设置手工劳动课和农业、工业等职业教育课程,与实业教育相衔接,另一方面在各地设立中等职业学校。日本的实业教育在提高劳动者文化技术素质,促进日本经济发展上发挥了极其重要的作用。不过,实业学校主要面向劳动者,与高等学校相比地位是很低的,仍然体现着日本近代教育的双轨制。

五、近代日本高等教育管理

明治维新前,日本的高等教育主要存在于幕府直辖的教育机构中。在幕府之下的教育机构中,昌平坂学问所成立最早,主要传授儒学,是儒学研究和教育的一个中心。1793 年成立的和学讲习所排斥儒学、佛学和兰学,只传授国学①。另外还有 19 世纪开办的传授西方科学知识和多种语言课程的开成所,教授荷兰医学的医学所,学习西方军事技术的讲武所,以及训练海军的军舰操练所等。

---

① 国学:认为研究 8 世纪初日本古老的文史典籍才是治学的正途,宣扬日本民族精神,即所谓"大和魂",与儒学相对立。国学的形成标志着日本民族在思想文化上谋求独立。

明治维新后,明治政府为了真正实现富国强兵、殖产兴业的政策,急需迅速吸收欧美近代科学技术成果,急需培养自己的专门技术人才和科学研究人才,因此发展高等教育是当时教育发展战略中的一个重点。首先,在文部省 1872 年颁布的《学制》中有"海外留学生规则",建立了留学生制度,向欧美大量派遣留学人员。由于留学生归国后在各个领域发挥重要作用,1881 年后,雇佣的外国人就只剩下 150 人左右。同时,政府更加重视新式大学的创办工作。明治维新刚刚开始,政府就接管了原幕府直辖的昌平坂学问所和开成所等教育机构。1868 年,开成所得以复兴,1874 年定名为东京开成学校。这是一所由 5 个专门学校(法学校、化学校、工学校、技艺学校、矿山学校)组成的国立大学校。1877 年,在东京开成学校和医学校的基础上又成立了东京大学。明治政府非常重视这所大学的建设和发展,在 1886 年公布的《帝国大学令》又将东京大学改名为帝国大学,意味着国家对大学的控制进一步加强了。

在对欧美各国的考察中,日本资产阶级得出一个结论:英国是富国的典型,德国是强兵的典范。东京大学是在效法德国的基础上办起来的,特别重视教学和研究两方面工作并举。帝国大学由大学院和分科大学两部分构成,大学院侧重进行学术和科学研究,分科大学(也称学部)则以传授专门知识为主,强调培养应用方面的人才。成立初期的东京大学由法、理、文三个学部组成,东京帝国大学时发展为 5 个分科大学(文、法、理、工、医)。由于帝国大学的目的是"传授适应国家所需之技艺和探讨知识之蕴奥",帝国大学的学科不断得到调整。例如,1885 年将理学部中的机械工学、土木工学、采矿冶金、应用化学等分割出来,成立工艺学部。

19 世纪末 20 世纪初,政府又成立了京都、东北、九州、北海道等几所帝国大学,原第一所帝国大学即改名为东京帝国大学。除此之外,一些有名的高等学校,也改组为大学了,如在东京第一高等学校的基础上形成了著名的早稻田大学。这样,以东京帝国大学为首形成了日本近代高等教育系统。由于政府对高等教育的重视,1877—1910 年,日本共建立各种大学 84 所。1910 年,高校学生人数仅次于美国和德国。高等教育的迅速发展及高等教育对专门知识和人才的重视,对日本经济的发展无疑起到了重要的人才、技术和知识的支撑作用。

第四节　国民教育管理思潮

在近代民族国家的崛起与近代教育系统的形成过程中,各国都产生了丰富的国民教育思想和理论。教育家们认真地研究了各国国民教育运动中出现的重大理论和实践问题,对于这些问题的研究和论述至今仍然有现实意义。

一、裴斯泰洛齐的教育管理思想

裴斯泰洛齐在继承了夸美纽斯教育思想的基础上,对"教育适应自然"的观点进行了具体化,并将夸美纽斯教育思想中过于宗教化的内容予以整合,把人的本性发展更确切地理解为人的心理发展,首次提出了教育心理学化的思想。

(一) 教育应遵循自然法则,了解人的本性的发展进程

裴斯泰洛齐认为,人的自然天性是与生俱有的。人一出生就潜藏着具有要求发展的天

赋能力和力量,这源于儿童内部的自然力。这种自然天性的发展具有特定的规律,表现出一定的程序和步骤,与自然规律性相对应。因此,教育应遵循大自然的发展规律。同时,裴斯泰洛齐要求教育应符合人的心理发展的客观规律。

裴斯泰洛齐的"教育适应自然",并非要求教育单纯地、完全地模仿和遵循自然,而是强调教育要按照人内在的神圣天赋,促进自然天赋能力向着高级形态发展。因此,只有通过教育或教学艺术的引导,自然的人才能成为天赋能力充分发展、个性完善和谐的人。

(二)教育内容的选择和编排要适合儿童的学习心理规律

裴斯泰洛齐认为,人一出生就具有通过感官获得感觉印象的能力,但这种能力是低等的能力,只有通过训练、教育,才能上升为感觉印象的艺术,成为一种处于高级状态的能力。教育过程就要从一些最简单的、为儿童熟悉和接受的"要素"开始,由易到难、由近及远、由简单到复杂、由具体到抽象,逐步过渡到更加复杂的"要素",促使儿童天赋能力的和谐发展。这就是裴斯泰洛齐所强调的"要素教学法"(organic method of education)。这也是裴氏所倡导的"心理学化"的教学原则。

基于此,裴斯泰洛齐提出了德智体各育的基本要素。在他看来,德育的最简单"要素"是儿童对母亲的爱。母亲在孩子出生后给予孩子满足和安宁,孩子对母亲的信任感就萌发了,道德力量也就得到了刺激和发展,以后推演为对家庭的爱和信任,最终发展为对人类的关爱。体育的最简单"要素"是各种关节的运动,即通过击打、投掷、推拿、拉力、转动等项目来训练儿童。这些既是儿童体力发展的基础,也是进行体力活动和体育运动的基础。智育的最基本"要素"为数目、形状和语言。数目指以具体实物的数量、性质、计算等为教学内容;形状指具体实物的外表、轮廓、比例等;语言指用母语先将语言文字的教学分解为"字母",然后练习"字",最后才是"句子"及"文章"的教学。

裴斯泰洛齐的教育心理学化思想是建立在其丰富的教学经验的基础上的,对教育科学化的发展产生了深远影响,而且他的理论直接为赫尔巴特提出"教育建立在心理学的基础上"的命题做了准备。此后,心理学普遍应用于教育、教学领域,开启了19世纪遍及欧美的教育心理学化运动,推进了教育科学化进程。

二、赫尔巴特的教育管理思想

虽然裴斯泰洛齐首先提出了教育心理学化的口号,但他并没有将其丰富的实践经验上升到系统理论的高度。不过,他的设想对赫尔巴特却产生了很大影响。赫尔巴特认为,教育学作为一门科学必须以心理学为基础。

(一)教学过程应以"统觉"原理为基础

受裴斯泰洛齐要素理论的影响,赫尔巴特把观念视为心理活动最基本的要素,认为没有观念就不存在心理,心理学就是研究观念的科学,是关于观念的出现、结合、积聚、分散、斗争和削弱的科学。

赫尔巴特认为,观念的形成及其运动决定着人的意识(认识、情感、愿望)的全部内容。对于一个已有一定经验的人来说,在新观念(概念、表象)进入人的意识之前,必须先在意识的观念统一体中占据位置。学生在原有观念基础上把一些分散的感觉刺激纳入意识领域,吸收、融合、同化新观念,并构成观念体系,即"统觉团"(apperception mass),这一过程就是"统觉"(apperception)。赫尔巴特认为,进入意识的任何观念都可以引起统觉,一个占据了意识中心点的统觉团就成为意志,人是按照相似观念中占优势地位的统党团行动的,这种统觉团一经建立后就能从中产生正当的兴趣和欲望,因此能否促进统觉的进行影响到教学的成败。于是,赫尔巴特要求教师掌握统觉的原理和规律,在教学过程中创设多种机会激发旧观念的再现,使新观念能够被统觉团及时接纳和同化。

(二)兴趣是形成统觉的条件,并赋予统觉以主动性

注意和兴趣是赫尔巴特心理学中常见的概念。他认为,注意是观念的一种活动,它有助于观念的构建。兴趣则是可以包含注意在内的内涵更丰富的概念,是指学生心理、观念的积极广泛的运动,以及对事物产生的高度吸引力和高度注意力的内部心理状态。在赫尔巴特看来,兴趣是内心的主动意向,兴趣变成欲望或意愿,内心的主动才变为外表的主动。欲望所企求的是当下尚未占有、须努力才能获取的未来的对象,兴趣则专注于现在的对象。兴趣能激起人们的爱好而占有人的心灵,继而过渡到欲望或意愿。换言之,通过兴趣状态下的"专心"(concentration)和"审思"(reflection)这两种心理活动的交替出现,统觉活动才得以正常进行,儿童意识的统一性才得到保证。

(三)设置广泛课程,培养儿童多方面兴趣

赫尔巴特认为:"教学的最终目的虽然存在于德性这个概念之中,但是为了达到这个最终目的,教学必须特别包含较近的目的,这个较近的目的表达为'多方面的兴趣'。"①赫尔巴特把兴趣分为六种:(1)经验的兴趣,即认识自然界及周围环境的个别现象;(2)思辨的兴趣,即对事物进行思考;(3)审美的兴趣,即对现象的美丑善恶的艺术评价;(4)同情的兴趣,即关于人类交际的知识;(5)社会的兴趣,即对社会、本民族和全人类的同情,它是同情的兴趣的拓展;(6)宗教的兴趣,即虔信上帝,服从社会。赫尔巴特又将这六种兴趣归结为两类:经验的、思辨的和审美的兴趣属于认识周围自然现实的,是知识的兴趣;同情的、社会的和宗教的兴趣属于认识社会生活的,是同情的兴趣。

那么,如何培养儿童多方面的兴趣?赫尔巴特建议设置广泛的课程,通过学习自然科学、物理、化学、地理学科培养经验的兴趣;通过学习数学、逻辑学、文法培养思辨的兴趣;通过学习文学、唱歌、图画培养审美的兴趣;通过学习外国语和本国语培养同情的兴趣;通过学习历史、政治、法律培养社会的兴趣;通过学习神学培养宗教的兴趣。

赫尔巴特强调培养儿童多方面的兴趣,其意图在于实现教学的另一个目的,即促进道德发展,只不过他是从心理学的视角来论证而已。赫尔巴特把人的心灵看作一个有机的整体,把通过感官形成的观念作为心理活动的本原。通过教学发展多方面的兴趣,获得系统的知识观念,从而实现教学的最高、最后的目的——培养德性。

(四)儿童的管理、教学和训育应遵循儿童心理发展规律

赫尔巴特依据伦理学和心理学,把儿童的教育过程划分为管理、教学和训育三个方面,而且在每一方面都体现了教育心理学化的倾向。

首先,教学过程必须遵循儿童心理的顺序。基于统觉理论,赫尔巴特提出了教学阶段论:(1)明了(clearness)。要求教师主要采用直观教学的方式帮助学生了解新观念,掌握新教材。学生的心理状态主要表现为注意,即留意教师的提示,专注于新概念、新教材的钻研。(2)联合(association)。建立新旧观念的联系,使学生在新旧观念的联系中继续深入学习新

---

① 任钟印.西方近代教育论著选[M].北京:人民教育出版社,2001:325-326.

教材。学生的心理处于期待状态,此时教师应采用分析教学和学生进行无拘无束的自由谈话,引起统觉过程,促进新旧知识建立联系。(3)系统(system)。学生在教师的指导下,在新旧观念联系的基础上深入思考,寻求结论、规律。在这个阶段,学生具有较强的探究欲望,教师可采用综合性教学方法,将知识形成概念、定义、定理。(4)方法(method)。通过实际练习,把系统知识付诸运用,变得更熟练、更牢固。这时学生行动心切,教师可采用练习法,指导学生借助于各种练习,如做习题、独立作业等,运用所学知识。

赫尔巴特的教学阶段理论(four-step methodology of teaching)是以其心理学为基础的。首先,他对教学过程中学生的心理活动的层次进行了动态分析,以兴趣状态下的专心活动和审思活动的交替出现所引发的注意、期待、探究和行动四种心理活动作为教学活动的外在形态的内在依据,力图使教学过程与学生的心理活动联系起来,要求教师据此采用不同的教学方法,完成每个阶段的教学任务。

其次,训育与管理是直接在儿童的心理上发生作用,培养一种有利于教学的心理状态。赫尔巴特在管理问题上主张依据学生的心性,寻找阻力最小的管理途径,讲究教育效果。他把教学看作管理的手段,目的不在于传授知识,而是安排大量的学习活动以使儿童没有空闲干蠢事。不过,赫尔巴特也认为,一旦威胁、监督、作业及权威与爱都不能奏效时,应采用命令、禁止、惩罚甚至体罚等手段来维持学校纪律,这种管理意见曾被德国和许多国家的学校采用。但赫尔巴特的主张以伦理学和心理学为理论依据,体现了教育心理学化的倾向,较之独断主义还是具有进步意义的。

赫尔巴特试图在心理学和伦理学的基础上创立系统的教育学体系,以便使教育学成为一门严谨的科学。他的"统觉"理论、"多方面兴趣"理论、"形式教学"理论以及"教育性教学"理论等,都超出了前人的探索,开辟了教育学发展的新途径,并为19世纪后半叶蓬勃发展的教育心理学化运动奠定了基础。赫尔巴特后来被奉为教育理论的权威,其教育学说得到了广泛传播。

三、19世纪德国的国民教育思想

(一)费希特的教育主张

哲学家费希特(Johann Gottlieb Fichte,1762—1814年)的教育思想对德意志国民教育体制的形成发挥了重要作用。1806年,普鲁士在与法国的战争中战败,被迫签订了不平等的《提尔西特条约》(Treaties of Tilsit),由此唤醒了德国人的危机意识。在法国军队占领柏林期间,费希特冒着生命危险,进行了一系列讲演[后其讲演稿被汇编成《对德意志民族的演讲》(Address to the German Nation)并出版]。在讲演中,费希特从多方面分析了德国战败的深层次原因,主张以德意志民族精神消除社会的分裂,实现民族团结。据此,费希特从多方面阐明了关于教育的主张。费希特认为,教育不应该只属于某些特定的阶级,而应不分贫富贵贱普及于全体国民。只有对全体国民实施普遍的新教育,才能造就一代新人,从而实现民族的振兴。费希特大力宣扬民族主义和国家主义教育,认为德意志民族国家统一和复兴的唯一希望在于发展文化教育事业,提高国民的精神力量。因此,国家应实行强制的普及义务教育,其主要目的在于培养国民的爱国心和基于理性的独立人格,促进德意志民族对于自己使命的认识,让民族认同感、民族自信心和自尊心以及自由的观念在每个德国人心中扎根。他主张国民教育应由国家兴办,正如国家必须为每个国民提供劳动机会以使其自食其力一样,必须由国家兴办学校以教育国民,使之身心得以健全发展。从政教分离的原则出发,费希特认为教会只应关心国民的来世生活,而不应干预国民的现世生活(包括教育)。他还强调发挥教育的社会功能,主张教育应担负起传递文化、促进社会发展和民族复兴的责任。

费希特的教育主张对 19 世纪初普鲁士许多具有启蒙思想的重要政治家,如施泰因男爵(Baron Von Stein,1757—1831 年)和威廉·冯·洪堡(Wilhelm Von Humboldt,1767—1835年)等产生了巨大影响。正是通过他们的努力与实践,19 世纪初,普鲁士国民教育得到了长足的发展。

(二)第斯多惠的国民教育主张

被誉为"德国的裴斯泰洛齐"的教育家第斯多惠则在实践中探索国民教育规律。他提出"全人教育"(all-round education)的理想,即能自由思考,以追求真、善、美为崇高使命的人;充满人道和博爱、为人类而忘我牺牲的人;全面地和谐发展的人。他反对当时德国国民教育中的沙文主义和过早的职业训练,强调教育的任务首先是培养人。他说:"德国的教育学首先要求人的教育,然后才是公民的和民族的教育;首先是人,然后才是德国公民和职业上的同行,而不是反之。"第斯多惠把"自动性"视为人的发展的主观基础,在全人培养中占据最重要的地位。此外,他还提出了教育自然适应性原则和文化适应性原则。

自然适应性原则。第斯多惠强调人的发展是有一定规律的,提出了教育适应自然的原则,并把这一原则置于首要地位。他说:"你要倾听和遵从自然的声音,准确地遵循自然所指示的道路。"因此,他认为教育必须遵循儿童不同年龄阶段身心发展的特点和个别差异,循序渐进地进行因材施教。

文化适应性原则。第斯多惠认为,人是生活在一个具体的时空环境之中的,人的发展必然会受到他所生活的客观环境的影响,因此教育"必须要注意我们时代和社会阶层的风俗习惯,我们所生存的时代精神,我们民族的民族性"。

第斯多惠指出,教育者应该把遵循自然和遵循文化协调起来,使教育必须适应儿童的自然本性发展规律和适应社会文化的状况与要求。第斯多惠第一次明确提出了教育必然受到诸多客观社会条件的制约,这是对西方教育理论的一个贡献。此外,第斯多惠还阐述了教学的形式目的和实质目的的关系,并对教师提出了一些建议。

德国的国民教育思想在 19 世纪前期和后期的影响是不同的。在前期,费希特的国民教育思想最具代表性,这个时期的国民教育思想强调德意志国家的独立和统一以及德意志民族意识的唤醒和民族精神的培育。而后期的国民教育思想主要以第斯多惠为代表,并对 19世纪 70 年代后的德国国民教育的复兴和发展起了重要作用。

复习思考题

1. 请比较裴斯泰洛齐与赫尔巴特对教育管理体制的设计。
2. 请谈一谈你对北美殖民地时期教育制度的理解。
3. 请使用具体史实说明日本近代教育制度的特点。
4. 试分析俄国近代高等教育改革的具体措施。

第五章　新教育运动与进步主义教育运动时期的管理革命

　　近代教育在发展过程中,逐渐形成了国民义务教育制度、教育民主和平等观念、高效专业的人才培养模式、科学化和心理学化的方法、程序化的教学过程等重要内容,知识中心、学科中心、教材中心、教师中心、课堂中心等成为其主要特征。这促进了近代社会的发展,快速普遍地提高了人类的文明水平,在一定意义上解放了人类。但近代教育在发展中也暴露出了一些弊端。如在工业化社会基础上诞生的教育的制度化特性,则可能使人在教育中丧失个性、自主和自由,阻碍个人创造力的培养和发展;教育在发展过程中出现了与生活、社会和儿童相脱离的现象;教育不能适应后期工业化社会和民主社会提出的新的人才培养要求等。为了解决上述弊端,适应社会发展的新要求,以改革和探索教育新形式为宗旨的现代教育出现了。

　　与以往的教育相比,现代教育具有科学、开放、多元、平等、强调个性和合作的思想特征。它强调将教育建立在现代生物学、心理学等学科的基础上;重视儿童研究和教育调查,强调教育的科学化;重视儿童的主体地位,强调儿童的自主、自由和自我发展能力;重视经验和活动,强调社会合作和劳动在教育发展中的作用。从而形成了以经验为中心、活动为中心、学生为中心、能力为中心、作业为中心的西方现代教育,从根本上影响了欧美国家乃至世界的教育实践与教育理论。

第一节　欧洲新教育运动中教育管理的变革

　　新教育运动(new education movement)是指 19 世纪末 20 世纪初在欧洲兴起的一场反对传统教育理论和方法,主张用现代教育的新理论、新内容、新形式和新方法对传统学校教育进行改革乃至重建的教育运动,又称新学校运动(new schools movement)。另外还有一种观点则是从广义上来理解新教育运动,认为新教育运动包括西欧各国的乡村寄宿学校运动;美国的进步主义实验学校运动;意大利、比利时和瑞士的医生教育家新学校,以及新教育运动在东欧、印度和非洲等的传播和实践。新教育运动初期的代表人物有英国教育家雷迪(Cecil Reddie,1858—1932 年)、德国教育家利茨(Hermann Lietz,1868—1919 年)和法国教育家德摩林(Edmond Demolins,1852—1907 年)等人。他们在推进各国新学校的教育实践中发挥了重要作用。进入 20 世纪,新教育运动的代表人物有爱伦·凯(Ellen Key,1849—1926 年)、德可乐利(Jean Ovide Decroly,1871—1932 年)和沛西·能(Thomas Perey Nunn,1870—1944 年)等人,他们的主要贡献是在理论和宣传上推动了新教育运动的进一步深入发展。新教育运动对世界上许多国家,特别是对欧美国家的教育理论以及实践产生了深远的影响。

一、新教育运动的发展历程

（一）兴起时期（1889—1914）

1. 乡村寄宿学校

欧洲教育界公认的第一所新学校是英国教育家雷迪于 1889 年创办的阿博茨霍尔姆（Abbotsholme）乡村寄宿学校。这被认为是欧洲新教育运动的发端，该学校也被誉为欧洲新学校的典范。

阿博茨霍尔姆学校建在远离城市的乡村，教育对象是 11—18 岁的男生。其办学目的是提供"一种完全现代和有合乎情理特点的适应社会'领导阶级'需要的全面教育"[①]。这样他们就可以培养出"更高级的人，能够应付现代知识与现代生活不断增长的范围与复杂性，而且他们能更好地培养感情从而力求建立健全的人类社会"[②]。

为了实现上述办学目的，学校重视儿童的个性特征和创造性活动，强调促进学生身心的全面发展。新学校为改造当时脱离社会生活、偏重古典语文课程、忽视社会关系及个人关系的传统精英教育模式，破除了古典传统课程体系，开设了农艺、体育与手工劳动、艺术、文学、语言、科学、社会教育、道德和宗教教育等课程，并强调课程之间的联系和全面发展。同时，学校重视实际的工作，使得学生在各种活动中获得知识、力量和技巧，并在活动中学会如何合作与领导，从而使儿童在各方面都得到良好的发展，成为完人。

阿博茨霍尔姆学校对新学校运动产生了广泛的影响。其中最重要的原因之一就是，雷迪的新学校理想吸引了一批年轻人到阿博茨霍尔姆任教，这些年轻人后来都成了新教育运动的骨干力量。如巴德利（J. H. Badley，1865—1967 年）、利茨和德摩林等人都曾访问或任教于阿博茨霍尔姆学校。他们在离开学校后也建立了类似的学校，传播和发展雷迪的新教育思想。

在英国，1893 年巴德利在英格兰南部创办了贝达尔斯学校（Bedales），1897 年赫伯特（Lionel Helbert，1870—1919 年）创办了西高地学校（West Downs），追随阿博茨霍尔姆学校的教育方式。

在德国，利茨先后建立了三所相互衔接的家庭式乡村寄宿学校。这三所学校分别是 1898 年为 6—12 岁儿童开办的伊尔森堡学校（Ilsenburg）、1901 年为 13—16 岁男生开办的豪宾达学校（Haubinda）和 1904 年为 16—19 岁男生开办的比伯尔史泰因学校（Biberstein），形成了"乡村之家运动"（country boarding schools movement）。利茨认为，教育应包括品格教育、宗教道德教育、身心官能力量的发展、公民教育、民族文化教育，使儿童在身体、精神、宗教、道德、知识、情感诸方面都能得到均衡发展。

在法国，1898 年新教育拥护者德摩林仿照雷迪的做法，创办了法国第一所新学校——罗歇斯学校（L'Ecole des Roches）。该校重视师生之间家庭式的亲密关系，在开设各种正规课程的同时，还从事体力劳动和小组游戏，尤其重视体育运动，被称为"运动学校"（the sports school）。

---

①②　康内尔 W. 二十世纪世界教育史[M]. 张法琨，方能达，李乐天，等，译. 北京：人民教育出版社，1990：264，268.

2. 乡村寄宿学校的特征

大多数乡村寄宿学校都深受雷迪的影响,在办学模式、目的、课程及方法等方面有许多一致的地方,而这些构成了新学校的主要特征。第一,新学校都设在远离城市、自然环境优美的乡村,设备优良,利于儿童了解自然、在自然中得到智慧和体力的发展。第二,新学校在管理、教育和教学上具有民主和自由的色彩,学校一般采用家庭式教育管理方式,师生拥有自治权,师生之间、学生之间的关系不是命令和服从的关系,而是相互关心、相互爱护、亲密无间的关系。第三,学校把学生的各种活动与学习融为一体,把德育寓于民主生活之中,使儿童得到全面的发展。第四,教学内容注重与社会实际生活紧密相连,重视学习现代语言和最先进的自然科学知识,重视活动和经验,鼓励合作的团体学习活动;教学强调以儿童的兴趣和需要为基础,课程设置主要考虑学生的兴趣、年龄特征和个性的全面发展。第五,办学目的是为资产阶级培养新一代领导人,招收对象仅限于中上层阶级的子女,规模小,学费昂贵,学校完全独立于国民教育系统之外。

3. 其他类型学校

在乡村寄宿学校运动蓬勃发展之际,欧洲还出现了另一种不同于乡村寄宿学校的实验性新学校。这种新学校是由医生教育家或心理学家创办,将原来用于特殊儿童的教育方法或独特的心理学理论应用到正常儿童的教育当中。其中,较为著名的是同创于 1907 年的意大利教育家蒙台梭利(Maria Montessori,1870—1952 年)的"儿童之家"(the children's house)和比利时教育家德可乐利的"生活学校"(L'Ecole de L'Ermitage)。

蒙台梭利创办"儿童之家"是为了实验其新教育理论。她认为,新教育的基本目的就是发现和解放儿童,教育方法的根本就是为儿童身心的发展提供适宜的环境和条件。"儿童之家"正是体现这种思想的实验环境。通过"儿童之家"的实验,蒙台梭利形成了蒙台梭利教育方法。德可乐利创办的生活学校(或称"隐修学校")的教育对象为 4—18 岁的儿童、青少年,学校从幼儿园到中学形成一体化。学校不仅仅是教育教学机构,还是一个实验室、活动室甚至工厂车间,目的是使儿童通过实践活动把学习和日常生活结合。学校以格式塔心理学理论(Gestalt Psychology,又称完形心理学,诞生于德国)为基础,强调儿童心理认知的整体结构,以儿童的本能需要和兴趣为中心设置课程,打破分科,组成教学单元,从而形成了德可乐利教学法。蒙台梭利和德可乐利的教育方法传播甚广,对新教育运动的深入发展做出了贡献,并对现代教育产生了相当大的影响。

另外,在德国还产生了另一类型的新学校——劳动学校(Arbeit)。这种新学校是建立在乔治·凯兴斯泰纳(George Kerschensteiner,1854—1932 年)劳作教育思想基础之上的,以劳动教育为主要形式,以实施公民教育为主要目的,让学生在自动的创造性劳动活动中得到性格的陶冶。凯兴斯泰纳把劳动学校与公民教育有机地结合起来,并力图以此改造现有的国民学校,使劳动学校在德国得到普遍的推广,形成风行一时的劳动学校运动。这一运动也成为新教育运动的有机组成部分。

此外,在德国、瑞士、奥地利等国还出现了新教育运动中极具特色的支流——"回归自然运动"和"艺术教育运动"。如 1904 年在德国兴起的名为"候鸟"的青年旅行运动就是"回归自然运动"的组成部分,它强调青少年在自然旅行中锻炼体质,磨炼毅力,体察民情,培养纪律性、生存能力和团队精神。而由弗兰茨·希策克(Franz Cizek)、阿尔弗雷德·里奇沃克(Alfred Lichtwark)等人在德国汉堡、慕尼黑和瑞士日内瓦以及奥地利维也纳开展的韵律体操、现代舞蹈等艺术教育实验成为艺术教育运动的推动者。

上述各类新学校以实际行动对传统教育提出挑战，使人们逐渐认识到改变传统教育是必要的，也是可行的。同时，开展新学校实验的新教育家们提出一系列新教育思想，这些思想逐渐被各国教育家和教师所吸收，并在教育实践中得到广泛的应用。

随着新学校的增加，1913 年在国际新学校局注册的新学校达一百多所。到 1914 年为止，在欧洲建立了 55 所新的乡村寄宿学校，英国 18 所，德国 15 所，瑞士 9 所，其余的在法国和邻近国家。新教育运动的发展，使新学校之间有了建立密切而持久联系的内在需要。为此，瑞士教育家费里埃尔（Adolphe Ferière，1879—1960 年）在 1899 年建立了国际新学校局（International Bureau of New Schools）作为联络中心，主要进行新学校的认证、注册、联络以及文件资料的保存和交流工作。

（二）发展时期（1914—1944）

第一次世界大战以后，在教育实践不断推广的基础上，新教育理论进一步发展。1914 年，一批蒙台梭利学派的新教育家在英国举行会议，共同讨论新教育的理论。此后，他们每年开一次年会，开展教育实验。1921 年，由英格兰神智学教育联谊会（Theosophical Fraternity in Education）倡议举办、费里埃尔资助的第一届新教育者会议在法国加莱举行，会议主题为"儿童创造性的自我表现（The Creative Self-Expression of the Child）"，有来自 40 个国家的 100 名教育家参加了会议。会议决定成立新教育联谊会（New Education Fellowship，简称 NEF）。新教育联谊会的宗旨是进一步促进世界各国新教育思想的交流和新教育的国际化，为新教育的发展指明方向，从而加速世界各国教育现代化的进程。新教育联谊会决定出版《新时代教育》（Education for a New Era）杂志，宣传新教育理论，报道各国新教育的实验情况，介绍各种新教育的理论和对重大问题发表评论。在组织和理论阵地的推动下，欧洲新教育运动出现了联合和国际化的趋势，并得到迅速发展。从 1921 年起，新教育联谊会每两年召开一次国际讨论会，并在欧洲、亚洲和非洲部分国家和大部分英语地区建立了国家联谊会。在此值得一提的是，新教育联谊会进入美国和具有相同性质的进步主义教育运动联合，与传统教育之间形成了更大的对垒势头。新教育联谊会正是通过上述活动对新教育运动的发展发挥了重要作用。

新教育联谊会在其发展过程中，随着时代变迁也出现了关注重点的变化。20 世纪 20 年代，新教育联谊会主要关注儿童的创造性、自我表现、自由发展及儿童心理学等问题，这表明新教育运动的重心在于促进儿童个性的自由发展，倾向于儿童中心主义。20 世纪 30 年代至第二次世界大战前，新教育联谊会主要讨论教育与社会的关系、学校的社会功能等问题，新教育家们更强调学校的社会责任和教育在建立新的民主秩序中的作用，注重加强学校和社会的联系，培养学生的民主态度和社会意识。这表明，新教育运动的重心有了明显的转变，倾向于社会中心主义，而导致这一转变的原因主要是 1929 年的经济危机和德国纳粹政府的建立，它迫使教育家们努力通过教育去克服社会所面临的危机，以建立新的社会秩序。

（三）衰落时期（1944—1966）

在第二次世界大战期间，新教育运动受到纳粹和战争的摧残，大批新教育家被杀、被捕或被迫离开教育岗位，新教育运动的中心也从欧洲大陆转到英国。"二战"后，新教育联谊会在欧洲各国的分部纷纷恢复工作，其年会的重点也转向战后教育的改革和重建问题，这标志着新教育联谊会开始进入一个新的时期。1946 年 11 月 16 日，在新教育联谊会的支持下,联合国教科文组织成立,成为领导国家间教育的核心组织,于是新教育联谊会开始将其使命逐渐转移到联合国教科文组织手中。1966年,新教育联谊会更名为"世界教育联谊会"(World Education Fellowship,简称WEF),标志着新教育运动作为一场运动的终结。虽然新教育运动作为一场运动终结了,但其包含的合理教育思想成为现代教育的重要组成部分。事实上,"二战"后欧美各国的教育改革都或多或少地吸收了新教育运动的思想精华。

二、新教育运动的主要理论观点

虽然新教育运动所涵盖的各种不同类型的新学校有着各自不同的特征,但在总体上,新教育运动却存在着某些共同原则。

1919年,费里埃尔总结了新学校的30条基本特征,并以此作为新学校的条件。这些条件,如新学校必须是设在郊区的寄宿学校,以便儿童在接受自然环境陶冶的同时,享受都市的精神生活和家庭化的教育;新学校必须从事游戏和园艺劳动,以便综合性地进行体育、德育和美育;新学校的课程由学生自由选择,以满足学生的兴趣并培养其机敏的创作能力;要注意运用科学的方法,依据不同年龄学生的兴趣和特征实行不同的教育等。

1921年,新教育联谊会提出了新教育运动的七项原则:(1)一切教育的根本目的是保持和增进儿童内在的精神力量;(2)教育应该尊重儿童的个性;(3)使儿童的天赋兴趣自由施展;(4)鼓励儿童自治;(5)培养儿童为社会服务的合作精神;(6)发展男女儿童教育间的协作;(7)要求儿童尊重他人,并保持个人尊严。这些原则和新学校的实践最后形成了新教育运动以下共同特征:

(一)科学方法和精神

新教育运动将科学方法应用于教育本身的研究和实验,在教育和教学中鼓励教师与学生使用科学方法进行教与学,深刻地体现了科学的特征。其中,最为典型的是德国实验教育学理论。

实验教育学是19世纪末20世纪初兴起的一种具有重要影响的新教育思潮,它强调在教育研究中使用自然科学的实验研究方法,拓宽了新教育理论的基础,对20世纪教育科学化历程有着重要贡献。其代表人物是德国心理学家、教育家梅伊曼(Ernst Meumann,1862—1915年)和德国教育家拉伊(Wilhelm August Lay,1862—1926年)。

实验教育学的主要观点是:(1)反对以赫尔巴特为代表的强调概念思辨的教育学,认为这种教育学对检验教育方法的优劣毫无用途;(2)提倡把实验心理学的研究成果和方法运用于教育研究,从而使教育研究真正"科学化";(3)把教育实验分为三个阶段:就某一问题构成假设→根据假设制订实验计划,进行实验→将实验结果应用于实际,以证明其正确性;(4)认为教育实验与心理实验的差别在于心理实验是在实验室里进行的,而教育实验则要在真正的学校环境和教学实践活动中进行;(5)主张用实验、统计和比较的方法探索儿童心理发展过程的特点及其智力发展水平,用实验数据作为学制、课程和教学方法改革的依据。

实验教育学所强调的基本原则和基本方法,成为新教育家们进行教育革新和教育实践的基本思维方式,深刻影响了各类新学校的实验,推动了教育科学地按照儿童身心发展规律来进行。它与儿童研究运动、学校调查运动等一起成为新教育运动和教育科学化的重要组成部分。实验教育学的实验研究模式也成为20世纪教育研究的一个基本范式,近百年来得到了广泛的应用和发展,极大地推动了教育学科的发展。

当然,实验教育学的方法也是有局限性的,因为像教育目的这样涉及价值的判断和选择的问题就不能通过实验的方法来解决。当实验教育学及其后继者把科学的实验方法夸大为教育科学研究的唯一有效的方法时,它就走上了教育学研究中"唯科学主义"的迷途,受到了来自文化教育学的批判。

(二)自由和民主精神

新教育运动强调通过自由的教育发展儿童内在的潜能,培养学生的观察能力、审美能力和独创精神,培养适应民主社会发展需要的、具有主动精神和创造精神的人才;强调尊重儿童及其个性,给予儿童充分的自由,鼓励儿童自主地活动、自发地学习;反对体罚,强调培养民主、自由、合作的观念和儿童的责任心、进取心;强调师生关系的平等,改变教育中的权威主义,培养学生的独立精神。这种在教育中体现自由和民主精神的基本意识,不仅有助于培养公民适应现代社会的需要,而且也进一步确立了儿童中心观在现代教育中的重要地位,对现代教育和现代社会影响深远。在这方面,最为典型的有爱伦·凯和罗素的教育理论。

爱伦·凯是瑞典作家、妇女运动活动家和教育家,其教育思想深受卢梭、达尔文、尼采和斯宾塞等人思想的影响。1900 年,爱伦·凯发表的著作《儿童的世纪》(The Century of the Child)被视为新教育经典作品,她在书中预言"20 世纪将成为儿童的世纪",强调教育者应了解和尊重儿童,保护儿童的个性。

作为新教育的倡导者,爱伦·凯尖锐地批判了家庭和学校教育中对儿童的摧残,认为旧教育虽然使儿童获得了一点知识,但却使其失去了个性。因此,爱伦·凯主张依据卢梭的自然教育原则改革旧教育,以造就身心健全、自由独立和富于创造精神的新人。为此,她竭力倡导自由教育,主张建立以儿童为中心的理想学校。在这种学校里,教师是儿童的伙伴,传统学校的班级制度、教科书、考试及体罚制度将被废除,而代之以宽松自由的环境,使儿童在独立自主的活动中获得经验、发展自我。这一强调自由和儿童中心的教育思想在 20 世纪之交产生了很大影响,对推动 20 世纪欧美教育改革发挥了重要作用。

罗素(Bertrand Arthur William Russell,1872—1970 年)是英国哲学家、数学家、逻辑学家和教育家,其教育思想受到蒙台梭利的影响。他于 1927—1934 年间与妻子朵拉开办了皮肯希尔(Beconhill)学校,强调"自由教育""爱的教育"和个人主义。

罗素认为现代教育有四大发展趋势:首先是教育制度民主化,就此罗素提出了教育机会均等的理想。其次是教育内容实用化。罗素主张把数学和自然科学摆在重要位置,认为它们不仅具有极大的实用价值,也具有极大的陶冶价值。再次是教育方法自由化。罗素高度赞扬了推崇自由原理的蒙台梭利教学法。最后是给幼儿期以更多的注意。罗素明确提出了个人本位的教育目的,反对把国家的强大作为教育的最高目的,而把学生当作实现其目的的工具。

罗素的教育思想以其民主与科学的精神为基本特征,充满了怀疑精神与向旧观念挑战的勇气。作为新教育的代表人物之一,他的主张与当时的儿童中心主义思潮相吻合,并带有一定的乌托邦色彩。

(三)以经验和兴趣为基础、以活动为中心的教学方法

针对传统教育以知识为中心、以书本为中心的弊端,为了解决教育与儿童、与生活、与社会相脱离的问题,体现以儿童为中心的基本观念,新教育运动强调生活教育,注意研究学生的兴趣和需要,在教学内容上重视现代人文科学与自然科学课程。新教育运动的教育家们

主张教学以儿童的个人经验为教育的基础,通过多方面的教育来培养儿童多方面的能力;主张教育要联系实际生活、联系社会,强调全面发展。在教学中,他们强调"活动"和"劳作",而不强调"学习"或"书本";强调用手而不是用脑,注重体育、手工劳动、近代语言和农业工艺园艺活动等课程的教学,以此来改革传统的学校教育。同时,在教学方法上,他们强调通过自然环境进行教育,重视儿童兴趣与思维能力的发展,尤其注重鼓励学生学习运用科学方法去解决问题;学校的自治也谋求培养学生组织社会生活的能力,从而培养具有科学、民主和自由精神的全面发展的现代人。具有上述特征的教育教学模式和方法的创新构成了新教育最为突出的特征之一,为现代教育奠定了坚实的基础。在这方面,最为典型的是德可乐利、蒙台梭利和凯兴斯泰纳。

1. 德可乐利

德可乐利是比利时教育家、心理学家和医生,其教育思想受到自然主义教育理论、儿童中心论、生物学、格式塔心理学和机能主义心理学的影响。德可乐利最早研究了低能儿童的心理和教育问题。1907 年,德可乐利在布鲁塞尔市郊创办了生活学校,将其教育方法试用于正常儿童,最后总结出了德可乐利教学法(Decroly Method)。

德可乐利重视儿童的本能与兴趣,将其视为教育的基础。同时,他认为儿童的认知具有整体化的特点,因此也重视环境的作用,强调两者的融合。据此,他要求加强教育与生活的联系,为儿童的发展提供适宜的有刺激的环境。同时,他还提出了教学的基本设想,即将班级分解为能力小组,施行主动的、个别化的、适合儿童需要和兴趣的课程教学,并强调游戏和作业在其中的价值和作用。

德可乐利的课程论思想以"兴趣中心"为其主要特征。他认为人有四种原始的需要,即供养自己、保护自己免遭自然力的伤害、自己对抗危险和各种敌人以及社会活动的需要。与这些需要相联系,有四种主要的兴趣中心,即食物、躲避自然灾害、防御敌人以及劳动和相互依赖。根据上述体系,德可乐利打破了传统的分科体系,把课程分为关于个人的知识和关于环境的知识两大类,以个人生活中的需要为中心,再与属于环境的知识如家庭、学校、社会、动物、植物、矿物、天时和气象等联系起来,组成教学单元,逐年学习。

德可乐利教学方法也根据单元学习分为三种,即观察、联想和表达。观察练习在于收集第一手资料并予以理解,使儿童直接感知事物,并根据格式塔心理学的观点,认为这种感知要遵循从整体到部分的原则。联想则是对已充分理解的第一手资料进行综合、分类和比较,并为概括打好基础。表达的目的在于帮助巩固前两个阶段所习得的东西,并帮助扩大学生的兴趣范围。表达可分为具体和抽象两种,前者如泥工、裁剪、油漆、绘画等手工活动,后者则包括书写、作文和讨论等。

德可乐利在改变旧的教学方法的同时,仍保持读写算的教学及传统小学的大部分教材。在保证教学质量的同时,德可乐利还增加了许多有用的知识与技能,并激发了学生对学习和生活的极大热情。此外,德可乐利的教学方法同样适用于富裕阶层和普通学生。由于上述种种优越性,德可乐利的实验得到了政府的重视,被引入国立学校,并对西方教育产生深远的影响。正因为如此,他与福禄贝尔、蒙台梭利一起被并称为三大幼儿教育家。

2. 蒙台梭利

蒙台梭利是意大利具有国际影响的著名幼儿教育家。1907 年,蒙台梭利创办了儿童之家,将治疗有身心缺陷儿童的方法和经验应用到正常儿童的教育当中,蒙台梭利取得了成功,并最后形成了著名的蒙台梭利教学法,在多个国家被广为传播,影响深远,推动了新教育和儿童教育运动的发展。

蒙台梭利批评旧式学校和旧式的家庭教育,指责这种教育压抑了儿童本性、窒息了儿童创造力的发展,呼吁新教育应以对儿童心理的研究为基础,帮助儿童发展其内在力量。她认为,教育的基本任务就是为儿童提供独立进行自由活动的环境,使每个儿童的潜能都得到自然发展,成为身心健康的儿童。因此,教育过程应与儿童心智发展阶段和兴趣相适应,蒙台梭利教学用具不应完全按照课程要求或教师的计划。

蒙台梭利的幼儿教育思想是建立在幼儿生命力学说之上的。她认为,儿童存在着内在的生命力,其生长是由于内在生命潜力的自发发展。因此,她强调遗传的作用,推崇内发论,但同时也重视环境的教育作用。

幼儿生命力学说是蒙台梭利教育理论的基点。蒙台梭利把儿童内在生命力的自发冲动看作最为根本的本能,把教育看作儿童本能的展现。因此,对于儿童的发展,蒙台梭利非常强调遗传素质和内在生命力的基础作用。首先,蒙台梭利认为生长是由于内在的生命潜力的发展,使生命力显现出来。对儿童来讲,生命力表现为自发冲动,因此她把对儿童的自发冲动是压制还是引发作为区分好坏教育的分水岭,对旧学校压抑学生自发冲动的做法予以猛烈抨击。她强调儿童的内在力量、主观能动性,要求环境(刺激)要适合儿童的内在需要和兴趣,认为儿童不是消极被动地接受外界刺激,他们每个人都有自己的内部结构及其变化和发展。其次,蒙台梭利认为生命力的冲动是通过儿童的自发活动表现出来的,因此,她强调创造环境使儿童的生命力和个性通过活动得到自由的表现、满足和发展。这种观念直接影响了她对儿童之家和教具的设计。再次,蒙台梭利强调通过自发活动表现出来的生命力发展呈现一种节律或阶段,在这些阶段里,儿童的各种心理机能存在不同的发展关键期。例如,2—6岁是对良好的行为规范的敏感期,2—4岁是对色、声、触摸等感觉的敏感期。忽视了敏感期的训练,就会造成难以弥补的损失。

蒙台梭利的幼儿生命力学说具有神秘主义色彩,夸大了儿童的自发冲动和自由活动在教育中的重要性,将环境和教育放在了从属于遗传的地位。但她尊重幼儿自身发展的特点,注意到儿童活动的智力价值和内部动机在学习上的意义,并以此建立的与成人教育不同的理论和方法是有合理之处的。而且,她在一定程度上也强调了心理遗传发展与环境、教育的协同作用。

蒙台梭利认为儿童心理发展存在以下特点:(1)具有独特的心理胚胎期;(2)心理具有吸收力;(3)发展具有敏感期;(4)发展具有阶段性:第一阶段为个性建设阶段(0—6岁),第二阶段为增长学识和艺术才能阶段(6—12岁),第三阶段为青春期阶段(12—18岁)。根据上述理论,蒙台梭利提出了她独特的蒙台梭利教育方法。蒙台梭利教育方法有三个组成部分:(1)儿童敏感期的利用(内在可能性);(2)教学材料;(3)作为观察者的教师(有刺激的环境)。她认为,当这些成分以最佳的方式相互作用时,儿童就能自由地参加自发的活动。

蒙台梭利教育方法强调自由、工作和纪律的结合。首先,自由是蒙台梭利教育方法的最基本原则。她指出,引导还是压制儿童的自由活动是区分教育好坏的标准。其次,蒙台梭利主张把自由与纪律密切联系起来。她认为,真正的纪律只能建立在自由活动的基础上,是主动的而不是被动的。再次,蒙台梭利认为并非任何自由活动都能导致良好的纪律,只有身心协调的活动才能导致纪律。蒙台梭利把这种活动称为工作。自由、工作和纪律这三者通过工作有机地联系起来,在自由的基础上培养纪律性;通过独立达到自由;在自由的练习活动中发展意志;在自由的活动中培养社会性,从而有助于学生手脑结合、身心全面和谐地发展。

蒙台梭利教育方法在具体实施上包括以下内容:(1)使用教具进行感官教育。蒙台梭利认为,感官是心灵的门户,对智力发展尤其重要,因此她很重视感官训练和智力培养。蒙台梭利根据敏感期理论,针对人的各种感官,为"儿童之家"专门设计了各种各样的教具。她把感官训练分成视觉、触觉、听觉、嗅觉和味觉的训练。每种感觉又可按其性质和形式分别进行练习,并遵循心理发展的阶段性原则,循序渐进地进行。(2)读、写、算练习。(3)实际生活练习。蒙台梭利在对儿童强化感官训练的同时,也非常重视儿童日常生活技能的训练。她认为,日常生活技能的训练既能促进儿童体力和各种动作能力的协调发展,也是培养儿童独立性的重要手段。

蒙台梭利在医学、生理学、实验心理学的基础上,结合自己的实验所形成的新教育方法体系,有力地挑战了传统教育的模式,体现了新教育运动强调自由、尊重儿童的基本精神,将新教育运动推向了深入,对20世纪学前教育产生了很大影响。但是,由于她的教育方法脱胎于低能儿童的教育方法,因此不可避免地带有机械训练的性质和神秘主义的色彩。

3. 凯兴斯泰纳

德国教育家凯兴斯泰纳是19世纪后期开始在欧美流行的劳作教育思潮的主要代表人物和推动者,其教育改革和教育理论对德国乃至世界许多国家的教育产生了重要影响。

凯兴斯泰纳认为,培养有用的国家公民是公立学校的目的,也是一切教育的目的。凯兴斯泰纳主张,为实现公民教育的目的,必须将德国的国民学校由"书本学校"改造成"劳作学校"。劳作学校是一种最理想的学校组织形式,是为国家培养有用公民的重要教育机构,其基本精神是让学生在自动的创造性的劳动活动中得到性格的陶冶。

凯兴斯泰纳阐明了"劳作"在教育学上的定义。第一,"劳作"不只是体力上的,而且是一种身心并用的活动。第二,"劳作"与游戏、运动、活动不同,它既有客观目的,又须经受艰辛,所以富有教育意义。第三,"劳作"应能唤起个人的客观兴趣,使学生有内心要求,按照自己的计划想方设法去完成,并检验自己的劳动成果。

基于此,凯兴斯泰纳确定了劳作学校的三项任务:(1)"职业陶冶的预备"。帮助学生将来能在国家的组织团体中担任一种工作或一种职务,这是劳作学校的基本任务。(2)"职业陶冶的伦理化"。要求把所任的职务看作郑重的公事,不是专为个人去做,而是要把个人的工作与社会的进步联系在一起,把职业陶冶与性格陶冶结合起来。(3)"团体的伦理化"。要求在学生个人伦理化的基础上,把学生组成工作团体,培养其互助互爱、团结工作的精神。

为保证这些任务的完成,凯兴斯泰纳还具体研究了劳作学校的教学内容和方法,以及教育与教学的管理,具体包括三个方面:(1)必须把"劳作教学"列为独立科目,并聘请专门的技术教员;(2)改革传统科目的教学,着重培养和训练学生逻辑思考的本领和自主自动的能力;(3)发展学生的公民和社会技能,发展利他主义,强调社会利益。

凯兴斯泰纳的教育理论不仅对德国,而且对世界许多国家的学校教育都产生了较大影响。在凯兴斯泰纳的影响下,欧洲许多国家如瑞士、英国、法国和俄国也都采取了"劳作学校"的做法。

三、新教育运动的意义和影响

新教育思潮促使人们对西方教育传统进行全面反思,推动了人们对教育现象的重新认识;新教育家们创办的一系列新学校为现代教育的改革提供了新的模式。在新教育运动中形成的思想和开展的实践,对 20 世纪欧美国家的教育发展产生了广泛而深刻的影响,构成了 20 世纪西方教育发展的重要起点。

但也应该看到,新教育家们思想的重点在于儿童个人的发展,他们所注重的主要是精英教育而非大众教育,并且始终未能解决好教育过程中的一些基本矛盾,如儿童主动性与教师工作的矛盾、活动与系统知识的矛盾、自由和纪律的矛盾以及发展个性与社会合作的矛盾等。这些都为现代教育进一步发展和改进提供了基础。

第二节　美国进步主义教育中教育管理的变化

进步主义教育运动(或译作进步教育运动,The Progressive Education Movement)是指 19 世纪 80 年代至 20 世纪 50 年代在美国出现的以杜威教育哲学为主要理论基础、以进步主义教育协会为组织中心、以改革美国学校教育为宗旨的教育革新理论和实践活动。它尖锐地批判了传统教育,强调教育与社会生活的联系,提倡尊重儿童的心理发展规律,注重儿童的整体发展,主张以儿童的兴趣、经验为重心革新课程和教学,重视从做中学。在 20 世纪前期,进步主义教育运动产生了国际性的广泛影响,其主要代表人物有帕克(Francis W. Parker,1837—1902 年)、杜威(John Dewey,1859—1952 年)、博德(B. H. Bode,1873—1953 年)、拉格(Harold Rugg,1886—1960 年)、康茨(G. S. Counts,1889—1974 年)和克伯屈(W. H. Kilpatrick,1871—1965 年)等人。

一、进步主义教育运动的兴起与发展

(一) 兴起

在思想渊源上,进步主义教育运动是启蒙运动中形成的进步观念在现代社会和教育领域的具体表现。根据进步观念,社会和人的进步动力在于知识的传播、教育的普及和思想的启蒙。教育有助于从根本上消除无知、愚昧和罪恶,促进人和人类社会的不断发展和进步。另外,进步主义教育运动源自卢梭、裴斯泰洛齐和福禄贝尔等人具有现代教育特征的新思想,并深受现代科学及其方法(尤其是生物科学、心理学)的影响。

在社会背景上,进步主义教育运动是 19 世纪末在美国兴起的广泛的社会改革运动——进步主义运动的一部分。19 世纪末,美国基本实现了工业化,并由此推动了城市化进程。工业化和城市化在为社会带来巨大利益的同时,也造成了一系列社会问题。进步主义运动的宗旨就在于通过渐进的方式逐步解决各种社会问题。作为广泛的社会运动的组成部分,进步主义教育运动力图改变传统社会中形成的教育与生活、学校与社会、课程与儿童相脱节的种种弊端。正是在上述各种背景因素的催生之下,进步主义教育运动得以兴起和蓬勃发展。

(二) 发展历程

进步主义教育运动经历了四个时期,即形成期、拓展期、转变期和衰落期。

1. 形成期(1883—1919年)

从"进步主义教育运动之父"帕克在库克师范学校的实习学校的实验开始,到进步主义教育协会(Progressive Educational Association)成立之前,为进步主义教育思想的形成期。在这个时期,帕克在昆西学校和库克师范学校的实习学校进行了进步主义教育实验,并对其实验进行了经验总结,发表了《关于教学的谈话》(Talks on Teaching,1883年)、《关于教育的谈话》(Talks on Pedagogies,1894年)等著作。也正是在此期间,杜威在芝加哥大学实验学校(通常称为"杜威学校")实践的基础上,发表了《我的教育信条》(My Pedagogic Creed,1897年)、《学校与社会》(The School and Society,1899年)、《明日之学校》(Schools of Tomorrow,1915年)等一系列重要著作,对教育改革进行宣传和鼓动,并为进步主义教育奠定了理论基础。帕克和杜威的著作共同促进了进步主义教育运动的兴起和思想的形成。在帕克和杜威的影响下,先后出现了众多的进步主义教育实验,如约翰逊(Marietta Pierce Johnson,1864—1938年)的有机教育学校(School of Organic Education)、沃特(William Albert Wirt,1874—1938年)的葛雷制学校等。这些学校与帕克的实践、杜威的思想一起使得进步主义教育具备了广泛的群众基础、明确的指导思想和行动纲领,而且有了公认的领袖和思想骨干,从而为进步主义教育运动准备了条件。

这一时期进步主义教育主要关注的是初等教育的改革,并在改革中形成了以儿童为中心的基本倾向。在此基础上,建立了进步主义教育理论的原则与模式,这是进步主义教育思潮得以确立的内在根据。这些原则有:(1)重视学校与社会的联系;(2)以儿童兴趣为中心;(3)开设综合课程(学术课程和活动课程);(4)强调个别教学等。这些原则为下一阶段各种课程模式的出现奠定了基础。另外,这一时期的进步主义教育运动还受到了社会各界的认可。正是在各种力量的推动下,进步主义教育得到了发展。

2. 拓展期(1919—1929年)

从1919年3月进步主义教育协会成立到1929年经济危机爆发,为进步主义教育运动的拓展时期。进步主义教育协会的成立使进步主义教育运动有了专业性组织,为思想的传播、交流和发展创立了一个阵地,使得运动从分散走向集中。这一阶段确定了进步主义教育的目的是以对人的心理、生理、精神以及社会的特性和需要进行科学研究为基础,促使个人得到最自由、最充分的发展。

进步主义教育协会制定了进步主义教育运动的七项原则:(1)自然发展的自由;(2)兴趣是所有作业的动机;(3)教师是引导者,而不是监督者;(4)科学研究儿童的发展;(5)重视影响儿童身体发展的一切因素;(6)为满足儿童生活的需要,学校与家庭应进行合作;(7)进步主义学校应当成为教育运动的领导者。这七项原则作为整个运动的思想准则,发挥了重要作用。1924年,协会会刊《进步主义教育》(Progressive Education)创刊,为运动的发展奠定了深厚基础。在这一阶段,诸多教育家总结了自己的教育实验,出版了一些较有影响的著作,出现了像博德、克伯屈、拉格等进步主义教育运动的"第二代"理论家。

这一时期延续了前一阶段的关注中心和基本倾向,实验和研究依然主要集中在初等教育,重点依然是儿童发展。这一倾向导致了几种著名的课程和教学革新模式的出现,如道尔顿制、文纳特卡制、设计教学法等,并产生了广泛的世界影响。但这种倾向也导致了研究者们对教育中社会因素的轻视,因此也导致杜威、博德等人对进步主义教育的批判,为下一个阶段的转变埋下了种子。

3. 转变期(1929—1938 年)

从 1929 年经济危机爆发到 1938 年博德发表《进步主义教育在十字路口》(Progressive Education at the Crossroads)为进步主义教育运动的转变时期。在这个时期,进步主义教育运动达到了新的高度,出现了"八年研究"(Eight-Year Study)。实验成为进步主义教育运动历史上范围最广、历时最长、影响最大的教育实验,同时进一步巩固了进步主义教育运动和思潮在美国教育界的地位。

这一时期,在社会变动的影响下,进步主义教育运动在达到其新高度的同时,也出现了重心的转移。实验的重心从初等教育转移到中等教育,而关注的重心则从以儿童为中心转移到社会改造上,同时对教育和社会的态度也从批判转向妥协。这种转变使得进步主义教育思想分成两个阵营:一个是坚持以往以儿童为中心倾向的阵营(即进步主义),另一个是坚持教育应该努力培养社会意识和合作精神的阵营(即社会改造主义),并直接导致了进步主义教育思潮的分裂。

4. 衰落期(1938—1957 年)

从 1938 年博德发表《进步主义教育在十字路口》到 1957 年《进步主义教育》杂志停办,为进步主义教育运动的衰落期。这期间,进步主义教育思想内在的弱点在实践中日益显现,难以适应社会新的变化。与此同时,20 世纪 30 年代的国际、国内形势也使得社会改造主义面临困境。此外,要素主义、永恒主义等思想对进步主义教育思想的批判则加速了其衰亡。在多方面力量的作用下,进步主义教育运动逐渐走向衰落。1944 年,进步主义教育协会改名为美国教育联谊会,成为西欧"新教育联谊会"的美国分会(后又改回原名);1955 年,协会解散;1957 年,《进步主义教育》停办。这标志着美国教育史上一个时代的结束。

(三)主要特征

进步主义教育运动在其发展过程中,形成了一些基本特征。

1. 对儿童的重新认识和对儿童地位的强调

在批判传统教育忽视儿童的基础上,进步主义教育进一步发扬了儿童中心论,并提出了"整个儿童"(The Whole Child)的概念,关注儿童的一切能力或力量。这一概念包含两种含义:一种是希望无论在什么时候都不忽视儿童生活的各种不同的方面;另一种是把儿童看作一个有机体,这个有机体是作为一个整体来作出正确反应的。

2. 对教师地位和作用看法的改变

进步主义不再认同以往教育中对教师的看法,而是认为教师的作用是鼓励,而不是监督,教师仅仅是用他的高明和丰富的经验分析当前的情景。教师作为"舞台监督""向导"和"调度员"是十分重要的,但他不是唯一的权威。

3. 关于学校观念的变化

学校不再是被动传授知识的场所,而应当是积极的、主动的,并通过解决问题进行教育;学校也不应通过记忆和推论进行教育;反对教育是生活的准备的观念,主张教育是实际生产过程的组成部分。

4. 对教学、课程、课堂等观念的变化

进步主义教育强调互助的、热情的和人道的教室气氛;强调让儿童获得更多的活动空间;课程应适应每个儿童的成熟水平,并根据儿童的兴趣、创造力、自我表现和人格发展实现个别化教学;为儿童提供丰富的教学材料,以便他们探索、操作和运用;鼓励建立促进合作、共通经验的组织模式;反对强制和严厉的惩罚。

二、进步主义教育运动的主要实验

进步主义教育运动在发展过程中进行了众多的教育实验,并在此基础上形成了一些主要教育理论,涌现出了许多杰出的进步主义教育家,推动了进步主义教育运动的开展。

(一)帕克的"昆西方法"

帕克是最早开展进步主义教育实验的进步主义教育家之一。他的实验分为两个阶段:第一个阶段是在昆西市开展的学校实验(1875—1880 年),这些实验被称为"昆西方法"(Quincy Method);第二个阶段是库克师范学校的实习学校实验时期(1883—1901 年)。

在昆西的教育改革中,帕克提出了儿童必须是教育经验的中心,教育要使学校适应儿童,而不是使儿童适应学校的原则。以此为出发点,他对课程、教材和教法进行了改革。帕克废除了原有的教学模式,采用更为自然的方法;主张放弃背诵,提倡理解;反对以割裂的课程为中心,而提倡以儿童为中心设置综合课程;强调小组学习的方式,强调以学生的兴趣为基础;等等。

帕克在昆西学校推行的一系列教育教学改革,在 19 世纪 70—80 年代的美国教育界引起了广泛关注,被誉为"昆西方法"或"昆西体系"。帕克在这一时期的实验思想主要来自裴斯泰洛齐注重儿童内心发展、实物教学,教育家庭化的主张和福禄贝尔注重游戏、活动教学以及赫尔巴特强调兴趣和统觉等观念。这一时期的实验是进步主义教育运动的重要开端。

在第二个阶段,帕克创办了库克师范学校的实习学校,该学校被认为是第一所真正意义上的进步主义学校。这一时期的实验真正确立了帕克在美国进步主义教育史上的地位。在实验中,帕克将儿童真正放到教育的中心位置,继续强化了其以儿童为中心的思想,并根据这种观点,对课程、教学进行了彻底的重组。作为美国教育史上第一次提出儿童中心论的帕克,其观点成为进步主义教育思潮中儿童中心倾向的重要来源之一,影响深远。同时,帕克也强调了学校的社会因素,认为学校应该成为促进民主制度的巨大力量。1883 年、1894 年,帕克先后出版了《关于教学的谈话》《关于教育的谈话》两本著作,这成为美国向科学教育学过渡的标志之一。

(二)杜威的芝加哥实验学校

杜威的教育理论与其在芝加哥大学实验学校开展的实验密切相关。芝加哥大学实验学校的实验先后进行了八年(1896—1903 年),分为两个阶段。第一个阶段是 1896—1898 年,主要通过尝试错误来制定学校工作的合理方案。第二个阶段是 1899—1903 年,是全面开展实验的时期,各种实验都取得了重要的进展。1904 年,因对芝加哥大学欲将这所学校与帕克的学校合并的决定不满,杜威辞职,学校关闭。

杜威实验学校的目的在于检验杜威根据哲学与心理学原理提出的教育学假设。这些假设包括五个方面:(1) 如何使儿童的家庭生活与学校教育密切联系;(2) 如何使儿童在学校中学到的知识与经验相互联系;(3) 如何激发儿童的动机和兴趣;(4) 如何使教材与儿童的活动相联系;(5) 如何处理发展个性与社会合作的关系。事实上,这些假设都已经涉及其教育哲学的基本内容。基于以上假设,杜威实验学校的基本原则是:(1) 注重教育的社会性;(2) 注重活动;(3) 采用社会性作业课程;(4) 注重应用科学方法。

实验学校教育教学工作主要分为三个阶段,学生按年龄分成 11 个班级。第一阶段:一、二、三班(4—6 岁);过渡阶段:四、五班(7—8 岁)。第二阶段:六、七班(9—10 岁);过渡阶段:八、九班(11—12 岁)。第三阶段:十、十一班(13—15 岁)。其组织的特点是幼儿园和小学合为一体,甚至包括中学阶段,目的是保证儿童发展的延续性。这种划分是以杜威的心理学发展理论为依据的。

杜威认为,儿童发展经历三个相互联系,但又有不同特点的阶段,因此教育和教学应该有所不同。第一阶段:4—8 岁或 8 岁半。这个阶段,学校生活和家庭邻居的生活联系特别密切,儿童大体上从事直接的外向活动,忙于做事和说话,相对地很少努力进行理智的阐述、有意识的思考或掌握专门的方法。第二阶段:8—10 岁。这个阶段,教育的重点放在获得读、写、算等能力上。这不是为了这些能力本身,而是作为更为直接的经验形式的必要帮助和附属品,也是获得有关规律的知识和工作技术的特殊时期。第三阶段:11—13 岁。这个阶段,儿童把已经获得的知识和技能应用到明确的研究和思考方面的问题,进而认识到概括的重要性和必要性。这一时期也是儿童开始系统学习专门学科的时期。这种划分显著地体现了儿童心理学理论在杜威教育理论中的地位和杜威教育思想中的儿童中心论的倾向。

杜威实验学校的课程也以杜威的儿童心理学理论为依据。杜威认为,儿童的本能或冲动有四种类型。第一种是社会冲动,表现为与人交谈和分享经验的本能;第二种是建造的冲动,表现为游戏、活动和制造物品;第三种是探究的冲动,表现为对周围环境的好奇和调查;第四种是表现的冲动,表现为以艺术的方式进行交流。据此,杜威认为,学校课程就是为儿童冲动的合理表现选择和提供恰当的材料,以儿童为依据组织课程,体现儿童中心论,同时也强调儿童本能的发展方向由社会决定,最终是一种社会本能,只有在社会环境中才有意义。因此,杜威设置了三种类型的课程,即与职业有关的课程,包括木工、金工、厨艺等科目;与社会生活背景相关的课程,包括历史、地理等科目;与智力活动相关的课程,包括阅读、书写、算术等科目。

杜威实验学校的基本方法是活动,活动的具体表现形式则是作业。所谓作业,是指复演社会生活中进行的某种工作或与之平行的活动方式。杜威认为,作业具有多方面的优越性。首先,使学校有可能与生活相联系,学生通过生活学习,使学校成为儿童生活的地方。其次,使经验的智力方面与实践方面保持平衡,内在活动和外在活动保持统一。再次,激发了儿童真正具有教育意义的兴趣。

杜威实验学校在进步主义教育运动中占有重要地位,其原则、课程和方法在此后产生了广泛而深刻的影响。通过杜威学校的实验,进步主义形成了一套完整而系统的指导思想,也即杜威的教育理论。对杜威教育理论的贡献,可以说是杜威实验学校最为重大的意义。

(三)约翰逊的有机教育

约翰逊是进步主义教育协会的创始人之一。她于 1907 年在亚拉巴马州的费尔霍普镇创办了"有机教育学校"。

有机教育学校的实验依据的主要是卢梭的教育思想,同时汲取了纽约普拉特学院院长亨德森(C. H. Henderson,1861—1941)的有机教育概念和心理学家霍尔、杜威的思想因素。在此基础上,约翰逊认为,学校教育的目的是促使儿童多方面的发展,尽力使儿童身体健康,最好地发展智力,并保证富有感情生活的真实和自然。这种促使儿童多方面发展的教育就是有机教育。为了实现这种教育目的,约翰逊主张了解儿童的本性和需要,并据此来改革学校的课程。她主张根据儿童的心理发展特征,组织不同的教学内容和形式。强调学生的主动学习和兴趣使得约翰逊在改革中取消了指定作业、分数和各种形式的考试,而主张通过各种形式的活动课程、在活动中和在做的过程中获得经验、掌握知识。

有机教育学校的另一个重要改革体现在教学组织形式方面。约翰逊主张,应该以年龄而不是以成绩或年级来划分班级。因此,她将学生分成了6个生活班级。幼儿班(6岁以下)、第一生活班(6—7岁)、第二生活班(8—9岁)、第三生活班(10—11岁)、初级中学(12—13岁)、高级中学(14—18岁)。在生活班里主要安排了体育、自然研究、音乐、手工、野外地理、讲故事、感觉教育、戏剧表演、数的基本概念等活动课程。这些课程大都在室外进行,阅读和写字从8—9岁开始,到初级中学后,课程才逐渐系统化。

在约翰逊的思想中,儿童生长是教育的根本目的,学校、社会的职责在于为儿童的生长提供良好的条件。因此,在有机教育学校里儿童中心的色彩更为浓厚。这对于进步主义教育传统的形成具有重要意义。通过成功的实验,约翰逊使儿童中心获得了具体的表现形式。

(四)沃特的葛雷制学校

1907年,美国进步主义教育家、杜威的学生沃特在印第安纳州葛雷市担任公共学校督学时,推行了一种具有进步主义教育性质的教学制度,沃特史称"葛雷制"(Gary System,Gary Plan)。与昆西方法和有机教育学校等不同,这种制度是对杜威教育思想的一种实验。

沃特认为,学校不仅应该进行知识教育,还应该进行体育、手工训练、科学教育和艺术教育,并为所有儿童提供多方面发展的机会。为实现这一目的,学校必须设置科学实验室、车间、体育运动场、教室、商场等。这些不仅是为了促进儿童多方面的发展,而且还使得儿童的校内活动与校外活动密切联系起来。为了提高学校的效率,沃特采用了三种方法。第一种是延长学生的在校时间,第二种是采用分团学制,即多收一倍的学生,将学生分成两部分,一部分学生从上午8点到下午3点,另一部分学生从上午9点到下午4点,在原来的教室里轮流上课。不上课的时间可以让学生从事各种感兴趣的职业活动。节省下来的钱可用来添置设备,聘请更多的教师,减少班额,进一步提高教学效益和效率。第三种是利用夜间、周末、暑假举办各种形式的成人教育,提高学校的利用率。在教学组织形式方面,葛雷制采用了更灵活有效的办法。即不按年龄、年级等标准分班,而是按所学科目和本科目的学习能力分班。一般分为快班、普通班和慢班。学生可在不同科目的三种不同班级中学习,这充分重视了学生的个别差异。

葛雷制重视社会与集体的观念,在教育各个方面的改革中都包含着明显的社会动机。因此,葛雷制体现了将教育与社会、学校与社会联系起来,将学校办成一个雏形社会做法的意义,实现了进步主义所倡导的教育促进社会进步的精神。正因为此,葛雷制学校受到了杜威的重视。沃特的实验是对教育的全面、根本的变革,更好地处理了儿童与社会的关系,因此也可以被认为是进步主义教育运动早期最有代表性、最为完整地反映了进步主义教育思潮的基本精神和特征的实验。

(五)帕克赫斯特的道尔顿制

道尔顿制(Dalton Plan)是进步主义教育家帕克赫斯特(Helen Parkhurst,1887—1973年)在马萨诸塞州道尔顿中学推行的一种新的课程和教学计划。这是一种强调个别差异和个性发展的个别教学制度,被称为道尔顿制。

道尔顿制的实施有四个基本要素,即指定作业、工作合约、实验室和表格法。指定作业是指学生必须学习的内容,被认为是道尔顿制成败的关键。教师必须以书面形式把指定作业明确无误地确定下来,并根据不同学科和学生的不同特点进行安排,还必须充分考虑到每一个学生的特殊需要和爱好。指定作业通常以一个月为时间单位,内容主要包括本月作业导言、所学科目的主要内容、每周学习主题、书面作业、记忆作业、参考书目等。工作合约是指学生以合同形式认领学习任务,在指定作业要求的范围内按照自己的能力和兴趣,自由支配时间、自由确定学习的进度。实验室是学生学习的场所。与以往的教室不同,它是按照学科划分的综合场所,配备教师指导学生,学生可以自由进出。表格法用于记录学生完成指定作业的情况,以帮助学生掌握学习进度和时间。在改造课程表的同时,道尔顿制保留了班级授课制、教学大纲和课程计划。道尔顿制有三个原则,分别是自由、合作和个性原则,主要是基于大多数进步主义教育家的一个重要思想,即给个体儿童更多的自由,使他们得到完全自由的发展。因此,道尔顿制不仅是教学改革,而且也是一个基于儿童中心倾向的、试图达到多方面目的的教育实验。

20世纪二三十年代,道尔顿制闻名于美国,并被扩展到整个欧洲和苏联,许多国家建立了这类学校。30年代末,道尔顿制走向衰落,在大多数学校里不再作为一个完整的制度来使用,而是作为个别化教学的方法之一。

(六)华虚朋的文纳特卡制

文纳特卡制(Winnetka Plan)是进步主义教育家华虚朋(Carleton Wolsey Washburne,1889—1968年)在芝加哥的文纳特卡镇所实施的个别教学实验,通常也被称为"文纳特卡计划"。华虚朋认为,儿童之间存在显著的差异,如何让学校适应儿童的个别差异是当前教育的一个紧迫问题。因此,他试图使用促进个体发展的方法,来实现儿童的全面发展,发展他们的创造能力和社会意识,帮助他们内心与社会的调适。文纳特卡制主要有五个步骤:步骤一是针对每一个儿童的特殊情况,制定个别训练的特殊目标和标准;步骤二是进行全面的诊断测验,以明确儿童的能力;步骤三是编写儿童自我学习与自我订正的教材;步骤四是学习进度个别化;步骤五是集体活动和创造活动。文纳特卡制是学校适应儿童的出发点和个别教学形式,反映了儿童中心的基本取向。

文纳特卡制和道尔顿制都是为了解决如何使学校的教学适应儿童的个别差异这个问题。但文纳特卡制更强调基本知识、技能在儿童个性发展中的作用,突出培养儿童的自我教育能力、社会意识和合作精神,是对道尔顿制的改进。

(七)克伯屈的设计教学法

克伯屈是杜威的弟子,被公认为是杜威理论的主要解释者和推广者。克伯屈继承了杜威的实用主义教育哲学,并使之通俗化,变成一种广义的教学法。克伯屈同时,他在研究了美国教育心理学家桑代克(Edward Lee Thorndike,1874—1949年)的学习理论的基础上,又创造出了一种狭义的教学法。广义的教学法是将教育看作与整个生活相关的整体,以生活为中心,确定教育目的、课程和教法的方法;狭义的教学法与学习的具体内容有关,是指一般意义上传授知识和技能的方法。在两者的基础上,克伯屈提出了独特的设计教学法(project method)。

设计教学法废除了班级授课制,打破学科体系,由学生根据自己的兴趣和需要进行有目的的活动,由此来设计学习单元和组织学校的工作。克伯屈所谓的"设计",是指有明确目标,涉及整个身心的活动或有目的的行为。根据行为目的的不同,克伯屈把设计划分为不同的类型:(1)生产者的设计,目的是以外在的形式体现某一思想或计划,即建造或生产某物;(2)消费者的设计,以消费为目的,非常活跃地消费、吸收与享用别人所生产的东西,又称"欣赏设计";(3)问题的设计,目的在于解决一个问题,澄清某种理性的困难;(4)练习的设计,或称"具体学习设计",目的在于获得某一种或某一程度的技能或知识。而无论哪一类的设计都必须具备四个特征:(1)必须是一个由学生自己意识到的有待解决的实际问题;(2)必须是有目的、有意义的单元活动;(3)必须由学生负责计划和执行;(4)包括一种有始有终可以促进经验增长的活动。在上述四种设计中,以第一类即生产者的设计为重点,它最能体现教育的社会化。同时,这四种设计的分类并不是固定的。一个具体的学习单元经常可以包含两个或两个以上的设计。设计不仅是个人的,也可以是集体的。从设计教学法中我们可以看出,虽然克伯屈强调社会意识,但他具有温和的儿童中心倾向。

根据杜威的五步探究教学法,克伯屈提出了设计教学法的四个步骤,即决定目的、制订计划、实施计划和评判结果。在这个过程中,克伯屈强调教师的指导和决定作用,必须使目的具有教育的价值。而这四个步骤的实行则以学生为主,由他们自己找材料、自己研究,并且这四个步骤只是逻辑上的而非次序上的。

设计教学法在美国得到迅速传播,到20世纪30年代,对英语国家的学校产生了广泛的影响。它不仅在西欧和苏联被采用,对中国、印度和埃及等国的教育也有较大影响。设计教学法充分发挥了儿童的主动性和积极性,使儿童成为学习的主人;力求使教学符合儿童心理发展规律,以提高学习效率;注重培养儿童的合作精神,加强了教学与儿童实际生活的联系。但设计教学法的四个步骤主要是针对生产者设计而言的,克伯屈本人也承认没有为学习知识的设计教学确定明确的步骤。由于强调根据儿童的经验组织教学,设计教学法实施的结果往往导致系统知识学习的削弱。

（八）拉格的社会课程

社会中心取向的教育理论和实验中比较著名的是教育学家拉格的社会课程。拉格最早钟情于科学主义倾向的教育测量运动,20世纪20年代,他的教育思想转向了儿童中心论。1929年经济危机之后,拉格从儿童中心主义转向了社会改造主义,其社会课程就是这种转向的体现。

拉格的社会课程实验从1920年一直持续到1936年。实验的范围最初主要限于初中的社会学科,指导思想是加强学校与社会的联系,使初中社会学科的教学充分反映20世纪美国民主主义和工业文明的要求;实验的首要任务是从认知和社会问题两个方面确立选择编制课程的原则。为此,拉格主要进行了两项工作:一是从公认的有重要影响的社会科学家的著作中找出所使用的重要概念,分析这些概念使用的频率和重要性;二是从当代社会重大问题中找出一些中心论题。在上述两方面工作的基础上,拉格用概念、问题和议题建立社会学科的框架。其基本思路是围绕中心议题,议题进一步展开为问题,在此基础上,运用概念对问题进行分析研究。在这个框架内,从各社会科学分支广泛搜集事实、材料,这样就形成了单元式的社会学科教材。

从形式上看,拉格的社会课程是单元课程、问题中心课程、儿童中心课程,但是在实质上又非常注重概念和思路的形成,以学生对社会的了解和正确理解为目标。因此,它兼顾了儿童中心和社会中心、兼顾了儿童和知识、兼顾了知识的更新和知识的结构,与杜威的课程论极为相似。这种课程设计思想是有借鉴意义的。

三、进步主义教育运动的影响、局限与反思

（一）影响

历时半个多世纪的进步主义教育运动给现代教育带来了重要、深刻而广泛的影响。这些影响主要表现在以下几个方面：

1. 对教育理论的影响

进步主义教育思潮最为重要的贡献就是思考了教育中存在的根本性问题，如社会进步与个人发展、科学与人文、传统与变革、心理结构与知识传授等，并对这些问题在现代社会中的解决提出了自己的方案。进步主义教育作为一种思潮虽然不存在了，但其包含的教育原则和思想因素却没有消亡。其中，合理的成分已成为现代教育基本观点的重要组成部分，如认为科学方法是提升教育的一种方式、对实验性探究抱有信念和态度，是进步主义教育的一大贡献。

2. 对实践的影响

进步主义教育思潮促进了美国教育从传统向现代的转型，建立了一整套符合美国工业文化的教育体制，形成了美国学校教育的基本特征，如儿童中心、活动课程等，从根本上改变了美国学校和教室的氛围，为 20 世纪美国教育的发展奠定了重要的基础。这些特征通过传播影响了世界教育。此外，进步主义教育还促进了美国教育理论研究的发展和美国化，使得美国从原来的教育理论的进口国转变为出口国。

美国进步主义教育思潮与欧洲新教育运动和理论相互借鉴交流，一起奠定了现代教育的重要思想基础。进步主义教育运动还对苏联、日本、中国、土耳其、印度等国家的教育改革发挥了重要的作用，促进了世界教育的发展和变革。

（二）局限

进步主义教育思潮对现代教育具有很大的贡献，但其理论上的片面性、局限性和实践中的弊端也是非常明显的，因此也留下了许多尚未解决的问题。如进步主义教育强调儿童个人的发展，过高地估计了儿童自由、个性和创造性的意义；片面地强调活动和经验，忽视基本知识的传授和一般智力的发展，降低了教育质量。而且它始终未能解决好教育过程中的一些基本矛盾，如儿童主动性与教师工作的矛盾、活动与系统知识的矛盾、自由与纪律的矛盾以及发展个性与社会合作的矛盾等。这些问题引起了众多的批判，如有些学者认为进步主义教育运动削弱了基础知识，助长了浅薄，放弃了严格的学业成绩标准，轻视学习的系统性与循序性，把活动本身当作了目的，过分地强调了学生的自由，从而导致教育缺乏效能等。

（三）反思

20 世纪 60 年代中期和 70 年代，美国进步主义教育思想出现了复苏的迹象。许多教育家在探讨教育改革的路径时，又开始重新强调 20 世纪前半期进步主义教育的观点，如鼓励学生发现问题、思考问题、解决问题；强调为学生提供科学的学习内容和方法，使学生通过合作、个人作业、小组设计以及其他多种方法进行学习；为学生提供主动表达自己的机会。这种"复苏"并不是简单的回归。当代教育家在继承进步主义教育运动遗产的同时，也对其进行了深入的反思。1972 年，美国管理和课程发展协会(Association for Supervision and Curriculum Development，简称 ASCD)提出了以下 6 条反思的结论：(1) 学习整合依然是教育过程

的基本原则;(2)自由和约束关系依然是首要问题;(3)学习过程具有复杂性,因此教师的角色以及他与学习者之间互动的性质应该随学习任务的不同而变化;(4)寻找满足学习者个体需要的方式,要求对各种方法进行持续的实验;(5)教育系统必须反映并影响它所服务的社会,教育必须适应急遽变化的社会;(6)对科学方法是提升教育的一种方式以及实验性探究所抱有的信念和态度是现代教育的一个重要贡献。

这种情况实际上说明,进步主义教育运动及其思想中所包含的符合现代教育发展趋势的因素,因而具有持久的内在生命力。

第三节　杜威学说中的教育管理

杜威是进步主义教育运动的精神领袖。他的理论在很大程度上影响了进步主义教育思潮,对现代教育思想作出了巨大贡献。杜威的理论突破了以往教育理论中的形式论与实质论、个人与社会、主体与客体等二元论的对立,试图探索出一种新的教育思想,具有划时代的意义。

一、教育基本原理

在学校实验的基础上,杜威结合生物学、进化论、机能主义心理学、实用主义等思想,在对传统教育批判改造的基础上,提出了他基于民主、新的经验和探究概念的教育思想。杜威认为,教育的本质是经验的不断改造和重组,因此教育即生长、教育即生活、学校即社会,教育没有外在的目的。

1. 教育即经验的改造和重组

教育即经验的不断改造和重组是杜威教育思想的核心。其中,与以往哲学传统相异的经验的概念是其中的关键。杜威认为:(1)经验是一种行为,涵盖认识的、情感的、意志的等理性、非理性的因素。经验成为儿童各方面发展和生长的载体,在经验过程中,儿童不仅获得知识,而且形成能力、养成品德。(2)经验是有机体与环境相互作用的过程,机体不仅受环境的塑造,同时也对环境加以若干改变。经验的过程就是一个使用科学的方式实验探究的过程、运用智慧的过程、理性的过程。(3)经验的过程是一个主动的过程,不但是有机体接受环境的塑造,还存在着有机体对环境的主动改造。(4)经验是一个连续发展的过程,不存在终极目的的发展过程,因此教育就是个人经验的不断生长。所以,"教育即经验的改造"是指构成人的身心的各种因素在外部环境和人的主动经验过程中统一的全面改造、全面发展、全面生长的连续过程。这也是教育"无目的""做中学"、五步探究教学法的思想基础。

2. 教育即生长

在上述命题基础上,结合进化论的思想,杜威提出了"教育即生长"的命题。"教育即生长"是指机体与外部环境、内在条件与外部条件交互作用的结果,是一个持续不断的社会化过程。实质上,杜威提倡一种新的儿童发展观和教育观。杜威针对当时的教育无视儿童天性,消极地对待儿童,不考虑儿童的需要和兴趣的现象,提出了"教育即生长"的观念,要求一切教育和教学要适合儿童的心理发展水平和兴趣、需要,并通过教育引起儿童内在的变化和发展。另外,根据该命题的内在要求,杜威认为虽然要尊重儿童但要反对放纵。

3. 教育即生活

对于"教育即生活"这个命题,杜威关注的主要是正规的学校教育与社会生活及个人(儿童)生活的关系。它是"教育即经验的改造和重组""教育即生长"两个命题的引申和外化。杜威认为,教育是生活的过程,学校是社会生活的一种形式,学校生活应与儿童自己的生活相契合,满足儿童的需要和兴趣;学校生活应与学校以外的社会生活相契合,适应现代社会变化的趋势,并成为推动社会发展的重要力量。而杜威所要做的就是使学校生活成为儿童生活和社会生活的契合点,从而使教育既合乎儿童需要亦合乎社会需要,实质上是要改造不合时宜的学校教育和学校生活,使之更富活力、更有乐趣、更具实效、更有益于儿童的发展和社会的改造。

4. 学校即社会

杜威的"学校即社会"意在使学校生活成为一种经过选择的、净化的、理想的民主社会生活,使学校成为一个引导儿童发展的雏形的新社会。而要将此落于实处,就必须改革学校课程及其培养方式,即从分科课程转变为活动课程并重视民主方法。"学校即社会"是对"教育即生活"这一命题的进一步引申,代表社会生活的活动性课程的引入是使学校与社会生活相联系的基本保证。从"教育即生活"到"学校即社会"再到课程的变革("从做中学")是层层递进的。

在"教育即生活""学校即社会"的观念中,杜威坚信教育是社会进步及社会改革的基本方法,认为社会的改造要依靠教育的改造,教育改造之所以必要,是因为要给社会生活的变革以充分的、明显的影响。杜威的希冀是通过教育改造社会生活,使之更民主、更完善、更美好。

5. 教育无目的

从上述教育本质论出发,杜威反对外在的、固定的、终极的教育目的,认为教育无目的。杜威所希求的是过程内的目的,这个目的就是"生长"。教育的过程,在它自身以外没有目的,它就是它自己的目的。杜威认为,在非民主的社会里,教育的目的是外在于并强加于教育过程的,饱含权威与专制色彩;而在民主社会里,教育的目的应内在于教育的过程之中。因此,杜威主张以生长为教育的目的,其主要意图在于反对外在因素对儿童发展的压制,在于要求教育尊重儿童的愿望和要求,使儿童从教育本身中、从生长过程中得到乐趣。但杜威在论述中也承认教育存在社会性目的,那就是民主,教育为社会进步服务、为民主制度完善服务。杜威认为,教育是社会改良和进步的基本方法。在民主社会中,个人发展与社会进步是统一的。教育要培养具有良好公民素质、具有民主理想和民主生活能力的人,培养具有科学思想和精神、能解决实践问题的人,培养具有道德品质和社会意识的人,培养具有一定职业素养的人。

二、课程与教学理论

1. "做中学"与教材心理化

在教育基本观念的基础上,杜威对教育实践也提出了与以往不同的思路和措施,其核心是建立在科学探究概念基础上的"做中学"和教材心理化的观念。

在经验论的基础上,杜威要求从做中学、从经验中学,要求以活动性、经验性的主动作业来取代传统书本式教材的统治地位。这种活动性、经验性课程包括园艺、烹饪、缝纫、印刷、纺织、油漆、绘画、唱歌、演剧、讲故事、阅读、书写等形式。在杜威看来,这些活动既能满足儿童的心理需要,又能满足社会性的需要,还能使儿童对事物的认识具有统一性、完整性。其中,杜威并没有把个人的直接经验与人类的间接经验对立起来,而是看到了个人直接经验的局限性,强调使儿童最终获取较系统知识的同时又能在学习过程中顾及儿童的心理水平。

教材心理化是指把各门学科的教材或知识的各部分恢复到它被抽象出来之前的原来的经验,也就是把间接经验转化为直接经验,即直接经验化。之后再把直接经验组织化,从而形成能提供给有技能的、成熟的人的教材形式。杜威一向反对将成人和专家编就的以完整的逻辑体系为表现形式的教材作为教育的起点,认为必须以儿童个人的直接经验为起点,并强调对直接经验加以组织、抽象和概括。但如何将学生的直接经验"组织"成为系统的知识,是一个难题,杜威也一直没有很好地解决。

2. 五步探究教学法

杜威因为反对以教师、教科书、教室为中心的传统教学方法而提出的"从做中学"是一种通过主动作业、在经验的情境中思维的方法,从而达到经验与思维的统一、思维与教学的统一、课程与作业的统一、教材与教法的统一。另外,根据科学的实验主义探究方法和反省思维方式,杜威提出了五步教学法:(1)创设疑难的情境;(2)确定疑难所在;(3)提出解决问题的种种假设;(4)推断哪个假设能解决这个困难;(5)验证这个假设。这种教学方法重视科学探究思维,重视解决实际问题的行动能力,与主智主义的传统教育理论有着本质区别。但该方法过于注重活动,忽视了系统知识的传授,狭化了认知的途径,泛化了问题意识,在实践中也存在着诸多影响教育质量的问题。

三、道德教育理论

从民主主义社会建设的目的出发,杜威论述了道德教育。这种道德教育也是建立在杜威的经验论和心理学理论之上的。杜威认为,道德教育的主要任务是协调个人与社会的关系,培养民主品格。他反对个人至上论和社会至上论,反对将社会与个人割裂开来,认为个人的充分发展是社会进步的必要条件,社会的进步又可以为个人的发展提供更好的基础。杜威反对过分强调个人自由和竞争的旧个人主义,而提倡人与人之间的合作,强调社会责任的和理智作用的新个人主义。杜威指出,道德教育应该是社会性的,应该是在社会性的情境中进行而不是停留在口头上的说教。道德教育应该有社会性的情境、社会性的内容和社会性的目的,而学校生活、教材、教法是道德教育的重要途径。

杜威将道德教育的原理分为社会方面和心理方面。社会方面的道德教育原理是关于道德教育的"目的和内容",是指道德教育应有社会性的情境、社会性的内容和社会性的目的。心理方面的道德教育原理则是关于道德教育的"方法和精神",是指道德教育若要取得成效,就必须建立在学生本能冲动和道德认识、道德情感的基础之上。若漠视这些心理条件,道德行为可能会变成机械的模仿或外在的服从。对于社会的道德要求,应顾及学生的心理能力。

四、评价

杜威是西方现代教育派的理论代表、新教育的思想旗手。他对传统教育的整个理论体系进行了挑战,奠定了现代教育理论大厦的基石。他的教育思想对现代教育产生了广泛而深远的影响。

　　杜威的影响表现在以下几个方面:(1) 强调知行合一,将教学中死的知识变为活的知识;(2) 对"教育是人与环境的交互"的强调,是对以往教育理论中内发论和外铄论的超越和突破;(3) "教育即生长"的观点从心理学角度探讨了教育的本质,试图解决教育方法论问题和教育与儿童脱离的问题,成为儿童中心论的基础之一;(4) "教育即经验"的观念从认识论的角度探讨了教育本质,解决知识、经验的获得以及心理与社会、过程与目的的协调问题,试图超越形式论和实质论,解决理论与实践脱离的问题;(5) "教育即生活""学校即社会"的观点则是从社会角度出发,将个人与社会统一起来,将学校的生活和学生的生活经验联系起来,解决教育与社会的脱离问题;(6) 杜威提出的教材心理化,适合学生经验的心理发展而不是逻辑顺序的观点,更新了以往的教学传统,打开了现代教育教学的新的开端;(7) 杜威对教学方法所做的科学化改造,使用科学的探究方式以及所体现的探究精神使得科学精神成为教育发展的重要组成因素;(8) 杜威在很大程度上使得教学专业化程度大为提高,确立了教育学的学科地位,增强了学术性;(9) 杜威具有世界性的影响,其教育理论对世界教育进程发挥了巨大作用,对日本、中国、土耳其、苏联、墨西哥等国具有直接的影响。

　　不过,杜威的理论还是存在过于强调以儿童为中心、以活动为中心、以经验为中心的缺陷,使得在教育实践中忽视了系统知识的传授,引发了自由与纪律、教师与学生等诸多矛盾。另外,杜威根据经验和教材心理化原则编写新型教材的设想过于理想,难以实现,这也是现代教育发展和改革过程中的难点。

复习思考题

1. 试比较新教育运动与进步主义教育运动的异同。
2. 请说明欧洲新学校的主要特征。
3. 请描述进步主义教育运动中的主要实验。
4. 简述杜威的教育管理思想。

第六章　现代国家教育管理制度的形成与发展（上）

现代国家教育管理制度从总体上包括三个部分:现代国家教育行政制度、现代学制和现代学校管理制度。三个部分联系紧密,共同组成一个有机整体。这三个部分除了一些共同的特征外,还有一些自身的具体的规律和特征,包括具体的"现代"内涵。

各国的现代教育管理制度都是在各自的政治、经济、文化和教育的传统基础上形成的,因而自然地形成了各自的"本国特色",如英国的"中间型"管理制度、法国的"中央集权型"管理制度、美国的"地方分权型"管理制度等。但是,由于现代教育性质的一些根本的规定性,各国的现代教育管理制度又具有许多共同的本质特征和共同的发展趋势。

现代教育是指与现代工业及其所制约的现代社会相适应的教育,其核心是制度,是全新的、运行良好的制度。这是我们对现代教育的界定。从这个界定中可以看出,现代教育的特征是由现代工业及其所制约的现代社会如现代政治、现代人、现代文化等的特征所决定的。现代教育不是一个抽象的概念,而是体现在现代教育的实体,即现代教育制度中。制度是人们的价值观念和思想的物化。价值观念和思想变了,制度就必须改变。同时,要使人们改变观念,也必须改革制度。而在教育制度中,教育管理制度又是统帅和核心环节。改革制度的关键是改革管理制度。这就是现代教育与现代教育管理制度的基本的内在关系。

工业革命是现代教育本质特征的根本决定者,是现代教育的动力和基础。历史唯物主义认为,劳动生产是人类生存的第一个基本条件,是人类全部社会生活的动力和基础。现代生产由于生产工具的革命性变革——机器和科技,以及由此产生的生产组织形式的革命——现代分工,对"物"的依附者——劳动力产生了根本的革命性的影响,从而根本改变了教育的生存地位、价值和方式,形成了现代教育。

第一节　英国现代教育管理制度

英国现代教育管理体制确立的标志是 1944 年颁布的《巴特勒法案》,它继承了 19 世纪末以来英国历次重要的教育法令,如《费舍教育法》《哈多报告书》《斯宾斯报告》等,是战后英国教育制度改革的指导性文件和法律基础。同时也开启了战后世界各国拟定、颁布教育改革法的先例。

一、英国现代教育管理体制的形成

英国在 1870 年《初等教育法》颁布之后,公立初等教育制度得到了发展,但也遗留了一些问题,如中等教育与初等教育缺乏联系。初等教育的发展使得对中等教育的需要日益增

长,这就要求对英国传统的以公学和文法学校为主的中等教育制度进行改革。主要措施有:

(一)《巴尔福法案》及其他法令

1902 年,英国通过了《巴尔福法案》(Balfour Act),规定建立地方教育当局,而且地方教育当局有权建立中等学校,并资助文法学校,向进入文法学校的初等学校毕业生提供奖学金,同时还要考虑初等教育与中等教育的衔接问题。《巴尔福法案》授权地方教育当局提供中等教育,确立了普及中等教育的原则,使中等教育成为国家教育制度的一个组成部分,为英国中等教育的普及奠定了基础,打破了长期以来形成的中等教育是中上层阶级特权的观念,并试图建立一种以能力主义为基础的统一的教育制度。《巴尔福法案》颁布后,很多地方开始仿效公学和文法学校创办公立中学,并设立了由地方税收维持的现代中学。由于大量中学的开办和学生接受公共资金补助,使得中下阶层接受中等教育的人数大量增加。

1907 年,自由党政府颁布了《中等学校条例》(Regulations for Secondary Schools),试图使所有接受拨款补助的中学更易于接受所有阶级的儿童入学。该《条例》规定,由政府拨款补助的中学应向初等学校通过 11 岁考试的儿童提供 25% 的免费入学名额,即免费学额制。这推动了公立中等教育的发展。1918 年,英国颁布了《费舍法案》,该法案致力于建立一个包括各级学校在内的公立学校系统,从而有力地推动了中等教育的民主化和双轨制的消失。

(二)《哈多报告》

1922 年,英国工党提出了"人人受中等教育"的口号,作为其教育政策的基础。1924 年,工党政府上台后将此政策付诸实施,成立以哈多爵士(Sir William Henry Hadow,1859—1937 年)为主席的教育咨询委员会(The Consultative Committees),对全日制初等后教育进行调查,并提出发展建议。经过调查,委员会提交了《关于青少年教育的报告》(The Education of the Adolescent)等 6 份报告,史称《哈多报告》(Hadow Reports)。报告对英国的中等教育制度作出了规划。《哈多报告》建议建立适合于所有青少年的中等教育,并将在 11 岁以后所受到的各种形式的教育均称为中等教育,义务教育年限也延长到完成中等教育的最低年限 15 岁。中等教育阶段分设四种类型学校:一是以学术课程为主的文法中学(11—16 岁);二是具有实科倾向的选择性现代中学(11—14 岁);三是相当于职业学校的非选择性现代中学(11—14 岁);四是略高于初等教育水平的公立小学高级班或高级小学(11—14 岁)。四种类型学校的选择由 11 岁考试来决定。

11 岁考试是指在儿童 11 岁、六年级结束时举行的标准水平测试(Standard Assessment Tests)。标准水平测试共有三次,分别在二年级、六年级和九年级结束时举行。该系列考试旨在测试儿童在同龄人中的发展程度。11 岁考试在每年 5 月份举行,考试科目为英语、数学和科学。11 岁考试的成绩和小学教师的评价一起作为儿童进入中等教育机构的分级依据,类似于我国的小学毕业会考。因此,11 岁考试的通过率也成为衡量学校教育质量的标准之一和家长选择小学的依据之一。标准水平测试成绩共有 9 级水平,其中 4 级水平为 11 岁考试应该达到的水平。各级中又分为 A、B、C 三类,A 为该级中最好,C 为该级中最低。

《哈多报告》试图用一次统一的选择性考试来实现中等教育机会的平等,这反映了教育民主化思想。报告为中等教育制定了一个清晰的目标,成为改革与发展英国中等教育确定而坚实的第一步,极大地扩展了中等教育的概念,从而被认为是现代英国教育发展中的里程碑之一。至此,中等教育的改革在以往的基础上得以大力发展,《哈多报告》也成为 20 世纪 30 年代英国中等学校改革的基础,对后来英国教育制度的发展也产生了重要的影响。

(三)《斯宾斯报告》

1938 年,英国教育委员会咨询委员会在主席斯宾斯爵士的领导下提出了《关于文法中学和技术中学的中等教育的报告》(Secondary Education:Grammar and Technical High Schools),史称《斯宾斯报告》(Spens Report)。《斯宾斯报告》在延续《哈多报告》方向的基础上,主张进一步改革中等教育,使其适应"一战"后英国经济发展对中等技术人才的广泛需要,从而推动了综合中学运动的实质性进展。

《斯宾斯报告》建议:(1) 开办技术中学,将技术教育作为中等教育的一部分,从而在中等学校里加强技术教育,以适应科学技术的发展;(2) 支持广泛建立现代中学,认为这是使低下社会阶层的青少年受到中等教育的一个重要措施;(3) 重申各种类型的中等学校享有平等的地位,青少年从 11 岁起进入哪一种类型的中等学校,取决于他们不同的智力水平;(4) 教育应适合学生的兴趣、需要和社会需求,中等学校可根据选修形式开设职业学科等有用科目,学生可自由选择;(5) 建议设立多科性中学(multilateral school),使它兼有文法中学、现代中学和技术中学的特点。

《斯宾斯报告》强调了社会的需要和学校的社会职能,并明确提出建立具有综合性质的多科性中学。这对于综合中学运动的发展具有重要的实质性影响,是此后综合中学最早的实践性建议,为其建立和发展打下了思想基础,并对第二次世界大战后英国中等教育的改革和发展产生了极其重要的影响。因此,在英国教育史上,《斯宾斯报告》被看成英国中等教育发展中最有价值的设计草图,推动了英国中等教育的发展。此后,英国公众开始接受"人人受中等教育"的观念以及中等学校分成文法中学、现代中学和技术中学三种类型的主张。从 20 世纪 50 年代初起,中等教育的"三轨制"开始解体,出现了"双科中学"(bilateral school)和"多科性中学",而且发展越来越迅速。

二、英国现代教育管理体制的确立

(一)《巴特勒教育法》

1944 年,英国议会通过了教育大臣巴特勒(R. A. Butler,1902—1982 年)提交的教育法案,史称《1944 年教育法》(Education Act,1944),亦称《巴特勒教育法》(Butler Education Act)。该法案共 122 款,是英国战后教育改革的法律基础,其中心内容在于调整领导体制以及谋求初等教育与中等教育的衔接。法案要求所有人都应接受中等教育,将义务教育年龄延长到 15 岁;废除双轨制,确认初等教育、中等教育和继续教育是连续的三个阶段。法案的具体内容有:第一,废止教育署,改设教育部,加强国家对教育的控制和领导;第二,重建 10年制义务教育系统,将法定的公共教育体系分为初等教育(5—11 岁)、中等教育(11—18岁)和继续教育(为离校青少年而设)三个连续的阶段;第三,将中等教育机构分为文法学校、技术中学和现代中学三种,儿童 11 岁后参加国家规定的考试,进行分流;第四,设立大学生奖学金,帮助有才华的学生进入大学或其他高等教育机构;第五,教会学校纳入国家教育体制,并规定在所有公、私立学校进行宗教教育。

《巴特勒教育法》是英国教育制度发展史上的一项重要法令,它决定了英国战后教育发展的基本方针政策。

(二)《罗宾斯报告》

1963 年,英国高等教育委员会发表的《罗宾斯报告》,拟定了至 1980 年的英国高等教育发展规划。该报告提议大力发展高等教育事业,提高中学生升入高等院校的比例;提高工科学院的地位,使之升格为大学或大学学院;把高级工艺学院升格为有学位授予权的工科大学;把培养教师的学校改为能授予学位的教育学院……这些建议大部分被政府采纳,大大促进了英国高等教育的发展。就在该报告发表的同年,英国建立了广播大学,1971 年定名为开放大学,对世界教育产生了重大影响。它利用广播、电视、函授和面授方式,提供本科和研究生水平的高等教育。这样,"二战"后英国高等教育就获得了很快的发展,新成立了 12 所地方大学。这些大学一开始就有学位授予权并设立了一些新系科,其办学方向是为地方工业发展培养人才。此外,英国还成立了一批技术大学和学院,为英国在 20 世纪后半期的教育和社会发展奠定了坚实的基础。

(三)《克劳瑟报告》

1957 年苏联人造卫星发射成功,英国人受到了巨大的震动。1959 年的《克劳瑟报告》(The Crowther Report)就是在这样的背景下出台的。该报告主要针对 15—18 岁青少年的教育问题,认为英国"需要比今天更坚固的教育基础",于是提出了几点教育改革的建议:一是延长离校年龄至 16 岁。这是从个人和国家两个角度来考虑的。从个人角度来看,教育是公民的一项基本权利;从国家角度来看,教育是国家资本投资的极其重要的一部分。二是推行部分时间制的技术教育,这主要是基于英国当时的技术教育过于零星、投资大、收效小的状况提出的。从英国传统来看,普遍采用夜校学习来对已离开学校的人进行技术培训。报告认为,在此基础上,还可采取分散时间的连续性间断方式来对青年人进行技术教育。

(四)20 世纪 60 年代后的教育改革

20 世纪 60 年代,英国还相继出台了《纽瑟姆报告》(The Newsom Report,1963 年),主要涉及 13—16 岁一般能力或中下能力水平儿童的教育问题。1963 年,《罗宾斯报告》(The Robbins Report)讨论高等教育的扩展问题,拉开了 20 世纪 60 年代英国高等教育大发展的序幕。1965 年,英国教育和科学部发布通告,要求地方教育当局提出按综合学校的路线改组中等教育,以取消学生在 11 岁考试时被筛选进入各类中等学校的做法。通告还提出了国务大臣准备考虑的 6 种主要综合改组形式供参考。到 20 世纪 60 年代末,大部分地方教育当局都提交了改革计划并获批准。20 世纪 70 年代后,中东战争爆发,石油危机引发的经济危机使政府财政支出紧缩,英国的教育改革由此从 60 年代的数量扩张转向提高质量。1976 年的《教育法》(Education Act)中增加了旨在支持把缺陷儿童放在普通学校里接受教育的条款。1988 年 7 月,《1988 年教育改革法》(Education Reform Act,1988)在议会通过。该法的主要内容是:(1)推行全国统一的国家课程(national curriculum)与国家评定(national assessment);(2)扩大家长选择学校的权利,即开放入学(open enrollment);(3)把学校经费和人事管理权下放到学校一级(local management of schools);(4)学校有权申请脱离地方教育当局,成为教育和科学部直接拨款的学校(grant maintained schools)。

三、英国现代教育管理体制的发展

英国教育向来以权力分散、课程多样化而著称。《1988 年教育改革法》以法律的形式在普通教育领域内推行全国统一的国家课程与国家评定,规定了国家课程的学科设置、成绩目标、学习大纲、评定计划及其相应的管理措施,这在英国朝野各界引起了巨大的反响。

《1988 年教育改革法》中关于国家课程的主要规定包括以下几个方面:

第一,学校设立基本课程,包括宗教教育和国家课程。国家课程分核心科目和基础科目。核心科目包括数学、英语和理科;基础科目包括历史、地理、技术、音乐、美术、体育和现代外语(适用于11—16岁学生)。国家课程适用于义务教育年龄阶段(5—16岁)的所有公立学校的学生,包括新设的中央直接拨款学校的学生,但不包括幼儿园、附设在小学中的幼儿班、城市技术学院和独立(私立)学校中的学生。

第二,为国家课程所规定的每门学科制定成绩目标(attainment targets)和学习大纲(programs of study)。

第三,评定计划(assessment program),即在学生7岁、11岁、14岁和16岁时,根据"成绩目标"所提供的标准对每一个学生的学业表现进行评定;按学校统计的评定结果,以一种"排行榜"(league tables)的形式向公众公布。

第四,设立国家课程委员会(National Curriculum Council)及学校考试和评定委员会(School Examination and Assessment Council),受国务大臣直接领导,协助其管理国家课程。

国家课程的实施引起了广泛的争议。支持者认为,义务教育阶段课程的统一能促使学校通过教授"共同的课程"传播"共同的文化",减少各地在教育质量上的差异,便于学生在不同地区的流动,保障每个学生接收系统的基础知识和技能,也有利于全国范围内教育质量的评估和提高。批评者认为,国家课程以学科为基础只是为了方便考试;必学的基础学科太多,给其他学科留的余地不大;地方教育当局和教师对课程的支配权太小;等等。

根据社会各界的反馈,国家课程在推行的过程中也不断进行修改和调整。1999年英国政府修订并颁布了《新国家课程》,并于2000年9月在中小学实行。新国家课程对学科的规定减少,给学校和教师更大的自主权,并逐步实施新的课程评价政策,加强对教师的培训和管理。这比以前的国家课程更具包容性。

尽管英国国家课程在制定和实施的过程中遇到了不少问题和障碍,但总体而言,它增强了中央政府对课程的决策权,这也反映了"二战"后英国逐步加大中央对基础教育宏观调控力度的总体趋势。

《1988年教育改革法》是继《1944年教育法》之后英国又一个重要的教育法案,在英国历史上首次以立法的形式规定了学校的基本教学内容。法案规定,在义务教育阶段学生必须学习国家统一课程,并提出了相应的教学大纲和成绩标准。该法还从加强政府对高校的控制角度出发,对负责大学和公共高等教育系统的两大中介拨款机构进行改革,彰显了政府和社会的调控力度。

第二节　美国现代教育管理制度

在19世纪末至20世纪前期,欧美主要国家的社会和经济发展突飞猛进,国民日益富庶。经济发展要求人们获得更加完全和平等的中等教育,培养经济社会发展所需的人才。而以往分轨的、不平等的教育制度在数量、质量和教育目标上都不能满足这种要求,从而成为教育发展的阻力。

随着社会政治民主的发展,对教育民主的要求也日益成熟。各个阶层的家长要求社会公正、社会融合,并建立更为民主的教育方式,反对教育以不同的社会阶层为基础。这些观念影响了各国民众的教育观念,并在实际改革中得以体现。

在上述教育革新运动的催生下,心理学、社会学和经济学等领域的研究进一步产生了新的理论。如心理学对智力测验效果的修正和改进,改变了智力是先天和不变的观点;社会学调查发现中等教育结构中蕴含着阶级不平等;经济学研究开始强调对人力资本的投资和教育有效投资对国家发展的重要性。这些都为中等教育进行更为综合、有效、平等、民主的改革打下了坚实的理论基础。

至 19 世纪末,西方各国初等教育的发展基本成熟,大学教育和职业教育在这一时期也得到极大的发展。入学人数的增加和教育为适应社会所产生的各方面需求成为促使中等教育发展的重要动力。在教育思想上,新教育运动和进步主义教育运动所提出的教育观点也为教育改革奠定了理论基础。

一、20 世纪初期美国教育管理体制的改革

(一)十人委员会报告

美国是 20 世纪西方最早进行中等教育制度系统建设的国家。19 世纪末 20 世纪初,美国形成了小学 8 年、中学 4 年的"8—4"中小学学制模式,中学入学人数也从 1890 年的 20 万人上升到 1912 年的 100 万人。但与此同时,美国中学也存在着升学、就业相互冲突,课程设置不适应那些没有能力升学的中学生的需要的问题。1893 年,美国全国教育协会(National Education Association)成立了十人委员会,对中等教育发展进行调查,并提交报告。报告指出,中学课程的所有学科应以同样的方式教给所有的学生,应将相关学科尽可能地配合在一起,形成一种妥善交织起来的综合学习过程;同时,报告还强调学科的心智训练价值。报告提交后产生了巨大反响,对此后美国中等教育的发展发挥了重要作用。1899 年,高校入学要求委员会(The Committee on College Entrance Requirements)进一步发展了十人委员会的报告,建议实行 6 年小学、6 年中学的学制,并在中学允许学生选修科目,高等学校的入学要求以中学完成的学科学业单位为基础。

这些委员会的工作促进了中等教育的发展,但也存在一些问题,如比较重视对学科和课程的整理,而忽视了对教育目标的审思、忽视了社会对中学承担更广泛社会职责的要求,因此并没有真正解决中学教育所面临的关键问题。不过,在教育界和社会各界的努力下,1909—1910 年美国出现了一种 3 年制初级中学,并在随后得到广泛传播,引起了一场广泛的重新组建公立中学的运动。随着初级中学的建立,原有的"8—4"制学校组织模式被打破,"6—3—3"制开始发展,并在 20 世纪 40 年代发展成为一种普遍的模式。初级中学体现了进步主义教育的思想,强调为不同学生提供普通教育、特别教育、职业教育等范围广泛的课程,强调个性、兴趣与社会活动。

(二)《中等教育基本原则》

1913 年,美国全国教育协会成立了"中等教育改组委员会"(The Commission on the Reorganization of Secondary Education),力图进一步探讨美国中学教育的改革。委员会经过多年的研究,于 1918 年发表了《中等教育基本原则》(The Cardinal Principles of Secondary Education)的重要报告。报告的主要内容有:(1)强调美国教育的民主化,要求使社会每一个成员都能发展其个性;(2)强调根据社会的需要、个人的发展以及教育理论和实践来改组中等教育;(3)中等教育以所有青年的完满而有价值的生活为唯一目的;(4)确立了中等教育的 7 项目标,即拥有健康、掌握基本技能、尽家庭成员职责、具备职业能力、尽公民职责、善用闲

暇时间、养成道德品格;(5)强调中学科目重组,以便实现上述目标;(6)建议重组中等学校制度,把中学分成初级和高级各 3 年的两个阶段;(7)强调中学应当尽量适应学生的能力、兴趣和需要以及社会的需要;(8)认为应该使"综合中学"成为美国中学的标准模式,以便使中等教育面向所有适龄青少年,而且综合中学应包含所有课程;(9)强调教师的职责不仅仅是引导学生去掌握一门特殊的科目,而是把学习的科目和学校的活动作为实现具体教育目标的方法。

该报告深刻地影响了美国中等教育的宗旨和制度。报告赞成的"6—3—3"制和综合中学不仅与民主社会发展相一致,而且还提出了"为所有人的中等教育"这一基本概念。这种认识影响了世界其他国家中等教育的发展和改革,开启了中学教育历史的新篇章。但《中等教育基本原则》中的教育适应生活这一指导思想,后来一直受到要素主义教育家的批评,认为它降低了美国中等教育的学术水平。

二、20 世纪中叶美国现代教育管理改革的发展

1957 年 10 月 4 日,苏联发射了世界上第一颗人造卫星,在西方世界引起了巨大的震动。各国(尤其是美国)在痛感国家安全受到极大威胁的同时,纷纷探索军事科技落后的原因,并把目光再次投向教育。苏联成功发射人造卫星带给美国的冲击甚至超过了 1949 年苏联打破美国原子弹垄断的程度,被称为是美国科学技术史上的"珍珠港事件"(the Pearl Harbor Incident)。正如著名科学家爱德华·特勒(Edward Teller,1908—2003 年)所说:美国输掉了一场比珍珠港更大、更重要的战役。"人造卫星事件"的意义在于,它标志着美国科技领先神话的破灭,同时也意味着苏联既然有能力把人造卫星送上天,也就有能力造出威力更为强大的火箭,发射携带核弹头的洲际导弹,这对美国国家安全无疑是巨大的威胁和挑战。美国国内外不少人对美国左右"二战"后世界事务的信心也开始动摇。

在空前巨大的压力面前,美国总统艾森豪威尔(Dwight David Eisenhower,1890—1969 年)一再保证美国也将发射自己的人造卫星。1957 年 12 月 4 日(距离苏联人造卫星上天 2 个月),美国用海军的"先锋"火箭发射了一颗人造地球卫星,但火箭升空后仅 2 秒钟就坠毁了。在野党借此大肆攻击执政的共和党,致使共和党在 1958 年的中期选举中惨败。

美国在"二战"结束后形成的令美国人引以为自豪的科技优势似乎在一夜之间消失殆尽,这引发了全社会的关注,人们纷纷发问:为什么"伊凡"能做到的事,而"汤姆"做不到?"伊凡"是苏联人常用的名字,在这里泛指苏联人;"汤姆"是美国人常用的名字,在这里泛指美国人。在这种背景下,各种媒体出现了铺天盖地的文章和各式各样的报道,几乎众口一词地把矛头对准了公共学校教育,抨击学校肤浅的课程、破败的校舍、短缺的师资,等等。进步主义时代盛行的"生活适应"教育更是成了攻击的目标。与此同时,批评家们对苏联的学校教育更是推崇备至,反复把美国那种漫无目的的课程与苏联严谨、科学的学校课程作对比。海军上将海曼·里科弗(Hyman George Rickover,1900—1986 年)在《教育与自由》(Education and Freedom,1959 年)一书中严厉地批评了美国学校教育,认为美国的学生如若要赶上苏联的学生,那非得全力以赴。

冷战中的科技竞争和军备竞赛使美国政府和企业产生了要学校培养更多的科学家和工程师的要求,"人造卫星事件"让美国人更加清醒地认识到科学技术是美国军事力量和国家安全所依靠的基础,而教育则是从根本上提高科技水平的关键,举国上下的目光重新投向了

教育。"人造卫星事件"使美国的教育改革一触即发,大有"山雨欲来风满楼"之势。

（一）《国防教育法》的颁布

为了和苏联竞争,美国加紧了教育改革的步伐。1958年9月2日,美国颁布了《国防教育法》。该法开宗明义地写道:本法的目的是加强国防并鼓励和资助相关教育方案的扩充和改进,以满足国家的迫切需要。《国防教育法》在《总则》中明确指出:国家的安全需要充分地开发全国男女青年的脑力资源和技术技能。目前的紧急状况要求提供更多的且更适当的教育机会。本国的国防有赖于掌握由复杂的科学原理发展起来的现代技术,也有赖于发现和发展新原理、新技术和新知识。

第一,加强自然科学、数学、现代外语和其他重要科目的教学,联邦政府为此将提供财政援助。该法列出了详细的财政年度拨款计划,要求各州购置适用于学校的实验设备、视听设备、印刷物等,并补充师资。

第二,加强天才教育。鼓励有才能的中学生升入高等教育机构研修,从中培养拔尖人才。为保证所有有能力的学生不因缺乏财力而失去学习机会,为大学生和研究生提供奖学金和贷款。对公共学校或其他法律授权许可的学校(包括初级学院和技术学院)的学生进行甄别测验,以便资助那些经鉴定证明具有杰出才能的学生。

第三,积极发展职业教育,培养大批高级技术人才。要求各地区设立职业技术教育领导机构,对更多的年轻人进行职业技能训练。

第四,为低收入家庭的儿童提供必要援助。对于在地方教育机关学区内就读的处境不利儿童,地方教育机关应为其提供特殊的教育服务和安排(如双学籍、教育广播和电视、流动教育服务和设备等),以使该类儿童同样能够享受到国家提供的设备和材料的援助。

根据《国防教育法》,1959—1963年,美国联邦政府划拨出了数亿美元用于各个项目的援助计划。1964年国会又通过了该法案的修正案,修正案中延长了1958年《国防教育法》的适用期,并强调在进行科学教育的同时,要加强人文学科的教育。1982年,美国国会再次修订该法,以适应与苏联、联邦德国、日本等在国防、科技等领域竞争的需要。

（二）课程改革

1958年《国防教育法》颁布后,"全国科学基金会"(National Science Foundation,简称NSF)设立了专项资金,用于资助物理科学教育委员会(Physical Science Study Committee,简称PSSC)开展课程改革研究。20世纪60年代初,物理科学教育委员会推出了新编物理教材第一版。以此为标志,美国课程改革运动全面展开。物理科学教育委员会的课程改革方案为其他学科的课程改革提供了先例和示范,尔后又有化学、生物、社会科学等学科的课程相继进行了改革。

在着手课程改革之前,物理科学教育委员会的科学家们把现有中学物理、化学和生理学教材都进行了深入的研究,结果令他们非常失望。这些教科书内容庞杂,用词也不准确,基本原理并未得到强调。另一项对中学物理教材的调查也印证了他们的看法,这个调查是由美国物理学会(The American Institute of Physics)、美国物理教师协会(The American Association of Physics Teachers)、全国科学课教师协会(The National Science Teachers Association)联合发起的,他们得出的结论是:"14本常用的教科书,没有一本是令人满意的。"物理科学教育委员会针对调查中提出来的问题,召开了三天的全国性会议,商讨新的物理课程应该怎样设计,包含哪些内容。

物理科学教育委员会接受了 20 世纪 50 年代中期纽约州在新的物理教学大纲中提出的原则,认为言简意赅是关键,物理课本不应只是一大堆简单的常识,课程设计充分体现了"基础性"的特点。新的物理教科书重在体现物理学科的基本概念和基本原理,很少描述学生在日常生活中经常遇到的物理学问题。布鲁纳等认知学派心理学家们也持有相同的看法,这一点在 1959 年的伍兹·霍尔会议(Woods Hole Conference)后得到了确立。

1959 年 9 月,物理科学教育委员会的成员和部分数学、生物课程改革专家以及心理学家齐聚马萨诸塞州,研讨当前正在进行的教育改革。1960 年,布鲁纳将会上讨论的情况汇总编撰成了《教育过程》(The Process of Education)一书。这本书体现了美国 20 世纪 60 年代课程改革运动的核心思想——布鲁纳的结构课程论。该书提出了"学科的基本结构",即将各学科的基本概念、原理和方法当作教学的中心,认为学习的准备主要取决于教材和呈现教材内容的方式,所有学科的基本概念都可以以某种有效的方式教给任何年龄阶段的儿童,并在课程编制上采用"螺旋形课程"(spiral curriculum)。"螺旋形课程"具有连续性和发展性特点,既利于知识的掌握和巩固,又符合人的认识发展能力。此外,在学习论上提倡"发现学习(discovery learning)",教学上采用"发现教学"(discovery teaching),以保障结构课程的有效实施。

布鲁纳的结构课程论思想既推动了 20 世纪 50—60 年代的美国科学课程与教材实验,同时又是这场课程与教材实验的指导理论。美国科学课程实验从物理学科开始,继而深入到化学、生物学、地质学、数学、天文学等多门科学学科。率先面世的是 1960 年美国物理科学研究会编制的高中物理课本,其系列教材还有实验手册、补充读物、教师用书、习题集、实验器具、教学用电影等。继而,美国化学学会、化学教育学会编制了高中化学教材;美国生物科学课程研究会编制了高中生物教材。总体而言,科学课程与教材实验范围广、实验跨度大、参与人员多、配套性强、持续时间长。

(三)科南特的教育主张

科南特曾任哈佛大学校长、美国驻德意志联邦共和国大使、美国国防研究委员会主席、美国原子能委员会总顾问委员会成员等学界、政界、军界要职。科南特是一位在冷战时代把国家政治和教育问题紧密结合在一起进行思考的教育家,其主要观点有以下几个方面:

第一,"能人统治"。科南特认为教育的重要目标是要帮助社会实现"能人统治",并且认为这是美国社会制度的基础。为此,他主张能力分组,甄别出天才儿童,使这些儿童的才能得到充分发展,并从管理上保证严格的学术水准。他强调数学、外语、物理、化学等与发展高科技直接关联的关键性课程的教学。他曾坦率地承认说,这样的改革设想是由他感悟到美国想赢得冷战的需要而决定的。

第二,普通教育。科南特在《今日美国中学》中提出加强文理并重的普通教育,设计了一个面向全体中学生的必修计划:4 年英语;3 年或 4 年社会学科——包括 2 年历史(其中 1 年应该是美国史)和 1 门美国问题或美国政体的高年级课程;1 年数学;至少 1 年科学。这种学术性的普通教育计划包括 4 年中都应有家庭作业的 9 门或 10 门课程,并占大多数学生的一半以上的时间。他还敦促所有学生把音乐和艺术纳入其选修计划中。

从科南特"普通教育"的设计来看,依然可见他在冷战状态下对教育问题的思考。科南特认为要赢得冷战的胜利,就得在意识形态上统一起来,并利用"普通教育"来实现这种统一。他认为,在冷战时代,政治家们考虑最多的是国家的国际地位、安全防卫、军备竞赛以及与苏联意识形态的斗争,但普通民众关心的是自己的生存、权利问题,而困扰美国社会的则是贫困、种族歧视等问题。因此,光有英才教育是不够的,给予所有人以"普通教育"是维持美国政局稳定的基础,也是确保与苏联在意识形态抗衡中获胜的因素之一。

科南特的教育主张在美国 20 世纪 50—60 年代产生了较大的影响,他的《今日美国中学》一时成了书店的热销佳作,其教育改革建议融进了美国火热的教育改革之中。

(四)促进教育机会平等的改革

种族歧视与贫困问题是 20 世纪 50—60 年代美国社会面临的最大挑战,这些问题是大城市里埋着的"社会炸药"。若得不到解决,将危及美国民主社会的稳定和谐,也难以在冷战的抗衡中获胜。因此,教育平等就成为教育改革的主要目标之一。

美国教育上的种族歧视由来已久,几乎与其移民的历史同步。在 20 世纪 50—60 年代民权运动高涨时期,为废除种族歧视,黑人等有色人种组织展开了不懈的斗争。1954 年,美国联邦最高法院对"布朗案"(Brown V. Board of Education of Topeka)的判决标志着迈出了取消学校种族隔离制度的重要一步。20 世纪 50 年代的美国还处于种族隔离状态中,堪萨斯州一名年仅 9 岁的黑人女孩琳达(Linda Brown)欲就近入一所白人学校上学遭拒,于是,她不得不每天步行 1 英里多穿过一个火车调车场去一所黑人小学上学。其父奥利弗·布朗(Oliver Brown)为此起诉托皮卡地方教育局,在全国有色人种促进会(National Association for the Advancement of Color People,简称 NAACP)的帮助下,历经曲折终于赢得官司。1954 年联邦最高法院宣判:公立学校的种族隔离违背了宪法第 14 条修正案所规定的平等保护原则,公共设施的隔离实质上就是不平等。布朗案的判决对美国社会产生了极大影响,被美国法学界称为具有里程碑性质的"世纪之案"(Case of Century)。

与此同时,迈克尔·哈里顿对贫困状况的调查、赫勒报告(Walter Heller Report)中对贫困与教育关系的认识,都揭示出一个事实:由于缺乏足够的教育,贫困繁育出了贫困。这与林登·约翰逊总统把教育看作根除贫困、通向"伟大社会"有力手段的想法是吻合的。在 20 世纪 60 年代的美国,教育被视为消除种族歧视、反贫困的重要武器,围绕种族、贫困等问题而展开的立法活动异常活跃,先后出台了一系列法案,其中很多都涉及教育问题,如《经济机会法》(The Economic Opportunity Act of 1964)。《经济机会法》共有 6 项主要内容(Title I—Title VI),其中第 1 条(Title I)和第 2 条(Title II)都是有关教育和培训的条款。法案实施第 1 年拨款 962 亿美元中就有 727 亿美元被指定用于第 1 条、第 2 条,这两项的支出占了整个法案经费支出的 2/3 以上。因此,从某种意义来说,它可以称得上是一部名副其实的教育立法。《初等与中等教育法》(Elementary and Secondary Education Act,1965)、《高等教育法》(Higher Education Act,1965)等。由于这些法律的颁布实施,黑人和少数族裔的教育状况得到了明显的改进。

(五)生计教育计划

生计教育计划(Career Education),亦称"马兰计划",它是 1971 年由美国教育总署署长西德尼·马兰提出的。这是一种人的全部生涯的综合性教育计划,从幼儿园到成年,按照生计认知、生计探索、生计定向与生计准备、生计熟练等步骤逐一实施,让所有人都获得就业训练,将学校普通教育与职业教育有机结合起来。1974 年,国会正式通过了《生计教育法》(Career Education Act),当年就有 9 个州通过了必须进行生计教育的专门法律,有 42 个州采取了推行生计教育的措施。到 20 世纪 70 年代末,美国全国已有一半以上的学区开展了生计教育。

三、20 世纪 80 年代以来的教育改革

(一)"回到基础"运动

20 世纪 70 年代以后,保守主义思潮在美国抬头,加之 60 年代教育改革没有达到预想的目的,教育质量有下降的趋势,因此各界呼吁要"回到基础"(Back to Basics),重新强调基础知识和基本技能的教学。到 20 世纪 70 年代末,已有 40 多个州先后制定了学生必须达到的"最低限度能力标准"。"回到基础"运动强调教师在教学中的主导作用,并且要求学校要有严明的纪律。对于 70 年代的这场运动,美国人褒贬不一。有人认为这可能会使美国人的读、写、算能力增强,恢复教师在课堂里的权威;但也有人认为"回到基础"的结果是"使学习过程非人道化并把它规定得死死的,将使美国教育失去其强大的生命力,而正是这种生命力使国家成为自由的、富于创造力的、高生产率的国家"。

(二)《国家处在危险中》

《国家处在危险中:教育改革势在必行》是 1983 年由美国"全国教育优异委员会"(The National Commission on Excellence in Education)提交的一份教育报告。全国教育优异委员会是教育部长贝尔(T. H. Bell)在里根总统的授权下,为面对教育质量不断下降及国际竞争日益加剧的严峻局面,于 1981 年 8 月 26 日成立的,该委员会由 18 名委员组成。该报告形成历时 1 年半,在撰写过程中,教育界有 12 000 多人参与了讨论,并广泛征求了社会其他各界人士的意见。报告认为,美国在商业、工业、科学和技术创新方面遥遥领先的地位,正受到全世界竞争者的挑战,而美国的教育现状令人担忧,教育质量不断下降,"正在培养的新一代美国人是科学盲和技术盲",在美国历史上首次出现了下一代的读写能力和取得的经济成就还不如上一代的情况。报告借用美国总统里根的话,强调教育在美国生活中的极端重要性,"的确,在美国生活中几乎没有什么领域像我们的学校和学院那样对我们的社会、对我们的人民和对我们的家庭那样重要"。报告建议立即着手行动,重建学习体系,全面提高教育质量。

因此,该报告明确提出:

第一,从教学内容上来看,要设置核心课程。全国高质量教育委员会比较了 1964—1969 年与 1976—1981 年这两个时间段内美国高中生的主要课程,认为在美国学校中出现了课程的"分散化"和"自助餐化"现象。因此,要求以五门新基础课程(Five New Basics),即四年的英语课、三年的数学课、三年的科学课、三年的社会科课程和一年半的计算机科学课作为学校教学的核心课程,是所有学生都必须学习的课程。另外,对于那些希望将来升入大学学习的学生来说,还要修满两年的外语课。

第二,从学业标准与期望上来看,中小学和大学要采用更高的、可测量的学术标准来要求学生,四年制大学要提高他们的入学标准。首先,要严格考试评分制度,在全国范围内推行高难度的标准化测验;其次,四年制大学要提高入学标准,特别要提高对学生在五门新基础课的标准化测验中所取得的成绩的要求;再次,提高中小学的教科书的编写质量;第四,需要配备一定的资金来满足那些学习有困难的弱势学生和学习超前的天才学生的特殊需求;最后,要积极采用先进的教学手段与教学设备。

第三,从学时上来看,中小学要有效利用学时,要延长学时和学年。首先,中小学要增加

学生的在校时间,可通过各地方或各州的立法机关强制要求学生每天的在校时间至少为7小时,每年的在校时间为 200~220 天。其次,教师不仅要教授学科知识,更要教会学生如何有效地管理学习时间,教会学生如何提高学习效率,同时还要严格学校的考勤制度。再次,对弱势学生或天才学生,可额外安排时间,满足他们的特殊要求。

第四,从教学方面来看,要实行教师教育的高标准,提高教师薪金待遇和社会地位,鼓励培养专家型教师。一方面要从提高教师教育的质量入手,提高教师教育质量,必须严格规范师范生的学业标准。另一方面要从提高教师的待遇入手,提高教师待遇。首先,中小学要建立合理的教师教学评价标准,并以此为依据来对教师进行奖惩,对教学效果好、教学质量高的教师要给予丰厚的奖励和津贴。其次,学校建立健全的职称制度,以此来区分初级教师、资深教师与专家型教师。再次,师范学院可通过设立奖学金和资助政策来鼓励学生报考师范学院。第四,扩大教育工作者对教材选择的影响力。最后,设计相关的培养计划以培养专家型教师。

第五,从学校管理和财政支持上来看,可建立各级问责制度,充分发挥联邦政府的辅助作用。要严格区分校长、地方政府、州政府和联邦政府在学校教育中不同职责。校长直接对本学校的一切事务负责;地方政府和州政府应为该辖区内的学校提供直接的资金支持;联邦政府则主要通过国家立法和宏观调控来保障学生入学机会均等、满足不同学生群体的不同需求、进行教育数据的收集整理与研究工作、从政策上支持学校改革,等等。

这份报告既是一份给教育部长的报告,也是一封致美国人民的公开信。1988 年 4 月,时任联邦教育部长的威廉·J. 贝内特(William J. Bennett)总结了自 1983 年报告以后美国教育改革的情况,指出加强基础课程教学后,学生的学业成绩得到了提高,学校的管理工作也有所改善,但因美国学校的纪律涣散,还有着较高的辍学率,因此认为美国"仍处在危险之中"。这份报告在 20 世纪 80 年代的美国社会引起了广泛的讨论,并由此引发了新的教育改革。

第三节　法国现代教育管理制度

法国现代教育管理制度确立的标志是 1947 年《郎之万–瓦隆方案》的提出与 1959 年戴高乐政府一系列的教育改革法的颁布。之后经过 1975 年的《法国现代学校体制现代化的建议》和 1983 年、1985 年的教育立法等,法国现代教育管理制度处于不断的改革中。

一、法国现代教育管理制度的酝酿

法国传统的中学类型为培养精英人才的国立中学—市立中学系统。随着《费里法案》颁布后初等教育的发展,以及强调实科教育的现代中学的建立,法国中等教育改革具备了一定的基础。1902 年,法国推出了改革中学教育的新举措,将教授现代语文和自然科学的现代课程组提升到和以拉丁语为必修课、希腊语为选修课的古典课程组平等并列的地位,学生可以自由选择。但这一改革也导致了文实之争。

(一) 文实之争

文实之争是随着近代社会科学和经济发展而出现的。在西方传统教育中,古典文科知识如拉丁文、希腊文占据着主流地位,因此,传统的学校教育内容也以此为核心,强调这些知识对人本身能力发展的作用。但随着促进社会经济发展的科学技术知识逐渐丰富,这些知识也进入到教育内容当中。这些能够带来实际功用、面向社会和职业现实的知识一般被称为实科知识。因此,在教育中就出现了坚持古典文科知识的古典派和要求进行实际实用知识教育的现代派关于学校类型、结构、课程、教育内容等问题的争论,亦即文实之争。

文实之争在欧洲各国都出现过,是一个持续的话题。它的背后实际上是两种教育价值观和实践观的争论。一种是强调通过经典科目的训练锻炼人本身的能力,另一种是强调实际知识的作用和教育的社会价值。因此,文实之争也是形式论和实质论、教育个人目的论和社会目的论等争论在教育实践中的表现。

文实之争使得欧洲各国出现了大量的实科学校,或者文实结合的文实学校,丰富了学校的类型,而且随着社会的发展,强调实科的教育类型也逐渐成为主流。

(二)统一学校运动

第一次世界大战后,法国在教育重建中对教育传统进行了反思。1919 年,一批参加过战争的大学毕业生和青年教师成立了"新大学同志会"(Les Compagnons),推动了法国教育改革。他们要求教育承担必要的社会职责,培养公民,体现民主社会精神。据此,他们批判法国的双轨制学校体系,呼吁建立统一学校,形成了统一学校运动。统一学校是指一种面向所有人开放的共同学校。他们要求实行平等、义务、免费的基础教育,强调初等学校与中等学校相互衔接,一切有兴趣、有能力的孩子都应该获得进一步深造的机会,并具有同样的古典科目和现代科目的选择权,认为这是不可抗拒的民主社会的基本原则。同时,他们主张高等学校的大门向所有中学毕业生开放。

统一学校运动促进了法国初等教育的民主化改革,并在一定程度上推动了中等教育的发展。但到 20 世纪二三十年代,中等教育改革却面临重重阻力,出现了反复。

1923 年,法国规定以单一的四年共同课程取代 1902 年改革所实行的平行课程。拉丁语是中学前四年所有学生的必修课,这一规定重新确立了古典主义教育观。至 1923 年年底,法国的中学几乎都恢复了以古典语言为基础的文学教育传统。

与此同时,综合性中等教育的进一步发展同样也遭到了挫折。虽然统一学校运动提出的要求促使政府在 1933 年宣布取消各类中学的学费,使中等教育向大众化方面迈出了有意义的一步,但进一步的改革并没有成功。1926 年就任公共教育部长的艾伯特(Albert)等人试图实施免费的、平等的男女中等教育,但没有成功。1936 年,教育部长让·扎伊(Jean Zay)提出了教育改革方案,其中最重要的内容是将中学归属到统一学校中去,变双轨制为阶梯制,使中学成为初等教育的延续。这一方案也未通过。1937 年,又出现了改革中等教育的新设想,即在中学一年级设立一批定向实验班,通往普通综合中学,但因为"二战"开始而停滞。

上述情况使得法国中等教育在第一次世界大战后仍牢固地坚持着古典的文科教育,虽然有过中等教育综合性改革的努力,但传统的教育制度仍未得到根本改变,直到第二次世界大战后,中等教育的改革才取得实质性进展。

二、法国现代教育管理制度的确立

(一)《郎之万-瓦隆方案》

在战争结束前夕的 1944 年,法国政府组织了"教育改革委员会",由著名物理学家保罗·郎之万(Paul Langevin,1872—1946年)和心理学家瓦隆(Henri P. H. Wallon,1879—1962年)分别担任主席、副主席,于1947年向议会提出了教育改革报告,史称《郎之万-瓦隆方案》。该《方案》批评了法国教育与现实生活和科学现状脱节、教育方法因循守旧等弊病。报告认为,必须实施"完整的教育改革",以实现培养现代生产者和公民的教育目标。为此,《方案》提出了6项教育改革的原则:第一,强调人人都有受教育的权利,一切儿童除因自己才能的限制外,应不分出身、种族和社会地位都有受教育的机会;第二,承认社会上一切工作的价值平等,知识分子与劳动者所从事的一切手工的、技术的、艺术的以及学术工作有同样的尊严;第三,尊重儿童的性格,发展每个人的才能,给他们完备的教育;第四,建立指导原则,对学生首先进行一般方向指导,然后再给以职业方向指导;第五,各级学校教育均实行免费;第六,加强师资培养,提高教师的地位。

在此基础上,方案建议实行6—18岁的义务教育制:6—11岁为基础教育阶段,是幼儿教育的继续;12—15岁为方向指导阶段,教师根据对学生的系统观察,对其发展方向予以指导;16—18岁为依据决定的方向进行分别教育阶段。同时,方案规定高等教育分为2年预科阶段、2年硕士阶段和最后的国家学位阶段。

《郎之万-瓦隆方案》突出了"民主""正义""平等"与"多样化"等原则,具有教育改革的积极意义,是对传统等级性与宗教性教育的一次重大变革。但是,由于战后法国政局不稳,保守主义势力强大,因此这项教育改革的设想并没有得到公布实施,不过,其教育改革的基本思想已成为法国战后历次教育改革的重要理论基础。

(二)戴高乐政府的教育改革

1959年,在《郎之万-瓦隆方案》的基础上,戴高乐政府重新制定了教育改革的方案,以适应战后经济发展对人才的需求。教育改革法令于1月6日颁布,其主要内容是:第一,实施10年义务教育(由原来的6—14岁延长到16岁);义务教育的最后3年可在各种类型的职业技术学校或工商企业办的艺徒学校中完成。第二,普通中等教育学校的长期课程为7年,中学一、二年级为观察和指导期,毕业时参加学士学位考试,学位会考通过者可直接升入大学。第三,发展职业技术教育,提高职业技术教育的地位。第四,对高等教育的改革集中于"民主化"与"现代化",打破人文学科在大学中的统治地位,加强科学技术教育,重视教育教学过程中理论与实践的结合。

(三)发展职业教育

1971年,法国议会通过了《职业教育方向法》等四个性质相同的法律。这些法律对加强职业技术教育并提高其地位、推动第一阶段中学结构改革、扩大教育机会,都起了重要作用。法律把职业教育规定为义务教育的组成部分,明确了普通中学承担普通教育和职业训练的双重任务,要求从初中第三学年到高中第一学年开设大量职业技术选修课,在义务教育的最后三年加强职业技术教育。于是,大批学生从初中第三学年起转入职业预备班、学徒预备班或职业能力证书班。

1975年的"哈比改革"(La Réforme Haby)强调职业技术教育与普通教育结合。该法在职业技术教育方面规定:(1)在初中六、五年级的教学计划中加强实验科学和技术教育,让学生学会使用工具和简单的机器,掌握常用材料及其性能和简单的制作方法,强调学科之间的联系及与实际生活的联系;(2)初中四、三年级必须开设具有职业教育特点的课程供学生选修。

通过教育重建,法国恢复了受到战争损害的教育,并为此后教育的发展奠定了基础,进一步推进了教育的民主化和平等化,促进了法国社会的进步。

三、"二战"后法国现代教育管理体制的发展

早在第二次世界大战结束前夕,法国临时政府就开始着手筹备战后法国的教育改革。《郎之万-瓦隆方案》为战后法国教育改革确定了蓝图。

(一) 20 世纪 50 年代改革

为了使法国的教育能够适应世界的变化和国内发展的需要,法国在 20 世纪 50 年代以后积极进行教育改革。法国第五共和国于 1958 年 10 月 4 日宣告成立,翌年便开始了教育改革,颁布了《教育改革法》,其主要内容是:改变中学教育双轨制的局面,向单轨制方向发展,所有学生在中学的前两年接受同样的教育,两年后再进入不同类型的学校,即短期职业型、短期普通型、长期职业型、长期普通型,而长期普通型主要为升入大学做准备。

(二) 20 世纪 60 年代改革

到 20 世纪 60 年代,法国仍然有一半左右的学生不能进入正规的中学学习,远未实现中等教育的普及。1968 年,法国在中等教育和高等教育方面积极推进改革,在中学阶段实行能力分组,把法语、数学和现代外国语能力相近的学生分在一组;把社会科学方面能力相近的学生分为一组;对科学、艺术、手工等方面实行混合分组。能力分组使学生之间更容易建立学习伙伴关系,易于教学活动的开展,学生学习兴趣增强,改革取得一定的成效。

1968 年 5 月,法国爆发了大规模的学生运动;同年 11 月,议会通过了《高等教育方向指导法》,明确了高等教育的任务是"发展与传播知识、促进科学研究和培养人",大学的办学原则是自治、多学科和民主参与,同时还特别强调大学要适应工业和技术革命要求,向国家输送社会和经济发展所需人才,指出要为大学教师的教学和研究活动创造必需的"独立"和"从容"的条件,也要为学生提供定向和选择理想职业的条件。

(三) 20 世纪 70 年代改革

20 世纪 70 年代以后,法国更加明确了教育改革的大方向,即既要保持传统教育制度的连贯性,又要积极开发人力资源,为法国工业和科技的发展服务,特别要注重职业技术教育,法国的教育要为 21 世纪造就人才。1975 年 7 月,法国议会通过的《法国学校体制现代化建议》重点在于加强职业教育,同时也对中小学教育、幼儿教育提出了改革建议。

(四) 20 世纪 80 年代改革

20 世纪 80 年代,法国社会党开始执政,并进行了一系列改革。此次改革涉及面广、内容多、方法灵活。针对法国中小学淘汰率高的问题,法国政府采取了一些措施,但没有达到预期的效果。80 年代中期,法国先后对中小学的教学大纲和师范教育进行了改革。根据新的教学大纲,中小学增设了新的课程,并增添了适应现代社会和科技发展的新内容,将师范专科学校由 3 年变为 4 年,规定了取得教师资格后的服务年限。1984 年 1 月颁布的《高等教育法》推动了新一轮的高等教育改革。该法案明确了公共高等教育的任务有四个方面,即进行起始教育和继续教育;从事科学技术研究,促进研究成果的利用;传播文化和科学技术信息;加强国际合作。这次高等教育改革的一个特色就是力图通过改革来缩小社会的不平等(包括男女的不平等),使更多有意愿和有能力的人都能接受高等教育。

复习思考题

1. 请讨论《巴特勒法案》在战后英国教育改革中的意义。
2. 请谈一谈你对于《郎之万-瓦隆方案》的理解。
3. 请讨论法国现代教育体制的主要特征。
4. 战后美国教育改革经历了几个基本的发展阶段？
5. 试分析《国防教育法》的重要意义。

第七章 现代国家教育管理制度的形成与发展(下)

第一节 德国现代教育管理制度

德国现代教育管理制度是在第二次世界大战之后确立的,标志是 1964 年 10 月 18 日联邦各州总理在汉堡签署的《联邦共和国各州之间统一学校制度的修正协定》,简称《汉堡协定》(Hamburg Agreement)。

一、20 世纪初期德国教育管理体制的倒退

德国传统的主要中学机构是古典文科中学,后来先后出现了实科中学和文实中学等类型。但无论是在法律上还是在实践中,这三类学校的地位是不同的:从 19 世纪开始,实科中学和文实中学一直致力于与文科中学同等的地位。但直到 19 世纪末 20 世纪初,三类中学才获得了同等的地位,其学生都能进入大学学习。这三类学校均提供 9 年的平行课程,但实施具有各自特色的普通教育。文科中学注重古典语言;文实中学注重古典语言、现代语言与自然科学的平衡;实科中学注重现代语言和现代科学。另外,还存在着三类 6 年制的中间学校。即便如此,文科中学依然是最为重要的中学。

第一次世界大战后,魏玛共和国建立。为了适应民主化趋势和民众对享有中等教育的广泛要求,魏玛政府在保有原来中学类型的基础上,新设立了两种中学:德意志中学和上层中学。前者学制为 9 年,与基础学校衔接,以讲授德意志学科为主,具有强烈的民族主义色彩;后者学制 6 年,与高等国民学校衔接,完成教育后可升入大学。这两种中学的设立冲击了中等教育双轨制,为民主化改革和教育平等的发展提供了广阔的前景,为综合化的中等教育改革奠定了基础。

从 19 世纪末到第二次世界大战前的半个世纪,世界各国教育的发展是非常不平衡的。在欧美诸多国家积极探索教育改革的同时,从 20 世纪 20—30 年代开始,德国、意大利和日本为满足其称霸世界的野心、适应国家侵略扩张的需要,对本国教育进行了法西斯主义的改造,从而形成了现代教育发展进程中的倒退。

德国教育的法西斯主义化过程始于 1933 年希特勒上台,但其直接的渊源可以上溯到魏玛共和时期德国教育的蜕变。

(一)魏玛共和国时期的德国教育

魏玛共和国是在第一次世界大战德国战败、内外交困的情况下仓促建立的。在其存续期间,德国国内始终处于急剧的动荡和混乱之中。以旧军官、军国主义分子、容克贵族为代

表的右翼势力,以德国共产党、工人阶级为代表的左翼力量,以及极端民族主义和反犹势力,各方势力都在争夺国家领导权。这种局势形成了魏玛共和国新旧混杂,资产阶级民主思想、社会主义革命思想和专制君主制残余交织的态势,并导致了以军国主义、极端民族主义为主要内容的普鲁士主义的兴起。反映这种态势的魏玛共和国根本大法《魏玛宪法》(Weimarer Verfassung)既具有最广泛的民主特性,也具有浓厚的民族主义色彩。这些特性中的进步因素促进了德国教育的短暂复兴,为第一次世界大战后德国重建提供了所需的政治和文化遗产,但保守的因素则为魏玛共和国的崩溃和希特勒上台并实行纳粹专政提供了必要的条件。

这些特性反映在教育中就形成了一种相互矛盾和冲突的状态。一方面,魏玛共和国对学校进行了符合资产阶级发展要求的改革,教育得到了复兴,初步重建了国民教育体系。因此,对于德国现代教育来说,这是一个重要的时期。但另一方面,魏玛共和国所采取的强调民族主义和国家主义的办学指导思想和教育制度为纳粹专政时期法西斯主义的滋长提供了土壤。

魏玛共和国的进步措施包括以下方面:制定了一系列体现民主共和性质的教育立法和教育政策,废止了德国长期以来实行的教育双轨制,建立了统一的学校制度,扩大了受教育的机会,确定了德国义务教育制度的基本结构;确立了由国家监督全部教育事业的原则,并建立了相应的体制,明确了中央政府和各邦政府对教育的管理权限,形成了德国教育管理的基本架构;在学校机构等内部采取比较民主的管理体制。这些措施基本奠定了德国教育的世俗化和现代化基础。

魏玛共和国具有负面影响的教育措施则有:强调将教育与政治、教育与民族国家的复兴密切结合起来的极端民族主义的教育观点;设立具有浓厚民族沙文主义色彩的德意志中学;对纳粹主义采取姑息政策。

(二)德国教育的纳粹化

1933年,希特勒在德国建立了法西斯专政。在纳粹统治时期(1933—1945年),德国的学校教育被纳入了法西斯主义的轨道,原有的民族主义被极度宣扬,成为实行法西斯专政和对外侵略扩张的工具。德国教育基本被纳粹全面控制,蜕变成为纳粹政权驯服民众思想的工具。

在希特勒思想的主导下,纳粹政权采取了一系列措施,不断强化国家机器对教育的控制。首先,1934年4月30日,纳粹政权建立了管理全德教育事务的最高权力机构国民教育部,对全国各级学校教育进行整顿和管理,统一规定学校课程、教学大纲和教科书等,加强对各级学校教育的集权领导,以便更有效地控制教育。其次,为了贯彻希特勒的意图和纳粹政权的教育目的,纳粹教育行政当局制定了一系列教育政策,规定教育的主要内容是灌输极端民族主义、民族沙文主义和军国主义,以培养盲目信仰纳粹主义和盲目效忠希特勒的年轻一代;纳粹教育绝对排斥知识教育,极力强调体育。在纳粹统治时期,德国彻底放弃了魏玛共和时期所实行的教育民主化政策,极力推行以"种族生物学"为基础的"精英"教育,极力推行民族、种族和宗教的歧视政策。

在纳粹统治下,德国各级各类学校教育被彻底法西斯化和纳粹化了。虽然魏玛共和国时期的基本教育结构没有改变,但各类学校已成为"纯正的雅利安人的学校",教育的重点不再是传授知识,而是强调健康身体和品性的训练,以使学生效忠于"元首"希特勒和纳粹政权。

纳粹政权采取各种措施,以强化对学校师生进行纳粹主义思想灌输与控制。政府不仅在学校日常教学活动中强化纳粹主义的灌输,而且还加强对教师的思想控制,镇压进步人士,要求所有的教师都必须宣誓效忠与绝对服从希特勒。与此同时,纳粹政权还加强了书籍控制和审查,只允许保留与纳粹主义思想一致的书籍。

在纳粹统治时期,希特勒和纳粹大小党魁还创造了各类法西斯教育活动和各种特殊学校,试图从各个方面加强对教育的控制,实现教育的全面纳粹化。这些教育活动主要包括乡村生活年、劳动服役和希特勒青年运动;创办的特殊学校包括全国政治教育学院、阿道夫·希特勒学校和骑士团城堡。

纳粹政权对教育的肆意践踏,极大地破坏了德国的教育事业,严重腐蚀了德国教育的精神,使德国教育发生了严重的历史性倒退。如何从根本上消除纳粹对教育的灾难性影响,重新确立教育独立原则,成了第二次世界大战后联邦德国教育重建和改革的基本出发点。

二、战后联邦德国的教育重建

第二次世界大战使德国大城市中70%以上的学校都遭到了破坏。联邦德国成立后的近十年间,主要致力于教育的修复与重建工作。

1949年制定的《基本法》确立了联邦德国教育事业各州自行管理的分权原则,各州也相应地成立了教育文化部负责本州的教育行政管理工作。某些全国性的教育问题,则由各州教育文化部部长常设会议共同磋商。

1964年10月18日,联邦各州州长在汉堡签署了《联邦共和国各州之间统一学校制度的修正协定》(简称《汉堡协定》),基本上形成了战后联邦德国统一的学校教育制度,成了后来德国学制的基础。

1. 初等教育

初等教育学校仍采用魏玛共和时期的四年制基础学校,这是所有年满6周岁儿童都必须进入的国民初级学校,是义务教育的第一阶段。儿童此后进入相当于初中的一、二年"观察期",经过指导和选择,再进入较高的中等学校。

2. 中等教育

中等教育通过三种类型的学校实施,即主要(普通)中学、实科中学和完全中学。主要(普通)中学开始进行一些职业教育,毕业生只能升入初级职业学校学习。实科中学学习年限为6年,学习程度略高于主要(普通)中学,但低于完全中学,因而又被称为中间学校,主要培养工商业人士、政府和企业的职员。完全中学招生要经过严格选拔,并需缴纳很高的学费,学习过程的淘汰率也较高,但其毕业生一般都可以升入大学。

3. 职业教育

职业教育在德国受到高度重视,在整个教育体系中占有较重要的地位。联邦德国实施职业教育的学校有职业学校、职业专科学校、职业补习学校、专科高中、专科学校和职业完全中学等,这些职业技术学校之间差异很大。从所能获得的学校结业证书或职业结业证书来看,这些职业技术学校主要有三种不同的形式:一是进行双元制职业教育,可获得结业考试合格的职业技术学校,如职业学校;二是进行与职业有关的普通教育,可获得中等教育结业证书的职业技术学校,如职业专科学校和专科学校;三是进行与职业有关的普通教育,可获得升入高等专科学校或高等学校资格的职业技术学校,如专科高中和职业完全中学。

4. 高等教育

联邦德国的高等学校大致可分为学术性和非学术性两类。学术性大学一般被认为学术水平高、学术贡献大、学术地位高,如综合性大学和工科大学等,它们享有较大的自治权。这类大学一般也都有学位授予权,大学毕业考试可分为毕业考试、国家考试和博士学位考试三种。毕业考试合格可取得毕业文凭,国家考试合格后就可获得完全中学教师和其他职位,论文获得通过并经过博士学位考试及格后,可授予博士学位。

三、战后德国现代教育管理体制的改革措施

第二次世界大战结束后,纳粹德国彻底瓦解,分别被美、英、法、苏四国占领。1949 年 9 月 20 日,根据《基本法》,德国西区(即美、英、法三国占领区)宣告成立德意志联邦共和国(以下简称联邦德国)。

(一) 20 世纪 50 年代改革

联邦德国的教育改革是在 20 世纪 50 年代后期才开始推进的,虽然起步较晚,但改革一开始就带有很强的紧迫性。其主要原因有二:一是苏联 1957 年人造卫星上天使德国明显感到了作为冷战敌对国的强大科技实力,这种科技的竞争实质是人才的竞争,教育自然需要对此作出反应,而 1958 年美国颁布的《国防教育法》为联邦德国的教育改革提供了示范和启示;二是苏联占领的德国东区成立了德意志民主共和国(以下简称民主德国),民主德国"公开宣称要使教育机构成为思想意识说教的工具",在思想意识形态领域等方面与联邦德国展开了竞争,这对联邦德国来说也是一种挑战和压力。在这样的形势下,1959 年,联邦德国教育委员会(成立于 1953 年 9 月 22 日)公布了对普通学校教育进行改革的《总纲计划》(全称为《改组和统一公立普通学校教育的总纲计划》)。该计划提出要让所有的儿童先接受 4 年的基础学校教育,然后再给 2 年时间充分促进其能力和特长的发展,之后再决定进入不同类型的中学。《总纲计划》提出设立三种中学:以职业教育为重点的主要(普通)中学;以科学教育为重点的实科中学;包括完全中学和学术中学的高级中学,其中学术中学主要招收有天赋和特殊能力的学生。这样的改革计划适应了社会发展、科技进步对不同类型人才需求的状况,也使基础教育阶段的教学更能够根据学生的不同特点和兴趣爱好来因材施教。

(二) 20 世纪 60 年代改革

联邦德国的教育直到 20 世纪 60 年代还没有完全赶上其他国家改革的进程,教育改革迫在眉睫。1964 年各州州长在汉堡签订了《汉堡协定》。该协定有两个主要的特色:一是提高了儿童接受义务教育的年限,规定儿童普遍应接受 9 年制义务教育;二是有意识地甄别和选拔人才,儿童在 4 年基础教育和 2 年促进阶段或观察阶段的教育基础上,选择进入不同类型的中学,各类中学的名称统一为主要中学(修业 3—4 年)、实科中学(修业 6 年)、完全中学(修业 7 年),完全中学的学习时间长,主要培养有天赋和有学习兴趣的学生,为他们日后成为国家的高级人才打下基础。

(三) 20 世纪七八十年代改革

20 世纪 70—80 年代,联邦德国的教育在推进职业教育和师范教育方面很有成效。联邦德国的职业基础教育划分为 13 个职业领域,涉及 200 多种职业,开办的职业学校主要有职业学校、职业专科学校、职业补习学校、专科高中、专科学校等。联邦德国的"双元制职业教育"模式很有特色,这种模式旨在为企业员工提供一边工作一边学习的机会,企业员工和

企业签订约 3 年的职业教育合同,就可以在部分时间制的学校里分时段学习,同时又随时将学习的理论知识运用到实际操作中,通过考试取得合格证书,成为就业的重要依据。这种模式的职业教育为联邦德国培养了大批的职业技术人员,为其工业和经济的发展奠定了很好的基础,作为一种成功的职业教育模式,曾引起世界上一些国家的效仿。此外,联邦德国的师范教育在 20 世纪 70 年代也有了较大发展。联邦德国在 20 世纪 80 年代以后展开了更全面的教育改革,在基础学校开设了外语课和计算机课,职业教育也更注重和普通中等教育的相互渗透,高等教育方面仍然坚持多层次办学,根据科技和社会发展的需要在大学中广泛开展了信息技术教育。

第二节　日本的现代教育管理制度

日本不同于英、法、德、美,是后发性资本主义国家。其教育制度建立和发展的一个重要特征是在模仿中走向成熟的。近代以来,日本的教育经历了三次重大的改革:第一次教育改革是在明治维新时期完成的日本教育的近代化;第二次教育改革是在第二次世界大战之后,日本作为战败国根据占领当局美国政府和迫于国内民主压力而进行的教育民主化、现代化改革,日本的现代教育管理体制就是在这一时期形成的;第三次改革是从 20 世纪 80 年代初在中曾根的号召下开始进行至今的,以对战后教育体制进行总体反思和建立成熟的、个性化的教育体制为主要内容的教育改革,日本现代教育管理制度也由此走向成熟。

一、军国主义教育的反动

第一次世界大战后,日本在对外侵略扩张的既定国策支持下,开始逐渐走上了军国主义(militarism)的发展道路,其教育也逐渐体现了军国主义教育的特征。这种违背现代教育精神的教育实践服务于日本发动的对外侵略战争,给世界人民尤其是亚洲人民带来了巨大的灾难。

军国主义一般指崇尚武力和军事扩张,认为军事力量是国家安全的基础,将穷兵黩武和侵略扩张作为立国之本,将发展、保持军事以保证军事力量视为社会的最重要目标,从而把国家完全置于军事控制之下,使政治、经济、文教等各领域的国家生活均从属于扩军备战以及对外战争的制度政策和社会意识形态。第二次世界大战前夕的德国和日本都是军国主义国家的典型。法西斯主义是这些国家全面危机时期军国主义的极端表现。

军国主义往往否认和平,坚持战争是不可避免的,甚至认为战争本身是美好和令人神往的。在政治上,军国主义实行极权主义和独裁制,宣传极端的民族主义和沙文主义,压制私权、人权和言论自由;在经济上,国民经济运作以军事优先,保证战争所需,因此充满残酷性和反动性,曾给人类带来巨大灾难。

日本军国主义从 1868 年明治维新以后形成并发展,其思想渊源为日本的武士道精神。武士道强调效忠君主、崇尚武艺和绝对服从等封建道德规范及行为准则。武士道对日本政治和社会生活各方面的影响极其深远,使日本具有了军国主义思想文化传统。

日本军国主义教育的发展分为四个阶段:(1) 明治维新时期的起源阶段(1867—1912年);(2) 大正时期的确立阶段(1912—1926 年);(3) 昭和前期的强化阶段(1926—1937年);(4) 战争时期的崩溃阶段(1937—1945 年)。

（一）明治时期军国主义教育的起源（1867—1912 年）

1868 年推翻幕府统治之后，日本建立了天皇制国家。在明治天皇（1852—1912 年，1867—1912 年在位）统治期间，日本进行了明治维新，推行富国强兵、殖产兴业、文明开化的政策，推动了日本资本主义的发展。在教育方面，明治天皇一方面颁布诸多教育法令，建立了近代国家教育制度，促进了日本教育和社会的发展，但另一方面也推动了日本教育逐渐向军国主义的方向靠拢，为此后日本教育的军国主义化奠定了制度、意识形态和法律等基础。

1886 年，在文部省大臣森有礼的主持下，明治政府颁布了《学校令》。《学校令》的整体思想体现了森有礼的国家主义教育思想，重视培养具有国家观念和忠君爱国的道德品质的下一代，主张为了国家的富强而发展教育，为了维护国家政权而实施国民皆受军事训练的教育，主张国家对教育的控制，使个人的要求从属于国家和国家的权力。森有礼的《学校令》初步确立了日本国家主义教育的原则，为日本教育的进一步军国主义化奠定了基础。

1890 年，明治天皇颁布了在日本近代教育史上占据重要地位的《教育敕语》，《教育敕语》维护日本天皇制国家，向日本人民灌输忠君爱国的封建思想，将日本教育纳入了军国主义政策的轨道。从《教育敕语》颁布到第二次世界大战结束，它一直是日本的教育基本法。文部省甚至要求各学校举行任何仪式都必须先奉读敕语，向天皇御影行礼。

（二）大正时期军国主义教育的确立（1912—1926 年）

1912—1926 年的大正时期是日本教育发展的重要时期。这一时期，因为受到国内经济发展和国外民主主义、自由主义和社会主义思想的影响，出现了"大正德谟克拉西"时代，自由民主精神高涨，推动教育的进步，使其出现了积极的一面。教育界掀起了新教育运动，消除封建教育的影响。儿童中心主义、经验主义教育先后在私立学校和师范学校附属小学被广泛推行，道尔顿制在全国各地得到推广，"儿童之村""自由学园""合科教学"等教育实验也被引进、试验和实施。各级各类学校教育得到了发展。

但在另一方面，明治后期垄断资本主义的发展以及日本浓厚的封建军事专制传统在经过中日甲午战争、日俄战争和第一次世界大战的刺激后，促使日本经济逐渐向军国主义经济转变，政治上也出现了军人内阁执政，逐渐确立了军国主义的对外扩张政策。与此同时，受世界性经济危机和关东大地震的影响，日本国内出现了社会矛盾激化和社会不稳定现象。为了缓和国内社会矛盾、增强国力以进行对外侵略扩张的需要，压制日本民众的自由民主思想，这一时期的教育政策进一步强化了国家主义、民族主义和忠君爱国的军国主义教育特性，政府加强了对教育的严密监督与管理，教育被引向了军国主义教育的轨道。无论是初等教育普及和课程改革、中等教育升学年龄的变化、对中等职业教育的重视，还是大力发展高等专门学校和高等师范教育，以及在各级学校中进行思想的控制，都深刻地反映了这种转变。事实证明，昭和前期日本之所以穷兵黩武，发动侵略战争，是与大正时期军国主义教育体制的确立相关联的。

（三）昭和前期军国主义教育的"鼎盛"（1926—1937 年）

大正时期确立的军国主义教育体制在昭和前期得到进一步强化。昭和前期（1926—1945 年）是日本历史上最黑暗的法西斯统治时期，也是日本法西斯势力发展到鼎盛，又从鼎盛走向灭亡的时期。这期间日本的教育被完全绑在了法西斯军国主义的战车上，成了为侵略战争服务的工具。

这一时期，日本建立了军事独裁内阁，形成了封建的军事法西斯政治体制。1936 年 2

月,以林铣士郎、东条英机等为核心的陆军上层骨干确立了统治地位,对外制造了侵吞中国领土的"九一八"事变、"一·二八"事变、"七七"事变,对内则进行法西斯恐怖统治。在这种情况下,日本教育也受到严重影响。日本政府一方面镇压师生的民主活动;另一方面大力灌输军国主义思想,并对学生进行军事训练,按军队生活方式限制师生的思想和行动,培养为军国主义服务的青年。1937年"七七"事变后,日本的学校逐渐变成了兵营和精神训练营。军训时间每周必须保证两小时以上,师范学校则为每周3小时。1941年以后,随着对外侵略战争的升级,军训时数愈益增多。军训内容除了军事操练、武术科目外,还有法西斯军人言行的思想教育,培养学生具有"武士道"精神、法西斯军人的气质和"为天皇捐躯"的献身思想。

(四)战争时期军国主义教育的崩溃(1937—1945年)

1937年"七七"事变后,日本进入了全面战争时期。东条英机等人成立了战时最高指挥机关——"大本营"。1939年第二次世界大战爆发后,日本仿效德意法西斯,解散一切政党,网罗各色法西斯分子建立了一个官办的"大政翼赞会",由内阁首相任总裁,使军事封建法西斯性质的政权恶性发展。至1941年10月,军国主义法西斯分子东条英机以"大本营"最高指挥官身份组成东条内阁。他不但兼任内相和陆相,而且又兼任外相、文相、商工相、军需相,集军国大权于一身,把军事法西斯主义统治发展到极端。在这样的政府背景下,为适应战时需要,日本政府强化与发展了军国主义教育并建立了战时教育体制。

1937年10月,日本成立由内阁总理大臣直接管辖的咨询机构——"教育审议会",其任务是根据"明征国体""刷新教学"的宗旨重新审查教育制度,修订教育内容,并监督各级各类学校执行军国主义教育政策,使教育完全适应对外侵略扩张的需要。教育审议会成立后,先后对青年学校、国民学校、师范教育、中等教育、高等教育以及教育行政与财政提出审议报告,建议作出改革。日本内阁以教育审议会的建议为基准,制定了有关法令,确立了战时教育体制,并进一步推行军国主义教育。太平洋战争爆发后,日本法西斯军政当局又进行所谓的战时社会总动员,把参军参战、"勤劳奉仕"放在第一位,使日本学校教育陷入瘫痪,正常教学根本得不到保障,处于崩溃的边缘。

1941年12月《国家总动员法》颁布后,许多青少年学生被迫加入"国民勤务报国队",参加所谓的"勤劳奉仕"活动。军国主义政府还决定停止执行文科大学生免除兵役的规定,强迫大批大学生应征上前线。中小学的修业年限从1941年起随意缩短,学生没到毕业年限就被赶出学校,参加工厂劳动或为战地服务。1943年6月,东条英机内阁决定"确立学生战时动员体制",将学校的"勤劳报国"时间定为每年60天,迫使学生承担生产、防卫、运输等方面的义务劳动任务。随着战争的扩大和日本法西斯末日的来临,东条内阁又决定推行"教育战时非常措施",自1943年10月开始推迟实施8年义务教育,初中的修业年限再度缩短;中等学校以上的各级各类学校的学生每年以1/3的时间参加"勤劳奉仕"。1944年1月,东条内阁又颁布了《紧急动员学生参加劳动方案》,要求学生每年以4个月时间为标准参加"勤劳奉仕"。此外,还可随时延长时间。有的学校干脆被占用,当作救护医院、伤员中心或其他为战争服务的机构。在校学习的学生常被拉上街头"欢送"新兵出征。1943年12月1日,日本全国约有数万名学生同时被编入陆军和海军,补充兵源。在所谓最后的"决战阶段",军国主义政府又颁布了一系列法令,动员所有大中学校师生参加为战争服务的工作。自1944年8月起,日本国土遭到美机的狂轰滥炸。日本内阁被迫作出"加紧实施集体疏散学龄儿童"的决定,学校关门停止授课,小学生被疏散到农村或小城镇。大学、高中的学生全部被动员去参军或参加为战争服务的工作。1945 年 5 月 20 日,又颁布了《战时教育令》,宣布国民教育进入紧急状态,学校一律停办,小学生开始疏散,整个日本教育完全陷入瘫痪状态,学校教育已名存实亡,使日本儿童与青少年蒙受了巨大灾难。直到日本军国主义政府宣布投降后,日本的教育才得以复苏和重建。

二、战后日本的教育重建

(一) 教育重建的指导思想

《波茨坦公告》(Potsdam Declaration,1945 年)关于日本战后的发展宗旨是:解除日本军国主义,实现社会民主化。1945 年 9 月 22 日,占领军总司令部聘请美国教育专家设置了民间情报教育局(Civil Information Education,简称 CIE)。同年 10 月,发布了《四条指令》(The Four Major Directives)。该指令要求日本禁止军国主义和极端国家主义思想的传播,罢免职业军人或极端国家主义者在教育领域内的职务,停止修身等学科的教学,编写新教材,等等。这些初步改革的目的在于清除日本教育中军国主义和极端国家主义的因素,培育日本社会的民主主义思想。

《波茨坦公告》全称为《中美英三国促令日本投降之波茨坦公告》。该公告系在苏、美、英三国柏林会议进行期间,于 1945 年 7 月 26 日以中、美、英三国名义发表。苏联于同年 8 月 8 日对日宣战并加入公告,8 月 9 日对日进入战争状态。公告全文 13 条,主要内容是:盟国将加强对日作战,直至其停止抵抗;《开罗宣言》的条件必将实施,日本主权必将限于本州、北海道、九州、四国及盟国所决定的其他小岛之内;日本军国主义必须永久铲除,为达到此目的,"日本领土上经盟国指定之地点,必须占领";对战争罪犯将严加惩处;不准日本保有可供重新武装的工业;通告日本政府立即宣布所有日本武装部队无条件投降。

为了深化日本的教育改革,1946 年 3 月,美国政府又向日本派出了包括著名比较教育学家康德尔(Issac Kandel,1881—1965 年)在内的 27 人教育专家使节团,对日本的教育内容、教学方法、教育行政、教师构成等进行了全面考察。4 月 7 日,美国占领当局发布了《美国教育使节团报告书》(Report of the United States Education Mission to Japan)。《报告书》涉及日本教育的全部领域,明确批判了日本中央集权式的教育体制,并从自由主义教育哲学出发,指出了日本教育改革的民主主义方针及建议,如学制实行"6—3—3—4 型"学制、创设教育委员会制度、导入社会科、大学开展通识教育。具体来说,以美国个人主义理念为指导的自由主义教育改革要点表现为以下几个方面:

第一,在教育目的论方面,把尊重个人和发挥个性摆到正面,强调培养作为"民主社会"一员的"民主市民"。

第二,应当给予教师和儿童双方以大幅度的自由。对教师,要给予他们教授的自由和编制课程计划、选择教材的自主性;对儿童,要使他们从整齐划一的强迫性教育课程及应试准备教育中解放出来。要废止教科书国定制,采用审定制度。改写地理、历史教科书,在中学新设社会科。

第三,关于教育行政,改变中央集权的行政制度,削减文部省的权限,废除视学制度,与此同时,承认地方府县关于初等、中等教育行政的责任,按照直接选举制创设教育委员会制度。

第四,建议为实现教育的机会均等原则,将双轨制的结构改为单轨制,采用无偿的 9 年义务教育,普及中等教育,实行男女同校,特别明确指示采用初中三年、高中三年的所谓"6-3-3 型"学制。

第五,打破教育方法中的整齐划一主义,要重视儿童的经验。为实现这一点,建议重视教师的再教育与在职进修,刷新师范教育,采用四年制大学水平的教员培养制度,提高教育行政专家的专门性。

第六,强调成人教育的重要性,提议建立广泛的成人教育计划,开放学校,普及公开讲座,重视图书馆、博物馆及其他方法。

第七,关于高等教育,建议打破帝国大学的特权,向女子广开门户,为确保自治和自律性,自主地设立设置标准,保障教授会的自治等。此外,为打破偏重专门教育,谋求教育课程的自由化(实行通识教育)。

对于这份报告书的影响,正如其序言部分的声明,"我们不是带着征服者精神来到日本,而是作为教育经验者来到日本的。我们确信所有的人都潜藏着要求自由,进而要求个人和社会发展的不可估量的力量"。该报告的教育哲学中所体现的儿童中心性的实用主义教育思想,以及新政的理想主义方面,反映了战后世界教育改革的思想主流,对日本教育重建影响深远。

(二) 教育重建政策的确立

1946 年,日本战后的新《宪法》提出了发展教育的基本原则,其中第 26 条规定,"所有国民须依照法律,承担使其受保护的子女接受普通教育的义务。义务教育免费"。1947 年,日本在美国教育使节团报告书的精神指导下,相继颁布了《教育基本法》和《学校教育法》,展开了其战后教育的系统改革与重建。1946 年 8 月,日本成立了"教育刷新委员会",任务是对教育改革中的重要事项进行调查和审议。根据《美国教育使节团报告书》及新宪法精神,该委员会制定了《教育基本法》,翌年 3 月 31 日起公布实施。

《教育基本法》明确指出日本教育的目的是"完善人格、尊重个人价值、培养充满独立精神的和平国家与社会的建设者";教育方针是"尊重学术自由,培养进取精神,通过互敬与合作,致力于文化的创造和发展";教育原则是"教育机会均等,全体国民均享有与其能力相应的受教育的平等机会"。此外,对学校教育、社会教育、政治教育、教育行政等也做了相应的原则性规定。

在具体的学校活动要求方面,与《教育基本法》同时颁布实施的《学校教育法》确立了"6-3-3-4 型"新学制,即小学六年和初中三年义务制实施普通教育,高中三年实施普通教育和专业教育,大学四年传授和研究专业学问。旧制中学成为三年制的新制高中,旧制高中、中专、师范等与旧制大学一起成为新制四年制大学和二年制短期大学。这样,学校体系由过去颇为复杂的双轨制转变为单轨制,贯彻了"教育机会均等"的原则,体现了教育民主化改革的基本精神。

《教育基本法》的颁布和实施,取代了战前军国主义性质的《教育敕语》,标志着日本教育从军国主义、国家主义教育向和平、民主教育的转变,对战后教育民主改革的全面展开与民主化教育体制的确立起了决定性的作用,在日本教育史上具有划时代的意义。《教育基本法》和《学校教育法》颁布后,文部省又发布了一系列文件和法令,对教育课程的设置、教材的编制和应用、师资的培养和认可等制度做了更为具体的规定。

（三）教育行政制度改革

"二战"前,日本的教育行政管理是高度集中的中央集权制,"天皇敕令"是教育的最高法令,文部省为教育行政的中央机构,地方政府在教育方面的自主权非常有限。在教育民主化的改革背景下,教育行政权力的下放及分权成了教育改革的核心。

1948 年 7 月 15 日,日本国会公布了《教育委员会法》,该法案根据《教育基本法》的原则制定,规定了教育委员会的组织权限和职责。其主要内容有:在都、道、府、县及市町村(市町村是日本被称为"基础自治体"的地方政府"市""町""村"的总称,也是日本最底层的地方政府。其上有被称为"广域自治体"的"都""道""府""县"的地方政府)设立教育委员会,委员由当地公民选举产生;委员会下设教育长和事务局,教育长由委员会任命一位教育专家担任,处理日常教育事务;教育委员会享有设置和撤销学校、分配学校经费、安排教学内容、选择教科书、培训在职教师、颁发教师资格证书、任免校长及教职员工等权限。《教育委员会法》的实施,大大地削弱了文部省的权力。

1949 年 5 月 31 日,日本政府又公布了《文部省设置法》。该法案进一步将文部省的职能转变为服务性机构,其任务是:对教育委员会、大学、研究机构及其他教育机构给予指导和建议;制定经费预算方案;组织调整大学和研究机构的研究工作;编辑和发行有关教育问题的专业技术资料;等等。由此,文部省的职能和权限发生了根本性的改变,由原来的监督统治机构变成了以指导和咨询为主的服务性机构。

（四）学制的重建

1. 推行九年义务教育

随着美国学制的引进,日本战后逐渐将等级分明的各类初等教育机构改编为单轨制的义务教育体系。新制小学是由旧制的国民学校初等科改编,新制初中则是由旧制国民学校高等科和青年学校合并而成。新学制实施后,义务教育学生人数大增,这也引起了严重的校舍及教育经费短缺等问题。但随着日本经济的逐步恢复,在日本中央政府与地方政府共同负担经费的努力下,其"六三"制义务教育方案的实施仍是较为顺利的。

2. 设置新制高中

随着义务教育体制的改进,日本从 1948 年之后也开始新制高中的改革,这使得过去等级分明、双轨制的中等教育结构走向了一体化,体现了教育公平的基本原则。新制高中在学科设置上采用分科制与学分制。分科制是对基于学科倾向的学校分类,其分为以升学为目的的普通教育学科和以就业为目的的专门教育学科,前者为普通高中,后者为职业高中,将二者综合起来的则为综合高中。学分制则是建立在选修课基础上,在一定的必修课之上,再丰富学生的课程选修范围,增进学生的学习兴趣与自由。

3. 单一类型的大学

日本从 1949 年相继全面推行了新制大学,这是将旧制的帝国大学、单科大学、高等学校、大学预科、专门学校、高等师范学校、师范学校、青年师范学校及其他培养教师的教育机构,统一为单一类型四年制大学,并实行学分制。新制大学下设学部作为教学科研的基本单位,除了传统的学部以外,根据社会的发展,一些大学还新开设家政、教育、体育、艺术等新学部。为了真正体现教育机会均等原则,日本推行了"一府县一所国立大学"的方针,从而避免了大学向大城市集中的倾向。大学的类型统一,也是日本学制美国化改革的重要组成部分,这样就在借鉴美国教育单轨化、自由化的基础上,形成了完整的"6-3-3-4 型"学制的学校教育体系,推动了日本教育民主化的发展,并为其后来高等教育大众化的发展打下了重要的基础。

4. 社会教育的改进

根据《教育基本法》精神,日本 1949 年公布了《社会教育法》,将其提高到与学校教育同等重要的地位,并明确了社会教育的职能。法案规定,社会教育是国民自主性教育活动,以社区为单位进行,国家和地方政府的任务是奖励、援助并指导国民的自我教育,保证必要的条件与环境。其内容不仅在于文化修养的提高,而且还包括文艺、体育、娱乐、兴趣、个性等修养的提高。随着法案的推动,日本的社会教育更加丰富。各地创建了公民馆,作为社会独立的综合性社会教育设施。一些民间人士也开展了"自我教育运动",兴办了各种"启蒙讲座"。学校也组织起各种政治、经济及职业发展的讲座,并进而发展成为制度化的"夏季劳动大学"等组织形式。一些中小学也建立了"教师与父母联合会"(Parent and Teacher Association,简称 PTA),促进了学校教育与家庭及社会教育的结合。

日本前首相福田赳夫(1905—1995)曾说:"一般来说,振兴国家、肩负国家的是人。民族的繁荣与衰退,也是这样。资源小国的日本,经历诸多经验,得以在短期内建成今日之日本,其原因在于国民教育水平和教育普及之高度。"教育立国是日本战后的一项基本国策,在恢复和重建的过程中,教育为日本培养了大批高质量的劳动力、管理和科技人才,也使得日本的优良传统得以继承和发扬,这为日本经济的发展提供了强劲动力和有力保障。

第三节　苏联的现代教育管理制度

十月革命胜利之后,俄国建立了苏维埃政权。苏维埃政权打碎了旧国家机器,全面地进行社会主义改造行动,其中包括作为无产阶级革命和社会主义建设重要组成部分的社会主义教育制度。苏联社会主义教育制度的确立大致可以分为三个时期:(1) 1917—1930 年为初创时期;(2) 1931—1941 年为调整与巩固时期;(3) 1941—1945 年为卫国战争时期;(4)"二战"后的重建时期。

一、初创时期

十月革命后,针对原沙皇俄国的教育落后,等级性、宗教牲、民族歧视严重的现实情况,苏联共产党和苏维埃政府在建国伊始就开始了对学校和整个国民教育制度的革命性改造,以实现教育的民主化和世俗化。

(一) 建立新的教育管理机构和体制,取代以往沙皇俄国的国民教育管理体制

1917 年 11 月 8 日,根据苏维埃第二次代表大会通过的《关于成立工农政府的法令》,设立了教育人民委员部。11 月 9 日,颁布了《关于成立国家教育委员会的法令》,规定成立国家教育委员会,取代旧俄的国民教育部,作为全俄教育的领导机关,并任命阿·瓦·卢那察尔斯基(1875—1933 年)为教育人民委员部和国家教育委员会主席。1918 年 1 月,国家教育委员会开始取缔沙皇时代的国民教育管理体制和学区制,撤销了学区督学、国民学校校长和学监的职务,各地中小学由当地苏维埃领导。1918 年 2 月,教育人民委员部通过决议,把宗教事务院管辖的所有学校移交教育人民委员部管理。至此,苏联形成了由上而下的教育管理体制。中央设教育人民委员部,地方教育由省、县、乡各级苏维埃执行委员会的国民教

育领导部门管理。

（二）剥夺教会对教育的领导权，实现教育世俗化

1917 年 12 月，人民委员会发布了《关于把教育事业从宗教事务院移交给教育人民委员部的决定》，要求撤销沙皇时代各种类型的教会学校，全部改组为普通学校，交由教育人民委员部管理，剥夺了教会对学校的领导权。1918 年 1 月，人民委员会发布了《关于信仰自由、教会和宗教团体的法令》，规定教会必须与国家分离，学校必须与教会分离，宣布信仰自由，公民享有不信仰任何教义的权利，在学校里禁止讲授宗教教义和举行宗教仪式，教会不能干涉学校事务，进一步消除了教会对学校的影响，以革命式手段迅速实现了教育的世俗化。

（三）实现男女和民族教育平等

1918 年 5 月 31 日，教育人民委员部公布了关于在所有学校实行男女同校的决定，取消了妇女在教育方面受到的不平等待遇。另外，苏维埃政府还通过了《俄国各民族权利宣言》，宣布各民族平等、自由地发展，承认各民族的教育权，并设立少数民族教育司，促进民族教育平等。

（四）改造旧学校教师的思想，培养新教师

针对旧学校教师难以理解革命的情况，苏联政府根据列宁的指示，向教师宣传党和政府的政策，讲解组织国民教育的新原则和苏维埃学校的目的、任务，改造教师的思想认识。此外，教育人民委员部还重视培养新的教师干部，加速发展师范教育。新教师队伍的建设保证了教育事业的改造顺利进行。

（五）革新措施

在初步完成对旧教育的改造之后，苏维埃政府开始提出新的教育规划方案，对教育进行革新。

1. 学校改革

1918 年 3 月，在国家教育委员会的领导下，成立了统一劳动学校委员会，开始研究和制定学校改革方案。1918 年 10 月 16 日，公布了《统一劳动学校规程》和《统一劳动学校基本原则》。

《统一劳动学校规程》规定，苏联的所有学校（除高等学校外）一律命名为"统一劳动学校"。所有儿童都应进统一劳动学校学习。统一劳动学校分为两个阶段：第一级学校招收 8—13 岁的儿童，学习期限 5 年；第二级学校招收 13—17 岁的少年和青年，学习期限 4 年。两级学校均是免费的，并且是相互衔接的，所有儿童都有权利升入高一级的学校学习，这是为了实现党纲所规定的普及义务教育的目标。但在当时的条件下，这是无法完全做到的。《规程》取消了一切必要的、合理的教学制度，取消了教学计划，完全废除了考试和家庭作业；强调"新学校应当是劳动的"，并且把劳动列入学校课程，使学生通过劳动能"积极地、灵活地、创造性地去认识世界"。但它在实施过程中，由于存在不正确地理解教师的作用，过高地估计了劳动在学校生活中的地位，宣称"生产劳动应当成为学校生活的基础"，用劳动生产代替教学过程，忽视文化科学知识的系统教学，把"统一"混同于"划一"等弊端，结果使得统一劳动学校制度同经济和文化发展的矛盾日益突出。因此，从 1919 年开始便不得不建立各种过渡性质的学校来补充。虽然《规程》存在严重的缺点和错误，但它毕竟是苏联教育史上第一个重要的教育立法。它所推动的教育改革尖锐地批判了旧学校的形式主义、脱离

生活实际的倾向,要求把教育与生产劳动紧密地结合起来;强调全面发展儿童个性,充分发挥儿童学习的主动性和创造性等。这一切都曾在一定时期对苏联教育发展发挥了积极的作用。

1919年3月,俄共(布)第八次代表大会通过了由列宁起草的《党纲》,党纲指导确定了苏维埃政府关于学校和教育事业的各项原则:(1)对17岁以下的全体男女儿童实施免费的、义务的普通教育和综合技术教育;(2)为了改进公共教育和解放妇女,要设立托儿所、幼儿园、托儿部等学前教育机关;(3)完全实现统一劳动学校的各项原则,即用本族语进行教学,男女同校,使学校成为绝对非宗教的,使教学与社会生产劳动紧密结合,培养共产主义社会全面发展的成员;(4)由国家供给全体学生食物、衣服、鞋袜和学习用品;(5)培养充满共产主义思想的新的教育工作干部;(6)吸引劳动人民积极参加教育事业;(7)国家全面地帮助工农自学和自我发展;(8)对17岁以上的成人广泛开展与普通综合技术知识相联系的职业教育。这一全面纲领成为苏联长期的教育奋斗目标。

2. 教学内容与教学方法的改革

《统一劳动学校规程》颁布后,改革普通学校的教学内容和教学方法成了苏维埃教育的重要课题。学校制度的变更,需要重新编订新的教学计划和教学大纲。1921—1925年,国家学术委员会的科学教育组编制并正式公布了《国家学术委员会教学大纲》(通称综合教学大纲或单元教学大纲)。这个大纲不同于以往的各种大纲,它完全取消了学科界限,将指定要学生学习的全部知识,按自然、劳动和社会三个方面的综合形式来排列,而且以劳动为中心。在实施综合教学大纲的同时,相应地改变了教学方法,开始采用所谓劳动的教学法,即在自然环境中,在劳动和其他活动中进行教学。综合教学大纲主张废除教科书,甚至提出"打倒教科书"的口号,广泛推行"工作手册""活页课本"和"杂志课本"等。在教学的组织形式方面,综合教学大纲主张取消班级授课制而代之以道尔顿制和设计教学法等。

综合教学大纲力图通过单元教学的形式,把学校的教学工作同现实生活紧密地联系起来,彻底克服旧学校教学与生活完全脱离的缺点,并加强各门学科之间的联系,培养儿童自己掌握知识的能力和自觉的劳动态度,激发儿童对改造周围生活的兴趣,充分发挥他们学习的主动性和创造性。但是,综合教学大纲实际上破坏了各门学科之间的内在逻辑,曲解了教学活动与现实生活之间的联系,因而削弱了学校中系统的基础理论知识的学习和基本的读、写、算能力的训练。

综合教学大纲虽未普遍推行,但对苏联学校的教学工作却产生过深远的影响。整个20世纪20年代,苏联的教学计划和教学大纲几经修改,但综合教学大纲编制的原则基本上没有改变,因此使苏联的教学工作走了一段很长的弯路。

3. 综合技术教育与思想政治教育改革

20世纪20年代后期,苏联还加强实施了综合技术教育,从而将劳动提到了教育中的重要地位,并动员整个社会协助学校实现对学生进行综合技术教育的任务。同时,还强调重视对学生的共产主义思想政治教育,成立共产主义青年团和少年先锋队等组织。但上述教育也暴露了劳动和思想政治教育冲击了教学,严重影响了学生文化科学知识的学习,政治活动和会议过多,少年儿童政治理论学习成人化等问题,影响了苏联教育的正常发展。

4. 高等教育改革

此外,苏联高等教育在这一阶段也进行了不少改革,如建立了党对高校的领导,实行了高校向工农开门的政策,加强了教育与生产、理论与实际的联系,通过把一些规模大、系科设置完全的高等学校分成若干学院建立工科院校的做法,使学校的系科集中、重点突出、专业性加强。但同样也存在着一些问题,如忽视了系统的理论教学,过于专业化,过于强调与生产相联系,忽视理论研究等。

二、调整与巩固时期

苏联教育在初创时期的发展中取得了一定的成绩,实现了普及初等义务教育,在城市中实现了七年制义务教育。初步建立了具有自身特点的教育体制,但也存在相当多的问题,尤其是《规程》和综合教学大纲在实践中出现了很多缺陷。面对国家建设的要求,以及为了解决长期以来教育发展中的弊端,从1931年开始,苏联进行了一次新的教育改革。改革的重点在于调整普通教育,稳定教学秩序,培养合格的、确实能为经济发展服务的人才。

1931年,苏联政府颁布了《关于小学和中学的决定》(以下简称《决定》)。这个《决定》是20世纪30年代苏联改革和发展国民教育的纲领性文件。《决定》对学校的基本任务、教学方法、干部、中小学的物质基础以及学校管理等方面提出了明确的要求和具体的改进措施,强调系统知识和传统的教学方法。

《决定》认为,普通教育的根本缺点在于没有让学生掌握基本技能和基本知识,因此要求保证在教学大纲中有范围明确的各种系统知识。《决定》反对大规模地传播设计教学法,要求综合技术教育应当传授学生科学的基本知识,教育与生产劳动相结合必须服从学校的教学和教育目的。

《决定》是苏联彻底整顿普通教育的开始,也是以后各教育决定的主要依据,它比较全面地阐述了联(共)布中央的普通教育政策。整个20世纪30年代的教育改革,都是以这一《决定》的基本精神为中心,并使其得以顺利贯彻和全面进行的。《决定》对克服苏联普通学校工作中存在的缺点,改变过于强调生产劳动的片面倾向,进一步改进学校的教学、教育工作,提高教学质量,使之更加适合于社会主义建设的需要,具有极其重要的意义。但是,在实际执行这一《决定》的过程中,过分强调对学生的知识教育,结果导致学校工作走上了另一极端,即忽视学生的劳动教育。同时,没有充分肯定深入研究儿童年龄和个性特点的必要性,以致在贯彻《决定》的过程中不敢把对儿童的研究提到应有的地位,又产生了忽视儿童研究的缺点,对苏联教育科学的发展产生了不良的影响。

这一时期,苏联还对高等教育进行了整顿和改革。1930年进行了院系调整,形成了三种类型的高等学校,即综合大学、多科性工学院和各种专门学院,但在发展过程中曾出现忽视综合大学作用的倾向。1931—1933年对高等学校的专业进行了调整,将原有的900个专业调整为345个。

三、卫国战争时期

1941年6月22日,德国法西斯进攻苏联,苏联教育按照战时的要求和条件,改组了各级各类学校的教育教学工作。

一是坚持正常的教学秩序,加强战时普及义务教育工作,组织工厂、青年学校和农村青年夜校,弥补战争给那些没有完成教育的青少年所带来的损失。

二是国家收留孤儿,建立为战争服务的中等军事学校、特种技工学校和寄宿学校。

三是改变教育目标,在农村实施普及小学教育,在城市和工人镇实施普及七年制义务教育,并将儿童接受义务教育的年龄提早至 7 岁。

四是保障教育经费。1942 年教育经费占预算总额的 57%,1945 年达到 88%。

五是改变学校教育教学工作,重视学生的思想政治教育和爱国主义教育,修改教学大纲和教学计划,力求使其更适合战时的需要。

六是加强教育质量管理,实施毕业考试制度和学业品行评定制度,颁布《学生守则》,整顿学校秩序和纪律,督促和鼓励学生努力学习。

七是加强学生的生产劳动教育和军事体育训练。从 1942—1943 学年起,对五至七年级学生实行军事体育训练,对八至十年级学生实行入伍前的军事体育训练。

八是将高等教育纳入为战争服务的轨道,根据战争的需要和条件修订了教学计划和大纲,增加与军工和国防有直接关系的专业比重,加强对学生的思想政治教育。在整个战争期间,高等学校培养了 30 万高级专业人员,许多学校都为解决紧迫的国防课题竭力作出贡献。

经过上述三个时期的发展,苏联社会主义教育制度基本形成,并具有了自己的特色,为苏联的发展、对其他社会主义国家借鉴教育制度、为打破西方教育垄断、为建立社会主义教育思想奠定了坚实的基础。

四、战后重建时期

虽然战后苏联的社会发展模式几经变化,但其核心要旨却是很明确的,即要"发展工业、农业、科学和文化,提高劳动者的物质福利",目标是要建设社会主义和共产主义。因此,教育在社会理想的实现过程中有着不可推卸的责任。而且苏联共产党认识到"社会的共产主义改造同新人的培养有着不可分割的联系"。苏联 20 世纪 80 年代初出台的重要改革方案《改革普通教育学校和职业学校的基本方针》(苏联最高苏维埃 1984 年 4 月 12 日通过)中明确指出改革的目的就是要"把学校工作提高到一个本质上崭新的水平,使之与发达的社会主义社会的条件和需要相适应"。苏联社会发展的愿景在三个方面对教育提出了要求:其一,人的思想教育要符合社会发展的长远目标——建设共产主义社会。其二,发展人的智慧才能,以适应社会经济、技术发展的需要。其三,加强学生的劳动教育,培养更多的职业技术人才,以满足技术进步对劳动者专业技能的要求。苏联当时已看到"有一部分工人的职业技术水平并不令人满意,这在某些情况下已经阻碍着生产的发展",因此要求教育要密切联系生产劳动,在实践中锻炼和提高学生的专业技能。

苏联在 20 世纪 80 年代以后继续对普通教育和职业教育进行了改革。1984 年 4 月,苏共中央全会、最高苏维埃通过了《改革普通教育学校和职业学校的基本方针》,明确今后教育改革的基本任务是:提高每门学科的教学水平,改进教学方法,让学生牢固掌握科学文化知识,防止教材内容复杂化和学生负担过重的情况发生;改进普通教育学校的劳动教育、劳动教学和职业指导工作,加强教学的综合技术方向性和实践方向性,普及职业教育;加强学生的学习纪律和劳动纪律;提高教师和生产教学技师的社会地位等;普通教育学校由 10 年制逐步变为 11 年制。

1986—1987 年,苏联又进行了高等教育改革。经过"二战"后几十年的努力,苏联的高等教育在数量上已有了很大发展,这次改革的主要目的是进一步提高高等教育的质量,以适应国家经济发展和科技发展的需要。此次改革声势浩大,提出了很多改进措施,但没有进行多久即停滞下来,主要原因是受到国内政治危机的影响。戈尔巴乔夫上台后,在苏联经济改革踯躅不前的情况下,试图以政治改革促进经济改革,将工作的重心转移到了政治体制改革上,而政治体制改革却使早已潜伏的民族矛盾凸显,并发展到异常尖锐的地步,教育改革因此也就被搁置下来。

苏联从1917年十月革命胜利、建立社会主义国家到1991年12月宣告解体为止,虽然只有短短的70余年,但教育上所取得的成就都令人瞩目,甚至得到了冷战时期作为潜在敌人的西方世界的高度评价。尤其是在第二次世界大战后发展更加迅速,到1952年时已在全苏联普及了七年制义务教育,1950年高等学校的在校人数增至124万,这为其科技的腾飞奠定了坚实的人才基础。20世纪50年代末至80年代末的30多年间,教育改革虽然几经波折,但总的来说还是推进了苏联教育的发展。

在美苏剑拔弩张的冷战岁月里,竞争的加剧、社会经济和科技的迅猛发展,使教育早已成为国家机器上的一个轮子,其运作必然要服从和服务于国家利益和社会整体发展的需要。1957年苏联人造卫星的发射在冷战世界中掀起了层层波澜,苏联的巨大科技成就无疑与其教育水平密切相关,"人造卫星事件"成为当代世界教育改革的一个引擎。苏联教育家科罗廖夫(1906—1966)曾说:"20世纪无论是在社会发展或在生产领域中,无论是在技术和科学或在社会的精神生活方面,都是空前地发生根本改革的世纪。在这些条件下,学校不能满足于昨天,不能只反映以往的阶段,不能使青年一代只停留在人类智慧过去达到的水平上。学校的使命是要在解决现代社会问题方面担当重要因素的角色。而这只有当学校站立在合乎时代要求的水平上不断展望未来的条件下才能做到。"由此可见,教育在当代国家生活中占据着越来越重要的位置。

复习思考题

1. 试分析德国双元制职业教育体制的意义及其影响。
2. 如何看待日本现代教育体制的形成?
3. 试分析战后日本教育重建政策的确立。
4. 试分析《统一劳动学校规程》和《统一劳动学校基本原则》的意义。
5. 谈一谈你对于苏联在"二战"后教育重建举措的理解。

后 记

经全国高等教育自学考试指导委员会同意,由教育类专业委员会负责高等教育自学考试教育管理专业教材的审定工作。

《中外教育管理史》自学考试教材由北京师范大学教育学部施克灿教授主编。华中师范大学教育学院范先佐教授,北京师范大学教育学部王晨教授、乔卫平副教授参加本教材审稿并提出改进意见。

编审人员付出了辛勤劳动,在此一并表示感谢。

全国高等教育自学考试指导委员会

教育类专业委员会

2018 年 12 月